Meike König

Die Anthologiereihe „*Ausgesuchte Einakter und Kurzspiele*" bringt ernste und heitere Stücke zeitgenössischer Autoren, ausgewählt nach ihrer Qualität, Bühnenwirksamkeit und ihrer Spielbarkeit für Theatergruppen. Die Spieldauer reicht von kurzen Szenen bis zu einer knappen Stunde.

# Ausgesuchte Einakter und Kurzspiele

**Zweiter Band**

19 Stücke moderner Autoren

herausgegeben

von

Lutz R. Gilmer

**GRAFENSTEIN VERLAG**

GRAFENSTEIN VERLAG, 1981
Erstausgabe
1.-4. Tausend
ISBN 3-9800280-1-1

Umschlaggestaltung: Alexandra Mohn
Printed in Germany

## Inhalt

# ZU DEN STÜCKEN

*Die Kurve.* Anton und Rudolf wohnen an einer gefährlichen, unübersichtlichen Straßenkurve, in der bereits zwei Dutzend Autofahrer tödlich verunglückt sind. Sie beerdigen die Opfer, pflegen den kleinen Friedhof, reparieren die defekten Autos und schicken Eingaben an den Ministerialdirigenten Kriegsbaum im Ministerium für Straßenbau, um eine Entschärfung der Kurve zu veranlassen. Als Kriegsbaum selbst aus der Kurve getragen wird und überlebt, gerät er in die Obhut der beiden. Nach seiner Genesung versichert er, die Kurve in kürzester Zeit doppelspurig ausbauen und nachts beleuchten zu lassen...
(Personen: 3 m; Dauer: etwa 50 Minuten)

*Am Puls der Zeit.* Doktor Sarg, Erforscher menschlichen Verhaltens, führt auf dem Jahrmarkt sein neuestes Testgerät vor. Es soll zeigen, ob die Menschheit fähig ist, sich selbst auszurotten oder nicht. Zwei konkurrierende Beamte stellen sich zur Verfügung. Jeder bekommt das Ende eines Seiles in die Hand, an dessen anderem Ende eine Schlinge geknotet ist, in der der Kopf des Kontrahenten steckt. Die beiden straff gezogenen Seile laufen über einen Flaschenzug, der auch den kleinsten Ruck am Seil arretiert. Die Testpersonen werden sich selbst und ihrem Dialog überlassen.
(Personen: 1 w, 3 m, Zuschauer; Dauer: etwa 20 Minuten)

*Die Kommode.* Ein Schwank, in dem die Familie Fröhlich von der lebendigen wie toten Tante Klärchen malträtiert wird.
(Personen: 3 w, 5 m; Dauer: etwa 40 Minuten)

*Noch zehn Minuten bis Buffalo.* Krudewil und Pempelfort dampfen auf einer alten, verrosteten und bewachsenen Lokomotive durch die Landschaft. Zehn Minuten vor Buffalo werden sie von der Fregatte eingeholt. Ein absurdes

Stück mit bizarren, bühnenwirksamen Szenen, das zu unterschiedlichsten Interpretationen reizt.
(Personen: 1 w, 5 m; Dauer: etwa 25 Minuten)

*Protest.* Dieses Stück schildert, ebenso wie die Einakter „Audienz" und „Vernissage" (rororo 4123), ein Erlebnis Vaneks, des tschechischen Verfechters des Prager Frühlings und der Charta 77: Der Oppositionelle Vanek wird von dem etablierten Schriftsteller Stanek gebeten, für den verhafteten Freund seiner Tochter eine Petition zu veröffentlichen. Vanek legt diese Petition auch Stanek selbst zur Unterschrift vor. Stanek gerät dadurch in ein Dilemma: Einerseits sollte er für den Freund seiner Tochter einstehen, andererseits würde er seine materielle Lebenssicherung gefährden. Ein faszinierendes Dialogstück.
(Personen: 2 m; Dauer: etwa 30 Minuten)

*Der Lebensretter.* Guy Shelmerdine zieht den arbeitslosen, lebensüberdrüssigen Clive aus dem Fluß vor seinem Haus. Er gibt ihm trockene Kleider, bietet ihm Geld an und möchte ihn wieder loswerden. Clive schöpft in dem eleganten Haus jedoch Lebensmut und will sich dankbar zeigen. Er äußert deshalb die Absicht, sein Leben fortan dem Retter zu weihen, und nennt sich Clive Shelmerdine, was den Hausherrn ganz und gar nicht begeistert. Dessen Frau und die Haushälterin dagegen finden Clive sympathisch, ebenso ein wichtiger Geschäftspartner...
(Personen: 2 w, 2 m; Dauer: etwa 35 Minuten)

*Gipfeltreffen.* Im Hotelzimmer eines berühmten französischen Physikprofessors treffen ein russischer und ein amerikanischer Spion und deren englische Kollegin aufeinander. Jeder von ihnen möchte den Professor abhören, wenn er im Schlaf die mathematische Formel seiner neuesten Entdeckung ausplaudert. Ihr Streit wird unterbrochen, als der Professor mit seiner Geliebten heimkehrt... Eine Spionagegroteske.
(Personen: 2 w, 3 m; Dauer: etwa 30 Minuten)

*Herr und Frau S. in Erwartung ihrer Gäste.* Die Überlegung, in einer Ehe sei jeder, wie ein Eisberg im Meer, dem Partner nur zu einem Siebtel sichtbar, bringt das Ehepaar S. auf die Idee, Gäste einzuladen, die der andere nicht kennt. Alles ist für den Abend vorbereitet, Herr und Frau S. plaudern über die Einladung, die Gäste, wollen doch nichts dem Zufall überlassen und decken die Karten auf. Es gelingt ihnen, den Eisberg etwas anzuheben.
(Personen: 1 w, 1 m; Dauer: etwa 25 Minuten)

*Scheidung auf Deutsch.* In diesem ursprünglich als Hörspiel geschriebenen Stück verstrickt sich ein in Scheidung lebendes Ehepaar in seine Streitereien: Da das Geld für zwei Wohnungen nicht reicht, leben die beiden ein Jahr in der gemeinsamen Wohnung getrennt von Tisch und Bett, nach streng geregelter Aufteilung der Wohnfläche, der Bad-, Küchen- und Gerätebenutzung. Trotz dieser klaren, richterlich abgesegneten Ordnung finden sich Fallstricke.
(Personen: 1 w, 1 m; Dauer: etwa 10 Minuten)

*Ein Häuschen auf der Venus.* Zwei Venusbürger begrüßen herzlich die drei ersten Erdenbewohner, die mit ihrem Raumschiff auf der Venus landen. Leider glauben die drei Besucher, trotz ihrer nach planetarischen Maßstäben primitiven Technik, sie wären die Vertreter einer überlegenen Zivilisation. Respekt und Ehrfurcht vermittelt ihnen erst ein arbeitsloser Waffenhändler vom Merkur.
(Personen: 3 m, 9 Planetarier; Dauer: etwa 25 Minuten)

*Komm doch wie du bist.* Dieser Einakter — aus einem Einakterzyklus Mortimers über Liebesbeziehungen — zeigt ein Ehepaar, das dauernd seine Trennung bespricht, aber nicht vollzieht; sehr zum Unwillen der 15-jährigen Tochter, die mit Immobilien handelt und die Wohnung frei bekommen möchte. Endlich übernimmt die Tochter die Initiative... Eine Persiflage auf modernes Eheverhalten mit all seinen Selbstbetrügereien.
(Personen: 1 m, 3 w; Dauer: etwa 30 Minuten)

*Auf hoher See* treibt ein Floß mit drei Schiffbrüchigen, ein Dicker, ein Mittlerer und ein Schmächtiger. Als die Vorräte zu Ende sind, glauben sie sich gezwungen, einen aus ihrer Mitte aufessen zu müssen. Obwohl sich der Dicke und der Mittlere bald, ohne es auszusprechen, einig sind, wer gegessen werden soll, werden vor der demokratischen Wahl des Opfers große Reden geschwungen über körperliche Eignung, Opferbereitschaft, soziale Stellung und Verantwortung, Dienst zum Wohle der Gemeinschaft, Kameradschaftlichkeit und Nächstenliebe. Als das demokratische Vorgehen scheitert, findet sich ein eloquenter Führer, und zuletzt, nach weiteren begeisternden Ansprachen, ein freiwilliges Opfer.
(Personen: 5 m; Dauer: etwa 40 Minuten)

*Mai Ling.* Herr Grundwirmer hat seine Frau Mai Grundwirmer, geborene Ling, nach Katalog aus Thailand geehelicht. Einem Fernsehteam erzählt er von seinen Erfahrungen.
(Personen: 1 w, 1 m; Dauer: etwa 5 Minuten)

*Herr Tschabobo.* Ein afrikanischer Doktorand lebt bei einer bayerischen Familie zur Untermiete. Anläßlich Xaverls Geburtstag wird Herr Tschabobo zum Kaffee eingeladen, muß einen Guglhupf essen und Trommel schlagen. Die Familie kann überall angesiedelt werden, wo Spießertum anzutreffen ist.
(Personen: 2 w, 4 m; Dauer: etwa 10 Minuten)

*Creative Center.* In einer Werbeagentur wird ein Werbespot für den Schlankheitsbisquit „Rosaroter Fertigschmeck" gedreht. Agenturchef Ismeier leidet unter dem Streß und der kritischen Aufsicht seines Auftraggebers; noch mehr leiden aber die als Hasen verkleideten Statisten unter den Fiesheiten Ismeiers. Doch die Mühen lohnen sich: Einem neuen Produkt wird der Markt geöffnet werden.
(Personen: 3 w, 9 m; Dauer: etwa 10 Minuten)

*Ein unglücklicher Zufall.* Penelope, eine englische Mittelklassedame, hat eben ihren Mann erschossen. Sie ruft telefonisch ihre Freundin Camilla herauf, die im selben Haus wohnt. Nach einer Weile kommt Roger, Camillas Mann, der nicht verstehen kann oder will, wie und warum Penelope auf ihren Mann gezielt und dann abgedrückt hat. Penelope und Camilla versuchen, es ihm zu erklären und zu illustrieren, was auch ihm zum Verhängnis wird.
(Personen: 2 w, 1 m; Dauer: etwa 20 Minuten)

*Was ist ein Bulle?* Sozialhelfer Kramer betitelte als Zuschauer bei einer Hausbesetzung einen Polizisten mit ‚Bulle'. Wegen Beamtenbeleidigung geht ihm ein Strafbefehl über 300.- DM zu, gegen den er Einspruch erhebt. Es kommt zur Verhandlung, in der Staatsanwalt und Verteidiger zu klären versuchen, ob ‚Bulle' positive oder negative Begriffsinhalte impliziert.
(Personen: 6 m; Dauer: etwa 10 Minuten)

*Das Möbel.* Die Geschichte vom Hexenmeisterlehrling in moderner Form und ohne Hexenmeister, der das Unheil verhindern könnte.
(Personen: 1 m, Stimme des Möbels; Dauer: etwa 5 Minuten)

*Drei Togen für die Wäscherei.* Rom im Jahre 44 v. Chr.: Privatdetektiv Flavius bekommt von Brutus den Auftrag, Cäsars Mörder zu entlarven. Mit schnoddrigen Sentenzen betreibt er die Aufklärung des Falles. Erfolgreich. Eine nette Travestie für Schüler der Mittelstufe.
(Personen: 10 bis 12 m, 2 w; Dauer: etwa 10 Minuten)

Im Interesse der Autoren, Übersetzer und Verlage möchte ich darauf hinweisen, daß für jede einzelne Aufführung die Aufführungsrechte zu erwerben sind. Die Tantiemenhöhe wird für Amateur- und Berufsbühnen in der Regel verschieden bemessen.

Lutz Gilmer

*Tankred Dorst*

**DIE KURVE**

Eine Farce

Personen:

Anton
Rudolf
Kriegbaum

## DIE KURVE

*(Vor einem steil aufsteigenden, zerklüfteten Felsen eine kleine bescheiden-behagliche Hütte; Blumen, ein Gärtlein, vielleicht auch eine blaue Biedermeier-Glaskugel. Nicht weit von der Hütte eine niedrige Einzäunung, dahinter Kreuze, Grabhügel. Auf einer Bank sitzen Rudolf und Anton. Beide sind gleich gekleidet: schwarzer, schäbiger Frack, Zylinder. Rudolf schnitzt an einem Kreuz herum. Anton memoriert leise aus seinem Notizbuch)*

RUDOLF *(befeuchtet den Zeigefinger und hält ihn, die Luft prüfend, in die Höhe):* Thermische Aufwinde.

ANTON *(sieht von seiner Lektüre auf):* Was sagst du?

RUDOLF: Thermische Aufwinde.

ANTON: Schrecklich.

RUDOLF *(betrachtet prüfend den Himmel):* Wolkenloser, strahlend heiterer Himmel.

ANTON *(sieht gleichfalls hinauf):* Dort hinten aber zieht ein Wetter auf.

RUDOLF: Eine einzelne Wolke. Sie zerstäubt über dem Grat, bis gegen Mittag.

ANTON: Gegen Mittag!

RUDOLF: Wenn die Sonne genau im Süden steht.

ANTON: Schrecklich.

RUDOLF: Es bleibt sommerlich warm, Badewetter, Urlaubswetter — Reisewetter.

ANTON: Schrecklich. Hör auf.

RUDOLF: Alles in bester Ordnung. Optimale Konstellation für Kabriolets.

ANTON: Ich wundre mich, daß du so gefühllos bist.

RUDOLF: Habe ich das Wetter gemacht? Das heitere Wetter? Das Reisewetter? Den Föhnwind? Die Wolke, die zerstäubt? Die Sonne genau im Süden — habe i c h das alles in die Welt gesetzt?

ANTON: Bitte, sage wenigstens nicht: das h e i t e r e Wetter.

RUDOLF: So heißt es im Wetterbericht.

ANTON: Und du sprichst das gedankenlos nach.

RUDOLF: Ich hab keine Zeit, über so was zu simulieren,

tagelang, wie du.

ANTON *(gekränkt):* Bruder!

RUDOLF: Ich habe ja auch nicht studiert.

ANTON: Wie oft schon habe ich dir klarzumachen versucht, daß es darauf nicht ankommt.

RUDOLF: Und ich rede, wie mir der Schnabel gewachsen ist, verstehst du? — Schönes Wetter — ist es denn nicht schön? Ein Mordswetter ist das! Und was ich wert bin, du kleiner Sonntagsjunge, das weiß ich auch ohne dich, verstehst du?

ANTON: Jeder tut das Seine, — wer wollte da sagen: dies ist mehr wert, oder jenes.

RUDOLF: Was ich tue, das ernährt seinen Mann. Das ernährt auch eine Familie, was?

ANTON: Willst du mir wieder vorwerfen, daß ich mich nicht nützlich mache?

RUDOLF: Hast du schon mal richtig in die Hände gespuckt, — so?

ANTON: Wenn ich dich ansehe, dann wünsche ich mir, ich könnte so sorglos arbeiten wie du.

RUDOLF: Blumen pflanzen hinter dem Zaun!

ANTON: Du weißt genau, daß wir die Blumen brauchen.

RUDOLF: Und den Rest des Tages hier im Gras liegen! —

ANTON: Du bist ungerecht, Rudolf. Du weißt genau, daß ich ebenso arbeite wie du. Hier — wenn du es sehn willst ... *(Er zeigt ihm Manuskripte)*

RUDOLF: Was ist das?

ANTON: Die Rede.

RUDOLF: Die alte?

ANTON *(liest):* „Wieder einmal ist es geschehen. Wieder einmal finden wir uns ein ...“

RUDOLF: Immer das gleiche. Allmählich kann ich das auswendig, nur vom Zuhören.

ANTON: Wie schlecht du zuhörst! Sechsmal habe ich bisher den Text verändert, sechsmal von vierundzwanzig Fällen.

RUDOLF: Der Anfang jedenfalls ist immer der gleiche.

ANTON: Natürlich. Es passiert ja auch immer das gleiche. Es sind nur immer andere Menschen, die unglücklichen. Da beginnt für mich das Problem. Und du merkst nicht einmal den Unterschied.

RUDOLF: Du siehst also, daß sich deine Arbeit nicht lohnt.

ANTON: So etwas lohnt sich um seiner selbst willen. Kannst du das nicht verstehen? — Ich habe jetzt ein neues Thema.

RUDOLF *(uninteressiert):* So?

ANTON: Ein großartiges Thema: Über das Unabwendbare.

RUDOLF: Paßt immer.

ANTON: Ich denke mir: am besten zu einem Menschen, dessen Denken noch ganz auf das Persönliche gerichtet war, der noch an seine Karriere dachte, an eine Villa am Comersee, an Vergrößerung des Aktienkapitals, an männliche Erbnachfolge — ich habe das mit eingearbeitet.

RUDOLF: Hoffentlich wirst du nicht enttäuscht.

ANTON: Ich ändere nicht gern etwas am Konzept.

RUDOLF: Hörst du was?

ANTON *(horcht):* Du?

RUDOLF *(horcht):* Schwerer Wagen. Dieselmotor.

ANTON: Was du für ein Gehör hast für so was!

RUDOLF *(sieht hinauf):* Muß gleich um den Felsen herumkommen.

ANTON: Jetzt höre ich es auch.

RUDOLF: Ein Omnibus.

ANTON *(entsetzt):* Gott!

RUDOLF: Dickes Geschäft. *(Sie starren atemlos hinauf, verfolgen mit dem Blick den Weg des Fahrgeräusches: man hört einen Omnibus, der sich langsam die Serpentinen der Bergstraße hinaufschleppt)*

RUDOLF: Jetzt!

ANTON: Dreißig Personen, dreißig Personen, dreißig Personen.

RUDOLF *(schätzt kaltblütig ab):* Mindestens fünfzig.

ANTON: Lieber Gott! Fünfzig Personen, fröhliche Reisende, Verliebte, Kinder, junge Ehepaare, Mütter ... *(Das Geräusch entfernt sich, hört auf)*

RUDOLF: Vorbei.

ANTON *(erschöpft):* Meine Stirn — kalt. Schweißtropfen.

RUDOLF: Die haben Glück gehabt. Die Sonne steht auch noch nicht ganz im Süden.

ANTON *(ausbrechend):* Glück gehabt! Warum tut man nichts dagegen! Das geht nicht so weiter! Ich ertrage es nicht! Die seelische Belastung — ich bin krank davon.

RUDOLF: Aber wir tun doch etwas dagegen.

ANTON *(begierig, die Antwort zu hören):* Tun wir etwas dagegen?

RUDOLF: Deine Eingaben an das Ministerium für Straßenbau.

ANTON *(spricht mechanisch nach):* Die Eingaben an das Ministerium für Straßenbau.

RUDOLF: Vierundzwanzig.

ANTON: Vierundzwanzig — jedesmal, wenn es passiert war. Aber es ändert sich nichts. Man hört uns nicht.

RUDOLF: Ich glaube immer, eines Tages wird man etwas dagegen tun.

ANTON: Eines Tages! Jeder Tag ist kostbar, vor allem jetzt, wenn Föhn ist, flimmernde Hochsommerhitze, die Sonne genau im Süden ...

RUDOLF: Der Herr Ministerialdirigent kann sich das nicht so genau vorstellen. — Wenn du dort im Büro sitzt, Schiebefenster, Klimaanlage, hübsche Sekretärin, dann weißt du auch nicht, wie das hier ist. Hier.

ANTON: Der Herr Ministerialdirigent Dr. Kriegbaum kann sich das nicht vorstellen. Und warum nicht? Weil ich das Ereignis nicht richtig geschildert habe, nicht dramatisch genug. Da sitzt er am Schreibtisch und nimmt einfach zur Kenntnis, der Herr Ministerialdirigent Dr. Kriegbaum. Aktenzeichen, Kurve. Hungersnot in Indien, Aktenzeichen, fertig. Hinrichtungen in Kuba, Aktenzeichen, fertig. Bergwerksunglück in Belgien, Aktenzeichen, fertig. Jugendkriminalität ...

RUDOLF: Das hat nichts mit Straßenbau zu tun.

ANTON: Wir alle haben damit zu tun. Aber der Herr Ministerialdirigent Dr. Kriegbaum sitzt im Sessel und denkt nicht daran, weil ich das Schreckliche schlecht geschildert habe.

RUDOLF *(begütigend):* Na, na. — Weißt du, was ich glaube? Ich glaube, der Ministerialdirigent Dr. Kriegbaum gibt die Eingaben gar nicht weiter: Aktenzeichen, Ablage. So einer ist das, das traue ich dem zu, wie ich ihn kenne.

ANTON *(auf Zuspruch hoffend):* Meinst du?

RUDOLF: Bestimmt. Je mehr ich mir das überlege. Verdammt ja, der Ministerialdirigent Kriegbaum, das ist so einer. Sieht nicht nach rechts und nach links, nur nach oben, und eines Tages ist er Minister geworden, — pfui Teufel. Den kenn ich.

ANTON: Das sagst du, um mich zu beruhigen.

RUDOLF: Es ist so, — wie ich den kenne.

ANTON: Du kennst ihn ja gar nicht.

RUDOLF: Nein.

ANTON: Na also.

RUDOLF: Aber so jemand kennt man doch.

ANTON: Du verstehst nichts. Du willst nicht verstehen, daß wir mitschuldig sind.

RUDOLF: Also, dann eine neue Eingabe.

ANTON: Ja. Ich werde schreiben: leidenschaftlich, anklagend. Herr Ministerialdirigent Dr. Kriegbaum, schreibe ich, ich kenne Sie nicht, aber ich weiß, daß Sie ein Mensch sind und daß, wohin Sie auch fliehen, welche Stellung Sie auch erreichen, die Verantwortung nicht von Ihnen weichen kann. Die Straße, das wissen Sie, muß ausgebaut werden. Stellen Sie sich vor, wie ein Wagen da hinauffährt, in der Mittagssonne, man bebekommt einen merkwürdig schweren Kopf in der Föhnluft, aber die Berge sind klar, wie aus Glas, und der Herr im Wagen, stellen Sie sich vor, trommelt mit den Fingern auf dem Steuerrad. Was für ein Tag, was für eine Lust zu leben, Herr Ministerialdirigent Dr. Kriegbaum. Stellen Sie sich das vor ...

RUDOLF *(unterbricht):* Ein Personenwagen!

ANTON *(mit verschreckt eingezogenem Kopf):* Siehst du ihn?

RUDOLF: Noch nicht. — Jetzt ist er hinter dem Felsen, an der vorletzten Kurve. — Ich sehe ihn!

ANTON: Wieviel sitzen drin?

RUDOLF: Einer, glaube ich.

ANTON: Nur einer — Gott sei Dank!

RUDOLF: Und verdammt leichtsinnig, — viel zu schnell.

ANTON *(ohne hinaufzusehen):* Immer wieder wird doch gewarnt: langsam fahren, langsam, langsam, langsam.

RUDOLF *(beobachtend):* Das kurze grade Stück — taubenblau ist die Karosserie, Weißwandreifen, schön! Mit Antenne. *(Geräusch; Gangschaltung)* Er schaltet in den dritten Gang!

ANTON: Geht ihm nicht schnell genug! Will sich aufspielen, der Idiot! Das muß ja ein Unglück geben! Das kann ja nicht gut gehn! Geschieht ihm recht! Geschieht ihm genau recht! *(Schreit):* Er selbst ist schuld!

RUDOLF: Die letzte Kurve! — — Achtung!

ANTON: Er selbst ist schuld ...

*(Bremsgeräusch, Poltern: Ein Auto stürzt den Felsen herunter)*

RUDOLF: Der Fünfundzwanzigste. *(Ab, zur Unglücksstelle)*

ANTON *(rasch vor sich hin):* Was habe ich gesagt? Er ist selbst schuld daran? Er ist leichtsinnig? Er beachtet nicht die Vorschriften? Habe ich das gesagt? — — Ausflüchte! — Er ist leichtsinnig. Er beachtet nicht die Vorschriften, er ist selbst schuld. — — Nein! Ich habe versagt, meine Stimme ist nicht gehört worden. — — Er ist vergnügt gefahren, die Hand trommelt auf dem Steuerrad, er pfeift ein Lied, einen Foxtrott, leichtsinnig, — — nein, warum soll er nicht fröhlich sein? — — Er trinkt vielleicht? Er ist zu einer Freundin gefahren, die Familie zu Haus? Rücksichtslos im Geschäft? Wer so fährt, ist rücksichtslos im Geschäft! Nein, ich bin schuld, daß er abgestürzt ist! Rudolf! *(Er läuft ab, zur Unglücksstelle. Ein einzelnes Autorad rollt herein. Ein zweites. Dann kommt Rudolf. Er schleppt Einzelteile des abgestürzten Personenwagens)*

RUDOLF *(ruft zurück):* Hier hinten! Weiter rechts! Ja, gleich am Felsen, in den Rhabarberstauden! *(Er schleppt die Autoteile in die Werkstatt, kommt zurück, sieht zur Unglücksstelle hinüber):* Na, damit wirst du doch wohl allein fertig! — Ja, so! An den Füßen! Ich hab mit dem Wagen genug. *(Ruft, Hand am Mund):* An den Füßen! *(Ab in die Werkstatt. Anton zieht den Verunglückten an den Füßen herein)*

ANTON *(zu dem Verunglückten):* Ich bitte Sie, verzeihen

Sie mir. Ich tue, was ich kann, vertrauen Sie darauf. Sie sind so schwer. Tote sind viel schwerer als Lebende. Die Erfahrung habe ich vierundzwanzigmal gemacht. — — O Gott, tot! *(Er geht zur Unglücksstelle zurück, kommt mit einer Aktenmappe wieder. Rudolf kommt aus der Werkstatt)*

RUDOLF: Na also. — Alles halb so schlimm, wenn man sich den Schaden genau besieht. Er ist ziemlich günstig gefallen. — Die Achsen gebrochen, natürlich. Die Karosserie ist auch ziemlich zerbeult. Aber in zwei Wochen, versprech ich dir, steht das Ding da, taubenblau und poliert, wie neu. Kannst du dich drauf verlassen.

ANTON: Er ist tot.

RUDOLF *(hantierend):* Tragisch.

ANTON: Unbeweglich, ein lebloser Klumpen Fleisch.

RUDOLF: Wir sind alle sterblich, du, ich, und auch unsere Tante Else.

ANTON: Wann warst du zum letztenmal oben an der Kurve?

RUDOLF: Weiß nicht. Warum?

ANTON: Ich habe nämlich den Verdacht, es ist kein Warnschild mehr dort oben.

RUDOLF: Kinder montieren manchmal so was ab.

ANTON: Ich werde diese Zustände genau beschreiben, bis ins kleinste. Wir tragen die Verantwortung, die sonst niemand tragen will. Wir!

RUDOLF: Hör mal! Was sollen wir denn noch alles machen! Den Felsen wegsprengen vielleicht? Schilder malen und an der Straße aufstellen vielleicht? Das ist ja sogar verboten.

ANTON: Wir müssen etwas tun.

RUDOLF: Daß wir die Verunglückten beerdigen, ist das nichts? Und der Aufwand, den wir damit treiben, die Blumen, der weiße, geharkte Kies, der Zaun, die Kreuze, — wer tut das heute noch?

ANTON: Nicht genug, nicht genug.

RUDOLF: Na, na, na, jetzt tu mal nicht so! Jetzt nimm mal deinen Verstand und überleg mal. Deine Rede zum Beispiel, ist das nichts? Welcher Geistliche oder wer da am Grab steht gewöhnlich, kann sich in der Großstadt noch die Zeit nehmen und eine Rede so schön, so mit allem, was feierlich ist, vorbereiten? Das sind doch keine Dutzendreden. Das hört man doch heraus. Das geht ans Herz. Das sind religiöse Erlebnisse für jeden, der das mal erlebt hat, zum Donnerwetter! Und ohne einen Pfennig Geld — ist das vielleicht nichts?

ANTON *(gerührt):* Rudolf, — daß du mir das sagst ...

RUDOLF: Na also, wir tun unsere Pflicht und noch ein bißchen mehr, basta. Oder?

ANTON: Das Gewissen.

RUDOLF: Und wir sind doch auch nur Menschen, kein Vieh und kein Bürgermeister.

ANTON *(fällt allmählich in einen Predigerton):* Wenn ein Unglück geschehn ist, irgendwo in der Welt, und es überfällt uns im Alltag mit seiner ganzen entsetzlichen Sinnlosigkeit: dann fühlen wir uns aufgerufen, dann reißt auf einmal ein Vorhang weg vor einem Abgrund. Mit bequemen Worten und mit einer angenehmen, leicht zu lebenden Moral hatten wir ihn verstellt. Nun ist das Unglück wieder einmal geschehn. Dieser Mensch, der in der Mitte des Lebens stand ... *(unterbrechend):* Die Personalien!

RUDOLF *(sieht in der Jacke nach):* Nichts in der Jacke. *(Prüft):* Wildleder ...

ANTON: Er hatte eine Aktenmappe bei sich.

RUDOLF: Ich sehe schon nach. *(Rudolf öffnet die Aktenmappe, sucht Papiere heraus):* Briefe. Ein Photo, Familienidyll, gesund, christlich.

ANTON: Gib her!

RUDOLF: Na, na.

ANTON: Ich muß das haben! — Den Ausweis!

RUDOLF: Ein Jo-Jo-Spiel.

ANTON: Den Ausweis!

RUDOLF: Eine Schachtel Ingwer, angebrochen. *(Ißt)*

ANTON: Gib her!

RUDOLF: Eine Diätvorschrift. Tabletten, drei schwarze Affen, Elfenbein — was der Mensch nicht alles bei sich hat, wenn er tot ist.

ANTON: Gib her! Die Papiere!

RUDOLF: Hier *(Liest in den Papieren)*

ANTON: Jahrgang?
RUDOLF: Achtundvierzig.
ANTON: Name?
RUDOLF: Limousine.
ANTON: Das sind die Fahrzeugpapiere. Den Personalausweis!
RUDOLF: Hier.
ANTON: Name?
RUDOLF *(schweigt)*
ANTON: Name?
RUDOLF *(schweigt)*
ANTON: Was hast du denn?
RUDOLF: Kriegbaum.
ANTON: Kriegbaum.
RUDOLF: Dr. jur., Erich, Ministerialdirigent, verheiratet. Besondere Kennzeichen: Zusammengewachsene Zehen am linken Fuß.
ANTON: Nachsehen.
RUDOLF *(zieht den Schuh des Verunglückten ab, den Strumpf, sieht nach):* Stimmt.
ANTON: Ministerialdirigent Dr. Kriegbaum.
RUDOLF: Ausgerechnet. Wie kommt er dazu ...
ANTON: Sieh mal in der Mappe nach.
RUDOLF *(sieht nach):* Papiere. Prospekte.
ANTON: Sonst nichts?
RUDOLF: Hier.
ANTON *(erregt):* Was?
RUDOLF: Das hast du geschrieben, die ganze Mappe, vierundzwanzig Eingaben.
ANTON *(triumphierend):* Sie haben also doch gewirkt! Sie haben ihn beschworen, sie haben ihm keine Ruhe gelassen, sie haben sein Gewissen geweckt, gepeinigt, — bis er sich aufgemacht hat, um selbst zu prüfen, um ... *(Er stockt)* Und jetzt: tot!
RUDOLF: Also: ein anderer bearbeitet dann die Sache.
ANTON: Ein anderer ...
RUDOLF: Jeder Mensch ist ersetzbar.
ANTON: Vertauschbar, ersetzbar.
RUDOLF: Fragt sich nur: besser oder schlechter.
ANTON: Wer weiß?

RUDOLF: Sollen wir abwarten?

ANTON: Warten wir ab, bis wir wissen, wer kommt.

RUDOLF: Ich mache mich jetzt an die Karosserie. *(Will gehen)*

ANTON: Hilf mir erst.

RUDOLF: Was?

ANTON: Der Verunglückte muß hinüber in das Gärtlein.

RUDOLF: Zieh ihn wieder an den Füßen.

ANTON: Er ist Ministerialdirigent. *(Rudolf faßt widerwillig an. Sie tragen den Verunglückten ein Stück. Anton setzt ab: Du!)*

RUDOLF: Ja. Und —

ANTON: Vielleicht lebt er noch.

RUDOLF: Der ißt kein Kotelett mehr.

ANTON: Leg ihm mal ein Blatt auf den Mund.

RUDOLF: Quatsch. *(Will wegtragen)*

ANTON: Du bist rücksichtslos. Versuch' es erst mal mit dem Blatt. *(Er reißt ein Blatt vom Busch und legt es dem Verunglückten auf den Mund)*

RUDOLF: Mach das allein. *(Er geht)*

ANTON: Bruder! Bruder! *(Rudolf bleibt stehen)* Ich glaube, das Blatt hat sich bewegt. — Ja, es bewegt sich!

RUDOLF *(ärgerlich):* Ohne mich. *(Er kriecht unter den Wagen)*

ANTON: Er bewegt sich. Er atmet. Komm doch her, es ist wirklich wahr, ich mache dir nichts vor.

RUDOLF *(arbeitend):* Wäre der erste!

ANTON: Ja, er i s t der erste!

RUDOLF *(unter dem Wagen):* Soll ihn wohl auch noch mit ernähren, was?

ANTON *(eindringlich):* Herr Ministerialdirigent! Herr Ministerialdirigent! *(Kriegbaum bewegt sich)*

KRIEGBAUM *(schwach, aber bestimmt):* Um noch einmal ... um noch einmal ...

ANTON: Rudolf, er spricht! — Aber gestatten Sie doch, Herr Ministerialdirigent ...

KRIEGBAUM *(schwach und ärgerlich)*: Um noch einmal ... auf diese wesentliche Frage zurückzukommen ...

ANTON: Kommen Sie zu sich!

KRIEGBAUM: Nein, die nicht. Die andere. Mit dem Konferenzbericht und der Stellungnahme des Ministers. Sie wissen doch ...

ANTON *(schüttelt ihn):* Sie sind nicht bei Sinnen, Herr Ministerialdirigent!

KRIEGBAUM: Sie können schließlich auch mal an was denken!

ANTON: Ich bin so glücklich, Herr Ministerialdirigent!

KRIEGBAUM: Wenn ich mal nicht da bin, was dann?

ANTON: Ach, daß Sie leben, Herr Ministerialdirigent!

KRIEGBAUM *(richtet sich auf):* Leben? *(Zuckt schmerzlich zusammen)* Wieso leben?

ANTON: Besinnen Sie sich.

KRIEGBAUM: Besinnen?

ANTON: Sie sind abgestürzt.

KRIEGBAUM: Mein Arm, verdammt!

ANTON: Sie sind auf der Serpentinenstraße oben am Felsen entlanggefahren.

KRIEGBAUM *(stöhnend):* Wo ist mein Wagen?

ANTON: Leider ziemlich demoliert, Herr Ministerialdirigent. Aber mein Bruder ist schon dabei, ihn zu reparieren.

KRIEGBAUM: Ärgerliche Sache.

ANTON: Beruhigen Sie sich, Herr Ministerialdirigent. Er wird wieder wie neu aussehen. Mein Bruder ist zwar kein ausgebildeter Autoschlosser, er hat sich seine Kenntnisse selbst angeeignet, — ein Bastler eigentlich nur, wie man zu sagen pflegt, aber das soll Sie nicht im geringsten beunruhigen. Er arbeitet besser als mancher Meister in den großen Werkstätten. Sie können sich darauf verlassen.

KRIEGBAUM: Wie ist das passiert?

ANTON: O Herr Ministerialdirigent ...

KRIEGBAUM: Man wird doch nicht behaupten wollen, daß ich leichtsinnig ...

ANTON: Aber nein, gewiß nicht.

KRIEGBAUM: Oder ich wäre vielleicht in besonders guter Stimmung, ausgelassener Stimmung, wie man sich ausdrückt, gewesen ...

ANTON: Niemand kann Ihnen das vorwerfen.

KRIEGBAUM: Ich habe keine Stimmungen. — Nicht die

geringste Nachlässigkeit, keine Ablenkung, keine Müdigkeit ...

ANTON: Nichts dergleichen. Alles korrekt, Herr Ministerialdirigent. Und trotzdem ...

KRIEGBAUM: Na also. Sie werden es mir bestätigen, daß ich nach Vorschrift gefahren bin.

ANTON: Genau nach Vorschrift, Herr Ministerialdirigent. Nur leider ...

KRIEGBAUM: Was?

ANTON: Für diese Strecke gibt es keine bestimmten Vorschriften. Leider, — wenn ich das sagen darf.

KRIEGBAUM: Das muß anders werden.

ANTON: Ich bin Ihrer Ansicht.

KRIEGBAUM: Ja, jetzt erst entsinne ich mich: die verdammte Straße! Kurve rechts, Kurve links, Serpentinen, plötzlich der Felsen, die Sonne blendet ...

ANTON: Aus!

KRIEGBAUM: Und warum bin ich dort oben gefahren? Warum? Dienstlich! Weil ich diese Straße einmal persönlich in Augenschein nehmen wollte. Nicht wahr?

ANTON: Ich kann mir denken, daß es sich so verhält. Man hatte Ihnen vielleicht die Gefahr geschildert.

KRIEGBAUM: Ja. Es waren Eingaben gemacht worden.

ANTON: Vierundzwanzig.

KRIEGBAUM: Ganz recht. Aber man nimmt, offengestanden, handschriftliche Eingaben nicht so ernst: das ist, meint man, ein Bauer, der sich beschwert, weil sein Vieh von den Autos nervös wird; ein Flüchtling ersucht um die Konzession für einen Zeitungskiosk an der Kreuzung — das lohnt sich wegen der Unfälle ... Sie glauben nicht, was da so auf den Schreibtisch flattert.

ANTON: Die vierundzwanzig Eingaben stammen von meiner Hand, Herr Ministerialdirigent.

KRIEGBAUM *(mustert Anton zum erstenmal):* Ach. Interessant. Sie wohnen hier?

ANTON: Ja, wir haben hier ein kleines Grundstück, ein ganz kleines nur, aber liebevoll gepflegt.

KRIEGBAUM: Hauptsache: zufrieden, nicht wahr?

ANTON: Ja. Wir haben auch keinen Grund zur Klage. Nur, leider, ist der Boden sehr hart, viele Steine, gräbt sich schwer auf. Aber sonst.

KRIEGBAUM: Und warum haben Sie die Beschwerden an das Ministerium geschickt?

ANTON: Keine Beschwerden, Herr Ministerialdirigent. Fassen Sie das nicht falsch auf, nur Eingaben.

KRIEGBAUM: Werden Sie denn öfter belästigt — *(Gebärde)* — auf diese Weise?

ANTON: Fünfundzwanzigmal — wenn ich Ihr Erscheinen ebenfalls so bezeichnen darf. Andrerseits tun wir natürlich gern das Nötige. Dort sind die Hügel.

KRIEGBAUM *(unbehaglich):* Ah. Die Hügel.

ANTON: Später werden Sie sich das mal ansehen. Das ist ein ganz hübscher Spaziergang für einen Rekonvaleszenten. Kleine, abgezirkelte Wege aus weißem Kies, kein Unkraut, keine geschmacklosen Gipsfiguren. Einfache Kreuze, mein Bruder hat sie gemacht.

KRIEGBAUM: Das scheint ja ein geschickter Bursche zu sein.

ANTON: Schnitzarbeit, nach Feierabend. Ich selbst bin handwerklich vollkommen unbegabt. Geben Sie mir ein Messer in die Hand, ich schwöre Ihnen, ich schneide mir in den Finger.

KRIEGBAUM *(wird munter, lacht):* Das kenne ich, — genau wie ich! Sie hätten meine Laubsägearbeiten sehen sollen, die ich als Junge für meine vier Tanten machen mußte: Sterntaler, mit Transparentpapier, und den Kalender mit ausgesägtem Schiller, dabei ist mir die Nase — Sie kennen doch die Nase — zweimal abgebrochen — das gab Tränen. Na, es ist trotzdem etwas ganz Ordentliches aus mir geworden, sehen Sie.

ANTON: Das will ich meinen, Herr Ministerialdirigent. Und auch ich darf mich wohl einiger, wenn auch bescheidener Vorzüge rühmen, einer Begabung, die zur Entfaltung zu bringen ich als meine vorzügliche Aufgabe betrachte. Mein Talent zu schreiben nämlich ...

KRIEGBAUM: Sieh mal an.

ANTON: O bescheiden, bescheiden! Aber ich darf wohl sagen, daß ich an mir arbeite, daß ich mich redlich bemühe, in allen Nuancen des Ausdrucks meiner gestellten Aufgabe gerecht zu werden.

KRIEGBAUM: Ah, — Sie haben einen Auftraggeber! — Werbetexte?

ANTON: Sie verstehen mich nicht richtig: Die Wirklichkeit, wenn ich so sagen darf, ist mir als Aufgabe gestellt.

KRIEGBAUM: Ein Dichter, Respekt, Respekt! Wissen Sie, wenn man im Amt ist, wie ich, dann trifft man mit solchen Vögeln im allgemeinen nicht zusammen. Schade eigentlich, habe ich oft gedacht. Um so erfreulicher ist dieser Zufall, der mich Ihnen sozusagen in die Hände liefert, nicht wahr? Was schreiben Sie?

ANTON: Reden.

KRIEGBAUM: Reden?

ANTON: Nun ja. *(Zum Friedhof deutend):* Die erste war noch sehr unselbständig, wie ein Schulaufsatz, Gliederung A, $B_1$, $B_2$, C, Zusammenfassung und Ausblick. Sie kennen das sicher.

KRIEGBAUM: Jeder muß ja mal anfangen, nicht wahr.

ANTON: Von der dritten an wurde ich sicherer im Aufbau, genauer im Ausdruck — ich fand meinen Stil. Können Sie sich vorstellen, wie das innerlich befreit: das richtige Wort gefunden zu haben, den richtigen Tonfall?

KRIEGBAUM: Kein Meister fällt vom Himmel. Und nun?

ANTON: Wieso: und nun?

KRIEGBAUM: Ich meine: wovon leben Sie?

ANTON: O — diese Frage beschämt mich.

KRIEGBAUM: Ich kann mir vorstellen, das ist nicht einfach. Oder arbeiten Sie sonst irgendwo?

ANTON: Ich bin von meiner Arbeit ganz in Anspruch genommen, Herr Ministerialdirigent.

KRIEGBAUM: Lobenswert, mein Lieber. Man muß eine Sache g a n z tun, mit Haut und Haaren sozusagen. Aber wer zahlt — wenn Ihnen die Frage nicht unangenehm ist ... ich frage aus Anteilnahme.

ANTON: Mein Bruder.

KRIEGBAUM: Ihr Bruder?

ANTON: Er arbeitet drüben in seiner Werkstatt, zehn Stunden am Tag.

KRIEGBAUM: Von der alten, tüchtigen Art.

ANTON: Er wird manchmal sogar ungeduldig, wenn nichts

zu tun ist. Dann weiß er nichts mit sich anzufangen.

KRIEGBAUM: Ja, — ein großes soziales Problem, ich kenne das.

ANTON: Aber meistens sind wir ja vollbeschäftigt.

KRIEGBAUM: Aha. *(Schweigen)* Und Ihr Bruder also ...

ANTON: Einer hilft dem andern, wissen Sie.

KRIEGBAUM: Ich möchte mal versuchen aufzustehen.

ANTON: Aber Herr Ministerialdirigent, seien Sie doch bitte nicht voreilig. Das kann Ihnen in Ihrem jetzigen Zustand nur schaden.

KRIEGBAUM *(bemüht sich mit Energie, vergeblich):* Es muß gehen.

ANTON: Ein Heilungsprozeß, Herr Ministerialdirigent, braucht Zeit. Sie müssen sich ein paar Tage Ruhe gönnen. Ruhe und nochmals Ruhe.

KRIEGBAUM *(sinkt wieder zurück):* Ich bin doch froh, wissen Sie, daß ich das jetzt mal erfahren habe. Das war ja ein Schock, aber der mußte wahrscheinlich kommen.

ANTON. Was meinen Sie, bitte?

KRIEGBAUM: Die Straße.

ANTON: Sie sollten nicht schon wieder an Ihre Arbeit denken, Herr Ministerialdirigent.

KRIEGBAUM: Ich muß einfach. Das geht einfach nicht anders, in meiner Stellung.

ANTON: Wenn ich Ihnen einen Rat geben darf: überlassen Sie die Arbeit vorerst getrost Ihrem Nachfolger. —

KRIEGBAUM: Nachfolger?

ANTON: Eine geeignete Persönlichkeit, die Sie ersetzt?

KRIEGBAUM: Ersetzt? Sie sind gut! *(Lacht)*

ANTON: Der Betrieb muß doch weitergehn, auch ohne Sie, Herr Ministerialdirigent.

KRIEGBAUM: Hören Sie auf! Natürlich habe ich einen Vertreter, — einen Nachfolger, wie Sie es nennen. Aber was für einen!

ANTON: Ist er nicht tüchtig? Nicht korrekt? Nicht unbestechlich?

KRIEGBAUM: Wenn ich nicht alles selbst mache ...

ANTON: Wie heißt er?

KRIEGBAUM: Kirstein, Dr. Kirstein. *(Anton schreibt)* Warum schreiben Sie das auf?

ANTON: Ah, ich dachte ... wegen der Eingaben ...
KRIEGBAUM: Keine Sorge: das nehme ich selbst in die Hand.
ANTON: Was werden Sie unternehmen?
KRIEGBAUM: Das ist doch wohl klar, was ich unternehmen werde.
ANTON: Die Straße ...
KRIEGBAUM: Natürlich.
ANTON: Kann man sich aber darauf verlassen?
KRIEGBAUM: Na ich denke, so gut sollten Sie mich inzwischen kennen. Wenn ich etwas durchsetzen will und ich setze mich mit meiner ganzen Energie dafür ein ... und das werde ich tun!
ANTON: Die Arbeit wird sofort in Angriff genommen?
KRIEGBAUM: Sobald ich zurück bin, veranlasse ich das Nötige. Zunächst müssen einmal vernünftige Warnschilder angebracht werden: Gefährliche Kurve, — das ist doch das mindeste.
ANTON: Es sind schon welche dort gewesen, früher. Sie sollen von Kindern demoliert worden sein.
KRIEGBAUM: Man wird also Maßnahmen ergreifen, die das in Zukunft verhindern.
ANTON: Man könnte ja auch notfalls die Straße für den normalen Verkehr sperren.
KRIEGBAUM: Richtig!
ANTON: Und dann?
KRIEGBAUM: Wieso und dann? — Ja, dann muß der Antrag genehmigt werden. Aber das geht glatt, keine Sorge! Wo ich dahinter stehe, sagt der Minister: ja!
ANTON: Und dann?
KRIEGBAUM: Wieso und dann? — Ja, dann wird gearbeitet.
ANTON: Schön! Wann?
KRIEGBAUM: Vielleicht nächste Woche. Mit mindestens fünf Kolonnen.
ANTON: Alle arbeiten an der Straße. Und jemand, das ist der Bauführer, oder der Architekt oder der Vorarbeiter oder Sie, Herr Ministerialdirigent, — jemand hat eine genaue Vorstellung davon, wie die Straße eines Tages sein wird.

KRIEGBAUM *(gönnerisch):* Richtig!

ANTON: Wie wird sie denn sein?

KRIEGBAUM: Wunderbar fest.

ANTON: Asphalt?

KRIEGBAUM: Eine Straßendecke kann man heute bedeutend solider machen als früher. Es gibt keine Frostaufbrüche mehr. Sie bleibt plan wie ein Brett, trotzdem rutscht man nicht darauf.

ANTON *(ergriffen):* Schön!

KRIEGBAUM: Aber das ist natürlich noch nicht alles. Es werden Kennzeichen angebracht, an jeder Kurve, besonders natürlich an der letzten. Die Mitte der Straße wird mit einem weißen Strich markiert. Es werden Parkmöglichkeiten seitlich der Straße geschaffen, so daß diejenigen, die anhalten wollen — vielleicht um die Landschaft geruhsam zu betrachten! — nicht den Verkehr hemmen, keinen Gefahrenpunkt bilden. Was sagen Sie dazu?

ANTON: Schön! — Sie haben schon eine frischere Farbe im Gesicht, Herr Ministerialdirigent!

KRIEGBAUM: Aber es kommt noch besser. Katzenaugen an jedem der weißen Randsteine, so daß auch bei Dunkelheit die Kurven, die Serpentinen im Scheinwerferlicht gut erkennbar sind. Oben schließlich, an der letzten Kurve ...

ANTON: Der Felsen!

KRIEGBAUM: Wird weggesprengt. Ja, wir werden an dieser Stelle die Fahrbahn sogar zweigleisig machen: eine Bahn führt, von unten herauf, außen herum, die andere durch den Felsen hindurch, durch einen Tunnel.

ANTON: Schön!

KRIEGBAUM: Das geht schließlich nicht anders. Denn es könnte doch sein, daß gleichzeitig ein Wagen von oben herunter, ein anderer von unten ... und direkt in der Kurve ... nicht wahr?

ANTON: Das ist, offen gestanden, noch nie passiert, Herr Ministerialdirigent. Es war bisher sehr wenig Verkehr auf der Straße.

KRIEGBAUM *(ungeduldig):* Aber es könnte passieren. Es könnte! Was dann?

ANTON *(beschämt):* Sie haben recht, es könnte passieren. Ich habe zu leichtfertig gedacht, Herr Ministerialdirigent.

KRIEGBAUM: Und wie ist es nachts? Noch nie etwas gemerkt?

ANTON: Sehr selten. Von den vierundzwanzig war es nur einer, gegen zwei Uhr. Er war aber betrunken.

KRIEGBAUM: Was heißt das? Dieser eine: hat er nicht gelitten wie die anderen? Haben nicht Frau und Kind auf ihn gewartet wie die anderen? Sehen Sie: gerade auf diesen einen kommt es uns an!

ANTON: Verzeihen Sie! Ich bin natürlich Ihrer Meinung, Herr Ministerialdirigent, ich dachte nur, das Ministerium könne nicht gleich ... schließlich ...

KRIEGBAUM *(aufgebracht):* Kann nicht! Kann nicht! Was ist das für ein Wort! Natürlich kann ich! Das ist lediglich eine Sache der persönlichen Initiative.

ANTON: Was werden Sie tun, in bezug auf die Nacht?

KRIEGBAUM: Die Nacht wird beseitigt.

ANTON: Das wäre schön.

KRIEGBAUM: Haben Sie schon mals etwas von Neonlichtern gehört? *(Er redet sich in Begeisterung):* Wenn es dunkel wird, steigt auf einmal eine Kaskade von Licht die Straße hinauf, um alle Kurven herum, Licht um Licht, — Sie können das jeden Abend von hier unten beobachten. Und dann vergißt man die Straße, vergißt man, daß es Nacht ist, vergißt man die Felswand rechts und den Abgrund links, man fährt sicher und froh in einem Rausch von Licht dahin.

ANTON *(begeistert):* Wunderbar! Wunderbar!

KRIEGBAUM: Keine Angst mehr vor Überraschungen! Wenn man losfährt, weiß man, daß man ankommt.

ANTON: Wunderbar. Niemand wartet mehr vergebens. Es gibt kein Leid mehr.

KRIEGBAUM: Der Verkehr läuft reibungslos.

ANTON: Der Verkehr, könnte man sagen, von Mensch zu Mensch.

KRIEGBAUM: Ja, kann man sagen.

ANTON: Wunderbar, wunderbar!

KRIEGBAUM: Denn im Grunde, seien wir doch ehrlich,

haben wir alle einander nötig. Keiner darf also gleichgültig sein. Das ist einfach eine Notwendigkeit im wörtlichsten Sinne, — meine private Ethik.

ANTON: Ja, alle brauchen einander. Alle lieben einander. Das Leid der Welt ist ausgetilgt. *(Plötzlich betrübt)* Schade.

KRIEGBAUM: Schade, wieso?

ANTON: Es fiel mir ein, daß ... *(stockt)*

KRIEGBAUM: Was?

ANTON: ... daß ... daß es niemals so sein wird.

KRIEGBAUM *(ernüchtert):* Aber warum denn nicht?

ANTON: Es ist zu schön, einfach zu schön.

KRIEGBAUM *(unsicher, jovial):* Aber mein Bester, haben Sie doch Vertrauen.

ANTON: Ich habe ja Vertrauen, — aber trotzdem ... das hat damit nichts zu tun.

KRIEGBAUM: Sehen Sie mich einmal an! Trauen Sie mir keine Initiative zu?

ANTON: Doch, doch. Aber ich weiß nicht ...

KRIEGBAUM: Ach, Sie meinen, weil ich früher ... das war doch etwas anderes. Ich bitte Sie. So ein Schock. Das ändert den Menschen.

ANTON *(seine Rede ansetzend):* Wenn das Unglück passiert ... *(Unterbricht):* Wirklich?

KRIEGBAUM: Glauben Sie mir. Von Grund auf. Ich will Ihnen, wenn Sie so skeptisch sind, mal die Wahrheit sagen. Wissen Sie, warum ich da oben gefahren bin?

ANTON: Sie sagten es, die Eingaben ...

KRIEGBAUM: In der Mappe, mein Lieber, in der Mappe! Aber man ist ja auch ein Mensch, verstehen Sie? Man tut ja so manches. Ich bin nicht so gesund, wissen Sie, wie meine Leute im Amt meinen. Galle und Leber, lästige Sache. Muß operiert werden, sagt mein Hausarzt. Operieren, Bauchaufschneiden? Mir nicht, sage ich. Unser Hausmädchen — tüchtige, alte Jungfer, vom Land, so etwas finden Sie heute gar nicht mehr! — kennt einen alten Waldhüter, der ist heilkundig, alte Volksweisheit und Überlieferungen und so weiter — nicht zu verachten! Also zu dem bin ich gefahren, — heimlich natürlich, man will sich ja nicht lächerlich machen.

ANTON: Nur zufällig also ...?
KRIEGBAUM: Auf dieser Straße — glücklicherweise.
ANTON: Oder unglücklicherweise.
KRIEGBAUM: Oder unglücklicherweise, — wie man's nimmt.
ANTON: Man kann das so oder so nehmen.
KRIEGBAUM: Und wissen Sie, was der Alte mir verordnet hat? Gekochte Schafsläuse!

*(Anton verständnislos)*

KRIEGBAUM *(lacht)*: Gekochte Schafsläuse — — Schluß damit. Jetzt kümm're ich mich um die Straße. Lassen Sie mich nur erst wieder im Amt sein. — Ich will mal versuchen, auf die Beine zu kommen. *(Er erhebt sich mit Antons Hilfe)*: Danke, danke. Sehen Sie, es geht schon.

ANTON: Vorsichtig!
KRIEGBAUM: Das geht doch schon blendend, finden Sie nicht?
ANTON: Es geht Ihnen alles nicht rasch genug, Herr Ministerialdirigent. Wieder im Amt sein! Glauben Sie wirklich nicht, daß Ihr Nachfolger, Herr Dr. Kirstein ...
KRIEGBAUM: Jetzt sagen Sie schon wieder: Nachfolger.
ANTON: Das liegt mir so auf der Zunge. Verzeihen Sie.
KRIEGBAUM: Ich will mal einen kleinen Gehversuch machen.
ANTON: Aber Sie sind noch unsicher! Sie könnten stolpern! — Warum lehnen Sie es denn so strikt ab, daß Herr Dr. Kirstein, Ihr ... daß er die Vertretung übernimmt?
KRIEGBAUM: Unzuverlässig! Unzuverlässig, mein Lieber! Ich garantiere Ihnen, Ihre Eingaben liegen fünf Jahre bei ihm, ehe sie zur Bearbeitung kommen. — Nein, lassen Sie mich nur allein gehen, danke! *(Er geht)* Es schmerzt noch ein bißchen, beim Auftreten. Ich gehe nicht weit, unbesorgt. Nur ein wenig da hinüber. Danke, mein Lieber. *(Er geht ab. — Anton sieht ihm nach, macht sich dann mit den Papieren aus der Mappe des Ministerialdirigenten zu schaffen. Steckt einige davon zu sich)*

*(Pause. Rudolf kommt)*

RUDOLF: Wo ist er?

*(Anton deutet die Richtung)*

RUDOLF: Er geht fort?
ANTON: Spazieren. Er kann schon wieder ganz gut gehen.
RUDOLF *(mißtrauisch):* So. Er kann schon wieder ganz gut gehen?
ANTON: Ich habe ihn sozusagen gesundgepflegt. Er hat das selbst gesagt. Und du hattest ihn schon aufgegeben. Abgestürzt, tot, fertig — hast du gedacht.
RUDOLF *(ärgerlich):* Wohin geht er?
ANTON: Er kommt gleich zurück. Er macht nur einen ersten Versuch.
RUDOLF: So, er kommt gleich zurück.
ANTON *(deutend):* Siehst du ihn? Dort ist er. Jetzt setzt er sich. Er ist noch schwach in den Knien.
RUDOLF: So, er ist noch schwach in den Knien. Aber er wird zusehends kräftiger.
ANTON: Wir wollen nicht zu optimistisch sein. Ein Sturz ist schließlich keine Kleinigkeit. Er war ja anfangs wirklich wie tot. Keine Bewegung, kein Atemzug.
RUDOLF: Ja, wie tot war er — w a r er.
ANTON: Und jetzt? Das ist ein Unterschied wie Tag und Nacht. Er sprüht schon wieder vor Aktivität.
RUDOLF: So.
ANTON: Er läßt die Straße ausbauen, sobald er wieder im Amt ist.
RUDOLF: So.
ANTON: Das hat ihm nämlich einen Schock versetzt, das Unglück. *(Er zitiert seine Rede):* Wenn ein Unglück geschehen ist, irgendwo in der Welt, und es überfällt uns mit seiner ganzen entsetzlichen Sinnlosigkeit ... dann fühlen wir uns aufgerufen ... *(Er zieht das Manuskript aus der Tasche)* ... Dann reißt auf einmal der Vorhang weg ...
RUDOLF: Steck deine Predigt in den Ofen!
ANTON: Das ist gut, als Anfang, sehr gut.
RUDOLF: Siehst du: er macht Freiübungen.
ANTON *(hinsehend):* Tatsächlich. *(Er faltet das Manuskript sorgfältig zusammen und steckt es in die Tasche)*
RUDOLF: Jetzt macht er sogar einen Dauerlauf.
ANTON: Du verstehst mich nicht. Du hast mich nie verstanden. Du siehst nur, was du siehst, du hörst nur, was

du hörst. Du bist ein ganz stumpfer Mensch.

RUDOLF: Ich höre die Autos kommen. Ein Fiat ... ein Omnibus ... ein Rolls Royce ...

ANTON: Ministerialdirigent Kriegbaum hat einen feinen Sinn für meine Reden.

RUDOLF *(gehässig):* So. Er gefällt dir auch noch!

ANTON *(unsicher):* Nun ja — als Mensch.

RUDOLF: Dort kletter er die Felsen hinauf!

ANTON *(erschrocken):* Halt ihn zurück! Er entkommt uns!

RUDOLF *(sieht Anton an):* Wieso sagst du: entkommen?

ANTON: Ich meinte — *(unsicher)* — er verletzt sich vielleicht.

RUDOLF: Hat nur ein paar Blumen gepflückt.

ANTON *(hilflos):* Was wird aus uns?

RUDOLF: Ich weiß nicht. Ich bin einer, der Autos repariert. Das andere ist deine Sache.

ANTON: Das andere ...?

RUDOLF: Du lebst ja schließlich auch davon.

*(Pause)*

*(Kriegbaum kommt zurück, er sieht fröhlich aus, er hat eine Blume in der Hand)*

KRIEGBAUM *(forsch gehend):* Na, da staunen Sie aber, was?

ANTON: Das ist mein Bruder.

KRIEGBAUM: Das habe ich mir schon gedacht, als ich Sie da stehen sah: Das Brüderpaar! Es freut mich aufrichtig, auch Sie persönlich kennenzulernen. *(Gibt ihm die Hand)* Wenn Sie nicht da unten gewesen wären, Sie beide, wenn Sie nicht den Sturz beobachtet hätten und mir zu Hilfe geeilt wären, als ich in den Rhabarberstauden lag — die Stelle habe ich mir eben noch einmal angesehen — na, danke, ich wäre nicht wieder aufgestanden.

ANTON: Bei Ihrer gesunden Konstitution, Herr Ministerialdirigent.

KRIEGBAUM: Nein, nein — Verdienst ist Verdienst. Übrigens, um ein Haar wäre ich auf den Felsbrocken geschlagen, neben den Stauden.

RUDOLF: Darauf fallen die meisten.

ANTON: Sehen Sie! Sie sind ein Glückspilz, Herr Ministerialdirigent.

KRIEGBAUM: Ja, das kann ich wohl von mir sagen. Sehen Sie mal, was ich hier habe.

ANTON *(sieht hin):* Eine Akelei.

RUDOLF: Nett.

KRIEGBAUM: Ich habe mir erlaubt, eine zu pflücken — das ist doch gestattet?

ANTON: O bitte!

KRIEGBAUM: Übrigens, das haben Sie wirklich sehr reizend und geschmackvoll angelegt, den Garten, die Wege, die Beete.

ANTON: Wir haben immer dafür gesorgt, daß Blumen da sind. Ohne Blumen sind diese Hügelchen gar zu trostlos.

KRIEGBAUM: Ich darf mir doch die kleine Akelei mitnehmen, — als Andenken?

ANTON: Aber gern!

RUDOLF: Als Andenken.

KRIEGBAUM: Wird sofort in die Autovase getan. Und Wasser ... Was macht denn mein Wagen?

RUDOLF: Fast fertig.

KRIEGBAUM: Großartig! Ich kann ihn also gleich mitnehmen?

RUDOLF: Die Sitze müssen noch montiert werden.

KRIEGBAUM: Lassen Sie sich ruhig Zeit, — Hauptsache, man sieht hinterher nichts mehr von dem Vorfall.

RUDOLF: Noch kein Autobesitzer hat sich beklagt.

KRIEGBAUM: Natürlich nicht, natürlich nicht — fassen Sie das doch bitte nicht als Vorwurf auf!

RUDOLF: Jeder Wagen sieht dann aus wie nicht gestürzt.

ANTON: Nichts erinnert an den bedauerlichen Vorfall. Sie steigen ein, winken uns noch fröhlich nach ... fort!

KRIEGBAUM: Sehr schön.

RUDOLF: Sehr schön.

ANTON: Sehr schön.

KRIEGBAUM: Und dann, das verspreche ich: wird das Projekt in Angriff genommen. *(Die beiden sehen sich an)*

KRIEGBAUM: Verlassen Sie sich drauf. — Was bekommen Sie für die Reparatur?

RUDOLF: Viertausend.
KRIEGBAUM: Ist das nicht ein bißchen viel?
RUDOLF: Viereinhalb sind geboten.
KRIEGBAUM: Geboten?
RUDOLF: Vom Händler. Der weiß, was der Wagen wert ist.
KRIEGBAUM: Händler?
RUDOLF: Wir leben schließlich davon.
KRIEGBAUM: Ach ja, das hatte ich vergessen. *(Schweigen)* Wahrscheinlich, alles in allem, ein karges Brot, nicht wahr?
RUDOLF: Je nach Saison.
KRIEGBAUM: So, davon hängt das auch ab?
*(Schweigen)*
ANTON: „... und reißt auf einmal der Vorhang weg ..." oder: „... und zerreißt auf einmal der Vorhang" oder: „der Vorhang ..." Vorhang ist schlecht.
RUDOLF: Hör auf damit.
KRIEGBAUM: Was sagt er?
RUDOLF: Unsinn.
ANTON: Manchmal, Herr Ministerialdirigent Kriegbaum, wenn ich meinen Bruder arbeiten höre, oder wenn ich höre, wie Sie sagen: „Verlassen Sie sich drauf!", das ist so, wie wenn man einen Vertrag schließt, und wenn ich sehe, wie tätig Sie sind ...
KRIEGBAUM *(abwehrend):* Nun, nun.
ANTON: Ja, ja, ich sehe doch, Ihre Arbeit hat einen Sinn. Sie sind eine glückliche Natur, Sie haben eine Arbeit, die Ihnen leicht von der Hand geht, Sie haben eine Aufgabe ...
KRIEGBAUM: Aber Sie doch auch, mein Lieber! Muß ich Ihnen denn das versichern?
ANTON: ... dann überkommt mich der lähmende Schauer der Sinnlosigkeit meines eigenen Tuns. Der Vergeblichkeit ... ich meine das nicht materiell, verstehen Sie mich nicht falsch. Ich kann wohl sagen, daß mir am materiellen Erfolg nichts liegt. Ich meine das anders: wer achtet denn überhaupt auf meine Arbeit, — ja, es i s t eine Arbeit, eine mühevolle, zermürbende Arbeit, das richtige Wort zu finden, den richtigen Tonfall, das richtige Ver-

hältnis der Aussage zur Wirklichkeit — — wer achtet denn am Ende darauf? *(Kriegbaum will konziliant etwas sagen)* Geben Sie keine voreilige Antwort. Ich weiß, was Sie sagen wollen: meine Arbeit sei nicht für die Vielen und es genüge, wenn e i n Mensch sie zu schätzen wisse.

KRIEGBAUM: Ich zum Beispiel schätze sie außerordentlich.

ANTON: Schätzen! Das ist ja nur eine oberflächliche Betrachtung. Sehen Sie das nicht? Was mich bekümmert, ist die Erkenntnis, daß meine Tätigkeit, das, worum ich leidenschaftlich ringe, jetzt kaum noch einen Bezug zur Wirklichkeit hat. Verstehen Sie das nicht?

KRIEGBAUM: Ich bemühe mich.

ANTON: Mein Bruder repariert Autos. — Damit kann man fahren, nicht wahr? Und Sie bauen Straßen, darauf fährt man sicher dahin. Während ich ... *(Er zieht das Manuskript aus der Tasche)* Was hat denn das für einen Sinn? Unsinn, sagt mein Bruder. Wir sind sehr verschieden, mein Bruder und ich.

KRIEGBAUM *(vermittelnd):* Sie ergänzen sich gegenseitig.

ANTON: Gut. Immer trat auf einmal das Ereignis ein, der Absturz. *(Liest):* „Es reißt auf einmal der Vorhang weg ..." Sie allein können das verstehen.

KRIEGBAUM: Gewiß. Ich habe sozusagen eine direkte Beziehung dazu.

ANTON: Helfen Sie mir.

KRIEGBAUM: Was kann ich Ihnen helfen?

ANTON: Mein Manuskript ... verstehen Sie doch ...

KRIEGBAUM: Ich bin literarisch nicht auf dem laufenden.

ANTON: Sie brauchen nur zuzuhören. Sie müssen nur auf jede Nuance achten, verbessern, wenn etwas nicht der Wahrheit entspricht.

KRIEGBAUM: Wenn ich Ihnen damit einen Gefallen tun kann, bitte!

RUDOLF *(schiebt Kriegbaum auf den am Boden liegenden Autositz):* Machen Sie es sich bequem.

ANTON: Und Ihr Urteil sprechen, — rücksichtslos!

KRIEGBAUM: Bitte! — Was ist das Thema Ihrer Rede?

ANTON: Sie.

KRIEGBAUM: Ich?

ANTON: Man kennt im Grunde einander wenig. Verbessern Sie mich bitte.

KRIEGBAUM: Komisch, wirklich komisch.

ANTON: ... „reißt auf einmal der Vorhang auf, der Abgrund wird sichtbar, den wir mit bequemen Worten und mit einer angenehm zu lebenden Moral verstellt hatten."

KRIEGBAUM: Sehr flüssig.

RUDOLF: Der Anfang ist schon ausprobiert.

KRIEGBAUM: Aha.

ANTON: „Dieses Unglück ist wieder einmal geschehen. Ein Mensch, in der Mitte des Lebens stehend, nun auf einmal leblos, stumm ..."

KRIEGBAUM: Ich bitte Sie! Ich kann doch wieder ...

RUDOLF: Immer noch Einleitung.

ANTON: Verzeihen Sie, ich dachte jetzt nicht daran, daß Sie ... Ich muß es anders fassen. „Ein Leben der Pflichterfüllung ..."

RUDOLF: Kann man das sagen?

KRIEGBAUM: Das ist so eine Phrase. Aber ich glaube doch wohl, daß man sie sagen kann, ohne mich besonders rühmen zu wollen.

RUDOLF: Hörst du, Anton? Das ist wichtig. Frag ihn mal.

ANTON: Ihre Pflicht ist es zum Beispiel, die Straße zu bauen, Herr Ministerialdirigent. Würden Sie Ihre Pflicht erfüllen, auch wenn für Sie persönlich damit eine Gefahr verbunden wäre?

KRIEGBAUM: Warum sollte das gefährlich sein?

RUDOLF *(mit verhüllter Drohung):* Jemand sagt Ihnen: Tun Sie's nicht. Das könnte doch sein.

ANTON: Etwas, was Sie normalerweise aus Pflichtgefühl tun müßten.

KRIEGBAUM: Ich verstehe nicht recht ...

RUDOLF: Und man setzt Ihnen die Pistole auf die Brust.

ANTON: Das ist nur so ein Ausdruck.

RUDOLF: Wenn Sie Angst haben, versprechen Sie alles.

ANTON: Das Betreffende nicht zu tun.

RUDOLF: Man will ja leben. Das versteht sich.

ANTON: Und kurze Zeit darauf, Herr Ministerialdirigent, kommen Sie nach Hause ... Gesetzt den Fall, Sie waren unterwegs, als Ihnen das passiert ist. Sie kommen ins Amt, Sie haben nichts mehr zu fürchten — vorbei wie ein Alptraum.

RUDOLF: Vergessen Sie dann Ihr Versprechen? Tun Sie dann trotzdem Ihre sogenannte Pflicht?

KRIEGBAUM *(unsicher):* Das verstehe ich nicht ganz. Ich kann nur sagen, daß ich nach bestem Wissen und Gewissen zu handeln gedenke, und gehandelt habe.

RUDOLF: Also, die Straße wird gebaut. — Weiter Anton!

ANTON: Ein Leben der Pflichterfüllung! — Aber damit sollten wir nicht anfangen.

RUDOLF: Egal, wo du anfängst. Kein Mensch achtet darauf.

ANTON: „... Und nun stehen wir hier, am Ende eines Lebens, und fragen uns ..."

KRIEGBAUM *(unbehaglich):* Aber hören Sie!

RUDOLF: Lassen Sie ihn nur reden!

ANTON: „Welchen Sinn hat dieses Leben gehabt?" — Ich muß ja einen Übergang finden, Herr Ministerialdirigent. — „Und ich glaube, wir können diese Frage nur beantworten, wenn wir sein Leben als Ganzes überblicken. Ein glückliches Leben war es offenbar."

KRIEGBAUM: Wieso w a r es?

ANTON: Bis zu diesem Punkt, meine ich, Herr Ministerialdirigent. Um diesen Punkt dreht sich alles. Vorher und nachher: zwei Welten.

KRIEGBAUM: Sie strapazieren etwas meine Geduld.

RUDOLF: Siehst du, Anton? Er langweilt sich.

ANTON: „Sein Leben war ein einziger Dienst, sein Tag war angefüllt mit unermüdlicher Arbeit, er leistete in seinem Amt auch in späteren Jahren mehr als mancher seiner jüngeren Mitarbeiter."

KRIEGBAUM: Kirstein zum Beispiel.

ANTON: Er war sehr beliebt bei seinen Mitarbeitern. Einige liebten ihn geradezu abgöttisch. Eine Dame mußte entlassen werden, weil ...

KRIEGBAUM: Reden wir nicht von der Affaire. Geben Sie das Photo her!

RUDOLF *(hält ihn zurück):* Das war doch unter Ihren Papieren.

ANTON: „Wenn er morgens in sein Büro kam, stand regelmäßig ein Strauß Rosen auf dem Schreibtisch, sowie ein Schälchen mit Ingwer, den er sehr gern aß."

KRIEGBAUM: Woher wissen Sie ...

ANTON *(einen Brief vorweisend):* Es geht aus diesem Brief hervor.

KRIEGBAUM: Was fällt Ihnen ein, das ist völlig privat.

RUDOLF *(sehr bestimmt):* Ruhe, Herr Ministerialdirigent.

ANTON: Das Private, Herr Minsterialdirigent, ist gerade das, was uns interessiert. Das gibt Farbe, das erweckt Anteilnahme. — „Er verstand es außerordentlich geschickt, mit Menschen umzugehen, weil er selbst menschlich war: kein Moralist, kein sturer Beamter, kein trockener Aktenmensch."

KRIEGBAUM: Richtig!

ANTON: „Er liebte den Sport. Schon als Zwölfjähriger hatte er sich im Weitsprung eine Plakette geholt." *(Er nimmt eine Plakette aus der Aktentasche)*

KRIEGBAUM: Fünf Meter zehn, wenn ich mir das heute vorstelle!

ANTON: „Und noch später — man darf wohl sagen: im vorgerückten Alter — war sein Körper bemerkenswert gut durchtrainiert. Mens sana, kann man ausrufen, in corpore sano. Denn in dieser edlen Hülle wohnt ein edler Geist! Schon in der Schule machte er seine ersten Flüge, noch ohne bestimmte Richtung, von allem berührt und alles berührend, noch schwankend, nach welcher Richtung er sich entfalten sollte ..."

KRIEGBAUM: Aber ich war kein Streber! In Religion hatte ich eine Vier — in einem Fach, in dem es einzig darauf ankam, den Pfarrer nicht zu ärgern.

ANTON: Die Jugend will viel und erreicht darum wenig. Erst die Beschränkung läßt den Geist wirklich fruchtbar werden.

KRIEGBAUM: Darüber hielt ich die Abituransprache!

ANTON: Eine Rede, die aufhorchen ließ. „Später entdeckte man dann seine ausgesprochen juristische Begabung."

KRIEGBAUM: In einer politischen Diskussion. Es ging um die Wehrpflicht. Speziell um das Problem: darf man töten, wenn es die Erhaltung unserer Lebensgemeinschaft erfordert.

RUDOLF: Das versteh' ich nicht.

ANTON: Darf man töten, wenn es ... Wie stellten Sie sich dazu?

KRIEGBAUM: Ich sagte, nein, denn es ging mir einfach darum, Sympathien zu erwerben, damals.

ANTON: „Endlich, nach Jahren des Suchens, schloß er sich einer Partei an. Ihr verdankt er es ..."

KRIEGBAUM: Nicht aus Opportunismus!

ANTON: „Sondern um sich damit aus der individualistischen Vereinzelung zu lösen, die im tiefsten, das erkannte er klar, doch unfruchtbar bleiben muß. Um einem Großen und Ganzen zu dienen. Er wurde kurz darauf Ministerialdirigent."

KRIEGBAUM: B e v o r meine Partei ans Ruder kam!

ANTON: „Ein reiches, erfolgreich sich entfaltendes Leben liegt vor uns ausgebreitet, ein Leben, das aus der Fülle gelebt war, bis zuletzt."

KRIEGBAUM *(will aufstehen):* Hören wir auf damit.

RUDOLF *(sehr bestimmt):* Setzen Sie sich ruhig hin.

ANTON: „Wer war er? Was verbarg sich hinter diesen Masken seiner Persönlichkeit des öffentlichen Lebens? Wer, fragen wir, stirbt wirklich in diesem Augenblick?"

KRIEGBAUM *(will energisch aufspringen, protestieren)*

RUDOLF *(drückt ihn nieder):* Regen Sie sich nicht auf. Das schadet Ihrer Gesundheit.

ANTON: „Ein fröhlicher Mensch war er, ein Mensch, stets zu Scherzen aufgelegt, selbst wenn einmal seine Sache nicht zum besten stand ..." *(Er zieht ein Jo-Jo-Spiel aus der Aktentasche, spielt damit)*

KRIEGBAUM: Alles zu seiner Zeit. — Ich möchte jetzt wirklich gehen. *(Wendet sich)*

ANTON *(spielt):* Das beruhigt, macht nicht glücklich und nicht unglücklich ...

RUDOLF *(hält Kriegbaum am Arm):* Warum zittern Sie denn?

KRIEGBAUM: Zittern? Ich?

RUDOLF: Jetzt haben Sie Ihre Zähne aufeinander geschlagen. — Feines Gehör, was?

KRIEGBAUM: Unsinn.
RUDOLF: Ich glaube, Sie fürchten sich?
KRIEGBAUM *(zitternd):* Fürchten? Vor wem?
RUDOLF: Vor wem, — das ist gut: vor wem! *(Lacht)* Hörst du, Anton: vor wem, fragt dein Ministerialdirigent. *(Lacht)* Meinst du vielleicht, vor dir? *(Zu Kriegbaum):* Der tut nichts. Der redet nur, sonst kann er nichts. Ist er nicht komisch? *(Kriegbaum und Rudolf lachen über Antons Spiel)*
ANTON *(schreit):* Nein! *(Dann leiser, wieder im Spiel, nimmt ein Taschenmesser aus der Aktentasche):* Diese Erinnerung an die Knabenzeit, an Sommernächte am Lagerfeuer, wo man sich eine Haselgerte schneidet oder eine Flöte aus den Uferweiden. Dieses kleine Messer ...
RUDOLF: Macht er das nicht gut, Herr Ministerialdirigent?
KRIEGBAUM: Ich will damit nichts zu tun haben.
RUDOLF: Und jetzt klappt er das hübsche kleine Messerchen auf — klick! Feines Gehör habe ich, was?
KRIEGBAUM: Mein Messer!
RUDOLF: Sie tun ja, als ob es Ihnen am Hals säße.
ANTON: „Er hat es bei sich getragen, seit jener Zeit. Er hat damit in einer Frühlingsnacht einen Mädchennamen in die Ahornrinde geschnitten ... einen Namen, den er später vergaß ..."
RUDOLF: Sehen Sie ihn an! Mit seinem kleinen Messerchen!
KRIEGBAUM: Ich weiß nicht ...
RUDOLF: Glauben Sie, der tut Ihnen was?
ANTON: „Und Bleistifte hat er damit gespitzt. Sein ganzes Leben lang. Die stumpfen Bleistifte! Wer hat einen Tintenstift in die Bleistiftschale gelegt? Will man mich vergiften?"
RUDOLF: Klingt ganz echt, wie? Klingt fast wie Schrekken, wie?
KRIEGBAUM: Die kleine Klinge für die Bleistifte!
ANTON: Die große für die Äpfel!
KRIEGBAUM: Und abwischen hinterher, mit einer Papierserviette!
RUDOLF: Hat man immer dabei, wie?

KRIEGBAUM: Oder ... mit dem Taschentuch, wenn es niemand sieht.

ANTON: „Er hat seine Eigenheiten. Seine Ordnung in kleinen Dingen. Am ergreifendsten aber, so möchte es uns scheinen, ist die Feststellung, daß er Blumen liebte. Der Herr Ministerialdirigent liebte Blumen. Er hielt eine Akelei in der Hand, als er starb."

KRIEGBAUM *(in panischer Angst):* Hören Sie auf! Lassen Sie mich los!

RUDOLF *(hält ihn brutal zurück):* Aber Herr Ministerialdirigent!

KRIEGBAUM: Was haben Sie vor! Was haben Sie mit mir vor?

RUDOLF: Ich bin doch eine Seele von Mensch.

KRIEGBAUM *(in steigender Panik):* Ich halte Sie für prächtige Menschen! Wir verstehn uns ja. Sie haben mir das Leben gerettet.

ANTON: „Was, fragen wir uns nun, war dieses Leben wert? Welchen Sinn hatte das Ereignis, war es ein zufälliges Unglück, nicht mehr?"

KRIEGBAUM: Ich verdanke Ihnen alles! Eine grundlegende Wandlung meiner Einstellung zum Leben. Durch Sie, meine Freunde, bin ich erst zur Erkenntnis gekommen meiner selbst. *(Will sich losmachen)*

RUDOLF: Schön sitzen bleiben! Wer wird denn so nervös sein ...

ANTON: „Findet es seinen Sinn in der Einsicht, die uns der Verunglückte selbst und meiner selbst ... vermittelt."

KRIEGBAUM *(ganz außer Atem, in Angst):* ... meiner selbst und meiner selbst. Verstehen Sie mich doch ... *(Er ist aufgesprungen, wehrt sich gegen Rudolf, der breitbeinig vor ihm steht, die Hände in den Taschen)* Verstehen Sie doch, was ich sagen will ...

RUDOLF: Ruhe!

ANTON: „... vermittelt mit dem schönen, beherzigenswerten Wort ..."
*(Anton ersticht Kriegbaum mit dem Taschenmesser)*
„Meine Freunde ..." *(Er stirbt. Anton wischt mit dem Taschentuch das Messer ab)*

*(Pause)*

RUDOLF: Mußte so kommen. Bring ihn weg.

ANTON *(entsetzt):* Er ist tot! Er ist tot! Was sollen wir tun?

RUDOLF: Neue Eingabe machen. Er hat doch einen Nachfolger, oder?

ANTON: Ja. Dr. Kirstein. Ja. Ich muß sofort schreiben. Aber er hat einen Fehler, Rudolf, der Nachfolger ...

RUDOLF: Jeder hat Fehler. — Der Wagen ist morgen fertig. Räum auf.

*(Anton bemüht sich um den Toten)*

RUDOLF: An den Füßen!

*(Anton nimmt Kriegbaum an den Füßen, zieht ihn heraus)*

RUDOLF: Schluß für heute.

ANTON *(kommt zurück):* Wenn aber noch einer ...

RUDOLF: Würde mich ärgern. *(Er befeuchtet den Zeigefinger und hält ihn prüfend in die Luft)* Windstille.

ANTON: Keine Sonne mehr. Abend.

RUDOLF: Feierabend. *(Er legt sein Werkzeug zusammen)*

ANTON *(ergriffen):* Abendstille.

RUDOLF: Abendfrieden.

ANTON: Frieden. *(Sie falten die Hände)*

*Frank Geerk*

# AM PULS DER ZEIT

Personen:

Dr. Sarg
Dirk
Axel
Eine Frau
Zuschauer

## AM PULS DER ZEIT

*(Während sich die ersten Zuschauer einfinden, hört man aus verschiedenen Lautsprechern die Stimme von Dr. Sarg. Sie ist leicht verzerrt, aber gut verständlich)*

DR. SARG: Treten Sie näher, meine Damen und Herren! Treten Sie näher! Hier und jetzt wird Ihre Sache verhandelt! Ja, in Doktor Sargs Kabinett wird Ihnen klar werden, wohin die Welt sich bewegt! Und auf Doktor Sarg ist Verlaß. Er ist kein Wahrsager, sondern ein streng wissenschaftlich arbeitender Verhaltensforscher! Treten Sie näher, meine Herrschaften! Nur keine Hemmungen! In Doktor Sargs Kabinett wird Ihnen nichts geschehen, was Sie nicht selbst in Ihrem Innersten wollen! Treten Sie näher, und Sie erhalten Einblick in den finstersten Winkel Ihrer Seele! Mit nur sieben Mark sind Sie dabei: beim erregenden Kampf zweier Menschen um ihr nacktes Überleben.
*(Pause. Jahrmarktsmusik)*
Vorsicht, meine Herrschaften! Prüfen Sie Ihre geistige und seelische Verfassung, bevor Sie sich eine Eintrittskarte zu Doktor Sargs Kabinett kaufen! Für die Folgen möglicher Schocks, die Ihnen bei uns zuteil werden könnten, übernehmen wir keine Verantwortung! Nervenzusammenbrüche, Herzversagen und Frühgeburten — alles Ihr eigenes Risiko! Kinder unter achzehn Jahren haben — aufgrund einer polizeilichen Anordnung — keinen Zutritt. Aber Sie sollten sich dieses Schauspiel auf keinen Fall entgehen lassen, meine Damen und Herren, vorausgesetzt, daß Ihre Nerven aus Stahl sind — andernfalls empfiehlt Ihnen die Direktion, zumindest eine Lebensversicherung abzuschließen.
*(Pause. Jahrmarktsmusik)*
Treten Sie näher, meine Damen und Herren! Zögern Sie nicht, sich diese Weltsensation entgehen zu lassen! Doktor Sarg, der schon verschiedene Male für den Nobelpreis vorgeschlagen wurde, wird die Experimente, zu deren Zeugen wir Sie machen wollen, selbst überwachen! Doktor Sarg, einer der bedeutensten Wissenschaftler dieser

Zeit, hat manche Gemeinsamkeit mit den Genies der vergangenen Jahrhunderte: die zeitgenössische Wissenschaft versucht mit allen Mitteln, seine Forschungsarbeit zu hintertreiben. Überzeugen Sie sich selbst, meine Damen und Herren, daß man ihm Unrecht tut! Treten Sie näher! Machen Sie Bekannschaft mit dem Newton des Zwanzigsten Jahrhunderts! Legen Sie Ihr Ohr an den Puls der Zeit! In Doktor Sargs Kabinett werden Sie mit eigenen Augen erleben, welche Chancen die Menschheit in Ihrem Überlebenskampf noch hat. Sind wir zum Untergang verurteilt? Oder darf die Menschheit noch auf eine Zukunft hoffen? Treten Sie näher, und Sie werden es erfahren.
*(Pause. Jahrmarktsmusik)*
Meine Damen und Herren: in wenigen Minuten können Sie Zeuge einer Versuchsreihe werden, deren Ausgang noch ungewiß ist. Gewiß ist: unser aller Schicksal hängt vom Ausgang dieser Experimente ab! Doktor Sarg hat die ersten Versuche dieser Art in Rom vorgeführt, und es ist kein Geheimnis mehr, daß ihm daraufhin der Papst eine Audienz gewährt hat. Und für die morgige Vorstellung hat sich bereits ein Vertreter des Wissenschaftsministeriums angemeldet, meine Damen und Herren! Kein Zweifel: diese Versuche sind in ihrer Konsequenz für die Menschheit so zwingend, daß ihnen auf die Dauer keiner entgehen kann. Was zögern Sie noch? Mit sieben Mark sind Sie dabei! Für nur sieben Mark werden Sie Zeuge eines Kampfes zweier Menschen um ihr nacktes Überleben. Treten Sie näher! Vielleicht fühlen gerade Sie sich berufen, über die Rolle des Zuschauers hinauszugehen und sich aktiv an unseren Experimenten zu beteiligen! Oder Sie ! Oder Sie! Oder Sie! Oder Sie!... Oder die Dame dort drüben!
*(Pause. Jahrmarktsmusik. Dann, falls nötig, Wiederholung des obigen Textes. Unter den Zuschauern befinden sich auch Axel und Dirk. Sie haben nicht erwartet, sich hier zu treffen. Jeder versucht, sich vor dem anderen zu verstecken. Sie schleichen beide zum Ausgang, stoßen dort aufeinander)*

AXEL: Guten Tag, Herr Kollege!

DIRK: Ich bin erstaunt, Sie hier anzutreffen!

AXEL: Ich war gerade dabei... Die Seriosität dieses Unternehmens scheint mir doch sehr fraglich zu sein.

DIRK: Ganz Ihrer Meinung.

AXEL: Dann lassen Sie uns...

DIRK: Ob man das Eintrittsgeld zurückbekommt?

AXEL *(lachend)*: Das geht ja auf Spesenrechnung.

DIRK: So? Das ist also Ihre Auffassung von Spesenrechnung? Also was mich betrifft... Wenn wir das Geld nicht zurückbekommen, dann fühle ich mich verpflichtet, mir den Zauber hier auch anzusehen!... Guten Tag.

*(Dirk geht auf seinen Platz zurück. Axel zögert, geht dann aber ebenfalls auf seinen Platz zurück)*

*(Dr. Sarg tritt vor den Vorhang)*

SARG: Es freut mich, meine Damen und Herren, daß Sie den Mut gefunden haben, mein Kabinett zu betreten. Und ich hoffe, daß ich Sie nicht enttäuschen werde! Der Mensch ist ein undurchsichtiges Wesen, und der Erfolg meines Experimentes hängt vom jeweiligen Versuchsmaterial ab, das mir zur Verfügung steht! Kurz: der Erfolg hängt von Ihnen ab, meine Damen und Herren! *(Pause. Blickt sich neugierig im Publikum um)* Ich brauche zwei Freiwillige... Ich darf Sie beruhigen: obwohl es bei meinen Versuchen um Leben und Tod geht, wird Ihnen nichts zustoßen, was Sie nicht selbst veranlassen!

*(Spricht Dirk an)* Wie wärs mit Ihnen mein Herr? Darf ich fragen, wie Sie sich fühlen?

DIRK: Danke, danke.

SARG: Sie fühlen sich stark?

DIRK: Mich kann so leicht nichts mehr erschüttern.

SARG: Sind Sie da so sicher?

DIRK: Und ob! Wenn Sie wüßten, was ich täglich erlebe...

SARG: Einen Mann wie Sie kann ich brauchen! Ich bitte Sie, kommen Sie... *(Führt Dirk auf die Bühne)* Sie sehen, meine Damen und Herren, damit hätten wir bereits die erste Versuchsperson... *(Zu Axel, der sich gemeldet hat)* Und Sie... Sie wünschen?

AXEL *(lachend)*: Also wenn mein Kollege sich hier so aufspielt, dann will ich mich auch nicht drücken.

SARG: Sehr erfreut, mein Herr! Darf ich Sie bitten?...

*(Axel klettert auf die Bühne, Dr. Sarg gibt ihm die Hand. Zu beiden)* Sie sind Kollegen? Darf ich fragen, was Sie so tun im Leben?

AXEL: Wir sind Beamten...

DIRK *(fällt ihm ins Wort)*: Eigentlich sind wir Bauern! Aber wir haben uns aufstellen lassen von unsrer Partei, weil...

AXEL: Ja, sehen Sie, Herr Doktor: alle Welt redet von Umweltschutz und von der Bedrohung der Natur...

DIRK: Und wir, die Bauern, wir verstehen was davon! Und daher haben wir uns aufstellen lassen. Man hat uns gewählt. Und seither beraten wir die Regierung... Zuerst waren wir nur Abgeordnete. Aber dann hat man uns in diese Kommission gewählt, die untersuchen soll, wie man...

AXEL: Wir sind beauftragt, eine Studie...

DIRK: Und statistisch gesehen...

AXEL: Das hat doch mit Statistik nichts zu tun!

DIRK: Wenn Sie mich gefälligst einmal ausreden lassen wollten, Herr Kollege, dann...

AXEL *(zu Dr. Sarg)*: Mein Kollege meint: ökologisch gesehen...

SARG *(unterbricht ihn)*: O, es freut mich, daß die Regierung endlich ernsthafte Schritte in diese Richtung unternimmt. Und ich bin überzeugt, daß der Erfolg nicht lange auf sich warten lassen wird.

AXEL: O ja, wenn man dazu käme, zu arbeiten! Aber Sie machen sich keine Vorstellung, wie viele Widerstände man erst überwinden muß, bevor man dazu kommt, wirklich etwas zu tun! Man behindert sich gegenseitig! Wenn mich zum Beispiel mein Kollege nicht ständig stören würde, wäre ich schon viel weiter! Aber immer...

DIRK *(aufbrausend)*: Ich störe Sie? Ich — Sie? Hat man sowas schon gehört? Und wer hat mir denn neulich die Akten vom Schreibtisch geklaut?

AXEL: Und wer hat meine Sekretärin aufs Kreuz gelegt, um ihr meine geheimen Reformvorschläge zu entlocken? Das haben Sie getan! Und haben meine Vorschläge dann selbst dem Minister für Umweltschutz vorgetragen!

DIRK: Eine infame Lüge! Aber jedermann weiß, daß Sie

mich öffentlich beschuldigt haben, von den Bauern Bestechungsgelder angenommen zu haben!

AXEL: Und wer wollte mich in der Kaffeepause vergiften?

DIRK: Ein Versehen! Damit hatte ich nichts zu tun.

AXEL: Insektengift im Kaffeepulver. Giftklasse sieben! Ein Versehen?

DIRK: Sie wissen ganz genau, daß man uns dieses Insektengift zur Überprüfung ins Ministerium geschickt hat. Wie es in den Kaffee geraten ist, das weiß kein Mensch!

AXEL: Aber meine Magenbeschwerden: die habe ich ganz sicher Ihnen zu verdanken! Warum verfolgen Sie mich ständig?

DIRK: Wenn man Sie aus den Augen läßt, geschieht ein Unglück! Das kann ich nicht verantworten.

AXEL: Sie meinen wohl, weil ich mehr leiste als Sie? Jeder weiß, daß mich der Chef schon längst zum Kommissionsvorsitzenden ernannt hätte, wenn Sie nicht ständig meine Erfolge hintertreiben würden!

DIRK: Wenn Sie nicht sofort aufhören...

AXEL: Meinen Sie, ich habe Angst vor Ihnen?

*(Sie gehen mit geballten Fäusten aufeinander los)*

SARG *(tritt zwischen die beiden. Begeistert)*:Sie kommen mir wirklich wie gerufen! Sie sind wie geschaffen für meine Versuche. Ich darf Sie nur bitten: halten Sie Ihren Zorn noch etwas zurück, bis ich Sie in meine Versuchsanordnung integriert habe!

*(Dr. Sarg zieht den Vorhang zurück. Eine Waage und eine Kiste stehen auf der Bühne. An der Decke befinden sich zwei Räder. Bei diesen Rädern befinden sich Fixiermechanismen, die bewirken sollen, daß die beiden Seile, die Dr. Sarg über die Räder legen wird, sich jeweils nur noch in eine Richtung bewegen lassen. Unter den Rädern steht eine Leiter)*

SARG: *(deutet auf die Waage)*: Darf ich bitten? Nur nicht so ängstlich, meine Herren! Ich schwöre Ihnen: Nichts, was Sie nicht selbst auslösen, wird Ihnen geschehen! Und jeder hat die gleiche Chance! Aber damit wirklich Chancengleichheit gewährleistet ist, muß ich Ihr Lebendgewicht egalisieren.

AXEL: Also ich habe keine Lust mehr. Entschuldigen Sie

mich bitte... Nicht mit dem da. *(Will die Bühne verlassen)*

DIRK *(steigt auf die Waage)*: Typisch! Wenn es wirklich darum geht, in der Praxis etwas zu tun, dann verkrümeln Sie sich!

SARG *(notiert sich das Gewicht von Dirk)*: Zweiundachtzig Kilo. *(Zu Axel)* Und jetzt zu Ihnen. Sie werden mir doch wohl erlauben, daß ich Ihr Gewicht feststelle! Danach können Sie immer noch...

AXEL *(kommt zögernd zurück, steigt auf die Waage)*: Wenns weiter nichts ist.

SARG *(notiert)*: Vierundsiebzig Kilo. *(Holt mehrere Gewichte aus der Kiste und steckt sie in die Taschen von Axels Jacke. Überprüft dabei immer wieder die Meß-Skala)* So. Jetzt wären Sie auch bei zweiundachtzig Kilo. Fairness ist die erste Bedingung für das Funktionieren des Versuchs! Darf ich Sie bitten, sich jetzt unter diese Räder zu stellen?... Ja, Auge in Auge. Sehr schön! Und zähmen Sie Ihren Zorn! Sie werden gleich genügend Gelegenheit haben, ihn unter wissenschaftlicher Aufsicht auszuleben! *(Dr. Sarg legt jedem eine Seilschlinge um den Hals. Dann steigt er auf die Leiter, legt das Seil, das er um Axels Hals gebunden hat, durch den Fixiermechanismus und über das Rad — über Axels Kopf, steigt wieder herunter und gibt das Seil-Ende in Dirks Hände. Zu Dirk)* Für den Verlauf des Experimentes ist von entscheidender Bedeutung, daß dieses, den Hals Ihres Gegners umschlingende Seil, da oben durch den Fixiermechanismus daran gehindert wird, zurückzulaufen. Jeder Millimeter, um den Sie also Ihren Gegner hochziehen, ist unwiderruflich, ist nicht mehr rückgängig zu machen. Ich bitte Sie also, sich jede Aktion vorher gut zu überlegen!... *(Dirk zieht vorsichtig an dem Seil)* Aber so warten Sie doch ab! Jeder soll die gleiche Chance haben! Ich kann nicht oft genug wiederholen: Chancengleichheit ist der Grundgedanke unsrer Verfassung — muß also auch in dieser Versuchsanordnung gewährleistet sein. Meinen Sie, sonst hätte ich die Erlaubnis, diese Experimente öffentlich durchzuführen? *(Nimmt das Seil, das um Dirks Hals gebunden ist, läßt es über die über Dirks Kopf befindliche Vorrichtung lau-*

*fen und gibt das Seilende in Axels Hände. Zum Publikum)* Damit, meine Damen und Herren, wären also unsere zwei Versuchspersonen in der Lage, sich gegenseitig aufzuhängen. Mein Beitrag wäre erfüllt. Die Wissenschaft muß sich nun darauf beschränken, zu messen und zu registrieren.

*(Pause. Axel und Dirk belauern sich. Keiner von beiden riskiert es, am Seil zu ziehen)*

AXEL *(freundlich)*: Eigentlich nicht schlecht, daß wir uns endlich einmal Auge in Auge gegenüberstehen, meinen Sie nicht auch, Herr Kollege? Jetzt können wir uns nicht mehr ausweichen. Jetzt müssen wir uns endlich aussprechen... In aller Güte: Wissen Sie, was mich am meisten an Ihnen ärgert?

DIRK: Na?

AXEL: Ihre Schlampigkeit!

DIRK: Was geht Sie das an?

AXEL: Die Tür zu Ihrem Büro ist ständig offen! Immer wenn ich da vorbeigehe, sehe ich diesen ewigen Staub, diese Kaffeetassenränder auf Ihrer Schreibunterlage, diese Fettflecken und Brotkrumen auf den Akten. Sie haben keine Achtung vor den Akten, Herr Kollege!

DIRK: Und deswegen haben Sie mir die Akten einfach geklaut, was?

AXEL: Ich habe sie in Sicherheit gebracht, ja!

DIRK: So, in Sicherheit gebracht? Und jetzt liegen sie in Ihrem Safe — damit sie nie mehr ein Mensch zu Gesicht bekommt! Aber das war ja schon immer Ihre Auffassung von Arbeit: alles wegschließen und ja nicht mehr anrühren!... Ich arbeite eben, Herr Kollege. Und das ist doch wohl wichtiger als die Einhaltung der Büro-Ordnung!

AXEL: So, Sie arbeiten? Indem Sie mir meine Ideen stehlen?

DIRK: Beweisen Sie mir das mal.

AXEL: Sie geben also zu, daß meine Sekretärin Ihnen einen Tip gegeben hat, wie ich das Problem der fehlenden Kinderspielplätze lösen will?

DIRK: Nichts gebe ich zu.

AXEL *(zieht unmerklich an Dirks Schlinge)* Und jetzt?

DIRK: Die Idee, die Luftschutzbunker in Kinderspielplätze zu verwandeln, stammt von mir!

AXEL *(zieht fester an Dirks Schlinge)*: Sind Sie ganz sicher? Dann sagen Sie das nochmal! Wissen Sie, was Sie sind? Ein gottverdammter Karrierist auf meine Kosten!

DIRK: Hören Sie auf! Sie nehmen mir die Luft weg!

AXEL *(zieht weiter)*: Das ist der Zweck der Übung.

DIRK *(zieht ruckartig an Axels Schlinge)*: Wie Sie meinen.

AXEL *(schreit)*: Aufhören! Aufhören! Sie bringen mich um!

*(Beide ziehen, leise keuchend und aufs Äußerste gespannt, vorsichtig an den Seilen und beobachten sich dabei)*

DIRK *(schreit)*: Schluß jetzt!

AXEL: Waffenstillstand?

DIRK: Waffenstillstand.

AXEL *(leise)*: Weißt du Dirk, eigentlich...

DIRK *(mißtrauisch)*: Ja?

AXEL: Manchmal denke ich, wir sollten wieder zurück aufs Land.

DIRK: Ach, Axel.

AXEL: Hier ist kein Leben für uns.

DIRK: Mein Sohn bewirtschaftet den Hof. Aber er könnte meine Hilfe gut brauchen. Ja, du hast vielleicht recht. Zurück aufs Land.

AXEL: Dort lebt man noch.

DIRK: Ja, die Arbeit im Ministerium hat uns kaputt gemacht. Haben wir zuhause nicht friedlich nebeneinander unsre Höfe bestellt?

AXEL: So ganz friedlich auch nicht. Weißt du noch, wie ich dich erwischt habe, als du den Grenzstein zwischen unseren Äckern versetzt hast?

DIRK: Und was hattest du auf meinem Acker zu suchen?

*(Sie nehmen wieder ihre Lauerstellung ein, verharren unbeweglich in gesteigerter Konzentration. Dr. Sarg mißt ihren Blutdruck, hört Herz- und Lungen-Töne ab, leuchtet in die Pupillen, macht sich Notizen)*

SARG *(während seiner Untersuchungen zum Publikum)*: Landleben, Stadtleben, ob auf dem Misthaufen oder im Büro — mir scheint, meine Damen und Herren, das ist für unsre beiden Versuchspersonen unwesentlich! Ihr Lebensinhalt ist und bleibt der Kleinkrieg im Kleinsten! In diesem Krieg verwirklichen sie sich selbst. Und diese Versuchsanordnung gibt ihnen die Möglichkeit, an sich selbst ihr Schicksal zu vollstrecken! Sie selbst sind Zeugen, meine Damen und Herren: ich zwinge die beiden zu nichts. Ich stelle ihnen bloß meine wissenschaftlichen Hilfsmittel zur Verfügung, auf daß sie an sich vollstrecken, was in ihnen ist!

*(Eine Frau aus dem Publikum steht auf)*

FRAU: Empörend! Sollen wir hier etwa tatenlos mit ansehen, wie man zwei Menschen umbringt?

SARG: Aber wieso? *(Streckt seine Hände von sich)*: Rühre ich die beiden Herren etwa an? Im Büro haben sie offenbar ihre ganze Energie darauf verwendet, sich gegenseitig an der Beförderung zu hindern. Und jetzt haben sie Gelegenheit, sich gegenseitig in den Himmel zu befördern.

FRAU: Aber wissen Sie auch, warum?... Welche Chancen hatten die beiden wohl, im Ministerium ihren sozialen Auftrag zu verwirklichen? Das hat man zu verhindern gewußt, indem man sie in dieses Konkurrenzverhältnis gestellt hat!

SARG: Woher wollen Sie das denn wissen?

FRAU: Ich bin die Sekretärin von Herrn Axel...

SARG: So? Dann könnten Sie mir eigentlich assistieren...

FRAU *(steigt auf die Bühne)*: Worauf Sie sich verlassen können! Was man den beiden im Ministerium antut, nur weil sie die Aufgabe haben, Vorschläge zur Rettung unsrer Umwelt auszuarbeiten, das reicht! Jetzt müssen Sie nicht auch noch...

SARG *(hält sie zurück)*: Aber es geht auch mir genau um dieses Problem, sehr verehrte gnädige Frau! Ist der Mensch fähig, zu überleben? Was nützen alle Reformvorschläge, solange sie eine Spezies betreffen, die wir nicht kennen? Und eben dies will ich mit dieser Versuchsreihe eben beitragen: ich will herausfinden, was überwiegt: Haß oder Liebe? Zerstörungstrieb oder Selbsterhaltungswille? Krieg oder Frieden?

FRAU: Aber doch nicht auf Kosten...

SARG: Alles andere bleibt Theorie!

FRAU: Theorie oder nicht: das ist Mord.

SARG: Aber warum, gnädige Frau? Die beiden vollstrecken wirklich nur ihren eigenen Willen! Das ist Selbstverwirklichung! Die Essenz ihrer Existenz, der unerbittliche Konkurrenzkampf, wird bloßgelegt! Und die beiden an der freien Entfaltung ihres Willens zu hindern... wäre das nicht unmenschlich?

FRAU *(reißt sich von Dr. Sarg los und geht zu Dirk und Axel)*: Schluß jetzt.

SARG *(rennt ihr nach)*: Um Himmelswillen! Was haben Sie vor?

FRAU: Ich werde selbst...

SARG *(schreit)*: Halt! Vorsicht! Sie wissen nicht, was Sie tun, wehrte Frau! *(Die Frau bleibt erschrocken stehen. Dr. Sarg geht an ihr vorbei. Während er weiterspricht, bringt er an den Köpfen von Axel und Dirk Sonden an, die mit einem Meßgerät verbunden sind. Die beiden rühren sich nicht, da ihr ganzes Bewußtsein dem Gegner gewidmet ist)* Ich warne Sie, stören Sie nicht durch einen unüberlegten Eingriff das Gleichgewicht der Kräfte! Äußerlich sind diese Versuchspersonen zwar zur Zeit wie erstarrt — aber ihr Blutdruck ist bis aufs Äußerste gestiegen! Ihre Pupillen in einer Weise geweitet, die an den Orgasmus erinnert... *(Deutet auf den Apparat, den er soeben eingeschaltet hat)* Und sehen Sie selbst, die Aggressionskurve steigt auf beiden Seiten! Die kleinste Störung kann zur schlagartigen Entladung führen, zum besinnungslosen Überraschungsangriff, zum Blitzkrieg... Und hier, prüfen Sie selbst die unverhältnismäßig wilden Amplitudensprünge der Hirnströme! Nur die Angst vor der eigenen Vernichtung hält sie davon ab, den andern zu vernichten! Ja, das wäre nun einmal ein positiver Aspekt der Angst, gnädige Frau. Sie bewahrt die beiden vor dem sicheren Untergang.

FRAU: Sind Sie sicher? Nein. Man muß ihnen helfen.

SARG: Soll ich mir die Finger schmutzig machen? Nein. Meine Aufgabe kann es nur sein, darauf zu achten, daß der Versuch sauber funktioniert.

FRAU: Warum nehmen Sie nicht Ratten für Ihre Versuche?

SARG: Ach, wissen Sie: der Mensch ist mein Hobby. Der Mensch ist ein Experimentiersystem, das noch viele Fragen offen läßt, die beantwortet werden wollen. Eine sehr reizvolle Aufgabe!

FRAU *(schreit)*: Tun Sie endlich was!

SARG: Aber, aber, liebe Frau! Wieso soll ausgerechnet ich für diese Leutchen da eine Entscheidung treffen? Das müssen die schon selber tun. Ich weiß nur eins: zurück kann keiner.

FRAU *(will Axel vorsichtig das Seil aus den Händen nehmen)*

AXEL *(zischt)*: Finger weg!

FRAU: Ich will Ihnen helfen!

AXEL: Unsinn!... Sobald Sie mir dieses Seil weggenommen haben, bin ich wehrlos! Dann habe ich kein Druckmittel mehr — und was meinen Sie, was dieses Schwein dann mit mir macht?

FRAU: Er wird froh sein! Im Grunde ist er ein guter Mensch, glauben Sie mir. Sie können ihm vertrauen.

AXEL: Nie im Leben.

*(Schweigen. Die Frau geht zu Dirk und will ihm das Seil wegnehmen)*

DIRK: Weg! Sie wollen mich wohl... Ihr Chef lauert nur darauf, daß meine Konzentration nachläßt — und ratsch häng ich da oben.

FRAU: Aber bei einem muß ich anfangen.

DIRK: Ja, fangen Sie bei ihm an.

AXEL: Wehe, Sie rühren mich an!

*(Pause. Die Frau blickt verzweifelt von einem zum andern. Plötzlich greift sie nach Dirks Seil, um es ihm mit Gewalt zu nehmen. In diesem Augenblick zieht Axel Dirks Schlinge ruckartig an. Beide können sich noch einmal dadurch retten, daß sie sich auf die Zehenspitzen stellen. Die Frau tritt erschrocken zurück)*

SARG: Da haben Sie die Quittung für Ihre Wohltätigkeiten! Nein, gnädige Frau, diesen Leuten ist nicht mehr zu helfen! *(Sentimental)* Ja, manchmal denke ich: der Mensch ist eine ausgesprochen widerliche Erfindung.

FRAU: Weil Sie ihn dazu machen! Sie...

SARG: Aber, aber! Nun bleiben Sie schön bei der Wahrheit, liebe Frau! Diese Eskalation ist schließlich durch Ihren Befreiungsversuch ausgelöst worden! Ich würde nie einen Menschen daran hindern, seinen eigenen Willen auszuführen.

FRAU: Nein. Natürlich nicht. Sie legen ihm nur die Schlinge um den Hals. Ich... Ich hole jetzt die Polizei.
*(Geht durch den Zuschauerraum ab)*

SARG *(ruft der Frau nach)*: Sparen Sie sich den Umweg, gnädige Frau! Diese Versuche sind polizeilich genehmigt! Sie bewegen sich, wie schon erwähnt, durchaus im Rahmen unsrer Verfassung! *(Macht sich kopfschüttelnd wieder an Axel und Dirk zu schaffen. Unter anderem mißt er nach, wie hoch die Schuhabsätze der beiden sich über dem Boden befinden. Während dieser Messung heben sich die Absätze noch ein Stück vom Boden ab und zeigen somit eine weitere Eskalation an)* Immer diese Moralisten! Wo wären wir wohl, wenn wir auf die hören würden? Wo wäre die Krebsforschung? Wo die Ballistik? Nein, nein, von moralischen Aspekten darf sich unsereins nicht beeinflussen lassen! Wissenschaft ist wertfrei. *(Betrachtet die verschiedenen Skalen des Meßapparates)* Donnerwetter! *(Trägt verschiedene Werte in eine Tabelle ein. Fiebernd)* Unglaublich, meine Damen und Herren! Solche Meßwerte hat es noch nie gegeben! *(Während er weiterspricht, zieht Axel immer wieder an Dirks Schlinge, was ihm jeweils sofort mit einer Gegenattacke quittiert wird)* Die Aggressionskurve erreicht schwindelerregende Höhen! Ich fürchte, meine Damen und Herren, ich bin gezwungen... Bitte verstehen Sie mich nicht falsch, aber... Ich bin empfindsam, was den Anblick roher Gewalt betrifft. Gewalt ist ekelerregend! Unästhetisch! Verdauungshemmend! Bitte, verzeihen Sie mir, wenn ich den Vorhang zuziehe, bis... Nein, nein, das Resultat werde ich Ihnen selbstverständlich nicht verbergen.
*(Zieht den Vorhang zu)*
*(Dr. Sarg tritt vor den Vorhang)*

SARG *(wischt sich den Schweiß aus dem Gesicht. Stöhnend)* Wirklich, meine Damen und Herren, ich kann einfach keinen Menschen leiden sehen! Und wie Sie selbst gesehen haben, gibt es keine Möglichkeit für eine Drittperson in das Experiment hinter diesem Vorhang einzugreifen! *(Ein Schrei hinter dem Vorhang. Dr. Sarg spricht lauter)* Und außerdem: Wäre das nicht eine Sünde wider die Wissenschaft? *(Ein Schrei hinter dem Vorhang. Pause. Dann Stöhnen und immer schwereres Atmen)* Ich darf Sie beruhigen, meine Damen und Herren: weder bei der Dokumenta in Kassel noch im Vatikan hat dieser Versuch einen tödlichen Ausgang genommen! Das wäre eine absolute Sensation! In diesem Kampf, den die beiden Versuchspersonen in sich auszutragen haben, in diesem Kampf zwischen ihrem Zerstörungstrieb und ihrem Selbsterhaltungswillen ist bisher immer der Selbsterhaltungswille als Sieger hervorgegangen! Daher das große Interesse für diese Versuche! Sie haben bei bisher dreihundertsechzig Versuchspersonen das hoffungsvolle Ergebnis erbracht, daß der Überlebenswille des Menschen letzten Endes alles andere in den Hintergrund stellt. *(Ein gellender Schrei, dem gleich darauf ein zweiter Schrei folgt. Von nun an Stille hinter dem Vorhang)* Ja, meine Damen und Herren, der Mensch wird sich quälen und schinden — aber vor seiner Selbstvernichtung bewahrt ihn sein Lebenswille! *(Er horcht. Als es hinter dem Vorhang still bleibt, wird er sichtlich nervös)* Der Mensch ist besser als man denkt, das hat diese Versuchsreihe statistisch bewiesen! Außer ein paar Schrammen am Hals haben sich die bisherigen Versuchspersonen keinerlei Schaden zugefügt! Wir haben also allen Grund, optimistisch in die Zukunft zu blicken!... *(Horcht. Als sich noch immer nichts regt, verhaspelt sich Dr. Sarg in seinen Sätzen)* Es geht hier, meine Damen und Herren... Es geht hier um die Erforschung, ich meine... Würden Sie nicht auch gerne wissen, ob... Ist der Mensch böse oder gut? Wird er die Herausforderung der Zukunft... Wird der Mensch seine Umwelt und damit sich selbst zerstören — oder aber wird er sich retten können? Fragen, Fragen, Fragen, meine Damen und Herren! Die Antwort... Die Anwort will ich Ihnen nicht vorenthalten! Sie liegt hinter diesem Vorhang!... Sehen Sie selbst das heutige Ergebnis meiner Versuchsreihe! *(Schiebt den Vorhang*

*zur Seite)* Übrigens spricht auch die Physik absolut gegen einen tödlichen Ausgang...
*(Axel und Dirk hängen über dem Boden. Schweigen)*
Nein, meine Damen und Herren, das kann doch nicht... *(Geht zu Axel, mißt seinen Puls)* Tatsächlich. Unglaublich. *(Geht zu Dirk, mißt seinen Puls; vertieft sich dann in die Meß-Skalen der Apparatur)* Unglaublich, meine Damen und Herren! Eine echte Weltsensation. Ich bin zutiefst erschüttert. *(Stille. Nur das Summen einer Fliege ist hörbar. Dr. Sarg greift in die Luft, offenbar um die Fliege zu fangen)* Die beiden haben es geschafft. Sie haben sich in einem geradezu übermenschlichen, ich möchte fast sagen, metaphysischen Kraftakt gegenseitig erhängt! *(Greift wieder in die Luft, um die Fliege zu fangen und beobachtet dann, wie sich die Fliege auf Axels Kopf niederläßt. Fährt fort, während er die Leiter hochklettert)* Da muß man sich doch fragen: wie kann ein Toter seinen Gegner erhängen? Die beiden müssen bis auf eine hundertstel Sekunde genau das Timing ihrer Attacken bemessen und gleichzeitig zugezogen haben! Die Wissenschaft steht vor einem Rätsel! Was aus physikalischer Sicht unmöglich ist — die Kraft des menschlichen Hasses scheint stärker zu sein als die physikalischen Naturgesetze! In diesem Fall hat der menschliche Haß sozusagen das Gravitationsgesetz überwunden! *(Visiert die Mücke an, schlägt mit der Hand auf Axels Stirn)* Hab ich dich endlich! Unglaublich, meine Damen und Herren: kaum stirbt ein Mensch, und schon bedienen sich die Schmeißfliegen und Mücken. *(Steigt langsam die Leiter wieder herunter)* Da fragt sich doch: warum hat man nicht wirksamere Schädlingsbekämpfungsmittel? Also nach meiner heutigen Erfahrung, meine Damen und Herren, verrate ich Ihnen eins: ich wende mich wieder der Erforschung der Natur zu. Da ist man ziemlich ungestört. Was meinen Sie, was für ein Geschrei es nun geben wird wegen diesen beiden Leichen da! Ja, ich wende mich wieder der Natur zu. Der Mensch ist mir zu heikel.

— *Vorhang* —

*Curt Goetz*

# DIE KOMMODE

(Frei nach Guy de Maupassant)

Personen:

Balthasar Fröhlich, Cheffriseur
am ehemaligen Hoftheater
Idchen, seine Frau
Marie-Luise ) ihre Kinder
Philipp-August )
Benneckendorf, Intendant
Tante Linchen
Onkel Gustav
Dr. Ochsenbein

Ort der Handlung:

Wohnzimmer bei Fröhlichs. In einer ehemaligen kleinen sächsischen Residenzstadt

Zeit:

Gegenwart

# DIE KOMMODE

*(Kleinbürgerliches Wohn-Eßzimmer bei Fröhlichs. Die Mitteltür hat Glasfüllungen. Sie führt auf den Flur, in dem man den Anfang einer Treppe sieht, die nach oben in Tante Klärchens Zimmer führt.*

*Mutter Fröhlich ist ein gut zu leidendes rundes Pummelchen von vierzig Jahren. Sie ist von der Halbbildung ihres Mannes einfach fasziniert, was sie nicht abhält, ihn in entscheidenden Momenten zu gängeln. Die ganze sächsische Familie ist übrigens verliebt in Papa — sprich Babba — und stolz auf seine Stellung als Cheffriseur am ehemaligen Hoftheater, wo er als ein Original gilt und als solches sich manches herausnehmen darf. Seit einmal ein berühmter Gast als Hjalmar Egdal Babbas Visage als Maske wählte, ist sein Selbstbewußtsein ins Gigantische gestiegen. Überhaupt hat sein Umgang mit Künstlern auf ihn abgefärbt, wie wir noch sehen werden. Sein Bestreben, als gebildeter Mensch zu gelten, ist rührend, ein Bestreben, das von der ganzen Familie geteilt wird. Auch seine blumenreiche Sprache wird von ihr nachgeahmt, was in dem schwebenden Sächsisch, das die Familie für Hochdeutsch hält, unbedingt anziehend wirkt. Auf seinen „Sinn für Humor" ist er besonders stolz.*

*Marie-Luise ist fünfzehn Jahre alt. Sie ahmt in allem ihre Mutter nach. Zum großen Ärger von Philipp-August, der zwölf Jahre alt ist und die Tendenz hat, aus den Pantinen zu kippen.*

*Tante Linchen, Mamas Schwester, ist eine äußerst temperamentvolle Person. Ihr Mann, Onkel Gustav, den sie aus Wut geheiratet hat, hat nichts zu sagen. Und sagt auch nichts. Weswegen er von einem ersten Schauspieler gespielt werden muß.*

*Herr Intendant von Benneckendorf, der sich seit dem Sturz der Monarchie schlicht Benneckendorf nennt, ist ein jovialer alter Herr und gut zu leiden.*

*Beim Aufgehen des Vorhanges plättet die Mutter auf einem Plättbrett, das von der Kante des Eßtisches, den Marie-Luise gerade deckt, auf eine Stuhllehne gelegt ist, während Philipp-August im Augenblick nur die Beine und den Podex sehen läßt, da er auf dem Sofa kniend aus dem*

*Fenster lehnt und etwas an einer langen Strippe in den Hof baumeln läßt)*

PHILIPP-AUGUST *(in den Hof brüllend):* Nu halt's doch fest, du Bähschaf!

MUTTER: Brüll nich so!

PHILIPP-AUGUST: Straff sollst es ziehen, du Dämel!

MARIE-LUISE: Du sollst nich so brüllen, hat Mama gesagt!

PHILIPP-AUGUST *(zu seiner Schwester):* Halt d u doch die Gusche! *(Er zieht die Strippe hoch, an deren Enden Konservenbüchsen baumeln)*

MUTTER *(gibt ihm einen Klaps auf den Hintern)*

PHILIPP-AUGUST: Aua! Ich habe d i c h doch nicht gemeint, Mütterchen!

MUTTER *(wieder plättend):* Ganz wurscht, wen du gemeint hast. Solche Ausdrücke gehören sich nich!

MARIE-LUISE *(dicht bei ihrem Bruder):* Wen haste'n gemeint ...?

PHILIPP-AUGUST *(wütend):* Dich!

MARIE-LUISE *(klebt ihm eine):* Du Biest!

PHILIPP-AUGUST: Selber eens *(er beißt sie in die Wade — Sie balgen sich am Sofa herum)*

MUTTER: Auseinander!! ... *(Zu Marie-Luise):* Du sollst deinen Bruder nich immer gleich ohrfeigen!

PHILLIP-AUGUST: Ätsch!

MUTTER *(zu Philipp-August):* Und wenn ich dem Babba erzähle, daß du deine Schwester in de Wade beißt, dann kriegste aber vielleicht den Hintern voll!

MARIE-LUISE: Aber feste!

PHILIPP-AUGUST *(zu seiner Schwester, sich dabei mit seinem „Telefon" auf den Boden setzend):* Und wenn ich dem Babba erzähle, was du gestern gemacht hast, dann kriegst du aber vielleicht den Hintern voll! Und nicht zu knapp!

MUTTER: Ruhe! ... *(Zu Marie-Luise):* Du deckst den Tisch fertig! *(Zu Philipp-August):* Und du sollst nich petzen! — Was hatse denn gemacht?

PHILIPP-AUGUST *(bockig):* Ich soll doch nich petzen! ... *(Guckt triumphierend auf seine hochrote Schwester)*

MUTTER: Ein für allemal: Auch wenn der Babba nich hier is, habt ihr euch zu benehmen, als ob er hier wäre! Und woandersch erst recht! Und eure Konversation hat zu sein wie die vom Babba: leicht und doch leschär! Das seid ihr Babbas Stellung schuldig! Euer Babba is Cheffriseur am Hoftheater! Darauf könnt ihr stolz sein!

PHILIPP-AUGUST: 's is doch gar kein Hoftheater mehr ...

MUTTER: Aber es w a r eens! Und was emal e Hoftheater war, das b l e i b t ' n Hofteater, m e r k dir das!

MARIE-LUISE: Merk dir das!

MUTTER *(zu Marie-Luise):* Und d u dir ooch! Du bist mir schon viel zu kokett für deine Jahre! Alle Männer gucken dir schon nach!

MARIE-LUISE: Warum gucken se denn?

MUTTER: Weil du w i e d e r g u c k s t ! Darum guckense! ... In deinem Alter haben wir mit gesenktem Blick auf der Straße gehen müssen! Manches Portemonnaie hammer dabei gefunden! ... Wo warschte denn gestern den ganzen Nachmittag?

MARIE-LUISE *(überlegt, verlegen):* Wo war ich denn?

MUTTER: Ja äm, das möchte ich wissen!

MARIE-LUISE *(mit einem ängstlichen Blick auf ihren Bruder, der grinst):* Bei Lotte Marcuse.

MUTTER: Bei Lotte Marcuse! Den ganzen Nachmittag warschte bei Lotte Marcuse? ... Du, daß ich dir bloß uff nischt druffkomme! Sonst kommt dir der Babba vielleicht uff was druff, aber so, daß de vierzehn Tage nich loofen kannst! ... Du kennst ihn! ... So gerne er Spaß versteht, wenn sich's um deine Tugend handelt, da hat er een Brett vor seinem Humor!

*(Marie-Luise geht in die Küche)*

PHILIPP-AUGUST: Was i s denn das?

MUTTER: Was?

PHILIPP-AUGUST: Tugend?

MUTTER: Tugend! Nischt zum Fressen! Aber ham muß mersch. Und solange mersch hat, hat mer nischt dav ... davon verstehste nischt! ... Du machst eenen ganz verrückt mit deinem Gefrage! ... 's is äm was zum Verlieren, was mer nich verlieren darf! ... Basta! ... *(Man hört, wie im Zimmer über uns jemand mit dem Stock dreimal heftig auf den Fußboden stößt)*

MUTTER *(nach oben blickend und hinaufrufend):* Ja doch! ...

*(Marie-Luise kommt wieder)* Der Babba is ja noch gar nich da! *(Halb für sich):* Kann's wieder nich erwarten, der ...

PHILIPP-AUGUST *(vollendend):* ... alte Drachen!

MUTTER *(erschrocken, dann sanft):* Philipp-August, gomme mal her! *(Kommt zu Mutter):* — Soll ich dir jetzt eene kleben?

PHILIPP-AUGUST: Aber Mütterchen, du hast doch gestern selber zum Babba gesagt ...

MUTTER: Stille biste! Wenn ich so was sage, so sage ich das im Spaß! Für euch ist Tante Klärchen Tante Klärchen! Und wenn ihr mal so alt seid wie Tante Klärchen, dann werdet ihr auch widerlich — wunderlich! Und wenn wir Erwachsenen uns darüber im Faden des Gespräches mal einen Scherz erlauben, so dürft ihr das noch lange nich! Verstanden?

PHILIPP-AUGUST: Ja, Mütterchen. *(Er setzt sich auf das Sofa)*

MARIE-LUISE: Philipp-August hat es ja auch nich so gemeint!

MUTTER: Das möcht'ch mer auch ... *(Unterbricht sich ...)* Du mußt ja was Schönes ausgefressen haben, daß de ihn auf einmal in Schutz nimmst ...!

MARIE-LUISE *(um abzulenken):* Und wir erben ja auch mal die Kommode von ihr.

MUTTER *(sanft):* Was hat denn das damit zu tun? G a r nischt hat das damit zu tun!

PHILIPP-AUGUST: So 'ne alte Klamotte!

MUTTER: Was verstehst du denn von antiken Kommoden! *(Sie geht, um den Kontakt des Plätteisens herauszuziehen, an die Hinterwand)*

MARIE-LUISE: Die haben's in sich!

MUTTER *(aufmerksam werdend):* Wie meinste denn das?

PHILIPP-AUGUST: Und Tante Linchen spitzt ja ooch schon druff!

MUTTER *(die elektrische Schnur aufwickelnd):* Eh die die Kommode kriegt ...

MARIE-LUISE: Eh „siehst du die Loire zurückefließen”!

MUTTER *(verdutzt):* Was ist denn mit dir los?!

PHILIPP-AUGUST: Und Tante Klärchen hat ja sicher auch nur Spaß gemacht ...

MUTTER: Womit?

PHILIPP-AUGUST: Mit dem Milchtopp ...

MUTTER: Was für'n Milchtopp?

PHILIPP-AUGUST *(beide Kinder kommen strahlend zur Mutter):* Den se Fräulein von Benneckendorf in den Ausschnitt gegossen hat ...

MUTTER *(sprachlos):* In den ...?

MARIE-LUISE: In den Busen ... Fräulein von Benneckendorf war gekommen, ob wir ihr mit einem Liter Milch aushelfen könnten ... Ich hab's ihr gegeben, da kam Tante dazu, sagte „Bettelvolk verfluchtes!” un hat ihr das Kännchen wieder weggenommen ...

MUTTER: Ich muß mich setzen ...

PHILIPP-AUGUST: „Ich wollt's ja auch nicht ...”

MARIE-LUISE: „Ich wollte es ja nicht geschenkt haben!” hat Fräulein von Benneckendorf gesagt, „sonst wäre ich nicht zu Ihnen gekommen, wo Sie in der ganzen Gegend als Geizkragen verschrien sind!”

PHILIPP-AUGUST: „Besser als Geizkragen verschrien zu sein”, hat Tante Klärchen gesagt, „als als Birne!”

MARIE-LUISE: Dirne! — Birne! *(Tippt sich an die Stirn)*

MUTTER: Mir sind verloren!

MARIE-LUISE: Da hat Fräulein von Benneckendorf einen ganz roten Kopf gekriegt ...

PHILIPP-AUGUST: Un dann hatse so'ne Art von Schwimmbewegung gemacht ..

MARIE-LUISE: Un dann hatse ganz tief Atem geholt ... un dann hatse gesagt ...

PHILIPP-AUGUST: *zugleich:* „Alte Dreckseele!” ...
MARIE-LUISE: hatse gesagt ...

MARIE-LUISE: Und da hat ihr Tante Klärchen die Milch in den Ausschnitt gegossen! ...

MUTTER: Mir sind verloren .. mir müssen verhungern ... der Schwester vom Intendanten!

MARIE-LUISE: Tröste dich doch, Mütterchen!

*Es klopft dreimal von oben.*

MUTTER *(verzweifelt nach oben blickend):* Ja, klopp du nur, wenn du Hunger hast! Wir werden bald nischt mehr zu fressen ham! ... *(Sie schluchzt. Die Kinder trösten sie)*

MARIE-LUISE: Aber Mütterchen ...

PHILIPP-AUGUST: Wein doch nich, Mütterchen ...

MUTTER *(sich die Tränen trocknend):* Sehtersch! Da hammersch! Babba immer mit seiner Gutmütigkeit! ... Weil er ihr immer alles durchgehen läßt! Na, der wird vielleicht staunen! ... Wie bring' ich ihm das bloß bei? ...

MARIE-LUISE: Ich werd's ihm sagen ...

PHILIPP-AUGUST: Nee, ich ...!

MUTTER: Ruhig alle beide! Keiner sagt dem Babba was, bis ich's erlaube! Babba muß jeden Augenblick kommen. Einer bringt mir des in die Küche. Un einer wäscht sich die Hände!

PHILIPP-AUGUST: Ja, Mütterchen!

MUTTER *(nimmt das Bügelbrett und trägt es mit ab. Im Abgehen):* Und ich muß mir überlegen, wie ich ihm das beibringe — leicht und doch leschär, sonst trifft ihn der Schlag! *(Ab)*

MARIE-LUISE *(auftretend, überfreundlich, weil sie ein schlechtes Gewissen hat):* Geht denn dein Telefon?

PHILIPP-AUGUST: Freilich!

MARIE-LUISE: Wie hasten das bloß gemacht?

PHILIPP-AUGUST: Einen Bindfaden, an jedem Ende 'ne Konservenbüchse mit 'nem Loch im Boden ... fertch!

MARIE-LUISE: Probieren mir's mal?

PHILIPP-AUGUST *(gibt ihr eine Konservenbüchse, geht mit der anderen so weit weg, daß der Bindfaden gespannt ist):* Natürlich. Nu flüstere mal was in deine Büchse! *(Er legt seine Konservenbüchse ans Ohr)*

MARIE-LUISE *(deutlich in die Büchse flüsternd):* Wirste ooch nich' petzen? *(Hält die Büchse ans Ohr, um die Antwort zu hören)*

PHILIPP-AUGUST *(in seine Büchse sprechend):* Was krieg' ich denn dafür?

MARIE-LUISE: Was willst'n hab'n?

PHILIPP-AUGUST: En Kriminalroman!

MARIE-LUISE: Kriegste!

PHILIPP-AUGUST: Gemacht.

*(Die Kinder werden durch Stimmen aus dem Hausflur gestört)*

PHILIPP-AUGUST: Wer kommt denn da?

MARIE-LUISE: Der Babba!

PHILIPP-AUGUST: Es quasseln doch zwee!

VATER (*mit Künstlermähne, flatternder Krawatte und Samtjackett, ist in ausgezeichneter Stimmung. Der Besuch seines Chefs freut ihn über alle Maßen. Seine Verehrung für ihn ist aufrichtig und nicht kriecherisch. Er öffnet die Mitteltür, den Herrn Intendanten hereinkomplimentierend):* Bitte nur einzutreten, Herr Intendant! Ein Festtag für meine arme Hütte! Das wird rot angestrichen im Galender! (*Vorstellend):* Das hier ist meine Tochter Marie-Luise, die, wie Sie sehn, sich beeilt, ihren Vater zu begrüßen ...(*Er küßt sie)* ... während jener ungeschlachte Knabe es damit nicht so eilig zu haben scheint, den ich Ihnen hiermit als meinen Lümmel von Sohn vorzustellen nich umhin kann! ... Mach dein Dienerchen! *(Philipp-August macht einen strammen, lebensgefährlichen Diener. Zu Marie-Luise):* Mach ooch dein Dienerchen. *(Marie-Luise knickst)*

Und nun sagt eurer Mutter, daß der Herr Intendant uns die Ehre geben wird, einen Löffel Suppe mit uns zu essen ... *(Die Kinder stürzen freudig in die Küche)*

INTENDANT: Aber nicht doch!

VATER: Aber ja doch!

INTENDANT: Ich werde Ihrer lieben Frau Ungelegenheiten bereiten ...

VATER: Wie sagt der Dichter: „Daran erkenn ich die Hausfrau — Daß sie in steter Bereitschaft — Den Kindern die Mutter — Dem Gatten die Liebste — Und den Gästen ein immer freundlicher Wirt sei!"

MUTTERs (*verzweifelte Stimme aus der Küche):* A c h , d u m e i n e G ü t e !

VATER: Da hören Se's! Ganz außer sich isse — vor Freude! (*Dem Intendanten Platz anbietend)* Darf ich bitten, Herr Intendant ... hier am Ehrenplatz!

INTENDANT: Danke, danke. *(Er setzt sich auf das Sofa)*

*(Dreimaliges energisches Klopfen an der Decke)*

INTENDANT: Es hat geklopft!

VATER *(nach oben guckend):* Nee — nee! — Das ist Tante Klärchen, die auf diese zarte Weise anfragt, warum's zum Kuckuck noch nischt zu futtern gibt. *(Er zieht sich einen Stuhl heran)*

INTENDANT: Scheint eine noch sehr rüstige Dame zu sein!

VATER: Das kammer wohl sagen!

INTENDANT: Und lebhaft!

VATER: Und ob! Meine Frau meint sogar, sie wäre manchmal e bißchen z u lebhaft! Das is übrigens der einzige Punkt, weswächen ich mit meiner guten Frau manchmal e bißchen aneinandergerate ... von den anderen Punkten abgesehen natürlich ... *(Er setzt sich)* Ich sage immer: „Die Familie ist die Familie!" ... Ich weiß nich, ob Sie mich verstehen, Herr Intendant?

INTENDANT: Natürlich!

VATER: Un in dem Sinne erziehe ich auch meine Kinder: Der Babba is das Oberhaupt und die Strenge! Mit Güte vermischt natürlich! Un nich ohne Humor, versteht sich! Die Kinder müssen auch emal über ihren Babba lachen können! Das werd ich Ihnen nachher mal vormachen, Herr Intendant! ... Un die Mama, das is der gute Geist des Hauses. „Und drinnen waltet die züchtige Hausfrau." Bleibt ihr ja ooch nischt anderes übrig! Un die Großeltern und Großtanten, das is eben was E h r w ü r d i g e s ! Mögen sie noch so wunderlich sein!

INTENDANT: Ist Ihr Fräulein Tante wunderlich?

VATER: Mit 90 Jahren! Wenn se ooch nur 88 zugibt! Und dabei macht se noch Gedichte!

INTENDANT: Gedichte?

VATER: Und ziemlich gewagte, manchmal! *(Er zieht eine Karte aus seiner Tasche.)* Heute, zum 1. April, hat sie mir einen Zweizeiler heruntergeschickt:

„Das ist der Liebe Zauberei,
wenn zweie eins sind, werden's drei!"

Was halten Sie von der alten Dame?

*(Drei Klopfer von oben)*

VATER (*wütend nach oben rufend):* Gottverdoricht, du wirst's wohl noch erwarten können! *(Zum Intendanten, wieder ruhig):* Also manchmal kannse einem wirklich uff de Nerven gehen ...

*(Mutter und Marie-Luise kommen aus der Küche. Mutter trägt die Suppenterrine, setzt sie auf den Tisch und begrüßt verlegen und überfreundlich den Gast)*

MUTTER: Herr Intendant persönlich! Nee, so'ne Ehre aber ooch! *(Gibt ihm die Hand)* Und gerade heute, wo wir bloß Rinderbrühe mit Leberklößchen ham!

INTENDANT: Mein Lieblingsgericht, meine liebe Frau Fröhlich!

MUTTER *(durch seine Freundlichkeit erleichtert):* Sie sind zu gütig, Herr Intendant! Ich hätte Ihnen aber lieber etwas Feierlicheres vorgesetzt!

VATER: Sie kocht nämlich ausgezeichnet, mein gutes Idchen!

MUTTER: Ach, nu schmeichelste wieder!

VATER *(zu den Kindern):* Kocht die Mutter ausgezeichnet?

KINDER *(enthusiastisch):* Jaaaa!

VATER: Da hammersch!

INTENDANT: Sie sind überstimmt, Frau Fröhlich!

MUTTER: Mein guter Balthasar is Gott sei Dank sehr genügsam, ein Gourmand — ein Allesfresser.

*(Man setzt sich zu Tische)*

MUTTER: Hoffentlich ist es nichts Unangenehmes, was Sie zu uns führt, Herr Intendant?

VATER, *(der 3 Gläser aus dem Spind genommen hat):* Ist das nicht wieder unser Mütterchen, wie es leibt und lebt?! — *(Zu Mutter):* — Kannst du mir, mein teures Herz, einen Grund nennen, noch so vage und entfernt, warum das, was den Herrn Intendanten zu uns führt, etwas anderes sein sollte als die liebenwürdige Geste eines jovialen Vorgesetzten?

MUTTER: Ich könnte dir schon einen nennen ... *(Mit Blick zu Decke)* ... und so entfernt is er ooch nich ...

INTENDANT: Ich konnte der freundlichen Einladung Ihres Gatten nicht widerstehen ...

VATER *(setzt sich)*: Der Herr Intendant gab mir die Ehre, mich in meiner Werkstatt zu besuchen...

MUTTER: Ach nee!

VATER: Er war so leutselig, Interesse für meine Familienverhältnisse an den Tag zu legen, und so nahm ich mir die Kühnheit, ihn zu fragen, ob er sie nicht einmal an der Quelle studieren möchte...

INTENDANT: Und da bin ich!

VATER: Und da is er!

MUTTER: Und da sindse!! — Na, denn wollen wir mal beten!

PHILIPP-AUGUST *(faltet die Hände)*: Komm, Herr Jesu, sei unser Gast, und sieh dir an, was du uns bescheret hast...

VATER *(verbessernd)*: ... s e g n e ...! sieh dir an —!

PHILIPP-AUGUST: ... und segne, was du uns bescheret hast.

VATER: Mahlzeit!

MARIE-LUISE: Amen!

VATER: Amen! *(Die Serviette entfaltend)*: Nun, meine Sprößlinge, wie warsch in der Schule? *(Mutter teilt die Suppe aus)*

KINDER: Fein, Babba.

VATER: Alles geklappt?

MARIE-LUISE: Herr Hässler wollte wissen, wer mir beim Aufsatz geholfen hat...

VATER: Und was hast du geantwortet?

MARIE-LUISE: Der Babba...

VATER: Und was hat er gesagt?

MARIE-LUISE: Das merktmer ooch!

VATER *(geistesgegenwärtig)*: Das wollen wir hoffen! *(Alle wollen mit dem Essen beginnen)* Halt emal! Jetzt wollen wir erst emal unserem lieben Gast unsere Familienhymne vorsingen, was?

KINDER *(begeistert)*: O ja!

VATER *(zum Intendanten)*: Nach einem alten Reiterlied für Kinder arrangiert von Tante Klärchen! — Eins — zwei...!

*(Mit den Kindern singend und dabei dirigierend)*:

Prinz Eugen, der edle Ritter!
Hat im „Hm-hm" einen Splitter,
Dieser macht ihm große Not!
Da ließ er mit vielen Mühen
Aus dem „Hm" den Splitter ziehen,
Schlug damit zehn Türken tot!

*(Vater und Kinder singen begeistert, wobei ihnen das „Hm-hm" besonderen Spaß macht)*

Doch der Splitter von dem Ritter,
Aus dem schönen warmen „Hm-hm"
An die kalte Luft gebracht,
Holte sich 'nen tücht'gen Husten,
Konnte nicht mehr richtig prusten,
Hat's nicht lange mehr gemacht!

INTENDANT: Bravo!

MUTTER: Golossales Epos, nich wahr?

INTENDANT: Mir gefällt es! *(Man beginnt zu essen)*

VATER: Es freut die Kinder! Nich wahr, Kinder?

KINDER *(begeistert)*: Ja, Babba!

VATER: Ich sage immer: Wer lacht, hat mehr vom Leben! Wenn eens von uns Kindern weinte, sagte Tante Klärchen immer: „Weine nur, mei Herzchen, da brauchste nich so viel zu pink ..."

MUTTER: Aber Babba!

VATER: Ich wollte damit nur sagen, der Humor liegt bei uns in der Familie!

INTENDANT, *(den die Spießigkeit köstlich amüsiert)*: Tante Klärchen scheint eine besondere Portion abbekommen zu haben!

MUTTER *(halb für sich)*: Jetzt geht's los!

VATER: Was geht los?

MUTTER *(verlegen)*: Sie spielen wahrscheinlich uff das Milchtöppchen an, Herr Intendant ...

VATER: Was für'n Milchtöppchen?

MUTTER: Bedenken Sie, sie is neunzig Jahre ...

VATER: Was für'n Milch ...

*(Es klopft wieder an die Decke)*

VATER *(wütend nach oben)*: Du wirst's abwarten, Gottverdammich nochemal! *(Zu Marie-Luise)*: Warum bringste ihr denn nu ooch nich endlich die Suppe ruff, du Transuse!

MARIE-LUISE (*erhebt sich beleidigt*): Aber Babba! (*Füllt einen Teller mit Suppe*)

VATER: Gar nischt „aber Babba"! Hundertmal habe ich dir gesagt, eh de dich hinsetzt, sollste erst Tante Klärchen versorjen!

MARIE-LUISE (*verzweifelt*): Aber Mutter hat doch gesagt, wir müssen erscht warten, wieviel der Gast frißt ...

INTENDANT (*muß schnell den Löffel hinlegen, damit er sich zurücklegen und lachen kann*): Hahahahahahahahahahahahaha!

PHILIPP-AUGUST: Hahahahahahahahahahahahahahaha!

MUTTER (*muß schließlich auch lachen*): Hahahahahaha!

MARIE-LUISE: Wieviel der Gast übrigläßt!

INTENDANT (*sich die Tränen trocknend*): Ich finde es reizend gemütlich bei Ihnen!

VATER (*dankbar*): Weil Sie Sinn für Humor haben, Herr Intendant! Das is es! Weil Sie Sinn für Humor haben! ... (*Zu Marie-Luise*): Nu trag ihr den Teller schon ruff, du kleener Blamagekübel!

MARIE-LUISE: Ach Babba! (*Sie gibt Vater einen Kuß*)

MUTTER (*benutzt die Gelegenheit, aus Tante Klärchens Teller ein Klößchen zu fischen und es dem Intendanten in den Teller zu klecksen*): Noch ein Klößchen, Herr Intendant?

INTENDANT: Aber nicht doch! (*Er tut das Klößchen zurück*)

MUTTER: Aber ja doch! (*Haut ihm das Klößchen wieder in den Teller*) Alte Leute sollen nich so viel Fleisch essen! (*Das Klößchen wandert noch einmal hin und her, bis Vater sich erhebt und es vom Teller des Intendanten in den Suppentopf haut*)

VATER (*zu Mutter*): Nu hör' schon uff mit dein'm Tischtennis! (*Zu Marie-Luise*): Nischt wie ruff! (*Marie-Luise balanciert den Teller nach oben*) Wie wär's jetzt mit e Gläschen Wein, Herr Intendant?

INTENDANT: Aber nicht doch ...

VATER: Aber ja doch! Ich hole eenen! (*Erhebt sich*)

Feste und Intendanten muß mer feiern wie se fallen! *(Ab zur Küche)*

MUTTER *(zu Philipp-August):* Du trag deinen Teller in die Küche raus! — *(Philipp-August ab in die Küche)* — Mir ist das so peinlich ...

INTENDANT: Was denn, Frau Fröhlich?

MUTTER: Ihr Fräulein Schwester hat Sie geschickt, nich wahr?

INTENDANT: Meine Schwester?

MUTTER: Wäjen Tante Klärchens Milchtöppchen? *(Vater kommt zurück, den Korkenzieher in die Flasche drehend, worauf Mutter mit einem flehentlichen Blick zum Intendanten mit ihrer Suppenterrine in die Küche verschwindet)*

VATER: Humor ... Ich sage immer, wenn die Leute mehr Humor hätten, gäb's keine Kriege! *(Den Kork ziehend)* Und Humor ham mir Sachsen, da gibt's nu mal gar nischt! Als ich gestern in der Elektrischen fuhr, da saß doch da soone Bäuerin mit ihrem Baby uffem Arm. Plötzlich fängt die Kleene an zu schreien. Da legt's die Mutter an die Brust. Ländlich, sittlich. Aber die Kleene wollte nich und wollte nich! Da hat die Mutter ihr gedroht: „Wenndes nich nimmst, kriegt's der Schaffner." — Prost, Herr Intendant, auf Ihr ganz Spezielles .. und auf die Ehre, die Sie unserem Hause erwiesen haben! *(Mutter, die mit Philipp-August auftritt, weist diesen auf sein Sofaeckchen und setzt sich an den Tisch zu den Herren)*

INTENDANT: Ich trinke auf Ihre liebe Familie und auf den guten Geist, der sie zusammenhält. — Auf Ihr Wohl ganz besonders, meine liebe Frau Fröhlich!

MUTTER: Ach, furchtbar nett ... ich sollte eigentlich gar nich zu Mittag ...

VATER *(ihr einschenkend):* Trink, Mutter, trink! *(Zum Intendanten):* Sie is besonders gomisch, wennse beschwipst is!

MUTTER *(nachdem sie getrunken):* Ach du!! ... Du hast mich noch gar nicht richtig beschwipst gesehen! ...

VATER: Es geht schon los!

MUTTER: Noch gar nicht richtig beschwipst gesehen

haste mich! (*Marie-Luise kehrt zurück*)

VATER: Na? Wie geht ihr's denn?

MARIE-LUISE: Gut.

VATER: Was hatse denn gesagt?

MARIE-LUISE: Was es n a c h der Suppe gäbe. „Einen Schmarrn", habe ich gesagt. Da hat sie gefragt: „Apfelschmarrn oder Grießschmarrn?"

INTENDANT: Haha! Die Kleine hat Ihren Humor! Prost, Marie-Luischen!

VATER (*Marie-Luise sein Glas reichend*): Hier ... tu dem Herrn Intendanten schön Bescheid!

MUTTER: Aber Babba!

VATER: Das Schlückchen wird ihr nischt schaden!

MARIE-LUISE (*geht mit dem Glas zum Intendanten und knickst*): Ihr Wohl, Herr Intendant!

INTENDANT: Auf deins, mein Kind ... und auf ... du weißt schon! (*Trinkt und sieht sie dabei lächelnd an*)

VATER (*aufmerksam*): Auf ... was denn noch?

INTENDANT: Das ist unser Geheimnis! (*Zu Marie-Luise*): Wollen wir es ihm sagen? (*Marie-Luise zuckt hilflos die Achseln*) Sie war nämlich gestern bei mir ...

VATER: Wer?

INTENDANT: Ihre Tochter.

VATER: War bei wem?

INTENDANT: Bei mir ... gestern nachmittag.

VATER: Da soll doch gleich ... Da kommste her! Wie kannst du's wagen, den Herrn Intendanten zu belästigen ...?

INTENDANT: Sie hat mich durchaus nicht belästigt ...

VATER (*zu Marie-Luise*): A n t w o r t e !

MUTTER: Brüll nich so!

VATER (*zu Mutter*): Was heest „so"! .. Ob ich so brülle oder so ... wenn ich brülle, brülle ich! (*Zu Marie-Luise*): Antworte!

MARIE-LUISE: Aber Babba ...

MUTTER: Sie hat sich doch nur prüfen lassen! Eben hat sie mir's in der Küche gestanden.

VATER: W a s hatse sich lassen?

MUTTER: ob se sich eichnet!

VATER: Wozu?

MUTTER *(zum Intendanten)*: Wie warsch, Herr Intendant?

INTENDANT: Sie hat alle meine Erwartungen übertroffen. Sie verspricht, mal eine Jungfrau zu werden...

VATER: Z u w e r d e n ...? Das verspricht se?...

INTENDANT: Wie sie sich Schiller erträumt hat!

MUTTER *(zu Vater)*: Eine von Orleans, meint der Herr Intendant!

VATER *(wütend)*: Das hab' ich jetzt ooch schon kapiert! *(Zu Marie-Luise, versöhnlicher)* Zum Theater willste gehen? Wer hat dir denn das in Kopp gesetzt?

MUTTER: Es braucht eenem doch keener was in Kopp zu setzen, was mer im B l u t e hat!

VATER: Im Blute?

MUTTER: Von dir!

VATER: Sie will doch nich Theaterfriseuse werden... Schauspielerin will se werden?

MUTTER: Theaterblut is Theaterblut. Sagen Sie selbst, Herr Intendant, wäre mein Mann nich ooch e guter S c h a u s p i e l e r geworden?

INTENDANT: Fast möchte ich es glauben.

MUTTER: Fast? Wennse sähn würden, was der hier von früh bis spät fürne Komödie uffführt, würdense druff schwören!

VATER: Du trinkst jetzt nischt mehr, Mutter!

MUTTER: Ich sage immer. Wenn eener 'ne Maske für'n Charakter erfinden kann, muß er sich vorher in den Charakter reingefressen ham, un wenn er sich in'n Charakter reingefressen hat, kann er ihn ooch wieder von sich gäm... wenn er überhaupt Theaterblut in seinem Blute... Blut in seinem Theater hat...

VATER *(sanft zu Mutter)*: Gib das Glas her!

MUTTER *(ihr Glas festhaltend)*: Du hast schon größeren Quatsch geredet...! *(Trinkt)*

VATER *(zum Intendanten)*: Und Sie glauben wirklich, daß meine Tochter...?

INTENDANT: Ich bin bereit, sofort mit ihr Vertrag zu machen. Ihnen das zu sagen, kam ich her!

VATER *(in glücklicher Verblüffung)*: Dunnerlittchen!

MARIE-LUISE: Mama! Babba! *(Umarmung. Sie küßt so-*

*gar den Intendanten auf die Wange)*

MUTTER: So dreht sich der Lebensspiegel! Eben noch zu Tode betrübt — jetzt himmelhochjauchzend!... Un ich dachte, Sie wärn wegen des Milchtöppchens gegomm!

INTENDANT: Wegen welchen Milchtöppchens, Frau Fröhlich?

MUTTER *(da sie merkt, daß der Intendant wirklich nichts weiß)*: Gar nischt!

VATER: Du wirscht ja ganz rot!

MUTTER: Wer?

VATER: Du!

MUTTER: Ich?

VATER: Ja!

MUTTER: Rot?

VATER: Rot — und verlegen!

MUTTER *(wütend, weil ihr Mann sie nicht versteht)*: Rot und verlegen! Ich will dir sagen, warum ich rot und verlegen werde. Weil ich mich schäme für dich!

VATER: Für mich?

MUTTER: Für dich! Weil du gleich wieder deine Tochter in einem verdächtigen Verdacht gehabt hast!

VATER *(der ihr Ablenkungsmanöver nicht durchschaut)*: Ich werde wohl noch etwas dagegen haben dürfen, daß meine Tochter fremden Herrn uff de Bude rückt...

MUTTER: Erschtens is der Herr Intendant keen fremder Herr...

VATER: Ob fremd oder nich...

MUTTER: Un zweetens hat der Herr Intendant keene „Bude"...

VATER *(in höchster Wut)*: Ganz wurscht, w e m se uff w a s rückt — d a ß se rückt, is, was meinem Vaterherzen entgegenläuft!...

MUTTER: Vaterherzen entgegenläuft!... Jetzt wirschte g a n z verklapst!

VATER: Wer wird verklapst?

MUTTER: Du!

VATER: So!... *(Tückisch)*... u n d w a s i s m i t d e m M i l c h t ö p p c h e n?... *(Mutter macht ihm Zeichen mit den Augen)* Höre auf, mit'n Wimpern zu klimpern, und sage mir, was mit'm Milchtöppchen is!!

MUTTER *(wütend)*: Schön! Ich höre auf, mit den Wimpern zu klimpern, und werde dir sagen, was mit'm Milchtöppchen is! Deine hochverehrte Tante Klärchen hat Fräulein von Benneckendorf, der Schwester deines hochverehrten Herrn Intendanten, das Milchtöppchen in den Busen geschüttet! — Biste nun zufrieden?

VATER *(sprachlos)*: In... den... Busen...?

MUTTER: In den Busen! *(Zum Intendanten)* Was sagen Sie dazu?

INTENDANT: Schade um die schöne Milch! *(Philipp-August prustet zuerst heraus. Dann seine Schwester. Dann der Intendant. Schließlich lachen sie alle)*

VATER *(erhebt sich)*: Herr Intendant! Ich habe Sie immer verehrt! Ich habe mich auch manchmal über Sie geärgert. Aber im großen und ganzen habe ich Sie immer verehrt! Aber von heute ab, Herr Intendant, l i e - b e ich Sie...

INTENDANT: Aber Herr Fröhlich...

VATER: Keene Widerrede: l i e b e ich Sie!

INTENDANT: Aber...

VATER: Gar nischt! Für den Humor, den Sie so gütig waren an den Tag zu legen!

INTENDANT: Aber lieber Herr Fröhlich...

VATER: Und was das Milchtöppchen anbelangt... *(Mutter anfahrend)* Halts Maul!... so bitte ich Sie zu erwägen, daß meine Tante Klärchen neunzig Jahre alt ist...

INTENDANT *(erhebt sich feierlich)*: Und was den Busen meiner Schwester betrifft, bitte ich Sie in Betracht zu ziehen, daß sie keinen hat! Immerhin ist Tante Klärchens gute Absicht anzuerkennen. Sie lebe hoch!

VATER *(sein Glas erhebend)*: Hoch!

INTENDANT: Hoch!

MUTTER *(erhebt sich nun auch mit ihrem Glase)*: Hoch!

DIE KINDER *(von der Eltern Geste mitgerissen, springen auch auf und stimmen ein)*: Hoch!

*(Man setzt die Gläser an)*

*(Von oben hört man einen furchtbaren, schweren Bums. Alle blicken erschrocken nach oben)*

*(Pause)*

VATER: Was war das?

PHILIPP-AUGUST: Ein Bums.

MARIE-LUISE: Tante Klärchen wird geklopft haben...

INTENDANT: Das war kein Klopfen...

VATER: Marie-Luise, gucke mal nach! — *(zu Philipp-August, der neugierig nachstürzen will)* Du bleibst! *(Alle verfolgen Marie-Luise stumm mit den Blicken, bis sie verschwindet)*

*(Pause)*

MARIE-LUISE *(taucht wieder auf)*: Tante Klärchen liegt uff'm Teppich... uff'm Jesichte!...

*(Alle stürzen nach oben)*

INTENDANT *(im Abgehen)*: Darf ich mitkommen? Vielleicht kann ich etwas helfen...

VATER *(im Abgehen)*: Ach ja... wennse mir nur helfen, sie ins Bette zu legen...

*(Die Bühne bleibt eine geraume Zeit leer)*

*(Schließlich kommt der Vater, gestützt auf den Intendanten, zurück und hält sich an dem Lehnstuhl an der Tür fest)*

INTENDANT: Möge der Gedanke Sie trösten, daß sie so sanft entschlafen ist... So, nun setzen Sie sich mal...

VATER *(sich setzend)*: Mir is das e bißchen in de Knochen gefahren...

INTENDANT: Das ist ja verständlich... und nun werde ich mal rübergehen und von meiner Wohnung einen Arzt anrufen, der die Formalitäten erledigen soll, wenn es Ihnen recht ist?

VATER: Das wäre sehr freundlich von Ihnen... Doktor Ochsenbein is unser Hausdoktor... Klingt wie'n Tierarzt ... is aber keener... er steht im Telefonbuch...

INTENDANT: Wird besorgt.

VATER *(zu Philipp-August, der die Treppe runterkommt)*: Philipp-August, du könntest zu Tante Linchen und Onkel Gustav rüberlaufen und ihnen die Trauerbotschaft bringen...

PHILIPP-AUGUST *(freudig)*: Ja, Babba.

VATER: Aber grinse nicht dabei!

PHILIPP-AUGUST: Ja, Babba! *(Ab)*

INTENDANT: Wenn Sie irgend etwas brauchen, schicken Sie mir eines von den Kindern rüber.

VATER: Herr Intendant, ich werde es Ihnen nie vergessen... *(Er gibt ihm die Hand. Intendant geht. Vater setzt sich auf das Sofa. Mutter und Marie-Luise kommen vereint von oben. Mutter setzt sich neben Vater und birgt ihr Haupt an seiner Brust)*

MUTTER *(schluchzend)*: Das gute Tante Klärchen! *(Vater klopft ihr tröstend auf die Schulter)* Nu is se tot! *(Vater klopft sie wieder)* Nu brauchtse nich mehr zu kloppen... Jetzt hatse keenen Hunger mehr... *(Ausbrechend)* Un ich habe ihr noch das Klößchen... aus der Suppe gefischt...!

VATER *(tröstend)*: Na... na... na...!

MUTTER: Ihr l e t z t e s Leberklößchen!...

VATER: Daran is se nich gestorben! Verhungert is se ganz gewiß nich!

MARIE-LUISE: Gegessen hatse für zwei!

VATER: Halt's Maul!

MUTTER: Du sollst so was nich sagen...!

VATER: Und du sollst dir keene Vorwürfe machen!... Was du dich abgerackert hast für sie!...

MARIE-LUISE: Von früh bis spät!

VATER: Und nachts biste manchmal ooch noch uffgestanden!

MUTTER: Ja... das bin ich...

VATER: Du weißt, ich habe Tante Klärchen immer in Schutz genommen... oft gegen mein besseres Gefühl... aber jetzt muß ich dich verteidigen!... Und uns alle miteinander hier!... Ooch die Kinder haben allerhand aushalten müssen von der alten Dame!... Aber wir haben's gerne getan!... Hat sich Tante Linchen um sie gekümmert? Hat sich Onkel Gustav um sie gekümmert? Einen Dreck haben sie sich um sie gekümmert! Aber wir haben uns gekümmert! Wir haben alles getan, was in unseren armen Kräften stand, solange sie noch am Leben war...! Und jetzt, wo sie tot ist, können wir nischt tun, als ihr e gutes Andenken bewahren! Aber nu will ich keene Tränen mehr sehn!...

MUTTER *(sich die Augen wischend und sich erhebend)*: Wo ist denn mei kleener Philipp-August?

VATER: Den habe ich zu Linchen und Gustav geschickt...
MUTTER *(stößt einen markerschütternden Schrei aus)*
VATER: Was brüllste denn?
MUTTER: Die Kommode!
VATER: Was denn für'ne Kommode...?
MUTTER *(zu Marie-Luise)*: Lauf hinter deinem Bruder her, ob du ihn noch erwischst! Er soll nischt sagen. Die erfahren es morgen früh genug. Ich will nich, daß die hier heute noch angetanzt kommen!
MARIE-LUISE: Ja, Mutter! *(Sie rennt hinaus)*
VATER: Was is nu wieder los?
MUTTER: Die Kommode, Balthasar!! Tante Klärchens Kommode!! Die muß runter!! Hier runter muß se, in das Zimmer hier, eh Linchen das Haus betritt...!
VATER: Was hat denn Linchen mit der Kommode zu tun?
MUTTER: Die s p i t z t doch uff die Kommode! E r b e n will se die Kommode! Neulich hatse schon sone Bemerkung gemacht, Tante Klärchen hätte se ihr versprochen!
VATER: Vielleicht hat sie das?
MUTTER: Das globste doch wohl selber nich! Die beeden konnten sich nich riechen! Aber ich will keene Debatten mit Linchen ham! Wenn die Kommode hier unten steht, dann steht se doch schon l a n g e hier unten! Und was in m e i n e m Zimmer steht, das steht in m e i n e m Zimmer! Und den möcht ich sehn, der hier was rausträgt!
VATER: Ihr sollt euch schämen!... Noch ehe Tante Klärchen richtig kalt ist...
MUTTER: Was hat denn ihre Temperatur mit ihrer Kommode zu tun? ... Soll ich dir sagen, warum Linchen so scharf auf die Kommode is?
VATER: Sei so freundlich!
MUTTER: Weil's ne a l t e Kommode is!... Dämmert's dir?
VATER: Nee!
MUTTER: Und weil in alten Kommoden G e h e i m f ä c h e r sind!... Da kommt se hin. Haste dich nich selber gewundert, daß Tante Klärchen immer nur die Hälfte ihrer Pension uff die Sparkasse schickte?... Wo is denn die andere Hälfte?... Wo is se denn?
VATER: Wo is se denn? Du glaubst...?

MUTTER: Ich weeß nich, ob ich's glaube, aber daß L i n - c h e n das glaubt, das weeß ich! Aus 'ner Bemerkung, die sie mal gemacht hat...

VATER *(schon halb überzeugt)*: Aber das sind ja Hirngespinste...!

MUTTER: Und wenn's ooch Hirngespinste sin, deshalb kriegt Linchen die Kommode trotzdem nich! Weil se se ganz einfach nich v e r d i e n t ! Im ganzen letzten Jahr hat sie sie e i n e i n z i g e s M a l besucht, zu Weihnachten, un hat ihr zwölf gebrauchte Lockenwickel geschenkt und ihr dabei fünf Stück Kuchen weggefressen! Das vergißt ihr Tante Klärchen nie! Und da soll se ihr die Kommode versprochen ham...? Lächerlich! Einfach lächerlich!

*(Philip-August und Marie-Luise kommen hereingestürzt)*

PHILIP-AUGUST *(atemlos)*: Onkel und Tante kommen!

MARIE-LUISE: Ich habe ihn erst vor'm Haus erwischt, wie er gerade schon wieder rauskam! In zehn Minuten sin se da!

VATER: Schöner Schlamassel!

MUTTER: Ja, da hammersch!... Kommt, Kinder, packt eemal mit an... Tante Klärchens Kommode muß runter! Aber leise, möcht' ich mir ausgebeten hab'n, un ehrfürchtich... Los beide! *(Die Kinder laufen ab. Zu Vater)* Komm, Babba!

VATER: Ohne mich!

MUTTER: Willste mir 'ne n e u e Kommode koofen? Wo soll ich denn die Wäsche von den Kindern reintun, die jetzt mit in der Kommode liegt?... Soll ich se uff den Dachgarten hängen?...

VATER *(im Abgehen)*: Ich wasche meine Hände in Unschuld!

MUTTER *(ihm nach)*: Du wasch' dir deine Hände, in was du willst! *(Die Tür bleibt auf)*

*(Die Mitte bleibt einen Augenblick leer)*

*(Man sieht Vater und Mutter die Treppe hinaufsteigen. Nach einer Weile hört man, wie oben eine Kommode verschoben wird, darauf Vaters Stimme, während er an der Spitze des Transportes, die Kommode vorn allein tragend, wieder auf der Treppe erscheint)*

VATERS STIMME: Schiebt doch nich so, zum Donnerwetter! Ich soll mir wohl's Genick brechen!?

MUTTERS STIMME: Vorsicht, die Schublade! *(Die Schublade rollt unter fürchterlichem Gepolter die Treppe herunter und streut ihren Inhalt vor Vaters Füße)*

VATER *(auf der untersten Stufe)*: Gottverdammich, könnt ihr denn nich wenigstens die Balance halten, ihr drei da hinten, ich kann's doch hier vorne in der Mitte nich! *(Seine Füße bahnen sich einen Weg durch die Wäsche aus der Schublade)*

MUTTER *(die sichtbar wird)*: Fluche nich, Babba!

VATER *(genau in der Tür angelangt)*: Mehr nach rechts! *(Die Kommode haut rechts gegen den Türpfosten)* Zu viel! — Nach links! *(Die Kommode haut links in die Glasfüllung der Tür, die zersplittert)* Himmelherrgott...!

MUTTER: Sei doch nur gemütlich, Babba!

VATER: Noch eenen guten Rat von dir, Mutter, un ich lasse los un gehe in die Kneipe! *(Der Transport ist jetzt so weit gediehen, daß er schon diesseits der Tür auf der Bühne steht. Vater ist am Zusammenbrechen und sieht sich verzweifelt um)* Wohin? *(Und da nicht gleich geantwortet wird, brüllt er)* Wohin?

MUTTER: Warte doch... warte doch!

VATER: Ich k a n n nicht mehr warten!... Wohin?

MUTTER: Untern Spiegel, hab ich dir gesagt.

VATER: Gar nischt haste gesagt. *(Sie steuern zum Spiegel, wo Vater beim Niedersetzen in die Knie bricht. Die Kinder stürzen zu Vater, um ihm aufzuhelfen)* —

*(Die Flurglocke läutet)*

MUTTER: Da sin se! Die Schublade! *(Sie sieht, wie die Kinder sich um Vater bemühen und schreit)* Laßt den Babba liegen! Die Schublade! *(Marie-Luise holt die Schublade von der Treppe. Mutter hilft Vater auf und holt schnell ein Spitzendeckchen vom Sofa. Die Kinder versuchen, die Lade in die Kommode zu schieben. Da beide helfen, wird sie schief angesetzt und geht nicht rein. Auch Vater hilft)*

VATER: Gerade einsetzen! Merkt euch das fürs Leben! *(Die Flurglocke läutet wieder)*

*(Nach einer letzten verzweifelten Anstrengung geht die Schublade hinein, wobei Vaters Finger eingeklemmt wird)*

VATER: Au!

MUTTER *(um Vaters Schrei zu verwischen)*: Au... Au... Aufmachen sollste, Philip-August! *(Dabei wirft sie noch schnell das Deckchen über die Kommode. Zu Vater)* Du mußt ergriffen sein!

VATER: Ich bin ergriffen genug! *(Wischt sich den Schweiß von der Stirn. Mutter und Marie-Luise schwingen sich auf die Kommode. Philip-August ist zur Flurtüre gegangen und läßt Tante Linchen und Onkel Gustav ein)* *(Pause)*

LINCHEN *(ins Zimmer tretend und Mutter die Hände drückend)*: Mein allerherzlichstes... *(Dann geht sie zu Vater und wiederholt das Spiel. Gustav gibt Vater stumm die Hand, als wollte er sagen: „Na endlich!")*

LINCHEN *(schluchzend)*: Wie is'n das so plötzlich gekommen?

VATER: Na, g a r s o plötzlich is ja nu ooch übertrieben...

LINCHEN: Noch gestern hab ich zu Gustav gesagt, wir wollen euch fragen, ob wir euch Tante Klärchen nicht e bißchen abnehmen sollen.

VATER: Ach nee! *(Setzt sich an den Tisch)*

LINCHEN: Ihr habt sie ja nun lange genug betreut, wollt ich euch sagen, nun laßt uns ooch unsern Teil beisteuern! — Nich wahr, Gustav, hab ich das zu dir gesagt? Oder hab ich das nicht zu dir gesagt?

GUSTAV *(nickt)*

MUTTER: Schade, daß dir das nich früher eingefallen is!

LINCHEN: Ich habe schon e paarmal dran gedacht. Namentlich in der letzten Zeit, wo Klärchen und ich uns so besonders nahegestanden sind...

VATER: Habt ihr euch wieder in die Haare gekriegt?

LINCHEN: Du mit deinen Witzen... *(Sieht den Wein)* Was is'n das?

VATER: Wein.

LINCHEN: Wein habt ihr getrunken?

VATER: Wenn du nischt dagegen hast. Der Herr Intendant

war grade da, als es passierte.

LINCHEN: Kann man denn Tantchen mal sehen?

MUTTER: Nee, noch nich. Die müssen wir erscht richtig aufbahren und schönmachen, wie sich das gehört. Un der Doktor muß auch erscht dagewesen sein!

LINCHEN: Kann ich e Gläschen haben?... *(Sie setzt sich, während Vater ihr und Gustav ein Gläschen einschenkt)* Mir is ganz schwummerig... danke schön... na, dann Prösterchen! *(Sie trinkt)* Kuchen habt ihr keenen?... *(Gustav setzt sich bescheiden auf das Sofa und winkt Philip-August zu sich)* Ja, wie gesagt, Klärchen un ich, wir sind uns in der letzten Zeit immer sympathischer geworden. Früher haben wir uns ja manchmal gekracht, aber neuerdings... *(Sieht die Kommode)*... Wie gommt denn die Gommode hierher?

MUTTER: Welche Gommode?

LINCHEN: D i e Gommode!

MUTTER: Ach, die Gommode! — Die steht schon 'ne ganze Weile hier.

LINCHEN: 'ne ganze Weile?

MARIE-LUISE: Drei oder vier Wochen.

PHILIP-AUGUST: Oder fünfe!

LINCHEN: Aha... aha... aha!

VATER: Was is denn da zu „ahan"? Wenn du dich hättest öfter hier sehen lassen, dann wüßtest du das!

MUTTER: Aber so lange Tante Klärchen lebte, hat's dich ja nich hergezogen!

LINCHEN: Was is denn los... was is denn los?... Ich hab ja nischt dagegen, daß die Gommode hier unten steht...

MUTTER: Da wär' ich aber ooch neugierig, was de da dagegen haben solltest!

LINCHEN: Gar nischt! Sag ich doch! Im Gegenteil! Da hab ich's bequemer mit dem Abtransport!

VATER: Mit wem?

MUTTER: Mit was?

LINCHEN: Mit dem Abtransport!... Ihr wißt doch, daß Klärchen mir die Gommode versprochen hat?

VATER: W e r weeß das?

LINCHEN: Ihr!... *(sich erhebend und zu Mutter gehend)* Hab ich dir das erzählt, oder hab ich dir das nich erzählt?

MUTTER: Mir kannste viel erzählen!... Wann soll denn das gewesen sein?
LINCHEN: Was?
MUTTER: Daß se dir das versprochen hat?
LINCHEN: Vor 'nem halben Jahr vielleicht.
MUTTER: Na, da kammersch ihr nich übelnehmen...
LINCHEN: Was?
MUTTER: Daß sie's wieder vergessen hat! Denn mir gegenüber hat se nischt erwähnt.
LINCHEN: Warum sollse's denn dir gegenüber erwähnen, wennse m i r was schenkt?
MUTTER *(freundlich)*: Damit ich die Gommode raus aus'm Haus lasse, mei' Herzchen! *(Sie rutscht von der Kommode herunter)* Denn wenn wir Tante Klärchen ein Leben lang gepflegt haben, dann gehört alles uns, was sie nich a u s d r ü c k l i c h jemand anderem vermacht hat...
LINCHEN: Die Gommode hatse ausdrücklich m i r vermacht...!
MUTTER: Wennse 's dir vermacht hat, wird's im Testament stehen. Wenn's im Testament steht, dann kriegst du se. Wenn's nich im Testament steht, dann kriegst du se n i c h , un wenn de dich uff'n Kopp stellst!
LINCHEN: Ich werd' mich nich uff'n Kopp stellen!
MUTTER: 's würde ooch nich schön aussehen!
LINCHEN *(zu Vater)*: Uff's Gericht werd' ich gehen!
VATER: Woher weeßte denn jetzt schon, daß es n i c h im Testament steht?
LINCHEN: Das weeß ich gar nich, Aber wenn's n i c h drinsteht, dann is mündliches Versprechen mündliches Versprechen!
MUTTER: Un Testament is Testament!
LINCHEN *(außer sich)*: Un Erbschleicher is Erbschleicher!
MUTTER: Was haste gesagt?
LINCHEN: Erbschleicher hab ich gesagt! Du willst mich bloß um die Kommode bringen! *(Sie hebt den Schirm gegen Mutter hoch. Die Kinder schreien auf. Blitzschnell schiebt Philip-August einen Stuhl her, steigt hinauf und entreißt ihr den Schirm! Marie-Luise von der anderen Seite reißt Linchen den Hut hoch vom Kopfe, so daß*

*Mutter sie an den Haaren zausen kann!*

VATER *(sich an Gustav festhaltend)*: Halt mich fest, Gustav, daß ich deiner Frau nich eene klebe! *(Da Gustav ihm den Arm freigibt)* F e s t h a l t e n sollste mich! Nicht schubsen!

LINCHEN *(im Kampf mit Mutter)*: Hilfe...!

VATER: Auseinander! *(Mutter setzt Linchen, die sich tief geduckt hat, den Hut wieder verkehrt auf)*

*(Es klopft dreimal oben an der Decke!)*

*(Der Knäuel der Kämpfenden erstarrt in der letzten Pose. Alle blicken entgeistert nach oben)*

*(Da klopft es noch dreimal!)*

VATER *(tonlos)*: Marie-Luise... gucke nach...! *(Marie-Luise wirft der Mutter einen ängstlichen Blick zu, stößt Philip-August aus dem Wege und läuft nach oben. Alle verfolgen sie mit den Blicken)*

*(Pause)*

*(Dann hört und sieht man sie wieder herunterkommen..)*

MARIE-LUISE *(eintretend, noch ganz entgeistert)*: Ihr sollt nich so'n Krach machen! Tante Klärchen möchte noch 'ne halbe Stunde schlafen!

*(Allmählich löst sich die Starre. Alle sehen sich an)*

LINCHEN *(nach einer langen Pause, honigsüß)*: Wenn ich euch 'n Rat geben darf, dann tragt jetzt die Gommode ganz schnell wieder ruff! Komm, Gustav! *(Sie rauscht mit Gustav ab)*

*(Vater, Mutter und Kinder sehen sich an)*

VATER: Was nun?

MUTTER: Nischt wie ruff mit der Gommode!

VATER *(zu Marie-Luise)*: Gucke nach, ob sie schläft! Leise!

MARIE-LUISE *(läuft rauf und kommt wieder runter)*: Sie schläft!

VATER: Los!... Raus mit den Schubladen, dann is se leichter! *(Während man die Schubladen herauszieht, zu den Kindern)* Dann brauchen wir de Mutter gar nich. Da hätten mir vorher ooch schon dran denken können. Ihr zwee vorne un ich hinten... los!... un leise!

*(Mutter hat das Deckchen auf seinen Platz am Sofa gelegt und sieht dem Transport mit gemischten Gefühlen*

*zu. Vater sagt, hämisch grinsend beimAbgehen)* Laßt den Babba liegen! *(Der Transport bewegt sich aus der Tür und über die Treppe, bis er verschwindet, während Mutter den Inhalt der auf der Bühne zurückgebliebenen Schubladen einer Prüfung unterzieht)*

*(Doktor Ochsenbein mit Vollbart und Gummischuhen tritt ein)*

DOKTOR: n' Abend.

MUTTER *(herumfahrend)*: Ach du lieber Gott!

DOKTOR: Nee. — Ich sähe nur so aus!

MUTTER: Doktor Ochsenbein!... Sie können einem aber ooch'n Schreck einjagen... mit Ihren ewigen Gummilatschen!

DOKTOR: Ihretwäjen werd'ch in Nagelschuhen loofen. — Wo liegt se denn?

MUTTER: Wer?

DOKTOR: Tante Klärchen.

MUTTER: Wer hat Sie denn geschickt?

DOKTOR: Der Intendant.

MUTTER: Oben liegt se. Aber Sie gommen umsonst.

DOKTOR: Ganz umsonst gann ich es n i c h machen. Totenscheine hamm ihre Taxen. Aber das war ja vorauszusehen!

MUTTER: Was war vorauszusehen?

DOKTOR: Daß se es nich mehr lange machen würde!

MUTTER: Schon vor zehn Jahren hamm Se ihr nich mehr wie vierzehn Tage gegäm!

DOKTOR: Irren ist ärztlich... Jezt geh ich mal ruff.

MUTTER: Ja... gehn Se mal ruff!

*(Vater kommt von oben)*

VATER: Ah... Albert!

DOKTOR *(ihm auf die Schulter klopfend)*: Na, nun hat sie's überstanden!

VATER: Wieso? *(Mutter macht Vater Zeichen, daß er nichts sagen soll)* Ja! Nu hat se's überstanden!

DOKTOR: Nu guck ich se mir mal an!

VATER: Ja... guck se dir mal an!

OCHSENBEIN *(geht hinaus)*: Ich guck se mir mal an.

MUTTER: Der wird 'ne Überraschung erläm... Der Klapsmann denkt doch, sie ist tot!

VATER *(die Schubladen betrachtend)*: Na und?
MUTTER: Was?
VATER: Haste dein Geheimfach jefunden?
MUTTER: Grinse bloß nich so hämisch! Wemmersch so leicht finden täte, wärsch ja kee Geheimfach!
VATER: Haste alles abgeklopft?
MUTTER: Ja.
VATER: Un nischt jefunden?
MUTTER: Nee.
VATER: Dann is ooch keens da!
MUTTER: Aber ich habe ooch nischt gefunden, wo steht, daß se Linchen die Gommode vermacht!
VATER: Dir aber ooch nich! Außerdem kannste ja Tante Klärchen fragen. Jetzt lebt se ja wieder!
MUTTER: Ah ja! Gott sei Dank! Das gute Tantchen! Und tüchtig verwöhnen werde ich se noch! Fühlen soll se, wer's gut mit ihr meint...
VATER: ...un wem se die Gommode zu vermachen hat!
MUTTER: Ja! Ach du! *(Ochsenbein kommt die Treppe herunter)*
DOKTOR *(eintretend)*: So, da wäre der Schein. *(Vater und Mutter sehen sich verblüfft an)* Wenn ich nich wüßte, daß se schon seit 'ner Stunde tot is, würd'ch sagen, se is es erscht seit fünf Minuten! — *(Legt den Totenschein auf den Tisch)* — Regt euch nich uff! — *(Er geht zur Tür)* Wann kommt ihr denn emal wieder zum Ganaster? — Anruf genügt! — *(Er geht ab)*
VATER: Was sagste nu?
MUTTER: Sie hat n i e gewußt, was sie will!
VATER: Aber nu is se tot! Jetzt hab'n wir's schriftlich!
MUTTER: Äm!... Weeßte was? Besser is besser: Jetzt könnten mer die Gommode vielleicht wieder r u n t e r tragen!
VATER: Ich will dir sagen, was du mich jetzt könntest! Und nich vielleich, sondern b e s t i m m t ! Du mit deinem Geheimfach!
MUTTER: An dem Familienstück ist mir gelegen. Gar nischt mach ich mir aus dem Geheimfach.
VATER: Herrje! *(Er starrt auf die Schublade)*
MUTTER: Was ist denn?

VATER: Da ist es! *(Zeigt mit dem Finger)*

MUTTER: Wo? *(Stürzt sich auf die Stelle)*

VATER: April, April!

MUTTER *(sich wieder erhebend)*: Das werd' ich mir merken! *(Im Abgehen rufend)* Marie-Luise!... Philip-August!

STIMMEN DER KINDER: Ja, Mütterchen?

MUTTER: Kommt emal die Gommode mit anfassen! *(Sie geht hinauf)*

MARIE-LUISES STIMME: Ruff oder runter?

MUTTER: Runter!

VATER *(wie er in seinen Taschen nach Streichhölzern sucht, um seine Pfeife anzuzünden, bemerkt er einen Brief, der auf dem Teppich liegt und offenbar aus einer Schublade gefallen ist. — Er bückt sich, öffnet ihn und liest)*

„Alles, was ich hinterlasse,
Soll im Feuer sterben. —
Wo nichts ist, gibt's keinen Streit
Und auch nichts zu erben!
Es war einmal, heißt es im Märchen...
Wiedersehen!
Tante Klärchen!"

*(Mit einem sauersüßen Lächeln)*: So ein Aas! — *(Nochmals lesend)*: „Alles was ich hinterlasse, soll im Feuer sterben ..." Na, dann woll'n mer mal gleich mit dem Briefchen den Anfang machen! *(Er geht ein Streichholz anzuzünden, dreht den Brief zu einem Fidibus und hält ihn in die Flamme)*

MARIE-LUISE *(mit Philipp-August die Kommode hereintragend)*: Was machste denn da, Babba?

VATER *(sich mit dem Fidibus die Pfeife ansteckend)*: Ich rooche!

*(Die Kinder stellen die Kommode ab. Da klopft es von oben wieder dreimal! Alle sehen sich entsetzt an! Die Kinder stürzen zur Kommode, um sie schleunigst wieder hinaufzutragen. Da erscheint Mutter mit Tante Klärchens Stock in der Hand)*

MUTTER *(triumphierend):* April — April!

*(Sie klopft dreimal auf den Fußboden!)*

*(Vorhang)*

*Günter Grass*

# NOCH ZEHN MINUTEN BIS BUFFALO

Ein Spiel in einem Akt

Personen:

Krudewil, ein Lokomotivführer
Pempelfort, ein Heizer
Axel, ein Kuhhirt
Kotschenreuther, ein Maler
Fregatte, eine Dame

## NOCH ZEHN MINUTEN BIS BUFFALO

*(In der Mitte steht eine alte, verrostete, bewachsene Lokomotive mit Kohlentender. Krudewil am Fenster der Maschine, Pempelfort auf dem Tender. Sie blicken in Fahrtrichtung und täuschen große Geschwindigkeit vor.*
*Grüne Landschaft und Kühe im Hintergrund.*
*Links im Vordergrund sitzt der Maler Kotschenreuther vor seiner Staffelei mit Bild. Axel, ländlich gekleidet, beobachtet seine Arbeit)*

AXEL: Das soll wohl 'n Schiff werden.

KOTSCHENREUTHER: Haargenau. — Eine Fregatte.

AXEL: Ich will ja nichts gesagt haben. Unsereins hat da nun selten was mit zu tun.

KOTSCHENREUTHER: Was gibt's denn. Axel? Nur keine Umstände.

AXEL: Na ja, Sie als Professor — man wundert sich. Da kommen Sie nun jeden Morgen her, sehen sich die Kühe an, messen herum, als wenn Sie was verstehen vom Vieh und hätten vor, 'ne Sterke zu kaufen, und dann, und dann ...

KOTSCHENREUTHER: Na?

AXEL: Dann machen Sie 'n Schiff draus.

KOTSCHENREUTHER: Eine Fregatte.

AXEL: Auf jeden Fall 'n Segelschiff.

KOTSCHENREUTHER *(erhebt sich, vergleicht das Bild mit der Landschaft):* Du mußt dich mehr einordnen. Tauchen, unter den alten Wertungen durchschwimmen und dann: neue Aspekte, nervöse Instrumente, hellhörige Apparate, ein jungfräulicher Erdteil ... vor allen Dingen mußt du diese dummen Titel über Bord werfen. Kuh, Schiff, Professor, Butterblume. Alles Täuschungen, Komplexe. Wenn du zu deiner Kuh Schiff sagst oder auch nur Dampfer, meinst du, da macht sie sich was draus?

AXEL: Da können Sie vielleicht recht haben. — Aber das Auge? Wenn ich nun sehe und sehe da die Kuh und hier ein Schiff ...

KOTSCHENREUTHER: Das ist ja der Fehler. Du betrachtest die Dinge zu sehr mit dem Intellekt. Einfach bleiben, ganz von vorne anfangen. Zuerst war das Schiff. Daraus hat sich dann später die Kuh entwickelt, und aus der Kuh das Schachspiel, dann wurden die Pyramiden gebaut, später kam der Journalismus und mit ihm die Eisenbahn, — wer weiß, was morgen sein wird. — Bringe mir Segelsaft, ich habe Durst.

AXEL: Sie meinen Milch, Herr Professor.

KOTSCHENREUTHER: Nenn es wie du willst, nur weiß muß es sein wie Moby Dick.

*(Axel geht ab, der Maler setzt sich und arbeitet intensiv. Krudewil gibt Volldampf. Klägliche Heultöne)*

PEMPELFORT: Du mußt sparsamer fahren, es reicht nicht mehr lange.

KRUDEWIL: Dann werde ich dich verheizen.

PEMPELFORT: Es kann nicht dein Ernst sein.

KRUDEWIL: Meinst du, ich spaße? Schön klein hacken werde ich dich, an der Luft trocknen lassen, dann auf die Schippe nehmen und hinein. *(Er lacht dröhnend)*

PEMPELFORT: Ich bitt dich, knirsch nicht so mit den Zähnen, — und fahr langsamer, wir müssen besser wirtschaften.

KRUDEWIL *(wütend reckt er sich aus der Lok):* Wer führt hier die Lok, du oder ich?

PEMPELFORT: Die Strecke ist in schlechtem Zustand, wir müssen bunkern. O glaub mir doch.

KRUDEWIL: Ach was. *(Er gibt Dampf)*

PEMPELFORT: Die letzte Schaufel. *(Flehend):* Krudewil, Krudewil.

KRUDEWIL: Nimm dich zusammen, Pempelfort, ich warne dich. Wer kann das anhören. — Hah, in dreißig Minuten sind wir in Buffalo, dann hat alles Elend ein Ende, dann werden die Glocken geläutet und die Laternen gekitzelt ...

PEMPELFORT: Ich bitt dich auf den Knien.

KRUDEWIL: ... dann wird das Hemd gewechselt und die Brust gesalbt ...

PEMPELFORT: O wenn du nur hören würdest.

KRUDEWIL: ... dann werden die Nägel beschnitten und die Kniekehlen geölt, dann wird gelacht, hörst du, gelacht.

PEMPELFORT: Ich freu mich ja so, wirklich. Aber nur drei kurze Minütchen Halt. Die Gegend ist so günstig, es wäre eine Sünde, vorbeizufahren. Die Kühe meinen es gut mit uns.

KRUDEWIL *(zieht die Bremse und lehnt aus dem Fenster):* Aber keine Sekunde mehr. *(Pempelfort springt vom Tender und sammelt mit einer Schaufel die Kuhfladen)* Schrecklich diese Gegend hier. Dieser Buttergeruch. Ich werde die Gelbsucht bekommen.

PEMPELFORT: Sei nicht ungerecht, sie sorgen für uns.

KRUDEWIL: Es hätte bestimmt noch gereicht.

PEMPELFORT: Niemals — Ich will dir ja keine Vorschriften machen. Schließlich bist du der Lokführer und weißt Bescheid da vorne. Aber ich weiß auch etwas, ich bin auch etwas.

KRUDEWIL *(verächtlich):* Heizer.

PEMPELFORT: Jawohl, Heizer. Und ich habe den Blick dafür, ob es reicht und wie lange und ob und wann man bunkern muß.

KRUDEWIL: Sollst ja recht haben. Bist ein prima Heizer, aber nun mach. Wir bringen den Fahrplan durcheinander.

PEMPELFORT: Nur noch diesen hier und den. Trocken wie Zunder. *(Er nähert sich dem Maler):* Sind Sie Maler?

KOTSCHENREUTHER *(ärgerlich):* Stören Sie nicht, kommen Sie ein anderes Mal. Ich bin bei der Takelage.

KRUDEWIL: Komm, Pempelfort, laß den Mann in Ruhe. Du mußt noch die Bolzen nachschlagen.

PEMPELFORT: Ja doch, ja, schon dabei. *(Er schlägt die Bolzen)*

KRUDEWIL *(Gibt Signal und Dampf):* Partenza.

PEMPELFORT: Halt, halt, so warte doch. *(Er läuft auf der Stelle neben der Maschine her, stolpert, fällt, springt auf, sitzt atemlos auf dem Tender. Krudewil lacht)* Du mußt das nicht machen. Weißt doch, wie ängstlich ich bin. Vertrage das einfach nicht, diese Aufregungen. Tu ja schließlich, was ich kann. Seit fünf Tagen ist die Maschine unter Dampf. Das kannst du mir verdanken, nur mir.

KRUDEWIL: Ist ja gut, Pempelfort, bist fleißig gewesen.

PEMPELFORT: Dabei wäre ich viel lieber bei der Marine geblieben. Solch ein schönes Schiff und immer reine Luft. Aber du mußtest meutern und davonlaufen.

KRUDEWIL: Hättest ja dableiben können. Deck schruppen, Zwieback fressen, immer vorm Mast schlafen — lassen wir das. Gefällt mir gar nicht, diese Landschaft. Kühe, nochmals Kühe.

PEMPELFORT: In der Tat, der Viehbestand ist beträchtlich. Wer melkt die bloß?

KRUDEWIL: Was kümmert uns das. Wir haben unser Ziel und das heißt Buffalo; und wenn wir da sind, dann sollst du was erleben.

PEMPELFORT: Was denn, Krudewil?

KRUDEWIL: Fragen stellst du. Da geht es rund, da wird gelotet und klar Schiff gemacht. Waren ja nicht umsonst bei der christlichen Seefahrt. Wahrschau, wahrschau. *(Er lacht schrecklich)*

PEMPELFORT: Ich fürchte mich, wenn du so lachst. Du hast etwas vor.

KRUDEWIL: Worauf du dich verlassen kannst.

PEMPELFORT: Etwas Böses?

KRUDEWIL: Wie man's nimmt.

PEMPELFORT: Sag mir die Wahrheit. Ich könnte es nicht ertragen, wenn du am Ziel unserer langen Reise wieder auf Abwege gerätst. — Wir hätten das nicht tun sollen, sie einfach verlassen.

KRUDEWIL: Eine Frau als Kapitän ...

PEMPELFORT: Fregattenkapitän.

KRUDEWIL: Von mir aus Admiral, auf jeden Fall unerträglich. Eine Frau gehört ins Bett oder sitzt im Schaukelstuhl und häkelt sich einen ab. *(Er lacht)*

PEMPELFORT: Lach nicht — sonst ...

KRUDEWIL: Was sonst?

PEMPELFORT: Ich, ich verlasse dich sonst.

KRUDEWIL: Du mich?

PEMPELFORT: Gewiß.

KRUDEWIL: Moment mal. *(Er liest am Schaltbrett):* Wir haben jetzt gut und gerne neunzig Sachen drauf, rechne das mal in Seemeilen um und frage dich ...

PEMPELFORT: Das ist mir gleich. Wenn du Böses vorhast, kann ich nicht mehr dein Freund sein. Doch willst du mir versprechen, daß du heute abend, wenn wir ankommen, früh zu Bett gehst, wie es sich nach solch einer anstrengenden Reise gehört ...

KRUDEWIL: Schluß, kein Wort mehr.

PEMPELFORT: Dann muß es sein. *(Er erhebt sich und klettert auf den Tenderrand)*

KRUDEWIL: Bleib sitzen, Mensch. Er ist wahnsinnig geworden.

PEMPELFORT: O nein. Ganz klar ist Pempelfort, sehr klar sogar. Durchschaut habe ich dich und ahne schon, wie das zu Ende gehen wird mit dir. Schuldig wirst du werden und Blut wird an deinen Händen kleben. Mir graut vor dir, Krudewil. *(Er will vom Tender springen. Krudewil klettert rasch aus der Lok und faßt ihn. Sie ringen, fallen vom Tender, laufen hinterher, springen auf, ringen weiter; die Maschine stößt Dampf aus, heult. — Der Maler erhebt sich, faßt Papier und Kohle)*

KOTSCHENREUTHER: Hah, was seh ich. Jakob ringt mit dem Engel. Schnell eine Skizze. Das sah noch keiner, das brachte noch niemand aufs Papier, aktuell, höchst zeitgemäß und dennoch zeitlos. Das muß aufs Bild, die Transzendenz zwischen Fock- und Großmast, nicht achtend den steifen Nordwest, Catch as Catch can, Jakob ringt mit dem Engel. *(Er setzt sich und malt)*

KRUDEWIL *(hat Pempelfort bezwungen):* Wirst du das noch einmal machen? Deinen besten Freund im Stich lassen?

PEMPELFORT: Nur wenn du mir versprichst. Schwöre, schwöre. *(Krudewil hebt die Hand zum Schwur)* Daß du mich nie wieder alleine läßt.

KRUDEWIL: Bei unserer Geschwindigkeit. *(Sie halten sich im Fahrtwind)*

PEMPELFORT: Daß du gleich schlafen gehst, wenn wir ankommen.

KRUDEWIL: Bei der Spurweite der Strecke nach Buffalo.

PEMPELFORT: Daß du zuvor dein Nachtgebetchen aufsagst.

KRUDEWIL: Beim Gott, der die Weichen stellt.

PEMPELFORT: Und daß du nie, nie wieder zu den Leuten in den verrufenen Keller gehst.

KRUDEWIL: Sie sind aber doch vollkommen harmlos. *(Er will die Hand sinken lassen)*

PEMPELFORT: Wirst du wohl. Nie wieder in den Keller.

KRUDEWIL: Bei allen Schienenstößen und Kilometersteinen, bei allen Schwalben und Telegraphenmasten *(er weist auf die Strecke)* — bei allen unerforschlichen Signalen ... Verdammt, wir haben ja gar keine Einfahrt. *(Er hastet zur Lok und bremst die Maschine)* Das hätte schiefgehen können. Tja, nochmal Schwein gehabt. Mach ich nie wieder, bei solch 'ner Geschwindigkeit.

PEMPELFORT: Geschworen ist geschworen, mein Lieber, jetzt liegst du vor Anker.

KRUDEWIL: Unterlaß bitte diese seemännischen Ausdrücke. Da, schlag die Bolzen nach.

PEMPELFORT: Ich habe doch vorhin gerade.

KRUDEWIL: Dalli, dalli.

PEMPELFORT: Gut, wenn du meinst. *(Er klettert mit einem Hammer vom Tender und klopft an den Rädern)* Aber nicht wieder einfach losfahren und ich muß laufen. Hörst du, Krudewil?

KRUDEWIL: Ich schreib dir 'ne Karte, wenn's soweit ist.

PEMPELFORT: Verspotte mich nur. Eines Tages, wenn ich nicht mehr sein werde, dann wirst du begreifen, wen du mißhandelt und gequält hast, dann wird die Reue kommen, doch zu spät, Krudewil, zu spät.

PEMPELFORT *(pflückt Blumen)*

KRUDEWIL: Du Ärmster mußt so leiden, nur Blumen können dich noch trösten und allenfalls ein etwas wirriger Schmetterling. Noch fünfzehn Minuten bis Buffalo dann kannst du Blümchen streuen auf dem Bahnhof und dem Stationsvorsteher Löwenzahn schenken. *(Er zündet sich eine Pfeife an. Der blumenpflückende Pempelfort nähert sich Kotschenreuther)*

PEMPELFORT *(erstaunt)*: Na, so etwas. Schon wieder ein Maler.

KOTSCHENREUTHER *(mürrisch)*: Wieso schon wieder, junger Mann?

PEMPELFORT: Es sind noch keine zehn Minuten her, wir mußten halten auf freier Strecke, weil uns der Brennstoff ausging, und wen sah ich da?

KOTSCHENREUTHER: Wahrscheinlich die Jungfrau von Orleans.

PEMPELFORT: Falsch. Auf genau solch einer Wiese saß da wer und malte.

KOTSCHENREUTHER *(springt auf):* Reden Sie keinen Unsinn. Was malte der Kerl, Blumen wahrscheinlich oder Schmetterlinge?

PEMPELFORT: Das ist es ja eben. Der Herr war sehr kurz angebunden, ich durfte das Bild nicht betrachten. Dabei hätte ich so gerne.

KOTSCHENREUTHER: Hm. Großes Format? Und die Palette?

PEMPELFORT: Blau, viel Blau. Der Herr war sehr eifrig. Er sagte, er müsse gerade an der Takelage arbeiten. Vielleicht war er Marinemaler.

KOTSCHENREUTHER: Was ich mir gedacht habe. Drellmann, dieser lächerliche Epigone. Na warte, Bürschchen, dir wasch ich die Pinsel aus. *(Er packt Bild, Staffelei und Farben zusammen)* Mir meine Idee zu stehlen. Womöglich auch noch den Ringkampf. Diese Provinzgröße. Keine blasse Ahnung von Avantgardismus. Hier, Kotschenreuther, merken Sie sich diesen Namen. Ich bin ein Mensch, dessen Uhr um mehrere Jahrhunderte vorgeht. Wer sich mit mir verabredet, kommt unweigerlich zu spät. *(Schwer bepackt geht er nach links ab. Pempelfort staunt, muß dann aber laufen, weil Krudewil Dampf gibt)*

KRUDEWIL: Freie Fahrt, partenza.

PEMPELFORT *(springt auf):* Ich kann nicht mehr.

KRUDEWIL: Ach was, ein Heizer muß das aushalten. Bald sind wir da, dann kannst du weinen und jammern. – Schütt noch was auf.

PEMPELFORT *(er schaufelt vom Tender in die Lok):* Nichts glaub ich dir mehr, kein Wort. Ein Lump bist du. Versprochen hast du, geschworen bei allen ungeschützten Bahnübergängen. Aber ich weiß schon: wenn wir erst da sind, bin ich wieder alleine und muß alle

Türen abschließen, weil ich mich fürchte.

KRUDEWIL: Ein Zeug redest du. Mensch, lach doch. Dieses Leben, wer kann sich das leisten. Immer hübsch auf Schienen. Kein Seegang, keine Klippen, kein Skorbut, kein Klabautermann. Immer schön gleichmäßig geradeaus, heute in Dalles, morgen in Buffalo, — wenn dieser Landschaft nur mal was anderes einfallen würde. Von mir aus Wüste, ratzekahl, mit einigen leergelöffelten Konservendosen backbord und steuerbord. Bloß keine Kühe mehr und keine Gänseblümchen.

PEMPELFORT *(riecht an seinen Blumen):* Dir geht der Sinn ab für die Natur.

KRUDEWIL: Ich brauche Abwechslung.

PEMPELFORT: O ja, das kenne ich. Laster, Unflat, Ohnmacht, unwürdige Situationen, niedrigste Gelüste, Schaum, Flüche, Ekel, klebrige Freuden und keine Reue.

KRUDEWIL: Was bleibt mir übrig. Als Lokomotivführer ist man sich vollkommen ausgeliefert.

PEMPELFORT: Lächerlich, diese Entschuldigungen. Dabei hast du noch nie einen Personenzug geführt, immer nur Güterzüge.

KRUDEWIL *(deklamierend):* Der Güterzug, der Güterzug ist länger als Personenzug. Wollen wir?

PEMPELFORT: Du willst nur ablenken.

KRUDEWIL: O bitte, nur drei Strophen.

PEMPELFORT: Nein.

KRUDEWIL: Ich würde anfangen. *(Er schwingt sich aufs Dach der Lok)*

PEMPELFORT: Wenn es noch ein Shanty wäre und man könnte die Anker lichten.

KRUDEWIL: Der Güterzug, der Güterzug. *(Er singt halb):*

Sie blasen sich die Lichter aus,
verkaufen ihrer Katz das Haus.
Sie tragen sich einander nach,
und unterwandern sich beim Schach,
sie überbrücken ihre Lücken
mit wunderschönen Eselsbrücken;
darüber lärmt der Güterzug,
ist länger als Personenzug.

PEMPELFORT *(auf dem Tender demonstrierend)*:
Sie schlagen sich einander vor,
bedienen das Gespräch.
Mit Rücksicht, Vorsicht, Übersicht
bläst einer aus des andern Licht,
fährt mitten durch ihr Kurzgesicht;
der Güterzug, der Güterzug.

KRUDEWIL *(rittlings auf der Lok):*
Sie nehmen sich die Arbeit ab,
sie geben sich die Ehre.
Sie haben einen Panzerschrank,
der schützt die große Leere.
der eine nennt den andern krank,
sie stehen stolz am Bahnsteigrand
und grüßen mit erhobner Hand;
den Güterzug, den Güterzug. *(Er klettert zurück)*

PEMPELFORT *(springt ab, läuft neben der Lok her, springt wieder auf):*
Ein Autobus, ein Autobus,
besetzt mit Langeweile.
Das Auto überholt den Fluß,
der Fluß hat keine Eile.
Sie sind sich immer weit voraus,
sie blasen sich die Lichter aus,
sie sitzen vor und hinterm Bier,
die Nacht durchschreit ein wütend Tier;
der Güterzug, der Güterzug ...

KRUDEWIL: ... ist länger als Personenzug. *(Er lacht, gibt Signal, zieht plötzlich die Bremse):* Verdammt.

PEMPELFORT: Was ist, warum hältst du?

KRUDEWIL: Da liegt wer.

PEMPELFORT: Wo *(Sie blicken beide aus dem Lokomotivfenster)*

KRUDEWIL: Auf den Schienen.

PEMPELFORT: O Gottogott. Vielleicht gefesselt, betäubt, mit einem Knebel im Hals, kurz vor dem Ersticken.

KRUDEWIL: Unsichere Gegend hier. Von wegen Kühe, alles nur Tarnung. Los, geh hin und guck nach.

PEMPELFORT: Ich?

KRUDEWIL: Wer sonst?

PEMPELFORT: Aber, aber ...

KRUDEWIL: Na, wird's bald. Soll ich etwa, der Lokomotivführer?

PEMPELFORT: Und wenn sich nun was rührt und sie kommen.

KRUDEWIL *(zieht seine Pistole):* Hier, die habe ich damals mitgehen lassen. Was braucht ein Fregattenkapitän eine Pistole?

PEMPELFORT: Sie wird es gemerkt haben.

KRUDEWIL: Und wenn schon. Uns leistet sie jetzt gute Dienste. Lauf, ich gebe dir Feuerschutz. *(Pempelfort ab)* Man sollte vorbeugen und sie alle abknallen. Jetzt oder nachher beim Fahren.

PEMPELFORT *(kommt zurück):* Krudewil.

KRUDEWIL: Schon zurück?

PEMPELFORT: Es ist eine Frau.

KRUDEWIL: Hübsch?

PEMPELFORT: Spiel nicht so mit der Pistole.

KRUDEWIL: Ob sie hübsch ist?

PEMPELFORT: Ich weiß nicht, ich hab nur von weitem ...

KRUDEWIL: Sieh richtig nach und komm wieder.

PEMPELFORT: Willst du nicht lieber? Du weißt da besser Bescheid.

KRUDEWIL: Wird's bald. *(Er hebt drohend die Pistole. Pempelfort ab)* Vor einer Frau hat er Angst. Vor einem Woll- oder Seidenrock platzvoll gefüllt mit Frau zittert er. *(Pempelfort zurück)* Wie siehst du aus. Hat sie dich gebissen oder an deinem Hemdchen gezupft. *(Er lacht, bricht mißtrauisch ab)*: Heh, Pempelfort, klapper nicht mit den Zähnen, komm zu dir.

PEMPELFORT: Sie ist es.

KRUDEWIL: Um Gottes willen. Fregatte?

PEMPELFORT: Sie sieht sehr böse aus.

KRUDEWIL: In Uniform?

PEMPELFORT: Bis über die Toppen beflaggt. Außerdem raucht sie Zigarren.

KRUDEWIL: Zwei?

PEMPELFORT: Drei. Abwechselnd.

KRUDEWIL: Vielleicht ist sie uns gar nicht böse.

PEMPELFORT: Dann kennst du sie schlecht.

KRUDEWIL: Hat sie dich gesehen?

PEMPELFORT: Ich glaube nicht.

KRUDEWIL: Hm. Da kommt mir ein kleiner Gedanke.

PEMPELFORT: Krudewil, du willst doch nicht etwa ...

KRUDEWIL: Warum nicht? Es hätte ja gut sein können, daß die Sicht, sagen wir mal, behindert gewesen wäre. Bodennebel, Nacht, Schneegestöber.

PEMPELFORT: Krudewil.

KRUDEWIL: Was willst du? Ich hätte normalerweise gar nicht bremsen können.

PEMPELFORT: Du hast aber.

KRUDEWIL: Es war fahrlässig von mir. Los, dampfen wir ab. *(Er klettert in die Maschine. Pempelfort breitet auf den Schienen die Arme aus)* Ich bitt dich, Pempelfort, noch drei Minuten, schon sehe ich eine leichte Dunstschicht, Buffalo, Freiheit. *(Er resigniert):* Binde sie los.

PEMPELFORT: Sie ist nicht gefesselt. Sie hat die Beine übereinandergeschlagen und hat es sich bequem gemacht. Schrecklich sieht sie aus, schrecklich. Ich werde sie um Verzeihung bitten. *(Ab)*

KRUDEWIL: Unverkennbar, sie ist es. — Die Pistole. Wohin damit? Hier, nein, da auch nicht, in den Tender oder aufs Dach. *(Er klettert aufs Dach)* Hier in den Schornstein. *(Er steckt die Pistole in den Schornstein)* Ich ahne es schon. Sie wird sofort in See stechen wollen. Wer weiß, was sie geladen hat. Hundert Tage kein Land. Keine Schienen mehr, keine Schwalben und Telegraphenmasten, keine freundlich grüßenden Stationsvorsteher. Nichts. Ein besoffener Horizont, halbirre Möwen und dann und wann ein Leuchtturm. *(Er klettert langsam von der Lok)*

PEMPELFORT *(atemlos zurück):* Kurs Südsüdost. Sie hat Pfeffer geladen.

KRUDEWIL: Und sonst, dicke Luft? *(Bootsmannspfeife)*

PEMPELFORT: Eins übergezogen hat sie mir, und die Blumen, ich wollte sie ihr zur Begrüßung geben, aufgefressen hat sie alle, auch die Stiele.

KRUDEWIL: O hätte doch Bodennebel oder ein Schneegestöber die Sicht behindert. Sie kreuzt wie ein Schulschiff: blitzblank, streng, nur am Sonntag darf man es besuchen.

PEMPELFORT: Rückenwind hat sie und wird Fragen stellen. Wir sollten uns präparieren. Vom Klüver bis zum Achtersteven?

KRUDEWIL: Kreuz;, Groß- und Fockmast. Kreuzsegel, Kreuzuntermarssegel, Kreuzobermarssegel, Kreuzunterbramsegel, Kreuzoberbramsegel ...

PEMPELFORT: Kreuzroyal, Kreuzschleisegel, Besam. Und nun der Großmast: Großsegel, Großuntermarssegel ...

KRUDEWIL: Großobermarssegel, Großunterbramsegel, Großoberbramsegel ...

PEMPELFORT: Großroyal, Großschleisegel, Mondgucker, fertig! Und nun noch ganz schnell den Fockmast: Focksegel, Voruntermarssegel...

KRUDEWIL *(schwankt)*: Alles schwankt, Übelkeit, rollende See, Vorobermarssegel, Vorunterbramsegel... *(Fregatte, ein kräftiges Frauenzimmer in Admiralsuniform, mit einer Fregatte als Kopfbedeckung, tritt gelassen auf. Sie raucht abwechselnd drei Zigarren und läßt ihre Bootsmannspfeife hören)*

FREGATTE: Vorobermarssegel, Vorunterbramsegel, weiter, meine Herren Schienenritter, Dampfrösser, Kohlenschlucker! Weiter!

PEMPELFORT: Nur Mut, Krudewil, nur Mut!

KRUDEWIL: Vor ... Vor ... Vorober ...

PEMPELFORT *(spielerisch)*: Voroberbramsegel! Spielend leicht geht es: Vorroyal, Vorschleisegel, und nochmals der Kreuzmast: Kreuzsegel, Kreuzuntermarssegel, Kreuzobermarssegel, Kreuzunterbramsegel, Kreuzoberbramsegel, Kreuzroyal, Kreuzschleisegel, Besam ... *(Krudewil sinkt in Pempelforts Arme)* Eine kleine, vorübergehende Übelkeit, Sir ...

FREGATTE: Schienenkrank, seekrank! Ein Kerl wie ein Pottwal, hat alle sieben Meere befahren, war bei Trafalgar und in der Scheldenmündung dabei, hat kleinen und großen Fischen an der Gräte geklimpert, und was wird er? Seekrank! *(Verschämt)*: Ich, eine zarte flämische Jungfrau, die immer züchtig am Spinnrad saß, die durch die Nase hochziehen mußte, weil beide Hände immer beschäftigt waren, ich die erröten konnte, wenn jemand in meiner unmittelbaren Nähe „Schmuckkästchen“ sagte, ich wurde in einem Jahrhundert, da das Hexen und Verhexen eine Freizeitbeschäftigung war, verhext, in eine hölzerne Galionsfigur verwandelt, ward später, nach etlichen Kaperfahrten und Seeschlachten, von einem springenden Delphin geküßt, erlöst und zum Admiral gebracht: Lepanto, Trafalgar, Abukir! Siegte, ging unter und ward zu jener Seeschlange, die dem zeitungslesenden Volk die Sauregurkenzeit versüßt ... Ach, Fregatte, wie oft mußt du noch den Kurs ändern und dein meuterndes Schiffsvolk suchen?! *(Zu Krudewil und Pempelfort):* Kielholen sollte man euch, teeren, federn, den Rest für die Haie! *(Sie umkreist die beiden, pfeift)* Wahrschau, Reise, Reise, alle Mann steuerbord! *(Pempelfort und Krudewil stehen sich gegenüber und nehmen Haltung an. Sie fassen sich ans rechte Ohr)* Und backbord! *(Ans linke Ohr)* Und steuerbord — backbord — und steuerbord — und Mittschiff — *(Stirn gegen Stirn)* — und achtern — *(Kehrt, Hinterkopf gegen Hinterkopf)* Mittschiff und nochmals achtern — und achtern — und achtern! — Wie heißt eure Lokomotive?

PEMPELFORT und KRUDEWIL: Fregatte!

FREGATTE: Kurs?

PEMPELFORT und KRUDEWIL: Südsüdost!

FREGATTE: Womit heizt ihr eure Lokomotive?

PEMPELFORT und KRUDEWIL: Mit Wind!

FREGATTE: Kurs?

PEMPELFORT und KRUDEWIL: Südsüdost!

FREGATTE: Wie sehen eure Schwalben aus?

PEMPELFORT und KRUDEWIL: Weiß und leben von Fisch.

FREGATTE: Auf welchen Schienen fahren wir?

PEMPELFORT: Auf den salzigen.

FREGATTE: Kurs?

PEMPELFORT und KRUDEWIL: Südsüdost!

FREGATTE: Und Buffalo?

PEMPELFORT und KRUDEWIL: Was ist das?

FREGATTE: Wo liegt Buffalo?

PEMPELFORT und KRUDEWIL: Wissen wir nicht.

FREGATTE: Buffalo?

PEMPELFORT und KRUDEWIL: Unbekannt.

PEMPELFORT: Vielleicht am Bodensee oder am Vierwaldstätter?

KRUDEWIL: Da muß irgend so ein dreckiges Nest sein.

PEMPELFORT: Zwischen Wanne-Eikel und Gelsenkirchen.

KRUDEWIL: Das hat nicht mal eine Volkshochschule.

PEMPELFORT: Da zieht es uns gar nicht hin. Wir wollen viel lieber ums Kap und gegen den Wind jammern.

PEMPELFORT und KRUDEWIL: Kurs Südsüdost!

FREGATTE *(sie pfeift):* Bei Mast und Kiel: setzt alle Segel und die Toppen bemannt! *(Krudewil nimmt Pempelfort Huckepack. Pempelfort hält Ausschau. — Von links kommt Axel. Er hält einen Eimer in der Hand und staunt)*

FREGATTE: Die Herzen kalfatert, Harpunen bereit! *(Zu Axel):* Den Mund zu, Cowboy! Du nimmst mir den Wind aus der Fock. Stopfen will ich ihn dir, wie ein Leck. *(Sie steckt ihm zwei Zigarren in den Mund)* Ziehen mußt du, ziehen! *(Axel raucht, Fregatte zieht ein Fernrohr aus der Tasche und betrachtet die Lokomotive. Pempelfort hat etwas gesichtet)* Ein Wrack treibt steuerbord. Keine Reling, kein Ruder, gekappt alle Masten. Wo blieben Klüver und Fock?

PEMPELFORT: Wal! Wal! Da bläst er, bläst er!

FREGATTE: Seemannslos. Kein Kompaß, kein Hafen.

PEMPELFORT: Bläst er, da bläst er!

FREGATTE *(düster):* So treibe auch ich und hab keinen Anker, keinen Kompaß, keinen Hafen.

PEMPELFORT: Da, da, da bläst er!

FREGATTE *(reißt sich vom Anblick der Lokomotive los. Forsch):* Wo, wo, wo bläst er?

PEMPELFORT: Da wieder, da bläst er!

FREGATTE: Gleich taucht er.

PEMPELFORT: Da taucht er!

FREGATTE: Leesegel ein, Bramsegel laßt fallen! Hah, Moby Dick, deine Stunde ist da, die Harpune bereit ... Anluven, ein Strich nach Luv und die Boote klar.

KRUDEWIL: Er hat Kurs genau nach Lee.

FREGATTE: Still, Mann, und klar bei Brassen, Ruder in Lee. Anbrassen. Segel killen. So gut — und ins Boot! *(Pempelfort und Krudewil mimen ein Ruderboot. Fregatte mit Fernrohr und einer Zigarre am Heck)* Und lustig jetzt, und lustig, und Schlag, Schlag, wollt ihr wohl, den großen Schlag, den ganz großen, süß ist der Tran, und Pudding gibt's heute und Jungfraungehacktes. Pullt, Leute, pullt, daß euch die Haare ausfallen, daß euch die Knie spitz werden und die Zähne stumpf, Fregatte ist mit euch, da, da, bläst er, schon wieder, da bläst er, Wal, Wal, da bläst er, Schlag, bläst er, und großen Schlag, bläst er — *(im Abgehen leiser)* — großen Schlag, bläst er, großen Schlag, bläst er , Wal, Wal, da bläst er ...

AXEL *(er schüttelt langsam den Kopf):* Wie die Bremsen sind sie hinter den Kühen her. *(Er nähert sich mit Eimer und Zigarre der Lok)* Nach Buffalo wollen sie und scheuchen die Kühe. *(Er klettert in die Maschine und pfeift seinem Hund)* Hierher, Jonas, hierher! Kommen, scheuchen die Kühe und wollen nach Buffalo. Als wenn unsereins nicht auch mal 'ne kleine Reise machen möchte. — Ich habe zwar keine Verwandten in Buffalo, aber so für zwei Tage, warum nicht? — *(Er kichert, raucht, die Maschine stößt Dampf aus, heult, setzt sich in Bewegung. Während sie langsam nach rechts abfährt, blickt Axel aus dem Fenster und wechselt seine Zigarre aus. Die Kühe muhen, der Hund bellt, im Schornstein der Lok blitzt und kracht es. Krudewils Pistole ist es zu warm geworden.)*

*Václav Havel*

# PROTEST

Einakter

Aus dem Tschechischen übertragen von
Gabriel Laub

Personen:

Jan Stanek (sprich Sstanjek)
Ferdinand Vanek (sprich Wanjek)

Ort der Handlung:

Staneks Arbeitszimmer

# PROTEST

*(Staneks Arbeitszimmer. Links ein massiver Schreibtisch, auf dem sich eine Schreibmaschine befindet, ferner Telefon, Brille und eine Menge Bücher und Papiere. Hinter dem Schreibtisch ein großes Fenster mit Blick in den Garten. Rechts zwei bequeme Sessel, dazwischen ein kleiner Tisch. Bücherregale, in die ein Barschränkchen eingebaut ist, nehmen die ganze hintere Wand ein. In einem Regal steht auch ein Tonbandgerät. In der hinteren rechten Ecke ist eine Tür. An der rechten Wand hängt ein großes surrealistisches Bild)*

*(Wenn der Vorhang hochgeht, sind Stanek und Vanek auf der Bühne. Stanek steht hinter seinem Schreibtisch und sieht Vanek gerührt an. Vanek steht in Socken, mit einer Aktentasche unter dem Arm, an der Tür und schaut Stanek verlegen an. Eine kurze spannungsvolle Pause, dann kommt Stanek auf Vanek zu, packt ihn mit beiden Händen an den Schultern, schüttelt ihn freundlich und ruft)*

STANEK: Vanek! Menschenskind! *(Vanek lächelt verlegen. Stanek läßt ihn los, unterdrückt seine Erregung)* Haben Sie mein Haus lange suchen müssen?

VANEK: Ach, nein.

STANEK: Ich habe vergessen, Ihnen zu sagen, daß Sie es an den blühenden Magnolien leicht erkennen — sind sie nicht wunderschön?

VANEK: Ja.

STANEK: In nicht einmal drei Jahren habe ich es geschafft, daß sie jetzt doppelt soviel Blüten haben, wie bei dem vorherigen Besitzer. Haben Sie auch Magnolien im Garten?

VANEK: Nein.

STANEK: Die müssen Sie aber haben! Ich beschaffe Ihnen zwei gute Ableger, komme zu Ihnen und pflanze sie Ihnen selbst ein! *(Geht zur Bar, öffnet sie)* Einen Cognac?

VANEK: Lieber nicht!

STANEK: Ach, ganz wenig, nur symbolisch! *(Stanek*

*schenkt in zwei Gläschen Cognac ein, gibt Vanek eines, protest ihm zu)* Also, auf unser Wiedersehen!

VANEK: Prost! *(Beide trinken, Vanek schüttelt sich leicht)*

STANEK: Ich hatte schon Angst, daß Sie nicht kommen würden.

VANEK: Warum?

STANEK: Na, Sie wissen doch — es hat sich ja alles so merkwürdig verzwickt. *(Deutet auf den Sessel)* Bitte, nehmen Sie doch Platz. *(Vanek setzt sich und legt seine Aktentasche in den Schoß)* Wissen Sie, daß Sie sich in all den Jahren gar nicht verändert haben?

VANEK: Sie auch nicht.

STANEK: Ich? Ich bitte Sie! Ich werde bald fünfzig. Das Haar wird grau, die Krankheiten melden sich. Ach, es ist nicht mehr wie es war! Und diese heutige Zeit ist für unsere Gesundheit auch nicht gerade förderlich! Wann haben wir uns eigentlich zum letzten Mal gesehen?

VANEK: Ich weiß nicht.

STANEK: War das nicht bei Ihrer letzten Premiere?

VANEK: Schon möglich.

STANEK: Das ist ja alles nicht mehr wahr! Damals sind wir uns ein wenig in die Haare geraten.

VANEK: Wirklich?

STANEK: Sie haben mir damals Illusionen und übertriebenen Optimismus vorgeworfen — später mußte ich Ihnen mehr als einmal recht geben! Zu jener Zeit glaubte ich aber noch immer, daß man von den Idealen meiner Jugend doch noch etwas retten könnte, und hielt Sie für einen unverbesserlichen Schwarzseher.

VANKE: Ich bin aber kein Schwarzseher.

STANEK: Na ja, jetzt hat sich alles umgekehrt.
*(Kurze Pause)*
Sind Sie allein gekommen?

VANEK: Wie meinen Sie das?

STANEK: Na, ob man Sie nicht ...

VANEK: Beschattet?

STANEK: Wissen Sie, ich mache mir nicht viel daraus — ich habe Sie ja selbst angerufen, aber ...

VANEK: Ich habe nichts gemerkt.

STANEK: Übrigens, wenn Sie die mal abschütteln möchten, wissen Sie, wo man das am besten macht?

VANEK: Wo?

STANEK: In einem Warenhaus. Sie mischen sich unter die Menge, in einem günstigen Augenblick gehen Sie auf die Toilette und warten dort etwa zwei Stunden. Die glauben dann, daß Sie unbemerkt durch einen anderen Ausgang verschwanden und geben es auf. Versuchen Sie's doch mal.

*(Stanek geht wieder zur Bar, holt ein Schüsselchen mit Salzstangen und stellt es vor Vanek)*

VANEK: Hier ist es sicher sehr ruhig.

STANEK: Deshalb sind wir hierher gezogen. Da am Bahnhof konnte man einfach nicht schreiben. Wir haben vor drei Jahren getauscht. Das Wichtigste ist für mich aber der Garten. Ich werde Sie später ein bißchen herumführen und mit meinen Blumen prahlen.

VANEK: Pflegen Sie den Garten selbst?

STANEK: Das ist jetzt meine größte private Leidenschaft. Ich beschäftige mich fast jeden Tag mit ihm. Heute habe ich die Aprikosenbäume veredelt. Ich habe da eine eigene Methode entwickelt: eine spezielle Mischung aus Mist und Kunstdünger, kombiniert mit einer besonderen Art wachsloser Pfropfen. Sie glauben gar nicht, was für eine Wirkung das hat. Ich werde Ihnen dann einige Pfropfen mitgeben.

*(Stanek geht zum Schreibtisch, holt aus der Schublade ausländische Zigaretten, Streichhölzer und Aschenbecher und legt das alles vor Vanek auf den kleinen Tisch)*

Bitte, rauchen Sie doch, Ferdinand.

VANEK: Danke.

*(Vanek zündet sich eine Zigarette an; Stanek setzt sich in den zweiten Sessel, beide trinken)*

STANEK: Erzählen Sie doch — wie geht es Ihnen?

VANEK: Danke, es geht.

STANEK: Lassen die Sie zumindest ein wenig in Ruhe?

VANEK: Manchmal ja — manchmal nicht.

*(Kurze Pause)*

STANEK: Und wie ist es dort?

VANEK: Wo?

STANEK: Kann unsereiner es überhaupt durchhalten?

VANEK: Meinen Sie im Gefängnis? Was bleibt einem denn übrig?

STANEK: Wenn ich mich richtig erinnere, hatten Sie seinerzeit etwas mit den Hämorrhoiden, das muß schrecklich gewesen sein bei der Hygiene dort.

VANEK: Man hat mir Zäpfchen gegeben.

STANEK: Sie sollten sich operieren lassen. Unser bester Spezialist für Hämorrhoiden ist mein Freund. Er kann wirklich Wunder vollbringen. Ich könnte es für Sie vereinbaren.

VANEK: Danke.

*(Kurze Pause)*

STANEK: Wissen Sie, manchmal kommt mir alles, was damals war, wie ein wunderschöner Traum vor. Die interessanten Premieren, Vernissagen, Vorträge, verschiedene Begegnungen, die unendlichen Diskussionen über Kunst! Energie, Hoffnungen, Pläne, Veranstaltungen, Ideen! Die Weinstuben voller Freunde, die wilden Gelage, die verrückten frühmorgendlichen Streiche, die lustigen Mädchen, die sich um uns scharten! Und wieviel Arbeit haben wir bei alledem geschafft! Das kommt nie wieder! *(Er bemerkt, daß Vanek keine Schuhe trägt. Er hat sie nach Prager Sitte ausgezogen, um die Teppiche zu schonen)* Gott im Himmel, warum haben Sie die Schuhe ausgezogen?

VANEK: Mhm.

STANEK: Das war doch gar nicht nötig. Dies sind keine echten Perser.

VANEK: Ist schon gut.

*(Pause — beide trinken)*

STANEK: Hat man Sie geschlagen?

VANEK: Nein.

STANEK: Wird da geschlagen?

VANEK: Manchmal — aber nicht politische Häftlinge.

STANEK: Ich habe oft an Sie gedacht.

VANEK: Danke.

*(Kurze Pause)*

STANEK: Na, ja — das haben wir uns damals nicht gedacht.

VANEK: Was?

STANEK: Daß es soweit kommt, wie es gekommen ist. Selbst Sie haben es nicht geahnt.

VANEK: Hm.

STANEK: Es ist widerlich, Mensch, widerlich. Der Abschaum herrscht über die Nation — und die Nation? Ist das überhaupt noch dasselbe Volk, das sich noch vor einigen Jahren so phantastisch hielt? Diese schreckliche Duckmäuserei! Überall nur Selbstsucht, Korruption, Angst! Mensch, was haben die aus uns gemacht! Sind wir noch wir?

VANEK: Ich würde es nicht so schwarz sehen.

STANEK: Seien Sie mir nicht böse, Ferdinand, aber Sie leben nicht in einer normalen Umgebung. Sie verkehren nur mit Menschen, die all dem die Stirn bieten. Ihr gebt euch gegenseitig Hoffnung. Wenn Sie aber wüßten, mit wem ich leben muß! Seien Sie froh, daß Sie mit all dem nichts mehr zu tun haben. Es dreht sich einem der Magen um.

VANEK: Meinen Sie damit die Atmosphäre beim Fernsehen?

STANEK: Beim Fernsehen, im Filmstudio, überall.

VANEK: Neulich hatten Sie etwas im Fernsehen ...

STANEK: Sie haben keine Ahnung, was für ein Märtyrium das war! Die haben das Drehbuch länger als ein Jahr hin und her geschoben, daran herumgefummelt, mehrmals überarbeitet. Sie haben mir den ganzen Anfang und den Schluß umgekrempelt. Nicht zu fassen, welche Lappalien die schon stören! Sterilität und Intrigen, nichts als Intrigen und Sterilität! Wie oft sage ich mir, ob es nicht besser wäre, auf dies alles zu pfeifen, sich irgendwohin verkriechen, Aprikosen züchten.

VANEK: Ich verstehe.

STANEK: Man stellt sich aber immer wieder die Frage, ob man das Recht auf so eine Flucht hat. Vielleicht kann auch das Wenige, was man heute noch tun kann, doch noch irgend jemandem etwas geben, die Menschen vielleicht ein wenig stärken und erheben. *(Steht auf)* Ich hole Ihnen Latschen.

VANEK: Machen Sie sich keine Umstände.

STANEK: Wollen Sie wirklich nicht?

VANEK: Wirklich nicht.

*(Stanek setzt sich wieder hin. Pause. Beide trinken)*

STANEK: Wie war es mit Drogen? Haben sie Ihnen irgend etwas verabreicht?

VANEK: Nein.

STANEK: Keine verdächtigen Spritzen?

VANEK: Nur Vitaminspritzen.

STANEK: Es wird wohl etwas in den Speisen gewesen sein.

VANEK: Höchstens Brom gegen Sex.

STANEK: Aber die haben doch sicher versucht, Sie irgendwie kleinzukriegen?

VANEK: Na ...

STANEK: Wenn Sie darüber nicht sprechen wollen, müssen Sie es ja nicht.

VANEK: In gewissem Sinne ist das der eigentliche Zweck der Untersuchungshaft — den Menschen eine Nummer kleiner zu machen.

STANEK: Und ihn dazu zu bringen, daß er redet?

VANEK: Hm.

STANEK: Wenn man mich einmal zum Verhör holt, was früher oder später nicht ausbleiben wird, wissen Sie, was ich machen werde?

VANEK: Was?

STANEK: Ich werde einfach die Aussage verweigern! Ich werde mich mit denen überhaupt nicht unterhalten! Das ist nämlich das Beste: Man ist wenigstens sicher, daß man ihnen nicht etwas sagt, was man nicht sagen sollte.

VANEK: Hm.

STANEK: Trotzdem — Sie müssen aber unheimlich gute Nerven haben! All dies durchzuhalten — und dann noch das tun, was Sie tun.

VANEK: Was meinen Sie damit?

STANEK: Nun, all diese Proteste, Petitionen, Briefe — Kampf für die Menschenrechte — kurzum das alles, was Sie und Ihre Freunde tun.

VANEK: Soviel tue ich auch nicht.

STANEK: Seien Sie nur nicht übermäßig bescheiden, Ferdinand. Ich bin im Bilde! Würde jeder das tun, was Sie tun, würden die Verhältnisse ganz anders aussehen! Das ist unheimlich wichtig, daß es hier wenigstens einige Leute gibt, die keine Angst haben, die Wahrheit laut zu sagen, sich für andere einzusetzen, die Dinge beim Namen zu nennen! Es klingt vielleicht ein wenig pathetisch, mir kommt es aber so vor, als ob Sie und Ihre Freunde eine fast übermenschliche Aufgabe auf sich genommen hätten: Aus diesem Sumpf die Reste des Moralbewußtseins zu retten! Es ist zwar ein ganz dünner Faden, den Sie da spinnen, an diesem schwachen Faden aber hängt vielleicht die Hoffnung für die moralische Erneuerung des Volkes.

VANEK: Sie übertreiben!

STANEK: Ich sehe es so.

VANEK: Diese Hoffnung steckt doch in allen anständigen Menschen.

STANEK: Aber wieviele gibt es noch davon? Wieviele?

VANEK: Viele.

STANEK: Und wenn schon, man sieht ja vor allem euch.

VANEK: Ist es denn nicht so, daß wir es eben deshalb leichter haben?

STANEK: Würde ich nicht sagen. Je mehr ihr in Erscheinung tretet, um so größer ist doch eure Verantwortung allen denen gegenüber, die von euch wissen, die euch glauben, die sich auf euch verlassen und die sich an euch klammern, weil ihr zum Teil auch deren Ehre rettet. *(Steht auf)* Ich hole Ihnen doch schnell die Pantoffeln.

VANEK: Das ist wirklich nicht nötig.

STANEK: Ich bekomme selber kalte Füße, wenn ich Sie so in Socken sehe.

*(Stanek geht raus, kommt gleich zurück mit Hausschuhen, bückt sich vor Vanek und — bevor der etwas dagegen tun kann — zieht er ihm die Hausschuhe an)*

VANEK *(verlegen):* Danke schön!

STANEK: Aber, ich bitte Sie, Ferdinand, wofür!

*(Stanek geht zur Bar, holt die Cognacflasche und will Vanek nachschenken)*

VANEK: Bitte nicht mehr!

STANEK: Warum nicht?

VANEK: Ich fühle mich irgendwie nicht wohl.

STANEK: Sie haben es sich da abgewöhnt, nicht wahr?

VANEK: Das auch — aber hauptsächlich — weil ich gestern — zufällig ...

STANEK: Ach, ich verstehe — Sie haben gestern gezecht. Ja, hören Sie mal, kennen Sie die neue Weinstube „Zum Hund"?

VANEK: Nein.

STANEK: Die haben Weine direkt aus der Weinkellerei, und gar nicht teuer. Das Lokal ist nie überfüllt und hat eine wirklich zauberhafte Atmosphäre, dank einiger anständiger Künstler, denen man erstaunlicherweise erlaubte, die Inneneinrichtung zu entwerfen. Ich kann Ihnen das Lokal bestens empfehlen. Wo waren Sie denn gestern?

VANEK: Ich bin ein bißchen mit meinem Freund Landovsky ausgegangen.

STANEK: Ja, dann ist es klar, daß das kein gutes Ende nehmen konnte! Landovsky ist ein ausgezeichneter Schauspieler, aber wenn er zu trinken anfängt, ist Schluß! Ein Gläschen werden Sie wohl noch vertragen können.

*(Stanek schenkt Vanek ein und sich selbst nach, stellt die Flasche in die Bar zurück und setzt sich in seinen Sessel. Kurze Pause)*

Und wie geht's sonst? Schreiben Sie etwas?

VANEK: Ich versuche es.

STANEK: Ein Theaterstück?

VANEK: Einen Einakter.

STANEK: Wieder etwas Autobiographisches?

VANEK: Ein wenig.

STANEK: Meine Frau und ich, wir haben neulich Ihr Stück gelesen, das mit der Brauerei. Wir haben uns sehr amüsiert.

VANEK: Das freut mich.

STANEK: Leider hatten wir aber einen sehr schlechten Durchschlag.

VANEK: Das tut mir leid.

STANEK: Es ist ein wirklich brillantes kleines Werk! Nur das Ende kam mir ein bißchen unklar vor. Sie hätten es noch ein wenig zuspitzen, zu einer eindeutigeren Pointe bringen sollen. Sie können's doch!

*(Pause, beide trinken, Vanek schüttelt sich)*
Und was gibt's sonst? Was macht Pavel? Sehen Sie ihn ab und zu?

VANEK: Ja.

STANEK: Schreibt er?

VANEK: Er schreibt jetzt auch an einem Einakter — der soll zusammen mit meinem aufgeführt werden.

STANEK: Haben Sie sich auch schon als Autoren zusammengetan?

VANEK: So ein bißchen.

STANEK: Ehrlich gesagt, Ferdinand, die Allianz von euch beiden kann ich immer noch nicht begreifen. Zwingen Sie sich nicht so ein wenig dazu? Dieser Pavel — ich weiß nicht — erinnern Sie sich nur an seine Anfänge. Wie eifrig er war! Wir gehören ja zu derselben Generation — wir haben ja sozusagen die gleiche Entwicklungskurve durchgemacht. Aber ich muß Ihnen gestehen, das, was er damals nach achtundvierzig getrieben hat, das war auch für mich starker Tobak! Na, schön — es ist schließlich Ihre Sache, Sie wissen wohl am besten, was Sie tun.

VANEK: Ja.

*(Pause. Beide trinken, Vanek schüttelt sich)*

STANEK: Mag Ihre Frau Gladiolen?

VANEK: Ich weiß nicht — sicher wohl —

STANEK: So eine Auswahl, wie bei mir, finden Sie sonst kaum. Ich habe zweiunddreißig Farbtöne — in den Gärtnereien sieht man höchstens sechs. Glauben Sie, Ihre Frau würde sich freuen, wenn ich Ihnen ein paar Zwiebeln mitgebe?

VANEK: Sie wird sich sicher freuen.

STANEK: Es ist noch nicht zu spät, sie auszupflanzen.

*(Stanek steht auf, geht zum Fenster, schaut raus, spaziert eine Weile durch das Zimmer, in Gedanken vertieft, dann wendet er sich an Vanek)*

STANEK: Ferdinand!

VANEK: Ja.

STANEK: Hat es Sie nicht überrascht, daß ich Sie so plötzlich angerufen habe?

VANEK: Etwas schon.

STANEK: Das dachte ich mir. Ich gehöre ja schließlich zu

denen, die sich noch immer irgendwie über Wasser halten; — und ich kann verstehen, daß Sie schon deshalb eine gewisse Distanz zu mir halten.

VANEK: Ich? Nein.

STANEK: Sie persönlich vielleicht nicht. Ich weiß aber, manche Ihrer Freunde denken, daß jeder, der heute noch irgendwelche Möglichkeiten hat, entweder moralisch resignierte oder sich selbst auf unverzeihliche Weise belügt.

VANEK: Ich denke nicht so.

STANEK: Selbst, wenn Sie so denken würden, würde ich Ihnen nicht böse sein, weil ich nur zu gut weiß, wie solche Vorurteile entstehen.

*(Eine verlegene Pause)*

Ferdinand!

VANEK: Ja ...

STANEK: Ich weiß, wie teuer Sie das, was Sie tun, bezahlen müssen: Glauben Sie mir aber — ein Mensch, der das Glück oder das Pech hat, daß er immer noch von den offiziellen Stellen toleriert wird, und der dabei im Einklang mit seinem Gewissen bleiben will, der hat es auch nicht leicht.

VANEK: Das glaube ich Ihnen!

STANEK: In mancher Hinsicht ist es vielleicht noch schwieriger.

VANEK: Ich verstehe ...

STANEK: Ich habe Sie natürlich nicht deshalb angerufen, um mich zu verteidigen — dazu habe ich wirklich keinen Grund; eher deshalb, weil ich Sie mag. Und es täte mir leid, wenn auch Sie jene Vorurteile hätten, die ich bei Ihren Freunden vermute.

VANEK: Soweit ich weiß, hat niemand schlecht über Sie gesprochen.

STANEK: Auch Pavel nicht?

VANEK: Nein.

*(Verlegene Pause)*

STANEK: Ferdinand!

VANEK: Ja?

STANEK: Verzeihung!

*(Stanek geht zum Tonbandgerät und schaltet leise Musik*

*ein)*

Ferdinand, sagt Ihnen der Name Javurek etwas?

VANEK: Der Liedermacher? Ich kenne ihn sehr gut.

STANEK: Dann wissen Sie wohl auch, was ihm passierte?

VANEK: Ja, man hat ihn verhaftet, weil er bei einem Auftritt den Witz von dem Polizisten erzählte, der auf der Straße einen Pinguin getroffen hat.

STANEK: Das ist natürlich nur ein Vorwand — Javurek lag den Herrschaften schon lange im Magen, weil er so singt, wie er singt. Das ist alles so grausam — so sinnlos — so gemein!

VANEK: Und feige.

STANEK: Ja, und feige. Ich versuchte, etwas für ihn zu tun, durch einige Bekannte vom Stadtkomitee der Partei und von der Staatsanwaltschaft —. Aber Sie kennen das ja. Alle versprechen, sie werden sehn, was sich tun läßt, und dann pfeifen sie darauf, weil sie keine Lust haben, sich die Finger zu verbrennen. Es ist widerlich, wie jeder nur um seine eigene Futterkrippe zittert.

VANEK: Es ist aber trotzdem sehr schön, daß Sie etwas zu tun versuchten.

STANEK: Mein lieber Ferdinand! Ich bin wirklich nicht der, für den man mich in Ihren Kreisen offensichtlich hält.

*(Verlegene Pause)*

Um auf den Javurek zurückzukommen —

VANEK: Ja?

STANEK: Als es mir nicht gelungen war, etwas durch private Interventionen zu erreichen, kam mir der Gedanke, ob man nicht vielleicht etwas anderes unternehmen sollte. Sie wissen, wie ich das meine — einfach irgend einen Protest oder eine Petition. Eben darüber wollte ich mit Ihnen hauptsächlich sprechen. Sie haben selbstverständlich in diesen Dingen viel mehr Erfahrung als ich. Wenn da einige bekanntere Namen stünden, so wie Ihrer zum Beispiel, würde man es sicher irgendwo im Westen veröffentlichen. Das würde einen gewissen politischen Druck schaffen. Die Herrschaften machen sich zwar aus solchen Dingen nicht allzu viel — ich sehe aber wirklich keine andere Möglichkeit mehr, wie man diesem Jungen helfen könnte — und selbstverständlich auch Anne.

VANEK: Anne?

STANEK: Meine Tochter —

VANEK: Ihre Tochter?

STANEK: Ja.

VANEK: Was ist mit ihr?

STANEK: Ich dachte, daß Sie es wissen.

VANEK: Was?

STANEK: Sie erwartet ein Kind von Javurek.

VANEK: Ach So, deshalb —.

STANEK: Einen Moment — wenn Sie jetzt denken, daß mich dieser Fall nur aus familiären Gründen interessiert ...

VANEK: Ich weiß, daß dies nicht der einzige Grund ist.

STANEK: Sie sagten aber ...

VANEK: Ich wollte nur sagen, daß dies erklärt, wieso Sie von diesem Fall überhaupt wissen. Ich vermute, daß Sie sich sonst für junge Liedermacher nicht besonders interessieren. Verzeihen Sie, daß es so geklungen hat, als ob ich dächte ...

STANEK: Ich hätte mich für diese Sache engagiert, auch wenn eine andere Frau von ihm ein Kind erwartet hätte.

VANEK: Ich weiß.

*(Verlegene Pause)*

STANEK: Meinen Sie, ein Protest wäre richtig?

*(Vanek fängt an, etwas in seiner Aktentasche zu suchen, findet schließlich ein Blatt und reicht es Stanek)*

VANEK: Sie dachten wahrscheinlich an etwas in diesem Sinne.

*(Stanek nimmt das Papier von Vanek, geht schnell zum Schreibtisch, nimmt seine Brille, setzt sie auf und liest aufmerksam. Eine längere Pause. Stanek ist sichtbar überrascht. Als er den Text zu Ende gelesen hat, legt er die Brille ab und geht erregt im Zimmer umher)*

STANEK: Na, das ist ja phantastisch! Diese Überraschung ist Ihnen aber gelungen! Ich quäle mich hier mit dem Problem, wie man das machen soll — endlich entscheide ich mich, mit Ihnen darüber zu reden — und Sie haben es schon längst fertig! Ist das nicht wunderbar?! Na ja, ich wußte ja, daß ich mich an die richtige Adresse wende!

*(Stanek kehrt zum Schreibtisch zurück, er setzt sich die Brille wieder auf und liest den Text noch einmal)*

STANEK: Das ist genau das, woran ich dachte! Kurz — klar — höflich und dabei mit Nachdruck! Man merkt gleich die Handschrift eines Profis! Ich hätte mich damit einen ganzen Tag herumschlagen müssen, und doch hätte ich es so gut nie geschafft.

*(Vanek fühlt sich geschmeichelt)*

Schauen Sie mal, nur eine Kleinigkeit —. Meinen Sie, daß es gut ist, hier am Ende das Wort „Willkür" zu lassen? Vielleicht könnte man irgendein milderes Wort dafür finden? Ich habe den Eindruck, daß es doch ein wenig aus der Reihe tanzt. Der ganze Text ist sehr sachlich, dieses Wort klingt plötzlich allzu emotionell. Haben Sie nicht auch den Eindruck? Sonst ist es absolut präzise.

Vielleicht ist noch der zweite Absatz ein wenig überflüssig — er verdünnt eigentlich nur den Inhalt des ersten Absatzes. Andererseits paßt hier aber sehr gut der Satz über Javureks Einfluß auf die nonkonformistische Jugend. Dieser Gedanke muß bleiben. Wenn Sie das ans Ende setzen — statt dieser „Willkür" — das würde vollkommen reichen.

Aber ich bitte Sie, das sind nur rein subjekte Eindrücke. Sie müssen darauf keine Rücksicht nehmen. Als Ganzes ist es ausgezeichnet und wird seinen Zweck zweifellos erfüllen. Ich muß Ihnen, Ferdinand, wieder meine Bewunderung aussprechen: Eine solche Fähigkeit, das Wesentliche zu formulieren und dabei nicht überflüssig aggressiv zu werden, diese Fähigkeit besitzen nur wenige.

VANEK: So selten ist es wohl nicht.

*(Stanek legt die Brille ab, geht zu Vanek, legt das Blatt vor ihn auf den Tisch, dann setzt er sich wieder in seinen Sessel und trinkt. Kurze Pause)*

STANEK: Es ist doch ein herrliches Gefühl, wenn man weiß, daß es hier jemanden gibt, an den man sich mit so einer Sache immer wenden kann und auf den man sich verlassen kann!

VANEK: Das ist doch eine Selbstverständlichkeit!

STANEK: Für Sie vielleicht, aber in den Kreisen, in denen ich verkehren muß, ist so etwas gar nicht selbstverständlich. Da ist es eher umgekehrt: Wenn jemand ins Unglück kommt, zeigen ihm alle so schnell wie möglich die kalte Schulter. Aus lauter Angst um ihre Position bemühen sie sich, so gut es geht, überall zu verbreiten, daß sie mit dem Betroffenen nie etwas zu tun hatten und daß sie ihn schon immer verurteilt haben. Ihnen muß ich das ja nicht erzählen — Sie wissen's doch selbst am besten. Als Sie im Gefängnis saßen, traten Ihre langjährigen Freunde vom Theater im Fernsehen auf! Es war abscheulich!

VANEK: Ich nehme es ihnen gar nicht übel.

STANEK: Aber ich! Und ich habe es denen auch offen gesagt. Wissen Sie, ein Mensch in meiner Situation lernt so manches zu begreifen und zu verzeihen, aber, seien Sie mir nicht böse, alles hat seine Grenzen! Ich verstehe, daß es Ihnen peinlich ist, diesen Burschen irgendwelche Vorwürfe zu machen, weil es sich eben um Sie handelt. Das darf aber keine Rolle spielen! Wenn wir anfingen, auch schon solche Schweinereien zu tolerieren, würden wir de facto die Mitverantwortung für diesen ganzen moralischen Marasmus übernehmen und indirekt zu seiner Verbreitung beitragen. Habe ich nicht recht?

VANEK: Hm.

*(Kurze Pause)*

STANEK: Haben Sie das schon abgeschickt?

VANEK: Wir sammeln erst Unterschriften.

STANEK: Wieviele haben Sie schon?

VANEK: Etwa fünfzig.

STANEK: Fünfzig? Nicht schlecht!

*(Kurze Pause)*

Na, man kann nichts machen, ich bin einfach zu spät gekommen.

VANEK: Wieso zu spät?

STANEK: Alles läuft ja schon.

VANEK: Es läuft ja noch.

STANEK: Na gut — jetzt ist es aber doch schon klar, daß das weggeschickt und veröffentlicht wird. Übrigens, Sie sollten das keiner Nachrichtenagentur geben, die würden darüber nur eine kurze Nachricht bringen, die dann untergeht. Es wäre besser, es direkt an irgendwelche großen europäischen Zeitungen zu schicken, damit es im Wortlaut erscheint, mit den Unterschriften.

VANEK: Ich weiß.

*(Kurze Pause)*

STANEK: Wissen die das schon?

VANEK: Meinen Sie die Polizei?

STANEK: Hm.

VANEK: Ich weiß nicht. Wahrscheinlich noch nicht.

STANEK: Schauen Sie mal, ich will Ihnen keine Ratschläge geben, aber ich habe das Gefühl, es wäre am besten, wenn Sie es jetzt so schnell wie möglich abschließen und abschicken, sonst kriegen die noch Wind davon und werden es auf irgendeine Weise verhindern. Fünfzig Unterschriften, das reicht doch! Es geht ja schließlich nicht so sehr um die Zahl der Namen, sondern um deren Bedeutung.

VANEK: Jede Unterschrift hat eine Bedeutung.

STANEK: Sicher. Aber für die Publizität im Ausland ist es doch wichtig, daß da vor allem bekannte Namen stehen. Hat Pavel unterschrieben?

VANEK: Ja.

STANEK: Das ist gut. Sein Name, man mag darüber denken, wie man will, bedeutet heute in der Welt wirklich etwas.

VANEK: Sicherlich.

*(Kurze Pause)*

STANEK: Hören Sie mal, Ferdinand!

VANEK: Ja?

STANEK: Ich wollte mit Ihnen noch über eine Sache sprechen. Es ist eine etwas heikle Angelegenheit.

VANEK: Ja?

STANEK: Ja ... schaun Sie mal ... Ich bin zwar kein Millionär, aber ich bin finanziell vorläufig nicht schlecht dran.

VANEK: Das ist prima.

STANEK: Und so dachte ich mir — ich möchte einfach gern — in Ihren Kreisen gibt es eine Menge Leute, die ihre Arbeit verloren haben — wären Sie bereit, irgendeinen Betrag von mir anzunehmen?

VANEK: Das ist sehr nett von Ihnen. Manche Freunde sind wirklich schlecht dran. Sie wissen ja, das ist immer so ein Problem, wie man das machen soll — die Bedürftigsten weigern sich am heftigsten, etwas anzunehmen.

STANEK: Es wird keine Riesensumme sein. Ich glaube aber, daß es Situationen gibt, wo jede Krone hilft.

*(Stanek geht zum Schreibtisch, holt aus der Schublade zwei Scheine, zögert dann noch eine Weile, holt noch einen Schein, geht auf Vanek zu und gibt ihm das Geld)*

VANEK: Danke. Herzlichen Dank im Namen aller.

STANEK: Wir müssen uns doch alle gegenseitig helfen! Sie müssen niemandem erzählen, daß es von mir kommt. Ich will mir ja keine Denkmäler bauen — davon konnten Sie sich ja schon überzeugen.

VANEK: Ja, ich danke noch einmal.

STANEK: Wollen wir uns nicht den Garten ansehen?

VANEK: Herr Stanek ...

STANEK: Ja?

VANEK: Morgen wollen wir das verschicken — ich meine den Protest wegen Javurek ...

STANEK: Sehr gut — je früher, desto besser!

VANEK: Also nur noch heute ...

STANEK: Heute sollten Sie vor allem schlafen gehen — vergessen Sie nicht, daß sie die Nacht durchgezecht haben und daß Sie morgen ein harter Tag erwartet.

VANKE: Ich weiß, ich wollte Ihnen nur sagen ...

STANEK: Gehen Sie jetzt lieber direkt nach Hause und schalten Sie das Telefon ab, sonst ruft der Landovsky nochmal an, und weiß Gott, ob Sie zu Ihrem Schlaf kommen.

VANEK: Ja. Ich muß nur noch ein paar Leute aufsuchen, ich werde mich da nicht lange aufhalten. Ich wollte nur sagen — falls Sie das für zweckmäßig halten würden — das wäre natürlich phantastisch ... Ihr Buch „Krach" las ja praktisch jeder ...

STANEK: Aber ich bitte Sie, Ferdinand, das ist doch schon fünfzehn Jahre her!

VANEK: Man hat es aber nicht vergessen.

STANEK: Was wäre also phantastisch?

VANEK: Ich hatte nämlich den Eindruck, daß Sie sich auch ganz gerne ...

STANEK: Was?

VANEK: ... anschließen würden.

STANEK: Sie meinen ... *(Zeigt auf das Papier)* ... da anschließen?

VANEK: Hm.

STANEK: Ich?

VANEK: Verzeihen Sie — aber ich hatte den Eindruck ... *(Stanek trinkt seinen Cognac zu Ende, geht an die Bar, holt die Flasche, schenkt sich ein, stellt die Flasche in die Bar zurück, trinkt wieder. Dann geht er, in Gedanken vertieft, zum Fenster, schaut eine Weile hinaus — und dreht sich plötzlich mit einem Lächeln zu Vanek um)*

STANEK: Das ist aber gelungen!

VANEK: Was ist gelungen?

STANEK: Merken Sie denn nicht selbst, wie absurd das ist? Ich lade Sie ein, um Sie zu bitten, etwas in Javureks Sache zu tun, etwas zu schreiben. Sie zeigen mir einen schon fertigen Text — nebenbei noch mit fünfzig Unterschriften. Ich traue meinen Augen und Ohren nicht, freue mich darüber wie ein kleines Kind. Quäle mich mit dem Problem herum, wie man es anstellt, daß Ihnen dabei nichts in die Quere kommt und dabei fällt mir nicht die einzige natürliche Sache ein, die mir sofort hätte einfallen sollen! Nämlich, daß ich den Protest auch schnell unterschreiben sollte! Na, sagen Sie selbst — ist denn das nicht absurd?

VANEK: Hm.

STANEK: Ferdinand, das ist doch ein geradezu erschreckendes Zeugnis für die Situation, in die man uns gebracht hat!

Bedenken Sie nur: Ich weiß zwar, daß das blödsinnig ist — und dennoch habe ich mich unwillkürlich selbst daran gewöhnt, daß es für solche Unterschriften einfach Spezialisten gibt — Profis der Solidarität — Dissidenten. Und wenn wir anderen wollen, daß etwas in Sachen Anstand unternommen wird, dann wenden wir uns quasi automatisch an euch — wie an einen Kundendienst in Sachen Moral! Wir sind einfach dazu da, um das Maul zu halten und dafür eine relative Ruhe zu kassieren. — Und ihr seid dazu da, um für uns zu reden und dafür Tritte auf Erden und Ruhm im Himmel zu ernten. Begreifen Sie diese Perversität?

VANEK: Hm ...

STANEK: Na, sehen Sie! Dabei ist es diesen Herrschaften gelungen, die Dinge so weit zu treiben, daß auch ein verhältnismäßig intelligenter und anständiger Mensch — für den ich mich mit Verlaub noch immer halte — diesen Zustand fast als etwas Normales und Natürliches empfindet! Es ist widerlich! Widerlich, wie weit das alles gekommen ist! Na, sagen Sie, ist das nicht zum Kotzen?

VANEK: Na ja ...

STANEK: Meinen Sie, daß sich dieses Volk noch irgendwann davon erholt?

VANEK: Schwer zu sagen.

STANEK: Was soll man tun — was soll man nur tun? Theoretisch ist es klar: Jeder sollte bei sich selbst anfangen. Aber leben denn hier nur lauter Vaneks? Es ist wohl wirklich so, daß nicht jeder ein Kämpfer für die Menschenrechte sein kann.

VANEK: Das sicher nicht.

*(Stanek holt sich vom Schreibtisch seine Brille und tritt auf Vanek zu)*

STANEK: Wo haben Sie das?

VANEK: Was?

STANEK: Na diese Blätter mit den Unterschriften.

*(Verlegene Pause)*

VANEK: Herr Stanek ...

STANEK: Was ist?

VANEK: Seien Sie mir nicht böse, aber ich habe auf einmal so ein dummes Gefühl ...

STANEK: Was für ein Gefühl?

VANEK: Ich weiß nicht — es ist mir furchtbar peinlich — aber ich habe das Gefühl, daß es von mir nicht ganz fair war.

STANEK: Was war nicht fair?

VANEK: Ich habe Sie ja eigentlich so ein wenig überfahren.

STANEK: Wieso?

VANEK: Zuerst habe ich Sie reden lassen und erst dann habe ich es Ihnen zum Unterzeichnen angeboten — als

Sie schon quasi dadurch gebunden waren, was Sie vorher gesagt hatten —

STANEK: Wollen Sie damit andeuten, daß ich, wenn ich gewußt hätte, daß Sie Unterschriften für Javurek sammeln, gar nicht darüber geredet hätte?

VANEK: Nein, das nicht ...

STANEK: Na, also!

VANEK: Wie soll ich das sagen ...

STANEK: Oder stört es Sie, daß ich nicht von selbst darauf gekommen bin?

VANEK: Darum geht es nicht ...

STANEK: Worum dann?

VANEK: Es kommt mir einfach so vor, es wäre etwas anderes gewesen, wenn ich direkt wegen der Unterschrift gekommen wäre. Dann hätten Sie die Wahl gehabt.

STANEK: Und warum sind Sie eigentlich nicht damit gekommen? Hatten Sie mich im voraus abgeschrieben?

VANEK: Ich dachte, daß — in Ihrer Situation ...

STANEK: Na, sehen Sie? Jetzt zeigt es sich doch, welche Meinung Sie in Wirklichkeit von mir haben. Sie glauben, daß ich — weil ich ab und zu einen Auftrag vom Fernsehen bekomme — der einfachsten Form der Solidarität nicht mehr fähig bin?!

VANEK: Sie mißverstehen mich — ich wollte nur sagen ... *(Stanek setzt sich in den Sessel, trinkt, wendet sich an Vanek)*

STANEK: Ich werde Ihnen etwas sagen, Ferdinand! Ich habe mich unwillkürlich an den perversen Gedanken gewöhnt, daß für die Moral die Dissidenten zuständig sind. Sie haben sich aber — ohne sich dessen bewußt zu werden — auch an diesen Gedanken gewöhnt! Und deshalb ist Ihnen gar nicht die Idee gekommen, daß auch für mich so manche Werte wichtiger sein könnten, als meine gegenwärtige Position. Und was, wenn auch ich mich danach sehnte, endlich ein freier Mensch zu sein? Was, wenn auch ich meine innere Integrität erneuern und diesen Felsen der Erniedrigung von meinen Schultern werfen will? Ihnen ist gar nicht der Gedanke gekommen, daß ich in Wirklichkeit vielleicht gerade auf diesen Augenblick schon seit Jahren warte? Sie haben mich einfach ein für alle Male unter die hoffnungslosen Fälle eingeordnet, die anzusprechen keinen Sinn hat. Jetzt — als Sie festgestellt haben, daß auch ich mich für das Schicksal anderer Leute interessiere, ist Ihnen die Sache mit meiner Unterschrift nur so rausgerutscht; dann ist Ihnen das bewußt geworden, und Sie haben angefangen, sich bei mir zu entschuldigen. Sind Sie sich eigentlich darüber im Klaren, wie sehr Sie mich damit beleidigen? Und was, wenn auch ich schon lange auf eine Gelegenheit zu einer Tat warte, die aus mir wieder einen Mann macht! Die mir meine innere Ruhe zurückgibt, meine Phantasie, meinen Humor — und die mich von der Notwendigkeit befreit, Zuflucht vor all diesen Traumata bei meinen Aprikosen und Magnolien zu suchen? Und was, wenn auch ich lieber mit der Wahrheit leben möchte? Wenn auch ich aus der Welt der Schreiber auf Bestellung, aus der Pseudokultur des Fernsehens wieder in die Welt der Kunst, die niemandem dienen muß, zurückkehren möchte?

VANEK: Verzeihen Sie bitte — ich wollte Sie nicht verletzen.

*(Vanek macht seine Aktentasche auf, sucht eine Weile, holt dann die Blätter mit den Unterschriften heraus und reicht sie Stanek. Stanek steht langsam auf, geht mit den Blättern zum Schreibtisch, nimmt da Platz, setzt sich wieder die Brille auf, studiert aufmerksam die Blätter, nickt bei einzelnen Namen zustimmend. Nach einer längeren Weile legt er die Brille weg, steht langsam auf, geht nachdenklich umher, dann wendet er sich an Vanek)*

STANEK: Darf ich laut nachdenken?

VANEK: Natürlich.

*(Stanek trinkt, dann geht er im Zimmer hin und her und spricht dabei)*

STANEK: Was die subjektive Seite dieser Angelegenheit betrifft, habe ich alles Wesentliche wohl schon gesagt. Nach Jahren des ununterbrochenen Kotzens würde ich — wenn ich das unterschriebe — wieder meine Selbstachtung, meine verlorene Freiheit und Würde gewinnen, vielleicht sogar einige Anerkennung bei Menschen, die mir nahestehen. Ich würde mich von dem ewigen unlösbaren Dilemma befreien, in das mich der Konflikt zwischen der Rücksicht auf meine Position und meinem Gewissen immer wieder stürzt. Ich würde meiner Tochter, mir selbst und diesem jungen Mann — wenn er zurückkäme — ohne Scham in die Augen sehen können. Ich würde dafür mit dem Verlust der Arbeit büßen, die mich zwar nicht befriedigt, ja eher erniedrigt, die mich aber zweifellos besser ernährt, als wenn ich den Posten eines Nachtwächters annehmen müßte. Mein Sohn wird zwar nicht in die höhere Schule kommen, er wird aber mehr Achtung vor mir haben, als wenn ich ihm die Aufnahme dadurch erkaufe, daß ich die Unterschrift für Javurek verweigere, den er bis zur Kritiklosigkeit verehrt. Dies ist die subjektive Seite der ganzen Angelegenheit. Und wie sieht das aus objektiver Sicht aus? Was geschieht, wenn unter den Unterschriften einiger allgemein bekannter Dissidenten und einiger junger Freunde Javureks zur allgemeinen Überraschung auch meine Unterschrift auftaucht? Die Unterschrift eines Menschen, der schon seit Jahren als Bürger nicht in Erscheinung trat? Die anderen Mitunterschreiber und viele von denen, die zwar selbst nicht unterschreiben, innerlich aber auf ihrer Seite stehen, werden meine Unterschrift natürlich mit Freude begrüßen: Der geschlossene Kreis der notorischen Unterschreiber, deren Unterschriften allmählich ihr Gewicht dadurch verlieren, daß sie praktisch mit nichts mehr bezahlt werden mußten, weil diese Leute längst nichts mehr zu verlieren haben, wird durchbrochen werden. Ein neuer Name taucht auf, rar dadurch, daß er bislang nirgendwo auftauchte, freilich auch dadurch, daß diese Unterschrift teuer bezahlt werden muß. Das ist das objektive Plus meiner eventuellen Unterschrift.

Was die politischen Machthaber betrifft — sie wird meine Unterschrift überraschen, ärgern und beunruhigen, genau dadurch, womit sie die anderen Unterzeichner erfreut. Nämlich dadurch, daß sie den Zaun durchbricht, den man um uns so lange und so mühsam baute. Auf die Entscheidung über Javurek wird meine Teilnahme wohl keinen bedeutenden Einfluß haben, und wenn, dann

eher einen negativen: Die Macht wird demonstrieren wollen, daß sie nicht in Panik verfiel und daß sie solche Überraschungen nicht aus dem Gleichgewicht bringen können.
Umso größeren Einfluß wird freilich meine Unterschrift auf die Entscheidung über mich haben: Man wird mich zweifellos strenger bestrafen, als man vielleicht erwarten würde, weil man durch meine Bestrafung alle streng verwarnen möchte, die in Zukunft geneigt sein könnten, meinen Weg einzuschlagen — nämlich die Freiheit zu wählen und dadurch die Reihen der Dissidenten zu stärken.
Vor den Aktivitäten der Dissidenten, solange sie unter sich in ihrem Ghetto bleiben, haben unsere Machthaber keine so große Furcht mehr. In mancher Hinsicht kommen sie ihnen sogar ein wenig gelegen. Umso mehr aber erschreckt sie jedes Anzeichen, daß die Grenzen dieses Ghettos durchbrochen werden könnten. Mit einer exemplarischen Strafe werden sie versuchen, das Gespenst einer eventuellen Epidemie im Keim zu erstikken.
Es bleibt die Frage, welche Wirkung würde meine Unterschrift in jenen Kreisen haben, die auf die oder jene Art den Weg der Anpassung eingeschlagen haben. Das sind die Leute, um die es im Endeffekt am meisten geht, weil alle Zukunftshoffnungen vor allem davon abhängen, ob es gelingt, diese Menschen aus ihrem Tiefschlaf zu erwecken und sie als aktive Bürger zu gewinnen. Ich befürchte, daß eben diese wichtigsten Schichten auf meine Unterschrift eindeutig negativ reagieren werden: Im Stillen hassen diese Leute die Dissidenten, weil sie in ihnen ihr eigenes schlechtes Gewissen sehen, einen lebendigen Vorwurf; und weil sie sie zugleich um ihren inneren Stolz und ihre innere Freiheit beneiden — um jene Werte, die ihnen selbst schicksalhaft versagt sind. Schon deshalb ist es selbstverständlich, daß sie keine Gelegenheit auslassen werden, die Dissidenten anzuschwärzen. Genau diese Gelegenheit werden sie in meiner Unterschrift finden: Sie werden behaupten, daß ihr, die ihr nichts mehr zu verlieren habt, die ihr schon längst auf

den tiefsten Punkt des Abgrundes gefallen seid und euch dort sogar schon ganz gut eingelebt habt, daß ihr mich — einen normalen Unglücksraben — der sich bislang mit Mühe durchs Leben geschlängelt hat, in den Abgrund hinuntergerissen habt — mit der für euch typischen Verantwortungslosigkeit — nur aus einer Laune heraus, nur, damit ihr das Regime provoziert und die falsche Illusion schafft, daß sich eure Reihen vermehren; ohne Rücksicht darauf zu nehmen, daß ihr diesen Unglücksraben um seine Existenz bringt, wissend, daß ihr ihm da unten keine neue Existenz einrichten könnt.

Nehmen Sie es mir nicht übel, Ferdinand, ich kenne die Denkart dieser Leute sehr gut, ich muß mich ja jeden Tag unter ihnen bewegen. Deshalb weiß ich ganz genau, was sie sagen würden: daß ich ein schändlich mißbrauchtes Opfer eures zynischen Appells an meinen Humanismus bin. Eines Appells, der sich nicht schämt, sogar meine persönliche Beziehung zu Javurek einzukalkulieren und der die Glaubwürdigkeit jener humanen Ziele, mit denen ihr operiert, in Frage stellt. Ich muß ja wohl nicht besonders betonen, daß das Regime und die Polizei diese Stimmungen mit allen möglichen Mitteln unterstützen und verbreiten werden.

Die anderen, die intelligenteren werden vielleicht sagen, daß so eine Neuigkeit — mein Name unter den euren — nur überflüssigerweise die Aufmerksamkeit auf sich zieht und sie somit von der Sache selbst ablenkt, d.h. von der Sache Javureks; sie macht im Endeffekt den ganzen Protest problematisch, indem sie die Frage aufbringt, ob es hier hauptsächlich darum ging, Javurek zu helfen oder mein frisches Dissidententum zu demonstrieren. Vielleicht werden sogar solche Stimmen laut, die behaupten, daß Javurek eigentlich zu eurem Opfer wurde, weil sein Unglück für Ziele mißbraucht wurde, die jeglichem aufrichtigen Interesse an dem Schicksal des Betroffenen fern sind. Um so mehr, weil ihr dadurch, daß ihr meine Unterschrift gewonnen habt, mich um jenen Manövrierraum hinter den Kulissen beraubt habt, den ich bislang habe und in dem ich für Javurek viel nützlicher sein könnte.

Verstehen Sie mich bitte richtig, Ferdinand. Ich habe nicht vor, diese Reaktionen irgendwie zu überschätzen, und noch weniger habe ich vor, deren Sklave zu werden. Andererseits glaube ich aber, daß es im Interesse unserer Sache ist, sie auch zu berücksichtigen. Es handelt sich ja schließlich um eine politische Entscheidung und ein guter Politiker muß alle Aspekte berücksichtigen, die die Endwirkung seiner Tat beeinflussen.
Unter diesen Umständen muß die Frage so gestellt werden: Was hat Vorrang — das befreiende Gefühl, das mir meine Unterschrift geben würde, bezahlt mit ihrer — im Grunde objektiv negativen Auswirkung? Oder die andere Alternative: Der günstigere Effekt, den der Protest ohne meinen Nahmen haben wird, bezahlt freilich mit dem bitteren Bewußtsein, daß mir wieder — und weiß Gott, ob nicht endgültig — die Chance entgeht, mich aus der Gefangenschaft der erniedrigenden Kompromisse zu befreien, unter denen ich schon seit so vielen Jahren zu ersticken fürchte? Mit anderen Worten: Wenn ich wirklich moralisch handeln will — und Sie bezweifeln wohl jetzt nicht mehr, daß ich es will — wonach soll ich mich eigentlich richten? Nach der unbarmherzigen objektiven Überlegung oder nach dem subjektiven inneren Gefühl?

VANEK: Mir scheint es klar zu sein.

STANEK: Mir auch.

VANEK: Also...

STANEK: Leider...

VANEK: Leider?

STANEK: Sie dachten...

VANEK: Verzeihung, ich glaube, ich habe es nicht richtig verstanden.

STANEK: Es tut mir leid, wenn ich...

VANEK: Das macht nichts.

STANEK: Aber ich denke wirklich...

VANEK: Ich weiß.

*(Stanek nimmt die Blätter von seinem Tisch und reicht sie mit einem Lächeln Vanek, der sie zusammen mit dem Text des Protestes, verlegen lächelnd, in seine Aktentasche verstaut. Stanek geht zum Tonbandgerät, schaltet es ab, kehrt in seinen Sessel zurück. Beide trin-*

*ken, Vanek schüttelt sich. Eine längere, verlegene Pause)*

STANEK: Sind Sie mir böse?

VANEK: Nein.

STANEK: Aber Sie sind damit nicht einverstanden...

VANEK: Ich respektiere Ihre Entscheidung.

STANEK: Aber was denken Sie sich dabei?

VANEK: Was sollte ich denken?

STANEK: Das ist doch klar!

VANEK: Wie meinen Sie das?

STANEK: Sie denken: Als er die ganzen Unterschriften gesehen hat, hat er es doch mit der Angst bekommen.

VANEK: Das denke ich nicht.

STANEK: Ich sehe es Ihnen an!

VANEK: Wirklich nicht.

STANEK: Seien Sie doch wenigstens aufrichtig. Verstehen Sie denn nicht, daß Sie mich durch Ihre nachsichtige Unaurichtigkeit mehr beleidigen, als wenn Sie es mir direkt gesagt hätten? Oder bin ich Ihnen einfach keinen Kommentar mehr wert?

VANEK: Ich sagte Ihnen doch, daß ich Ihre Überlegungen respektiere.

STANEK: Schauen Sie Vanek, ich bin doch kein Trottel!

VANEK: Ich weiß.

STANEK: Und deshalb weiß ich genau, was sich hinter Ihrem Respekt versteckt.

VANEK: Was?

STANEK: Das Gefühl der moralischen Überlegenheit.

VANEK: Das ist nicht wahr.

STANEK: Ich weiß nun aber wirklich nicht, ob Sie — eben Sie! — das Recht zu einer solchen Überheblichkeit haben.

VANEK: Wie meinen Sie das?

STANEK: Das wissen Sie doch genau!

VANEK: Ich weiß es nicht.

STANEK: Soll ich es Ihnen also sagen?

VANEK: Ja.

STANEK: Soweit ich weiß, haben Sie da im Gefängnis mehr geredet, als Sie mußten.

*(Vanek springt auf und glotzt Stanek empört an. Stanek lächelt triumphierend. Eine kurze, spannungsvolle Pau-*

*se. Plötzlich klingelt das Telefon. Vanek sinkt niedergeschlagen in seinen Sessel. Stanek geht ans Telefon und hebt den Hörer ab)*

STANEK *(am Telefon)*: Na, hallo — was? — Nein! — Das ist aber — warte mal — aha — aha — und wo seid Ihr? — na ja, sicher — selbstverständlich — prima — ja, ich warte! Bis dann!

*(Stanek legt den Hörer auf und schaut stumm vor sich hin. — Eine längere Pause. Vanek steht verlegen auf. Stanek wird erst jetzt bewußt, daß Vanek noch da ist, er dreht sich zu ihm um, mürrisch)*

STANEK: Sie könnnen es unten im Heizungskessel verbrennen!

VANEK: Was?

STANEK: Er ist eben vor ein paar Minuten zu Anne in die Mensa gekommen.

VANEK: Wer?

STANEK: Na, Javurek doch!

VANEK: Was? Die haben ihn freigelassen? Na, das ist phantastisch! Also waren Ihre Interventionen doch nicht umsonst! Gut, daß wir diese Petition nicht ein paar Tage früher gemacht haben, die hätten sich versteift und hätten ihn sicher nicht freigelassen.

*(Stanek sieht Vanek prüfend an, plötzlich lächelt er. Er kommt rasch auf ihn zu, packt ihn freundlich mit beiden Händen an den Schultern)*

STANEK: Quälen Sie sich nicht damit, lieber Freund! Das Risiko, daß Sie mit sowas mehr schaden als helfen, ist immer gegeben! Sollten Sie darauf Rücksicht nehmen, könnten Sie überhaupt nichts tun! Kommen Sie, ich werde Ihnen die Pfropfen aussuchen!

*(Stanek hakt sich bei Vanek ein und führt ihn zur Tür. Vanek schlürft komisch in den zu großen Latschen hinterher)*

*(Der Vorhang fällt)*

*(Ende)*

*Peter Jones*

# DER LEBENSRETTER

Komödie

Aus dem Englischen übertragen von
Otto Kakuschky

Personen:

Guy Shelmerdine
Clive
Frau Harris
Connie Shelmerdine

Ort der Handlung:

Wohnzimmer eines Hauses, das auf den Fluß bei Chiswick geht.

Zeit:

Gegenwart

# DER LEBENSRETTER

*(Der Wohn- und Eßbereich eines eleganten Hauses mit Blick auf den Fluß bei Chiswick. Es ist Nacht.*
*Links am Bühnenrand steht ein Kamingitter; es soll einen offenen Kamin darstellen. Dahinter, mit der Sitzfläche zum Publikum, ein Sessel und ein Sofa. Eine Doppeltüre ist zum Balkon geöffnet. Dahinter sieht man den Fluß. Hinter dem Sofa steht ein Tisch, darauf ein Tablett mit Getränken, einem Telephon, einem silbernen Zigarettenetui und einem Feuerzeug. Auf dem Boden rings um den Sessel und den kleinen Ausziehtisch daneben liegen eine Menge Papiere, Schnellhefter und Akten. Einige aufgeschlagene Fachlexika auf dem Boden vermitteln den Eindruck, als hätte jemand im Sessel gesessen und gearbeitet. In der Rückwand ist eine Türe, die in die Diele führt. Im Eßbereich stehen ein Eßtisch, vier Stühle, dahinter ein Geschirrschränkchen. In der rechten Seitenwand führen eine Schwingtüre und davor eine Durchreiche zur Küche)*

*(Wenn der Vorhang aufgeht, steht Clive, ein fröhlich aussehender Mann im besten Alter vor dem Kamin und wärmt sich. Er trägt nur eine Unterhose. Er trinkt einen Schluck Whisky und stellt das Glas auf den Tisch hinter dem Sofa. Er nimmt die Karaffe in die Hand, aber dann entschließt er sich, sich nichts mehr einzuschenken. Stattdessen geht er zum Kamin zurück, dreht sich um und wärmt sein Gesäß.*
*Guy Shelmerdine kommt herein. Er ist ein erfolgreicher Geschäftsmann mit viel Selbstbewußtsein und offensichtlich wohlhabend. Er trägt einen Pyjama und einen Schlafmantel, über dem Arm einen zweiten Pyjama, eine Decke und ein Handtuch)*

GUY: Ihre nassen Sachen habe ich zum Trocknen auf die Heizung gelegt. Ziehen Sie das an.
CLIVE: Vielen Dank.
GUY: Wie heißen Sie eigentlich?
CLIVE: Clive.
GUY: Aha. Mein Name ist Shelmerdine, Herr Clive.

CLIVE: Ich bin nicht H e r r Clive.
GUY: Dann ist Clive wohl Ihr Taufname?
CLIVE: Ich bin nicht getauft.
GUY: Aber Engländer sind Sie, oder?
CLIVE: Ja, aber das ist nicht unbedingt dasselbe.
GUY: Clive ist also Ihr Vorname.
CLIVE: Ja. Und Ihrer?
GUY: Eh — Guy.
CLIVE: Hübscher Name. Sie sind sicher ein guter Christ?
GUY: Ich bemühe mich.
CLIVE: Und Ihr Bemühen hat Erfolg. Wie Sie hinter mir her in den Fluß gesprungen sind, ohne Rücksicht auf die eigene Gesundheit! Das war vorbildliches Christentum. *(Er macht Anstalten, seine Unterhose auszuziehen)*
GUY: Hier — ziehen Sie das an. *(Er zieht seinen Schlafmantel aus und hält ihn Clive hin)*
CLIVE *(zieht den Mantel an)*: Es macht Ihnen hoffentlich nichts aus?
GUY: Keine Spur.
CLIVE: Dann ziehe ich die Unterhose aus.
GUY: Da ist ein Handtuch.
*(Clive trocknet sich ab, mit dem Rücken zum Publikum)*
GUY: Da. *(Er reicht ihm die Pyjama Hose)*
CLIVE: Danke. Seide, nicht? Sehr hübsch. Sexy.
GUY: Es scheint Ihnen besser zu gehen.
CLIVE: Oh ja, und Ihnen?
GUY: Mir geht's ausgezeichnet.
CLIVE: Sie hätte nicht ohne Mantel spazierengehen sollen.
GUY: Ich war nicht spazieren. Sandy, mein Hund, lief draußen herum, und währenddessen stand ich dort auf dem Balkon.
CLIVE *(sieht hinaus)*: Von dort sind Sie tatsächlich runtergesprungen?
GUY: Sofort als ich das Platschen hörte.
CLIVE: Ein ganz schöner Sprung. Für einen Mann in Ihrem Alter.
GUY: Ich bin ziemlich fit. Ich achte auf meine Gesundheit.
CLIVE: Das sieht man. Aber als wir hier reinkamen, da sagten Sie, es sei Ihnen kalt.

GUY: Daran war nur der unfreiwillige Sprung schuld.
CLIVE: Was heißt ‚unfreiwillig'?
GUY: Naja, ich hatte nicht direkt vor, in den Fluß zu springen.
CLIVE: Niemand hat sie gezwungen.
GUY: Ich konnte doch nicht gut dort stehen und Ihnen beim Ertrinken zusehen.
CLIVE: Warum nicht?
GUY: Das hätte ich mir nie verziehen.
CLIVE: Was hätten Sie gemacht, wenn ich auf der Straße gelegen wäre? Schlafend? Was dann?
GUY: Seltsamerweise lag da neulich ein Mann draußen — am Donnerstag Abend, glaub ich.
CLIVE: Am Freitag Abend.
GUY: Richtig — woher wissen Sie das?
CLIVE: Weil ich es war.
GUY: Sie?
CLIVE: Sie hatten Sandy dabei. Beinahe wären Sie über mich gestolpert. Sandy hat wenigstens an mir geschnuppert. Sie sind schnurstracks vorbeigegangen.
GUY: Ich dachte, Sie seien betrunken.
CLIVE: Und deshalb haben Sie mich wie tot liegen lassen? Schon mal betrunken gewesen?
GUY: Ich habe schon mal einen über den Durst getrunken, ja. Aber Sie lagen wie ohnmächtig auf der Straße.
CLIVE: Und weil ich besoffen war, geschieht's mir recht, eine Lungenentzündung zu bekommen und zu sterben?
GUY: Ich wollte nicht in Schwulitäten kommen.
CLIVE: Haben Sie mich für einen Schwulen gehalten?
GUY: Ich wollte mich nicht aufdrängen.
CLIVE: Aufdringlichkeiten hätte ich mir auch verbeten!
GUY: Mir war das alles zu peinlich.
CLIVE: Jetzt, wo wir uns kennengelernt haben, Guy — sehen Sie die Sache jetzt anders?
GUY: Da bin ich nicht so sicher. Aber ganz gleich, was ich am Freitag falsch gemacht habe, heute abend hab ich's wieder wettgemacht.
CLIVE: Aber heute abend wollte ich Selbstmord begehen.
GUY: Ein großer Fehler, das können Sie mir glauben.
CLIVE: Woher wollen Sie wissen, daß nicht Sie den Feh-

ler gemacht haben?

GUY: Ich?

CLIVE: Ja Sie. Letzten Freitag, als Sie eine echte Chance hatten zu helfen, da gingen Sie einfach vorbei und ließen mich liegen. Dann — heute abend — als ich mich entschließe, mit allem Schluß zu machen — als ich endlich den Mut dazu fasse — da kommen Sie und verderben alles.

GUY: Sie werden mir noch dankbar sein, wenn Sie den ersten Schock überwunden haben.

CLIVE: Glauben Sie an ein Leben nach dem Tod?

GUY: Nun — ich kann mir nicht vorstellen, daß alles einfach aufhören soll.

CLIVE: Glauben Sie, daß das Leben danach besser ist als das Leben hier?

GUY: Ja. *(Er denkt nach)* Das Leben danach muß besser sein.

CLIVE *(deutet in den Raum)*: Muß also ziemlich gut sein? Und Sie haben mich darum betrogen, als Sie mein Leben gerettet haben.

GUY: Wollen Sie sich über Ihre Rettung beschweren?

CLIVE: Sie haben sicher in bester Absicht gehandelt.

GUY: So ist es.

CLIVE: Nach dem Whisky könnte etwas zu essen nicht schaden.

GUY: Meine Frau ist schon zu Bett gegangen.

CLIVE: Hat sie das Essen eingesperrt?

GUY: Die Küche ist ihr Reich.

CLIVE: Dürfen Sie nicht rein?

GUY: Natürlich darf ich.

CLIVE: Gut. Es muß nichts Ausgefallenes sein. Aber ich habe heute abend noch nichts gegessen.

GUY: Gar nichts?

CLIVE: Hatte doch keinen Sinn, oder? Ich habe nicht damit gerechnet, noch zu leben.

GUY *(steht auf)*: Im Eisschrank müßte noch etwas sein.

CLIVE: Während Sie es holen — Sie haben nichts dagegen, wenn ich telephoniere?

GUY: Natürlich nicht. Bitte sehr.

CLIVE: Und mir noch einen Scotch genehmige?

GUY: Ja, in Ordnung.

*(Guy geht in die Küche.*

*Clive geht zu dem Tisch mit den Getränken und schenkt sich noch einen Scotch ein. Dann geht er zum Telefon und wählt die Nummer 160. Nach einer Weile hört man Musik. Sie gefällt Clive, er legt den Hörer nieder und summt zufrieden. Dann legt er die Papiere, die auf dem Boden liegen, zusammen. Den Beistelltisch stellt er vor das Sofa, um darauf zu essen. Er überfliegt einige der wichtig aussehenden Akten.*

*Guy kommt mit dem Essen herein)*

CLIVE: Sie haben komplizierte Hausaufgaben. *(Er blickt weiter auf die Akte)*

GUY: Das ist streng vertraulich. *(Er nimmt die Akte und legt sie auf den Tisch mit den Getränken)*

GUY *(er horcht)*: Was ist das für eine Musik?

CLIVE: Die Hitparade.

GUY: Was ist das?

CLIVE: Das wissen Sie nicht? Wirklich nicht?

GUY: Sie kommt aus dem Telefon!

CLIVE: So ist es. Man wählt 1-6-0 und sie spielen die Hitparade.

GUY *(legt den Hörer auf)*: Ich dachte Sie wollten Ihre Verwandten anrufen.

CLIVE: Ich habe keine. Ist das Rinderschinken?

GUY: Und ein paar Tomaten. Käse auch. Brot konnte ich keins finden.

CLIVE: Ich esse sowieso keins. Ich lebe Diät.

GUY: Wie lange leben Sie schon Diät?

CLIVE: Ungefähr seit zehn Minuten.

GUY: Sie haben erst angefangen?

CLIVE: Ja. Das Leben sieht allmählich wieder besser aus. Wenn ich es wirklich genießen soll, muß ich auf meine Gesundheit achten. *(er ißt)* Mm — gut.

GUY: Sie sagten, Sie haben keine Verwandten?

CLIVE: Nicht daß ich wüßte. Aber wahrscheinlich hat jeder von uns Tausende von Verwandten, die er nicht kennt.

GUY: Und Freunde?

CLIVE: Wahrscheinlich hat jeder von uns auch Tausende

von Freunden, die er nicht kennt.

GUY: Und was ist mit Ihren? Wollen Sie sie nicht anrufen?

CLIVE: Warum?

GUY: Damit jemand vorbeikommt und Sie abholt.

CLIVE: Es gibt niemand.

GUY: Niemand?

CLIVE: Niemand. Bis auf die Polizei. Und die holt mich nur, wenn ich tot bin. Und auch da nur, wenn ich auf der Straße sterbe. Sollte ich also hier im Haus mein Leben aushauchen, würde ich Ihnen raten, mich schleunigst auf die Straße hinaus zu tragen.

GUY: Zum Glück leben Sie noch. Haben Sie eine Ahnung, wie Sie nach Hause kommen könnten?

CLIVE: Nach Hause? Ich habe kein Zuhause.

GUY: Sie haben keinen festen Wohnsitz?

CLIVE: Stimmt. Mein Wohnsitz ist nicht fest. Das heißt, er war es nicht. Jetzt ist er es.

GUY: Wie bitte?

CLIVE: Er ist hier. Hier im Haus.

GUY: Hier?

CLIVE: Ja doch.

GUY: Hier können Sie nicht bleiben.

CLIVE: Warum nicht?

GUY: Das ist mein Heim. Meine Frau und ich leben hier. Und meine Söhne in den Schulferien. Wir können keinen Untermieter aufnehmen.

CLIVE: Ich betrachte mich mehr als Freund.

GUY: Als Freund?

CLIVE: Wie ich vorher gesagt habe, als einer dieser Freunde, die man nicht kennt.

GUY *(füllt sein Glas nach)*: Tut mir leid, das geht nicht.

CLIVE: Ich habe beschlossen, daß wir sehr, sehr gute Freunde werden.

*(Clive hält Guy sein leeres Glas hin. Guy schenkt nach)*
Die Philosophie des Ostens hat mich schon immer interessiert — ich habe Artikel in Readers Digest darüber gelesen. Wenn zum Beispiel ein Chinese einem anderen das Leben rettet, dann schenkt der Gerettete sein Leben dem Retter. Genau das werde ich auch tun.

GUY: Moment!

CLIVE: Das gehört sich so. Ich schulde Ihnen mein Leben. Also gehört es Ihnen. Und ich bestehe darauf, daß Sie es annehmen.
GUY: Aber ich will es nicht.
CLIVE: Das verletzt mich tief. Ich biete Ihnen mein Leben an.
GUY: Ich will Ihre Gefühle nicht verletzen.
CLIVE: Es ist sicher nicht oft passiert, daß Ihnen jemand sein Leben angeboten hat.
GUY: Ich wollte nur ausdrücken, daß ich es nicht unter diesen Bedingungen annehmen kann. Aber wenn Sie sich entschließen, einen neuen Anlauf zu nehmen — und ich würde Ihnen dabei helfen — dann wäre es etwas anderes.
CLIVE: Sie haben recht. Ich werde einen neuen Anlauf nehmen.
GUY: Aber nicht hier. Nicht in diesem Haus.
CLIVE: Wo sonst?
GUY: Sie müssen etwas finden.
CLIVE: Sprechen wir lieber morgen darüber.
GUY: Es gibt nichts zu besprechen.
CLIVE: Nachdem ich's überschlafen habe.
GUY: Wo?
CLIVE: Hier.
GUY: Nein.
CLIVE: Warum nicht?
GUY: Nun — wir kennen uns überhaupt nicht.
CLIVE: Nicht? Nach diesem wahrhaft einzigartigen Erlebnis?
GUY: Ich gebe Ihnen ein paar Pfund, und Sie suchen sich ein Zimmer. Ich könnte Ihnen einen alten Anzug überlassen.
CLIVE: Nein.
GUY: Es muß sein.
CLIVE: Ist das Ihr letztes Wort?
GUY: Ja — einen Anzug, Socken und Schuhe. Und ein paar Pfund obendrein. Das ist ein sehr faires Angebot.
CLIVE: Und damit erkaufen Sie sich das Recht, mich in die Nacht hinauszuschicken?
GUY: Wenn Sie's so wollen, ja.

CLIVE: Gut.
GUY: Sie gehen also?
CLIVE *(steht auf)*: Ja. Aber das Geld nehme ich nicht an.
GUY: Wie Sie wollen.
CLIVE: Ich gehe und werde nie mehr zurückkommen.
GUY: Schön.
CLIVE: Direkt in den Fluß.
GUY: Ich glaube, sie bluffen.
CLIVE: Habe ich vorhin geblufft? Sie haben mich gesehen.
GUY: Moment. Überlegen Sie doch.
CLIVE: Und wenn mich jemand herauszieht, dann soll er mein Leben als Geschenk erhalten. Ich hoffe, es ist jemand, der dieses Geschenk zu schätzen weiß.
GUY: Das hoffe ich auch.
CLIVE *(wirft den Schlafmantel und die Pyjama-Jacke von sich)*: Gut.
GUY: Was machen Sie da?
CLIVE: Das sehen Sie doch. Ich ziehe Ihren Pyjama aus.
GUY: Warum denn?
CLIVE: Weil er sonst ruiniert wird. Wollen Sie das? Wollen Sie, daß er in Southend als Strandgut zusammen mit einer Leiche angespült wird? Ist er nach Maß gearbeitet?
GUY: Ja.
CLIVE: Die Polizei könnte herausfinden, wem er gehört. Und Sie wollen doch nicht, daß die Polizei hierher kommt. *(Er öffnet den Hosenverschluß)*
GUY: So warten Sie doch!
CLIVE: Ja?
GUY: Lassen Sie den Pyjama an. Sie erkälten sich noch.
*(Clive läßt den Pyjama an. Dann setzt er sich wieder und wartet darauf, daß Guy etwas sagt)*
GUY: Wenn ich Sie hier übernachten lasse — wenn...
CLIVE: Wenn.
GUY: Könnten wir dann am Morgen irgendetwas arrangieren?
CLIVE: Arrangieren?
GUY: Ich könnte Ihnen unter Umständen eine Arbeit verschaffen. Ich leite einen ziemlich großen Betrieb.
CLIVE *(nickt)*: Die Britische Fiberol AG.
GUY: Woher wissen Sie das?

CLIVE *(nimmt das silberne Zigarettenetui vom Getränketisch):* Zum einen steht es auf diesem Zigarettenetui. *(er liest)* Herrn Guy Shelmerdine, leitender Direktor der Britischen Fiberol AG, 1963 bis 69. Zur Erinnerung an 2473 Angestellte.

GUY: Ich bin jetzt der Vorstandsvorsitzende.

CLIVE: Aber jetzt sind es nicht mehr 2473 Angestellte, nicht wahr?

GUY: Nein. Wir haben mit den Bunting Chemiewerken fusioniert. Wir mußten ziemlich rationalisieren. Ich habe ungefähr 600 Angestellte entlassen.

CLIVE: Ich war auch darunter.

GUY: Sie waren bei Fiberol angestellt?

CLIVE: 22 Jahre lang.

GUY: Ich kann mich nicht an Sie erinnern.

CLIVE: Wir haben uns nie kennengelernt.

GUY: Ich lege Wert darauf, alle meine Mitarbeiter kennenzulernen.

CLIVE: In 22 Jahren haben Sie mich einmal angesprochen.

GUY: Ah — Ich habe Sie also doch angesprochen?

CLIVE: Ja. Es war in der Fabrik. Sie kamen mit Fräulein Harrington, Ihrer Sekretärin, um die Ecke...

GUY: Mit Fräulein Harrington, tatsächlich?

CLIVE: Wir sind gegeneinander geprallt.

GUY: Das tut mir leid.

CLIVE: Sie haben in Gegenwart von Fräulein Harrington geflucht.

GUY: Tut mir leid.

CLIVE: Dann haben Sie mich angesprochen.

GUY: Was habe ich gesagt?

CLIVE: Ich werde es nie vergessen.

GUY: Was?

CLIVE: Was Sie gesagt haben.

GUY: Na und, was habe ich gesagt?

CLIVE: „Hauen Sie ab, Mann."

GUY: Ich war wahrscheinlich in Eile.

CLIVE: Sie hätten sich entschuldigen sollen. Es war Ihr Fehler.

GUY: Ich entschuldige mich jetzt. Es tut mir leid.

CLIVE: Das sagen Sie jetzt nur aus Höflichkeit.

GUY: Nein. Ich gebe zu, daß es grob von mir war. Eine Entgleisung. Aber ich hätte dieses Zigarettenetui nie bekommen, wenn ich nicht beliebt gewesen wäre.
CLIVE: Wer's glaubt, wird selig.
GUY: Ich glaube es.
CLIVE: Dann werden Sie selig.
GUY *(deutet auf das Zigarettenetui)*: Da ist der Beweis. Freiwillige Spenden.
CLIVE: Silberauflage.
GUY: Nickel.
CLIVE: Nicht mal Silber!
GUY: Was zählt, ist die Absicht, die dahintersteckt.
CLIVE: Schon mal darüber nachgedacht, welche Absicht hinter dem Etui steckt? Warum die wollten, daß Sie Ihrer Gesundheit schaden?
GUY: Ich nehme das Etui für Zigarren her.
CLIVE: Eine gute Zigarre schmeckt mir auch.
GUY *(beherrscht)*: Bedienen Sie sich.
CLIVE: Nein, nein, das braucht's nicht.
GUY *(ungeduldig)*: Machen Sie schon!
CLIVE: Lieber nicht. Wenn's nicht von Herzen kommt.
GUY *(unbeherrscht)*: So nehmen Sie doch eine!
CLIVE: Ich würde daran ersticken. Ich habe meinen Stolz.
GUY: Bitte! Sie täten mir einen ganz großen Gefallen, wenn Sie eine Zigarre nehmen würden.
CLIVE: Gut. Aber nur um Ihnen einen Gefallen zu tun.
GUY: Feuer?
CLIVE: Selbstverständlich. Danke. *(Er zündet die Zigarre an und pafft zufrieden)* Wunderbar. *(Er sieht auf die Banderole)* Havanna. Dadurch wird mir so manches klar.
GUY: Durch die Zigarre?
CLIVE *(deutet in den Raum)*: Nicht nur. Ihr ganzer Lebensstil. So wie Sie hier leben — diese Zigarren rauchen —
GUY: — nur zwei am Tag —
CLIVE: — Ich kann von Glück sagen, wenn ich zwei im Jahr bekomme! Was Sie essen, was Sie trinken — all diese Möbel — es muß ziemlich leicht für Sie sein, hier zu sitzen und zu dem Entschluß zu kommen: „Wir rationa-

lisieren die Versandabteilung von Fiberol. Entlassen dreißig Angestellte. Dabei sparen wir 50 000 pro Jahr."

GUY: Das ist wirklich ungerecht. Es war unmöglich, zwei Versandabteilungen zu behalten.

CLIVE: Immerhin dreißig Menschen.

GUY: Sie haben eine Abstandszahlung erhalten.

CLIVE: Aber ich hatte die Arbeit gern.

GUY: Es hat Ihnen Spaß gemacht?

CLIVE: Genau. Meine Aufgabe war es, die Namen und Adressen auf die Kisten und Pakete zu stempeln. Ich wollte schon immer gerne reisen und deshalb fand ich all diese Adressen so aufregend. Wir hatten Kunden auf den Fiji Inseln, in Vancouver, Ägypten — *(er blickt lächelnd auf die Zigarre)* auf Kuba. Wir hatten eine Landkarte an der Wand *(er steht auf und geht zum Getränketisch)* und jeden Ort, den wir beliefert haben, habe ich mit einer Stecknadel markiert. *(Er nimmt die Cognacflasche in die Hand und liest das Etikett anerkennend)* Wir hatten 874 Stecknadeln auf dieser Karte. *(Er stellt die Flasche nieder)*

GUY: Das Exportgeschäft blüht. *(Er steht auf und schenkt ein Glas Cognac ein)*

CLIVE: Ab und zu habe ich unauffällig einen Zettel mit einer der Kisten verschickt. Da habe ich dann draufgeschrieben: „Hallo, alter Junge, wie geht's? Viele Grüße aus London." Manchmal hat tatsächlich jemand geantwortet. Wir haben auch Weihnachtskarten erhalten. Das alles hat mir gefallen.

*(Guy gibt ihm das Glas Cognac)*

Das hätte aber nicht sein müssen!

GUY: Bitte.

CLIVE: Prost!

GUY: Zum Wohl!

CLIVE: Jetzt können Sie verstehen, daß mir die Versandabteilung viel bedeutet hat.

GUY: Ja, das ist mir klar geworden.

CLIVE: Aber während ich sprach, haben Sie sich mit Ihren Papieren beschäftigt.

GUY: Ich hatte heute einen anstrengenden Tag. Die Fiberol AG steht kurz vor einem geschäftlichen Durchbruch. Ein riesiger Exportauftrag für Rußland. Ich mußte meinen Kopf mit Zahlen und Fakten vollstopfen, damit mich diese Russen nicht mit einer Fangfrage hereinlegen können.

CLIVE: Ich habe volles Verständnis dafür, daß Sie das mehr interessiert als mein Schicksal.

GUY: Nein. Es interessiert mich wirklich.

CLIVE: Bitte. Sie brauchen nicht höflich zu sein.

GUY: Nein, im Ernst.

CLIVE: Für einen Augenblick hatte ich den Eindruck, mein Schicksal würde Sie wirklich berühren. Nichts als Wunschdenken. *(Er steht auf)* Es ist wohl besser, ich gehe und mache endgültig Schluß.

GUY *(versperrt den Weg zur Türe)*: Das lasse ich nicht zu.

CLIVE: Wollen Sie mich mit Gewalt hindern?

GUY: Wenn es sein muß.

CLIVE: So ist das. Na ja, es gibt andere Möglichkeiten. Kochen Sie mit Gas?

GUY: Nein. Bei uns ist alles elektrisch.

CLIVE: Ich könnte das Spülbecken mit Wasser füllen, meine Füße hineinstellen, den elektrischen Toaster einschalten und ihn ins Wasser fallen lassen. Pzzzz — umpf! Alles vorbei.

GUY: Sehr umständlich.

CLIVE: Wie würden Sie es machen?

GUY: Ich habe mir immer vorgestellt, daß es mit einer Überdosis Schlaftabletten am leichtesten ginge.

CLIVE: Sie haben sich also darüber auch schon Gedanken gemacht?

GUY: Keine ernsthaften.

CLIVE: Doch, doch! Sie haben sich genau überlegt, was Sie im Ernstfall tun würden. Das tut jeder, mein Lieber. *(Er blickt um sich)* Vielleicht komme ich in der Nacht hier herunter und hänge mich auf.

GUY: Nein, nein. Wir müssen einen Weg finden, wie Ihnen geholfen werden kann.

CLIVE: „Wir"?

GUY: Ich bin bereit, Ihnen zu helfen.

CLIVE: Das würden Sie für mich tun?

GUY: Natürlich.

CLIVE: So ‚natürlich' ist das auch wieder nicht. Eben wollten Sie mich nicht einmal hier im Haus lassen.

GUY: Ich gebe Ihnen mein Wort, daß ich etwas tun werde.

CLIVE: Und ich glaube Ihnen. Sie haben versprochen, Sie würden die Versandabteilung auflösen, und das haben Sie auch gehalten.

GUY *(steht auf)*: Wir sprechen morgen darüber.

CLIVE: Nach dem Frühstück?

GUY: Ja.

CLIVE: Gibt's nur Brötchen oder auch Speck mit Ei?

GUY: Ich nehme an, beides.

CLIVE: Wunderbar. Um zehn?

GUY: Ich gehe gewöhnlich um halb neun ins Büro.

CLIVE: Dann gibt's Frühstück um acht?

GUY: Das ist meine übliche Zeit.

CLIVE: Meine auch.

GUY: Dann ist alles klar.

CLIVE: Selbstverständlich will ich keine Unannehmlichkeiten machen.

GUY: Das freut mich.

CLIVE *(steht auf)*: Zeigen Sie mir mein Zimmer?

GUY: Bitte. Hier entlang.

*(Guy löscht die Lichter und er und Clive gehen hinaus. Der Vorhang fällt)*

*(Wenn der Vorhang wieder aufgeht, sind die Vorhänge zurückgezogen und Sonnenlicht fällt herein)*

*(Frau Harris, die Putzfrau, kommt von der Diele herein. Sie hat Zeitungen dabei. Sie legt die „Times" und die „Financial Times" auf den Eßtisch, daneben die „Daily Mail". Dann geht sie durch die Schwingtür in die Küche. Gleich darauf hört man sie laut kichern. Noch immer kichernd öffnet sie die Tür und kommt halb aus der Küche heraus. Irgendjemand scheint sie zurückzuziehen.*

*Frau Connie Shelmerdine kommt im Neglige von der Diele herein. Sie ist eine attraktive Frau Anfang vierzig. Sie nimmt Sets, Teller, Tassen, Untertassen etc. aus dem Schränkchen und deckt den Tisch für zwei Personen. Sie blickt überrascht auf, als sie Frau Harris in der Küche schreien hört. Auf den Schrei folgt Gelächter. Dann hört man Glas zerbrechen und wieder Gelächter)*

CONNIE: Frau Harris? Sind Sie das?

*(Darauf folgt wieder Gelächter, und Frau Harris kommt aus der Küche. Sie hält die Tür zu, während auf der anderen Seite jemand versucht, sie wieder zu öffnen)*

FRAU HARRIS: So was Freches! Läßt mich einfach nicht arbeiten. So was Unverschämtes hab ich noch nicht erlebt. *(Sie sieht Connie)* Oh, Verzeihung, Frau Shelmerdine. Wußte nicht, daß Sie hier sind.

CONNIE: Was ist los, Frau Harris? Ist da jemand?

FRAU HARRIS: Alles in Ordnung — wirklich. Es ist nur Herr Shelmerdine.

CONNIE: In der Küche?

FRAU HARRIS: Er muß ein Aufputschmittel oder sowas genommen haben. Er ist äußerst lebhaft.

CONNIE: So früh? Sieht meinem Mann aber gar nicht ähnlich.

FRAU HARRIS: Es ist auch nicht Ihr Mann.

CONNIE: Wie bitte? Haben Sie nicht eben gesagt, es sei Herr Shelmerdine?

FRAU HARRIS: Ja. Aber der andere.

CONNIE: Es gibt keinen anderen.

FRAU HARRIS: Doch, Ihren Gast.

*(Die Durchreiche geht auf und Clives Kopf taucht auf)*

CLIVE: Bin gleich fertig. Nur noch die Eier. *(Er schließt die Durchreiche)*

FRAU HARRIS: Der da.

CONNIE: Der ist bei uns zu Gast?

FRAU HARRIS: Ja, im Gästezimmer.

CONNIE: Und er heißt Shelmerdine?

FRAU HARRIS: Ich war auch überrascht, als er in die Küche reinkam. Ich war nämlich gerade beim Bodenschrubben. Und wie ich mich bücke, um den Putzlappen einzutauchen, da — na ja, da hat er sich vorgestellt.

CONNIE: Ich kann mir gar nicht vorstellen, wie er mit uns verwandt sein soll. Und warum hat mir mein Mann nichts von ihm gesagt?

FRAU HARRIS: Ihr Herr Shelmerdine ist sehr ruhig am

Morgen, nicht wahr?

CONNIE: Er ist immer ruhig.

FRAU HARRIS: Jedenfalls — Sie werden ja alles erfahren, wenn er von seinem Spaziergang mit Sandy zurückkommt.

*(Die Küchentür geht auf und Clive kommt herein. Er ist angezogen und trägt ein Tablett mit Speck, Eiern, Würstchen, Tomaten und Toast; außerdem Geschirr, Besteck und eine Kanne Kaffee)*

CLIVE: Ah — Frau Shelmerdine — auf diesen Augenblick habe ich mich gefreut.

*(Er stellt das Tablett auf dem Tisch ab und küßt ihr die Hand)*

CONNIE: Herr — Shelmerdine?

CLIVE: Nenn mich bitte Clive. Den Speck und die Eier habe ich als eine kleine Überraschung gedacht. Geraldine hat mir...

CONNIE: Geraldine?

FRAU HARRIS: Das bin ich.

CLIVE: Sie hat mir alles gezeigt. Und da habe ich gleich für uns alle was gemacht. Bitte schön. *(Er stellt den Teller vor Connie)*

CONNIE *(zu Frau Harris)*: Danke, Frau Harris.

CLIVE *(zu Frau Harris)*: Vielen Dank, Geraldine. Ich läute, wenn ich dich brauche. *(Er blinzelt ihr zu)*

*(Frau Harris kichert und geht hinaus in die Küche)*

CLIVE: Greif doch zu! Darf ich? Toast ist nämlich meine Spezialität.

CONNIE: Eigentlich sollte ich nicht.

CLIVE: Aber für mich tust du's?

CONNIE *(nickt)*: Jetzt bin ich aber ein böses Mädchen.

CLIVE: Überhaupt nicht. Aber ich wette, du könntest es sein. Deine hübschen braunen Augen funkeln so vielversprechend.

CONNIE *(nimmt sich zusammen)*: Aber, Herr Shelmerdine...

CLIVE: Clive. *(Er reicht ihr noch etwas)*

CONNIE: Nein, nein, das ist zuviel.

CLIVE *(bedient sich)*: Tomaten und Speck esse ich für mein Leben gern. *(Er ißt)* Mmm. *(Er deutet auf ein*

*Würstchen auf seiner Gabel)* Lecker! *(er ißt)* Zuhause schmeckt's doch am besten. Endlich muß ich mir keine Sorgen mehr um die nächste Mahlzeit machen. Wenn man weiß, wo man hingehört, kann man sich's wirklich schmecken lassen.

CONNIE: Eigentlich kenne ich die Familie meines Mannes. Wie bist du zu ihm verwandt?

CLIVE: Man könnte sagen, ich bin ein Bruder.

CONNIE: Guy ist ein Einzelkind.

CLIVE: Das habe ich mir beinahe gedacht. Nein, ich bin ein Bruder in dem Sinn, daß alle Menschen Brüder sind. Was denkst du?

CONNIE: Na ja...

CLIVE: Guy ist ein wahrer Christ, das muß man ihm lassen. Du mußt sehr stolz auf ihn sein.

CONNIE: Er ist zuverlässig.

CLIVE: Bis an mein Lebensende werde ich ihm dankbar sein für alles, was er für mich getan hat. Und was er noch tun wird.

CONNIE: Wo steckt er überhaupt? Vor dem Frühstück geht er immer mit dem Hund spazieren. Aber gewöhnlich ist er um diese Zeit zurück.

*(Sie sieht auf ihre Uhr)*

CLIVE: Hübsche Uhr. Ein Geschenk?

CONNIE: Ich habe sie von Guy zum fünfzehnten Hochzeitstag bekommen.

CLIVE: Sag bloß, du bist schon fünfzehn Jahre verheiratet.

CONNIE: Siebzehn.

CLIVE: Er muß dich von der Wiege weg geheiratet haben!

CONNIE *(horcht)*: Komisch. Hört sich an, wie das Auto. *(Sie steht auf und sieht hinaus)* Ja. Guy muß irgendwohin gefahren sein.

CLIVE: Ich hole schnell einen frischen Teller für ihn. Ich möchte wetten, er hat Hunger.

*(Clive geht in die Küche. Connie schenkt Kaffee ein. Aus der Küche hört man Frau Harris überrascht und entzückt auflachen, sie kommt heraus mit Eimer und Schrubber)*

FRAU HARRIS: Oh, Frau Shelmerdine. Wenn er schon um acht Uhr morgen so ist, wie ist er dann erst am Abend?

CONNIE *(ahnungslos)*: Ich habe keine Ahnung, Frau Harris. Keine Ahnung, wie er am Abend ist.

*(Frau Harris geht zur Tür und ist dort, gerade als Guy hereinkommt)*

FRAU HARRIS: Mit der Arbeit geht's nicht so recht vorwärts heute, aber eins ist sicher: Spaß macht's!

*(Frau Harris geht hinaus)*

CONNIE: Morgen, Schatz.

GUY: Morgen, Schatz. *(Sie küssen sich kurz auf die Wange)*

GUY: Was ist los mit ihr?

CONNIE: Clive.

GUY: Clive? Der oben?

CONNIE: Clive Shelmerdine.

GUY: Shelmerdine?

CONNIE: Er ist nicht oben. Er ist in der Küche.

*(In diesem Augenblick kommt Clive aus der Küche. Er trägt den Teller für Guy)*

CLIVE: Morgen, Guy. Wunderschöner Morgen heute. Setz dich und greif zu. *(Guy setzt sich)*

GUY: Was soll das Ganze?

CLIVE: Hast du Worte? „Was soll das Ganze?" sagt er. So ein Witzbold! Als ob er noch nie Speck mit Eiern gesehen hätte.

GUY: Ich esse nie viel zum Frühstück.

CLIVE: Riskier's doch mal.

GUY: Etwas Speck genügt mir völlig.

CONNIE: Ich hatte von allem. Es war köstlich.

GUY *(besorgt)*: Fehlt dir etwas, Connie?

CONNIE: Wieso?

GUY: Meine Frau hat Beschwerden. Sie ist seit Jahren in Behandlung.

CLIVE: Hat wohl nichts genützt?

GUY: Natürlich hat's was genützt!

CLIVE: Warum ist sie dann immer noch in Behandlung?

GUY: Sie neigt zur Nervosität.

CLIVE: Glaub mir, Connie, ich weiß, wie das ist.

GUY: Solange sie ihre Tabletten nimmt, fühlt sie sich gut. Hast du heute schon eine genommen, Schatz?

CONNIE: Ja.

GUY: Bist du sicher?

CONNIE: Natürlich bin ich sicher.

GUY: Was heißt da ‚natürlich'? Manchmal vergißt du's.

CONNIE: Es liegt an den Tabletten, wenn ich manches vergesse.

GUY: Dafür sind sie da.

CONNIE: Ich weiß.

GUY: Na also. *(wendet sich Clive zu)* Stimmt es, daß Sie meiner Frau erzählt haben, Sie heißen Shelmerdine?

CLIVE: Ja. Aber sie sagt Clive zu mir.

GUY: Wie kommen Sie dazu?

CLIVE: Weil ich so heiße.

GUY: Warum haben Sie gestern nichts davon gesagt?

CLIVE: Gestern gab's interessantere Dinge zu besprechen.

GUY: Finden Sie es nicht auch merkwürdig, daß Sie es nicht erwähnt haben?

CLIVE: Nein. Die Idee, mich Shelmerdine zu nennen, ist mir erst heute morgen gekommen.

GUY: Es ist Ihnen hoffentlich klar, daß ich Sie anzeigen kann?

CLIVE: Weswegen?

GUY: Hochstapelei. Irreführung.

CLIVE: Ich habe das Recht, jeden Namen anzunehmen, der mir gefällt. Und wenn mich genügend Leute unter diesem Namen kennen, dann ist das mein Name. So steht's im Gesetz.

GUY: Aber Shelmerdine ist m e i n Name.

CLIVE: Und ich benutze ihn. Aber ich habe dir nichts weggenommen. Ganz im Gegenteil. Ich habe dir ein außergewöhnliches Kompliment gemacht.

GUY: Wie kommen Sie da drauf?

CLIVE: Als ich heute früh in diesem schönen Bett aufgewacht bin, war ich so glücklich. Ich wollte gerne meine Dankbarkeit zeigen. Aber ich wußte nicht wie. Eier und Speck in die Pfanne schlagen, erschien mir etwas wenig. Doch dann kam mir der Gedanke. „Ich werde seinen Namen annehmen", sagte ich mir. Wenn nämlich ein Gärtner eine neue Rose züchtet, dann nennt er sie nach einer von ihm verehrten Persönlichkeit. Schiffbauer machen's genauso. Leider besitze ich keine Rose, die ich nach dir nennen könnte — ein Schiff auch nicht. Und deshalb habe ich meinen einzigen Besitz, mich selbst, nach dir genannt.

CONNIE: Wie rührend! *(Zu Guy)* Das kannst du unmöglich ablehnen.

GUY: Es sieht so aus. Wir werden sehen.

CLIVE: Klingt auch gut. Clive Shelmerdine.

GUY *(versucht, bestimmt aufzutreten)*: Ich war eben bei meinem Anwalt.

CONNIE: Wie geht's Marjorie?

GUY: Weiß nicht. Wir haben nur über Geschäfte gesprochen.

CONNIE *(zu Clive)*: Hat dieselben Beschwerden wie ich.

CLIVE: Die Nerven?

*(Connie nickt)*

CLIVE: Das haben viele.

GUY: Er hat einen Plan entworfen — besser gesagt, wir beide haben einen Plan entworfen. Für Ihre Zukunft.

CLIVE: In meiner Abwesenheit?

GUY: Er wird Ihnen gefallen.

CLIVE: Wer ist der Mann überhaupt?

GUY: Mein Anwalt.

CLIVE: Und er heißt Marjorie?

GUY: Marjorie ist seine Frau.

CLIVE: Und wie heißt er?

GUY: Ist das wichtig?

CLIVE: Vielleicht kenne ich ihn.

GUY: Rupert Waring. Kennen Sie ihn?

CLIVE: Nein.

GUY: Das habe ich mir gedacht.

CLIVE: Wie ist er?

GUY: Rupert?

CLIVE: Ja.

GUY: Er ist ein erstklassiger Mann.

CLIVE: Warum hat's seine Frau dann mit den Nerven?

GUY: Das hat damit nichts zu tun.

CLIVE: Vielleicht doch. Wenn eine Frau sehr schlechte Nerven hat, ist oft der Mann daran schuld.

CONNIE: Rupert ist sehr zuverlässig.

CLIVE: Danke Connie. Aber vielleicht erzählt mir Guy

selbst etwas über Rupert.

GUY: Wie komme ich dazu, mit Ihnen über Rupert zu sprechen?

CLIVE: Hast du nicht mit Rupert über mich gesprochen?

GUY: Das ist etwas anderes.

CLIVE: Wärst du erfreut, wenn ich zu meinem Anwalt gegangen wäre und ihm alles über dich erzählt hätte?

GUY: Sie haben einen Anwalt?

CLIVE: Nein.

CONNIE: Über Rupert brauchst du dir keine Gedanken zu machen.

CLIVE: Tu ich auch nicht. Ich machte mir Gedanken über seine Frau. Wie wirkt sich's bei ihr aus?

CONNIE: Es ist so — Ihr Gedächtnis scheint zu streiken. Erst neulich hat sie mir erzählt, sie mußte — was sie jetzt genau tun mußte, weiß ich nicht mehr — jedenfalls, als es dann soweit war, da — da ist irgendetwas geschehen, ich bin nicht sicher, was. Und deshalb konnte sie nicht. Aus dem Grund mußte sie etwas anderes tun — Marjorie hat mir erzählt was, aber das ist mir jetzt entfallen.

GUY: Schon gut, Connie. Ich habe einen anstrengenden Tag vor mir und hätte diese Kleinigkeit mit Clive jetzt gern erledigt.

CONNIE: Natürlich, Schatz. Was hast du vor?

GUY: Hast du nichts zu tun?

CONNIE: Ich bin so gespannt. *(zu Clive)* Sicher hat er sich etwas Lustiges ausgedacht.

GUY: Clive wird zufrieden sein. *(zu Clive)* Es handelt sich um unsere neue Fabrik in Argyllshire. Ich besorge Ihnen einen Arbeitsplatz in der Versandabteilung.

CLIVE: Ich will nicht gehen.

GUY: Natürlich wollen Sie.

CONNIE: Aber Guy — er sagt, daß er nicht will.

GUY: Sei ruhig, Connie. Ich weiß, was er will.

CLIVE: Wohl kaum.

GUY: Wir alle wissen, was wir wollen. *(hebt den Zeigefinger)* Aber im Leben zählt eben nur, was wir bekommen können.

CLIVE: Das ist deine Ansicht. Sollte man nicht auch etwas zum Nutzen der Allgemeinheit tun?

GUY: In Argyll können Sie sich nützlich machen.
CLIVE: Du willst mich nur loswerden.
GUY: Ich gebe Ihnen eine einmalige Chance.
CLIVE: Du bist zu Rupert gegangen und hast gesagt: „Wie kann ich Clive loswerden?" Und Rupert hat gesagt: „Schick ihn nach Argyll."
CONNIE: Wenn Clive aber nicht nach Argyll gehen will, Schatz...
GUY: Connie — du weißt überhaupt nicht, worum es geht.
CONNIE: Aber Clive will nicht gehen.
GUY: Das ist nebensächlich.
CONNIE: Er ist so glücklich bei uns.
CLIVE: Genau! Überglücklich! Du und Guy, ihr seid so warmherzige und liebenswerte Leute.
GUY: Aber verdammt noch mal, das ist mein Haus. Sie können hier nicht leben.
CLIVE: Wieso nicht?
GUY: Weil es mir gehört!
CONNIE: Uns.
GUY: Ja — uns.
CONNIE: Ich persönlich habe überhaupt nichts dagegen.
GUY: Sei doch ruhig, Connie.
CLIVE: Darf Connie nichts sagen?
GUY: Natürlich darf sie.
CLIVE: Warum soll sie dann den Mund halten?
GUY: Wollen Sie, daß sie sich aufregt? *(zu Connie)* Was du nicht weißt, Schatz, ist, daß dieser Mann letzte Nacht versucht hat, Selbstmord zu begehen.
CONNIE: Oh wie schrecklich! *(zu Clive)* Du Ärmster.
GUY: Ich habe ihn aus dem Fluß gezogen.
CLIVE: Ich hatte mit dem Leben schon abgeschlossen. Ich war so verzweifelt — und da zieht er mich raus. Meine Gefühle kannst du dir vorstellen.
GUY: Es war höchste Zeit.
CLIVE: Er hat mich hierher gebracht. Mir zu essen und zu trinken gegeben. Trockene Kleider. Ein kuscheliges Bett. Er lullt mich ein und ich glaube, daß ich gebraucht werde, geschätzt, geliebt. Dann — auf einmal — peng! Er will mich nach Argyll schicken. Das ist verflucht sadistisch. Entschuldige die Ausdrucksweise, Connie.

CONNIE: Ich kann das nachfühlen.

GUY: Das ist hier kein Heim für Selbstmordaspiranten.

CONNIE: Das stimmt nicht ganz. *(zu Clive)* Ich habe es selbst schon versucht.

GUY: Bitte laß das!

CLIVE *(zu Connie)*: Was hast Du gemacht?

CONNIE: Meinen Kopf in den Ofen gesteckt!

CLIVE: Hat aber nicht geklappt?

CONNIE: Mein Haar wurde angesengt. Er ist elektrisch.

CLIVE: Du warst verzweifelt?

GUY: Wir haben einen Spezialisten herangezogen. Er hat sie wieder in Ordnung gebracht.

CLIVE: Deine Haare sehen tatsächlich wieder wunderbar aus.

GUY: Nicht die Haare. Den Verstand. Die Verzweiflung.

*(Frau Harris kommt von oben)*

FRAU HARRIS: Ich habe alle Betten gemacht. Das von Clive auch.

*(Clive flüstert Frau Harris etwas ins Ohr. Sie schüttelt sich vor Lachen. Guy sieht Connie mit hochgezogenen Augenbrauen an. Clive blickt von Guy zu Connie. Er beugt sich vor und flüstert etwas in Connies Ohr. Sie lacht wie vorher Frau Harris)*

CLIVE *(zu Guy)*: Nur ein harmloser Scherz.

*(Clive hält die Küchentür auf und Frau Harris geht hinaus)*

CONNIE: Geraldine ist wirklich ein Schatz.

GUY: Wer ist Geraldine?

CONNIE: Früher haben wir Frau Harris zu ihr gesagt.

GUY: Haben wir das?

CONNIE: Sie ist gerade hinausgegangen. *(zu Clive)* Sie ist doch gerade hinausgegangen, nicht wahr?

CLIVE: Ja. Zum Abspülen. Die Betten hat sie schon gemacht.

GUY: Jetzt langt's aber.

CONNIE: Was ist los mit dir, Guy?

GUY: Willst du nicht nach oben gehen und dich etwas ausruhen?

CONNIE: Aber mir geht's wunderbar.

GUY: Connie! Du regst dich zu sehr auf.

CONNIE: Ich fühle mich sehr wohl.

GUY: Darauf folgt gewöhnlich ein Rückschlag.

CLIVE: Wie sieht der aus?

GUY: Ich habe jetzt keine Zeit, das zu erklären.

CLIVE: Aber ich.

GUY: Pst! Connie, ich bringe dich jetzt nach oben. Ich erwarte einen wichtigen Anruf und vorher möchte ich noch diese Sache mit Clive erledigen.

CONNIE: Sei taktvoll. Er ist so sensibel. *(zu Clive)* Sehen wir uns zum Mittagessen, Clive?

CLIVE *(zu Connie)*: Warum nicht? Ich habe nichts vor.

GUY *(zu Clive)*: Warten Sie hier. Wir haben noch einiges zu besprechen. Connie, komm mit mir.

*(Guy nimmt Connies Arm und sie gehen hinaus)*

*(Clive geht auf Zehenspitzen zur Durchreiche. Dort steht eine Schale mit Früchten, aus der er eine Banane nimmt. Er balanciert sie auf seiner Oberlippe und bückt sich, um die Durchreiche zu öffnen. Von Frau Harris kommt Gelächter. Im Wohnzimmer läutet das Telefon. Clive schließt die Durchreiche und geht zum Telefon)*

CLIVE: Hallo — Ja?... Ja, hier spricht Herr Shelmerdine persönlich... Von wo rufen Sie an?... Sie meinen Moskau in Rußland?... Wie war der Name wieder? ... Das muß ich aufschreiben. *(schreibt)* M-E-R-E-S-H-K-O-V-S-K-Y. Vielen Dank, meine Liebe... Es ist wirklich schön, jemanden so gutes Englisch sprechen zu hören... Sollte ich jemals nach Moskau kommen, müssen wir uns treffen... Tatsächlich? Na ja, dann verbinden Sie mich mit ihm — aber Sie rufen mal wieder an... Ja, ich bin immer unter dieser Nummer zu erreichen... Wiedersehen, meine Liebe. *(Klick)* Am Apparat... Ja, ich bin Herr Shelmerdine.. Ich habe Ihren Namen aufgeschrieben, aber er ist so kompliziert — wie ist Ihr Vorname?... Oleg — gut — ich heiße Clive... ja, richtig. Wie läuft's in Moskau?... Genau wie hier, nichts wird billiger... Ja, ach so, welche Zahlen wollten Sie?... Mein lieber Oleg, das ist mir zu hoch... Ich verstehe schon, aber hat's wirklich Sinn, sich Gedanken zu machen über Dinge, die man sowieso nicht kapiert? Dafür ist das Leben zu kurz... Da haben Sie recht... Nein, mir liegt die Halsabschneiderei nicht... Sie können mir glauben, die Fiberol ist in Ordnung — ich verbürge mich dafür... Wenn Ihnen mein Wort nicht genügt, dann blasen wir die ganze Sache ab und ich geh wieder ins Bett...

*(Frau Harris kommt aus der Küche)*

In Ordnung — Lassen Sie sich's durch den Kopf gehen und dann geben Sie uns Bescheid... Sicher, rufen Sie Rupert ruhig an — Hat mich gefreut... Alles Gute! *(Er legt den Hörer auf und wendet sich zu Frau Harris)* Das war Moskau.

FRAU HARRIS: Hör auf.

CLIVE: Wenn ich's dir sage. *(er liest)* Oleg Mereshkovsky.

FRAU HARRIS: Wer ist das?

CLIVE: Keine Ahnung.

FRAU HARRIS: Warum hast du dich dann mit ihm unterhalten?

CLIVE: Weil man nur so Leute kennenlernt. Wir haben uns auch nicht gekannt. Also habe ich mich mit dir unterhalten. Und was ist jetzt? Jetzt sind wir alte Freunde. Möchtest du gern einen Sherry?

FRAU HARRIS: Wie?

CLIVE: Sherry. Ob du einen willst?

FRAU HARRIS: Du meinst, wir sollen in eine Kneipe gehen?

CLIVE: Nein, hier.

FRAU HARRIS: Ich muß arbeiten.

CLIVE: Später dann.

FRAU HARRIS: Wenn e r nichts dagegen hat. Ich trinke gern einen Sherry, wenn ich mich gemütlich dazu hinsetzen kann.

*(Guy kommt herein und geht mit entschlossener Miene zu seinen Akten)*

CLIVE: Hallo, Guy. Geraldine hat eben gesagt, sie trinkt gern ein Glas Sherry, wenn sie sich gemütlich dazu hinsetzen kann. Geht's dir auch so? Oder trinkst du lieber einen auf die Schnelle an der Bar?

GUY: Ich habe keine Zeit, meine Trinkgewohnheiten — oder Ihre — oder die von Frau Harris zu diskutieren.

FRAU HARRIS *(zu Clive)*: Noch Kaffee?

CLIVE: Ja, bitte. Bis später, Geraldine.

*(Frau Harris geht mit dem Kaffee hinaus)*

CLIVE: Wie geht es Connie?

GUY: Ich habe ihr noch eine Tablette gegeben. Sie wird sich bald beruhigen.

CLIVE: Sie wird sich für i m m e r beruhigen, wenn du nicht acht gibst.

GUY: Was?

CLIVE: Die Tabletten. Sie sind schädlich.

GUY: Sie sind von einem Spezialisten verschrieben worden.

CLIVE: Ich halte nichts von Tabletten.

GUY: Sie müssen sie auch nicht nehmen.

CLIVE: Sie hindern Connie, ein erfülltes Leben zu führen.

GUY: Blödsinn. Außerdem geht's im Augenblick nicht um Connies, sondern um Ihr Leben.

CLIVE: Wenn dir meine Zukunft wichtiger ist als Connies Gesundheit, dann hast du deine Prioritäten falsch gesetzt, Kamerad.

GUY: Aber jetzt, in diesem Augenblick, geht es um Sie.

CLIVE: Ich glaube, Du hättest die Tabletten nötiger. Sieh dich nur an. Du zitterst ja.

GUY: Mir wird es wieder besser gehen, wenn Sie im Zug nach Argyll sitzen.

*(Er setzt sich und füllt einen Scheck aus)*

Ich gebe Ihnen einen Scheck über zwanzig Pfund. Das dürfte für's Erste genügen. Er ist ausgestellt auf die Barclays Bank in Argyll.

CLIVE: Wenn ich also nicht nach Argyll gehe, kann ich ihn nicht einlösen.

GUY: Das hat mein Anwalt vorgeschlagen.

CLIVE: Der gute Rupert denkt an alles.

GUY: Und ich darf Sie bitten, dieses Papier zu unterschreiben. *(hält Clive ein Papier und einen Füller hin)* Hier unten bitte.

CLIVE: Ich muß es erst durchlesen.

GUY: Bitte.

CLIVE *(liest)*: „Und als Gegenleistung verpflichte ich mich, den obengenannten Guy Shelmerdine weder zu molestieren, noch ihm zur Last zu fallen, und in keiner wie auch immer gearteten Weise Kontakt mit ihm aufzunehmen." *(zu Guy)* Du zahlst, damit ich verschwinde!

GUY: Das ist lediglich eine Vorsichtsmaßnahme. Ich kann nicht jedem dahergelaufenen Selbstmordkandidaten, der vor meinem Haus in den Fluß springt, Geld geben.

CLIVE: Wie viele sind schon reingesprungen, seit du hier wohnst? Wie viele?

GUY: Es war Ruperts Rat, Sie das Papier unterschreiben zu lassen.

CLIVE: Rupert wird dafür bezahlt, daß er Ratschläge erteilt. Stimmt's?

GUY: Er ist unser Syndikus.

CLIVE: Wenn man jemanden dafür bezahlt, daß er Ratschläge gibt, dann gibt er sie. Ist doch logisch.

GUY: Jetzt hören Sie mal zu. Auf Sie wartet ein Arbeitsplatz. Ich gebe Ihnen Geld. Dafür kaufen Sie sich eine Fahrkarte und Kleidung. Und wenn Sie jetzt die Güte hätten, zu unterschreiben, dann könnte ich weiterarbeiten. Wenn der Mann aus Moskau anruft, muß ich alle Zahlen im Kopf haben.

CLIVE: Die Sache mit Moskau habe ich schon erledigt.

GUY: Was soll das heißen?

CLIVE: Daß er angerufen hat.

GUY: Wann?

CLIVE: Als du mit Connie oben warst.

GUY *(aufgeregt)*: Warum zum Teufel haben Sie mich nicht gerufen?

CLIVE: Ich dachte, Connie bräuchte deinen Beistand. Außerdem haben wir uns glänzend verstanden.

GUY: Verstanden? Sie konnten ihm die notwendigen Details doch gar nicht geben.

CLIVE: Ich habe ihm gesagt, Details seien nicht notwendig.

GUY: Er muß Sie für verrückt gehalten haben.

CLIVE: Er mochte mich.

GUY: Für wen hat er Sie gehalten?

CLIVE: Für dich, nehme ich an.

GUY: Welchen Namen haben Sie ihm angegeben?

CLIVE: Shelmerdine.

GUY: Shelmerdine? Das haben Sie tatsächlich getan?

CLIVE: Ich gebe zu, daß er den Eindruck gewinnen konnte, mit dir zu sprechen.

GUY: Das ist nicht zu fassen! Die größte Chance, die ich je hatte — aus und vorbei! Ein Millionenauftrag. Millionen — kapieren Sie das? Den Exportpreis der Königin hätten wir bekommen. Ich höchstwahrscheinlich den Adelstitel. Und nur weil Sie die Unverschämtheit besaßen, meinen Anruf entgegenzunehmen und sich als Shelmerdine auszugeben, ist alles zunichte.

CLIVE: Ich habe mich nicht als Shelmerdine ausgegeben.

GUY *(geht zum Telefon)*: Sie haben sich als Shelmerdine vorgestellt. Das ist Vorspiegelung falscher Tatsachen. Ich verklage Sie auf Schadenersatz. Ich hole die Polizei und lasse Sie hinauswerfen. Und jetzt rufe ich Rupert an. *(Er wählt eine Nummer)* Sie können nicht einfach hierherkommen, sich einquartieren, meine Anrufe beantworten und jedem erzählen, Sie seien Herr Shelmerdine. Aber eines habe ich daraus gelernt: Dem nächsten Spinner, der sich in den Fluß wirft, sehe ich seelenruhig dabei zu, ohne auch nur einen Finger zu... verdammt, es ist besetzt. *(Er legt den Hörer auf)*

CLIVE: Ich sehe es nicht gern, wenn du dich so aufregst. Sollte ich daran schuld sein, dann tut's mir leid. Was kann ich sonst tun?

GUY: Sie können verschwinden.

CLIVE: Ich verstehe.

GUY: Hier ist der Scheck. Und das Geld für die Fahrkarte.

CLIVE: Das Geld brauche ich nicht. Nur um eines möchte ich dich noch bitten.

GUY: Und das wäre?

CLIVE: Briefpapier und ein Füller.

GUY: Bitte.

CLIVE: Danke. *(er schreibt)* Ich möchte Connie nur noch eine Nachricht hinterlassen.

GUY: Sonst noch was?

CLIVE: Nein. Falls ich um Hilfe rufen sollte — ganz unabsichtlich, natürlich, beachte es bitte gar nicht. Stürz nicht hinaus, um mich zu retten. Du hast dich schon einmal auf tragische Weise geirrt, und ich...

GUY: Ich lasse mich nicht einschüchtern!
CLIVE: Und ich auch nicht!
*(Das Telefon läutet. Guy hebt ab)*
GUY: Ja?... Ah, Rupert. Ich habe die ganze Zeit versucht, dich zu erreichen... Was sagst du? Sie haben gerade angerufen? Ja, das ist er...
*(Clive legt seine Nachricht auf den Getränketisch und geht auf Zehenspitzen hinaus)*
Aber er hatte doch die nötigen Details gar nicht! *(Er nimmt einige Papiere in die Hand)* Das ist ja großartig, Rupert... Ich erinnere mich nicht mehr an die Einzelheiten, aber irgendwie habe ich es offensichtlich geschafft.
Das müssen wir feiern, Rupert, alter Junge. Komm heute abend mit Marjorie vorbei, dann köpfen wir eine Flasche Champagner. ... Nichts zu danken, es ist unsere gemeinsame Leistung — natürlich spüre ich irgendwo auch eine tiefe persönliche Befriedigung... Danke, alter Junge... Ja, auf Wiederhören, Rupert.
*(Er legt auf und reibt sich die Hände. Er ist sehr zufrieden mit sich)*
*(Connie kommt herein. Sie liest Clives Nachricht, während Guy spricht)*
Connie, Schatz, wir haben's geschafft! Der Iwan will keine Details mehr. Wir sollen den Auftrag so schnell wie möglich durchziehen. Ist das nicht großartig? Ich glaube, ich muß mich bei Clive entschuldigen.
CONNIE: Dafür ist es zu spät. Er ist fort. *(zeigt ihm die Nachricht)*
GUY: Clive ist fort? Das ist unmöglich. Er war doch eben noch hier. Mein Gott! *(Er blickt zum Fenster)* Clive? Clive! *(Er zieht seine Jacke aus, rennt zum Balkon und stürzt sich hinunter)*
*(Clive kommt von der Diele herein)*
CLIVE: Na, wie geht's?
CONNIE: Oh, Gottseidank, du bist hier.
CLIVE: Warum sollte ich nicht hier sein?
CONNIE: Ich dachte, du wärst fortgegangen.
CLIVE: Ich war oben und habe mich von Geraldine verabschiedet.
CONNIE: Aber Guy? Er ist gerade in den Fluß gesprun-

gen.

CLIVE: Ach was! Der arme Kerl.

CONNIE: Was soll ich tun?

CLIVE: Sei tapfer. *(er drückt ihre Hand)* Vergiß die Tabletten und fang von vorne an.

CONNIE: Aber Guy ist in den Fluß gesprungen, um dich zu retten.

CLIVE: Ich bin aber nicht im Fluß.

CONNIE: Er glaubt es aber. Er hat deine Nachricht gelesen.

CLIVE: Da steht nicht, daß ich in den Fluß springen werde.

CONNIE: Ich weiß. Da steht nur Adieu. Aber du bist schon einmal hineingesprungen.

CLIVE: Ja, man könnte das tatsächlich falsch auffassen. Gottseidank ist er ein guter Schwimmer.

CONNIE: Und an Übung fehlt's ihm auch nicht.

*(Man hört spöttischen Beifall)*

CLIVE: Da ist er ja. Unser tapferer Guy.

*(Guy kommt von der Diele. Er ist tropfnaß. Er zeigt vorwurfsvoll auf Clive)*

CLIVE *(zu Connie)*: Besonders fröhlich sieht er nicht aus.

GUY: Connie. — Wenn dieser Mann nicht nach Argyll geht, — dann gehe ich.

*Robert King*

# GIPFELTREFFEN

Komödie

Aus dem Englischen übertragen von
Barbara Henning und Klaus Berr

Personen:

Fürst Peter
Stella
Lee
Der Professor
Michelle

Ort der Handlung:

Ein Schlafzimmer,
irgendwo in Paris

Zeit:

Gegenwart

## GIPFELTREFFEN

*(Während sich der Vorhang hebt, öffnet sich die Tür mit deutlich vernehmbarem Knarren. Fürst Peter tritt mit verstohlener Anmut ein. Er leuchtet mit einer Taschenlampe durch den Raum, wobei der Schein nacheinander über den Toilettentisch, den Wandschirm, das Bett und den Kleiderschrank und dann zurück zum Toilettentisch wandert und an der darauf stehenden Cognacflasche hängen bleibt. Der Fürst durchquert den Raum und stolpert dabei über den Hocker am Ende des Bettes. Er flucht auf Russisch, geht weiter zum Toilettentisch und greift nach der Cognac-Flasche. Plötzlich hält er in seiner Bewegung inne und steht regungslos aufhorchend da. Er geht schnell zum Fenster, wo er — sich nur als Silhouette abhebend — stehen bleibt und in den Garten hinunterschaut. Dann fixiert er mit der Taschenlampe den Wandschirm und verschwindet dahinter, wobei seine Füße sichtbar bleiben. Stella erscheint am Fenster. Sie klettert in den Raum, holt eine Taschenlampe hervor und durchleuchtet — genau wie zuvor der Fürst — den Raum, wobei jedoch der Schein der Lampe auf dem Lichtschalter neben der Tür hängen bleibt. Sie zieht die Vorhänge zu und geht auf den Lichtschalter zu, wobei sie über den Hocker stolpert und flucht, ohne dabei jedoch ordinär zu werden. Sie schaltet das Licht ein und läßt ihren Blick durch den Raum schweifen, holt eine Zigarette aus der Tasche und geht zum Fenster, die Zigarette zwischen den Lippen. Sie wirft einen Blick auf ihre Armbanduhr und sucht in ihrer Tasche nach Feuer. Fürst Peter, der immer noch hinter dem Wandschirm steht, hält ihr von dort ein brennendes Feuerzeug hin, und Stella zündet automatisch ihre Zigarette daran an. Plötzlich wird ihr klar, was passiert ist, sie springt über das Bett, zieht gleichzeitig ihre Pistole und verharrt auf einem Knie hinter dem Bett, das sie — vom Wandschirm aus gesehen — verdeckt, auf den sie mit der Pistole zielt)*

STELLA: Wer ist da?
FÜRST: Ich.
STELLA: Kommen Sie raus. Und die Hände hoch.

FÜRST: Mir wäre lieber, Sie kämen hier rein und ließen Ihre Hände unten.

STELLA: Ich zähle bis zehn.

FÜRST: Warum zehn? Warum zählen wir immer bis zehn, bevor wir auf jemanden schießen?

STELLA: Eins!

FÜRST: Warum nicht bis elf oder zwölf? Oder sogar bis zwanzig?

STELLA: Zwei!

FÜRST: Hat die Zahl zehn vielleicht irgendeine besondere Wirkung auf die Spannung?

STELLA: Drei! Und halten Sie den Mund.

FÜRST: Entschuldigung, aber dem „Handbuch für Spione" zufolge muß ich weiterreden...

STELLA: Vier!

FÜRST: ... um Zeit zu gewinnen, damit ich mir einen Plan zurechtlegen kann...

STELLA: Fünf!

FÜRST: ... der mir aus dieser teuflischen Situation heraushilft.

STELLA: Sechs!

FÜRST: Lassen Sie mich nachdenken. Es muß doch irgendetwas geben!

STELLA: Sieben!

FÜRST: Irgendetwas, was ich sagen kann, um zu verhindern, daß dieses hübsche Mädchen, dieses reizende, geheimnisvolle, faszinierende, bildschöne... Müßten Sie nicht übrigens inzwischen bei acht angelangt sein?

STELLA: Acht!

FÜRST: Ich hab's! Ich werde ihr ganz einfach die Wahrheit sagen...

STELLA: Neun!

FÜRST: ... daß ich nämlich ebenfalls eine Pistole habe!

STELLA: Ze... *(Sie bricht mitten im Wort ab)*

FÜRST: Daß sie direkt auf ihr Herz gerichtet ist... und daß meine Pistole um einiges größer ist als ihre.

STELLA: Das glaube ich Ihnen nicht.

FÜRST: Warum sollten Sie auch? Aber andererseits, warum sollten Sie nicht? Sie befinden sich tatsächlich in einer dieser Situationen, bei denen die Fakten für eine präzise Voraussage bei weitem nicht ausreichen.

STELLA: Wie dem auch sei, ich bin immer noch im Vorteil.

FÜRST: Weil Ihnen das Bett Deckung gibt? Mein Revolver ist so konstruiert, daß er Tiger zähmt, Elefanten vernichtet und Matrazen zu Hackfleisch verarbeitet. Abgesehen davon kann ich Sie sehen, aber Sie mich nicht.

STELLA: Ihre Schuhe kann ich sehen, und daher weiß ich ganz genau, wo Sie stehen.

FÜRST: Ah! Sie wüßten es, wenn es wirklich meine Schuhe wären.

STELLA: Natürlich sind's Ihre. Sie passen zu Ihrer Stimme.

FÜRST: Ich gebe zu, die Schuhe zeugen von exzellentem Geschmack. Aber leider stecken meine Füße nicht drin.

STELLA: Das ist mehr als unwahrscheinlich.

FÜRST: Der Durchschnittsmann besitzt drei Paar Schuhe. Also sind mindestens zwei Drittel aller Schuhe, die es auf der Welt gibt, zu jedem gegebenen Zeitpunkt ohne Inhalt. Ihre Chancen sind also...

STELLA: Zwei zu eins.

FÜRST: Genau. Ist Ihnen aufgefallen, daß Ihre Beiträge zu diesem Gespräch bis jetzt fast ausschließlich mathematischer Natur waren?

STELLA: Ich ziehe eben die mathematischen den schöngeistigen vor.

FÜRST: Naja, Ihr Humor steht aber noch auf ziemlich wackeligen Beinen. Aber vielleicht hilft er Ihnen doch, die Unvermeidbarkeit Ihrer nächsten Handlung einzusehen. Werfen Sie Ihre Pistole auf das Bett!

STELLA: Warum sollte ich?

FÜRST: Welche Farbe haben die Schuhe, die Sie sehen?

STELLA: Schwarz.

FÜRST: Meine sind braun. Außerdem trage ich eine kugelsichere Weste und Sie nicht.

STELLA: Woher wissen Sie das?

FÜRST: Ich muß Ihnen doch nicht erst Komplimente über Ihre Figur machen, oder?

*(Eine Pause, während Stella überlegt)*

STELLA: Also gut. *(Sie wirft ihre Pistole auf das Bett)*

FÜRST: Danke, Stella.

STELLA: Stella?

FÜRST: Stella.

STELLA: Woher kennen Sie meinen Namen?

FÜRST: Ich kenne Namen und Gesicht von jedem Politiker, General, Agenten und älteren Beamten in jedem NATO-Staat. Sie sind Stella 009 Singleton, 28 Jahre alt, unverheiratet und haben den Schwarzen Gürtel in Karate, den Sie im Bett tragen. *(Pause)* Ihr Liebesleben ist kaum erwähnenswert.

STELLA: Wer sind Sie?

FÜRST: Das wissen Sie nicht? *(Er kommt hinter dem Wandschirm vor. Er trägt einen Abendanzug, als wäre er im Begriff, in die Oper zu gehen, und hat einen Stock in der Hand)*

STELLA: Fürst Peter!

FÜRST *(sich verbeugend)*: Welch ein Vergnügen, Sie wiederzusehen, Stella.

STELLA: Wo ist Ihre Pistole?

FÜRST: Um mit den Worten Voltaires zu sprechen, ich hatte keine, also mußte ich eine erfinden. Wird mir noch einmal verziehen?

STELLA: Ich hätte nie geglaubt, daß ich einmal so froh sein würde, einen russischen Agenten zu sehen. Wie lange ist es jetzt her?

*(Fürst Peter geht um das Bett herum, um sie zu begrüßen)*

FÜRST: Seit wir uns das letzte Mal getroffen haben?

STELLA: Es war '67. In Amsterdam.

FÜRST: Nein, '68. In Rotterdam.

STELLA: Sie haben in Rotterdam einen ganz hübschen Narren aus mir gemacht.

FÜRST: Das war nur meine Rache für Amsterdam. *(Sie küssen sich)* Wie geht's Ihren Eltern?

STELLA: Gut, sehr gut.

FÜRST: Grüßen Sie sie schön von mir. Und danken Sie ihnen bitte in meinem Namen für die Weihnachtskarte.

STELLA: Mach ich. Aber was ist mit Ihnen? Wie geht's beruflich?

FÜRST: Och, wissen Sie, ich bin ziemlich beschäftigt.

Aber ich will mich nicht beklagen, solange ich nicht dabei umkomme. Und bei Ihnen?
STELLA: Ein bißchen flau im Moment.
FÜRST: Wie wär's mit einem Drink?
STELLA: Eine ausgezeichnete Idee! *(Sie holt einen Flachmann hervor)*
FÜRST: Was möchten Sie gerne?
STELLA: Wodka. Und Sie?
FÜRST: Whisky.
*(Sie tauschen ihre Flaschen aus)*
STELLA: Worauf trinken wir?
FÜRST: Auf England.
STELLA: Auf Rußland.
FÜRST: Nein, ich bestehe auf England.
STELLA: Und i c h bestehe auf Rußland.
*(Eine Pause. Sie erheben ihre Flaschen)*
FÜRST UND STELLA *(gemeinsam)*: Auf die Schweiz!
FÜRST: Sagen Sie mal, Stella, was hat Sie denn nach Paris gelockt?
STELLA: Ich besichtige die Stadt. *(Sie späht prüfend aus dem Fenster)*
FÜRST: Wie nett. Mit einer Reisegruppe? *(Er holt einen kleinen Bohrer hervor)*
STELLA: Das ist so herrlich bequem. Alles wird organisiert.
FÜRST: Und so preiswert.
STELLA: Acht Tage für 250 DM. Alles inklusive.
FÜRST: Alles inklusive? *(Er beginnt, ein kleines Loch in die Tür des Kleiderschranks zu bohren)*
STELLA: Natürlich. Übernachtung mit Frühstück, eine Besichtigung des Eiffelturms.
FÜRST: Und eine Besichtigung des Schlafzimmers von — wie sollen wir ihn nennen? Frankreichs führenden Atomphysiker? *(Er bläst ein wenig Sägmehl fort)*
STELLA: Nein, das ist nicht inbegriffen.
FÜRST: Ich verstehe.
STELLA: Kann ich Ihnen helfen?
FÜRST: Das wäre nett. Ich glaube nicht, daß ich das Bett von hieraus sehen kann.
STELLA: Nein, ich glaube, Sie haben Recht.

*(Sie verrücken den Schrank um einen knappen halben Meter)*

STELLA: Ich meine, man kann ja schließlich nicht alles erwarten — für 250 DM.

FÜRST: Natürlich nicht. Würden Sie sich freundlicherweise mal auf das Bett legen?

STELLA: Sicher. *(Sie legt sich auf das Bett)*

*(Der Fürst kriecht in den Schrank)*

FÜRST: Stillhalten.

STELLA: Können Sie mich sehen?

*(Er kommt wieder heraus)*

FÜRST: Vor allem kann ich Sie hören.

STELLA: Es könnte ziemlich stickig dadrin werden.

FÜRST: Ich werde noch einige Löcher bohren.

STELLA: Die könnten aber bemerkt werden.

FÜRST: Er wird wahrscheinlich denken, das war der Holzwurm.

*(Unter dem Bett lacht jemand laut auf)*

STELLA: Was war das?

FÜRST: Es kam vom Bett.

*(Das Lachen wird stärker)*

STELLA: Was im... ! *(Sie greift nach ihrer Pistole und stellt sich auf das Bett, die Pistole nach unten gerichtet)* Kommen Sie da raus!

FÜRST: Mit erhobenen Händen!

*(Das Lachen hört nicht auf)*

STELLA: Ich zähle bis zehn!

FÜRST: Nein! Schießen Sie sofort. Das klingt nach Mord und Totschlag.

LEE: In Ordnung. Ihr habt gewonnen. Ich komme raus.

*(Die amerikanische Flagge in Taschentuchformat wird unter dem Bett hervorgehalten. Lee krabbelt heraus)*

LEE: Ich konnte es einfach nicht mehr aushalten. So 'ne irre Situation!

STELLA: Keine Bewegung!

LEE: Kleinigkeit. Ma'am. Heute hat das Hirn seinen großen Auftritt. Die Muskelprotzerei überlassen wir ganz unseren Berufskollegen im Fernsehen. Hallo, Fürst!

FÜRST: Guten Abend, Lee. Wir haben uns ja schon seit '69 in Budapest nicht mehr gesehen.

LEE: Nein, seit '68 in Bukarest. *(Er lacht)*

FÜRST: Stella, kennen Sie Lee? Er ist Amerikaner.

STELLA *(in Amerikanisch)*: You don't say.

LEE: Bitte, Ma'am. Stecken Sie doch Ihre Pistole weg. Es wirkt so altmodisch.

*(Stella legt die Pistole weg)*

STELLA: Seien Sie bloß froh, daß Sie keinen dieser altmodischen Unfälle gehabt haben.

LEE: Nana, Kleine. Schmollen Sie nicht. Wo bleibt denn Ihr Sinn für Humor?

FÜRST: Lee, wenn eine Frau einen Mann unter dem Bett entdeckt, ist sie entweder erschreckt oder erfreut, aber niemals amüsiert. Aber trotzdem — wenn ich es mir überlege, ist es ziemlich komisch, daß sich drei Spione auf diese Art und Weise treffen... *(Er bricht ab, als ihm ein Gedanke kommt)* Du lieber Himmel, Ihr glaubt doch nicht...

STELLA: Alles durchsuchen!

*(Sie durchsuchen den Raum, finden aber keine weiteren Spione)*

LEE: Naja, ein Sprichwort sagt „aller guten Dinge sind drei". *(Er holt ein Zigarettenetui hervor, in das ein Feuerzeug eingebaut ist)*

FÜRST: Ein elegantes Etui. Darf ich?

LEE: Bedienen Sie sich.

*(Der Fürst untersucht das Etui)*

FÜRST: Also, das kann unmöglich ein ganz normales Zigarettenetui sein.

LEE: Nein, eigentlich ist es eine Bombe.

FÜRST: Was Sie nicht sagen. Mit konventionellem Sprengsatz?

LEE: Und die Zigaretten erst. Das ist in Wirklichkeit eine Leuchtkugel. Und die da ist voller Zyankali. Das ist eine Rauchbombe. In der sind Tropfen, die kampfunfähig machen. Und diese hier hat eine Einspritznadel.

FÜRST: Und was ist in dieser hier?

*(Lee nimmt die Zigarette und läßt sie fallen)*

LEE: Achtung!

*(Sie gehen in Deckung, Lee nähert sich vorsichtig der Zigarette, nimmt sie und riecht an ihr)*

LEE *(Überrascht)*: Tabak. *(Er steckt sie zwischen die Lippen und will das Feuerzeug benutzen)* Oh, ich hab ja ganz vergessen. Das ist ja kein Feuerzeug, sondern ein Kassetten-Rekorder.

FÜRST: Erlauben Sie. *(Er gibt Lee Feuer)*

LEE: Danke, Fürst.

FÜRST: Ich finde Ihre Ausrüstung fantastisch, Lee.

LEE: Dann sehen Sie sich erstmal diese Armbanduhr an. Direkte Verbindung zum Hauptquartier im Keller der Botschaft. Ein Sender.

FÜRST: Und diese da? *(Er deutet auf Lees zweite Uhr)*

LEE: Der Empfänger.

STELLA: Und woher wissen Sie, wie spät es ist?

LEE: Gar nicht. Deswegen bin ich auch zu früh hergekommen. *(Er lacht)*

FÜRST: Warum sind Sie denn überhaupt hierhergekommen, Lee?

LEE: Wie die Lady schon sagte, ich besichtige die Stadt.

STELLA: Kennen Sie den Professor?

LEE: Welchen Professor, Ma'am?

STELLA: Hören Sie bloß auf, mich „Ma'am" zu nennen. Ich bin nicht die Queen.

*(Lee untersucht den Stock des Fürsten)*

LEE: Kann man ja nie wissen. Sagen Sie mal, Fürst, ich komme einfach nicht dahinter, was man damit macht.

FÜRST: Taxis anhalten. Aber Stella hat Sie nach dem Professor gefragt.

LEE: Bei meinem IQ habe ich mit Professoren nicht zu tun.

FÜRST: Warum sind Sie dann hier?

LEE: Dasselbe könnte ich Sie fragen.

FÜRST: Ich habe eine Verabredung.

LEE: Mit wem?

FÜRST: Mit einer Dame.

LEE: Welcher?

FÜRST: Der Frau des Professors.

LEE: Ja, haben Sie's denn noch nicht gehört?

FÜRST: Was?

LEE: Sie ist gestorben.

FÜRST: Mein Gott! Wann denn?

LEE: 1940.

FÜRST: Oh, diese stümperhaften, unfähigen...! Lee, die Abteilung, für die ich arbeite, ist so schwerfällig, so bürokratisch. Die scheitern ständig an solchen Kleinigkeiten wie dieser. Unzureichende Instruktionen, schlampige Vorarbeit... Ich sage Euch, so was findet Ihr nicht noch einmal. Dann muß ich eben improvisieren. Die Wahrheit ist natürlich — wie Ihr sicher bereits vermutet habt — ich bin aus beruflichen Gründen hier. *(Er öffnet den Schrank)* Ich hatte gehofft, ein paar Brocken aufschnappen zu können über die Experimente, mit denen der Professor momentan beschäftigt ist.

LEE: Was für Experimente?

STELLA: Was für Brocken?

FÜRST: Oh, mir wäre jeder Brocken recht. Experiment 14 B, zum Beispiel.

STELLA: 14 B.

LEE: Die Nova Bombe!

STELLA: Also wissen Sie davon.

FÜRST: Natürlich.

*(Fürst Peter nimmt einen Schlafanzug aus dem Schrank und wirft ihn auf das Bett)*

LEE: Sind Sie müde oder so?

FÜRST: Warum?

LEE: Es sieht so aus, als ob Sie ins Bett gehen wollen.

FÜRST: Nicht ich. Aber der Professor wird wollen. Und wenn er zurückkommt, werde ich in dem Schrank versteckt sein. Ich möchte ihm lediglich eine peinliche Situation ersparen, wenn er nach seinem Schlafanzug sucht und mich stattdessen findet.

*(Er hängt einen Morgenmantel außen an die Schranktür)*

STELLA: Warum sollte er Sie dort finden?

FÜRST: Stella, machen wir doch Schluß mit diesen Ausflüchten. Wir alle wissen von der Eigenart des Professors.

STELLA: Sie meinen...

FÜRST: Die Angewohnheit, die ihn bis jetzt vier Ehefrauen und, weiß Gott!, wie viele Geliebte gekostet hat. Er spricht im Schlaf über seine Arbeit.

LEE: Wie haben Sie das herausgefunden?
FÜRST: Der Professor und ich haben eine gemeinsame Geliebte. Er dienstags und ich donnerstags.
LEE: Yvette?
FÜRST: Sie kennen sie?
LEE: So kann man's nennen. Ich bin freitags an der Reihe.
STELLA: Hat sie Euch erzählt, daß er wissenschaftliche Formeln aufsagt?
LEE: Sobald er in der Falle liegt.
FÜRST: Ja. Und wenn er sie aufsagt, werde ich hier sein und jedes Wort hören.
LEE: Haben Sie einen Rekorder?
FÜRST: Ich bevorzuge Stenographie.
LEE: Und Sie?
STELLA: Photographisches Gedächtnis. Aber über diesen rein theoretischen Fragen dürfen wir die Praxis nicht vergessen. Zwei von uns müssen verschwunden sein, bevor der Professor zurückkommt.
*(Sie setzen sich)*
LEE: Ich war zuerst hier.
STELLA: Ich bin eine Dame.
FÜRST: Ich habe das Vorrecht der längsten Berufszugehörigkeit. *(Nach einer Pause)* Wir könnten natürlich das Los entscheiden lassen.
LEE: Oder pokern.
STELLA: Oder kämpfen.
FÜRST: Oder wir könnten alle hierbleiben.
STELLA: Unmöglich.
FÜRST: Wie wär's, wenn wir zusammenarbeiten. Es braucht ja niemand zu erfahren. Unsere Abteilungen sind nicht gerade Blutsbrüder. Sie werden niemals herausfinden, daß es nicht unbedingt Exklusivinformationen sind, die sie von uns erhalten.
STELLA: Das stimmt.
LEE: Spitze! Aber irgendwie paßt mir das doch nicht so ganz. Wir spielen ja schließlich nicht Baseball.
FÜRST: Wir können doch einmal zusammenarbeiten. Wenn er zurückkommt, schlage ich vor... Hört mal!
*(Das Geräusch eines ankommenden Autos)*
Hört Ihr das?

LEE: Ein Auto.
STELLA: Ein Renault.
FÜRST: Der gehört überholt.
LEE: Wir müssen uns verstecken! Das ist der Professor.
FÜRST: Der Schrank gehört mir.
LEE: Ich verschwinde unter'm Bett. *(Zu Stella)* Verstecken Sie sich hinter dem Wandschirm.
FÜRST: Und passen Sie auf, daß man Ihre Füße nicht sehen kann.
STELLA: Keine Sorge. *(Sie geht hinter den Wandschirm)*
LEE: Los, Fürst. *(Er kriecht unter das Bett)*
FÜRST *(indem er im Schrank verschwindet)*: Seien Sie doch so freundlich und machen Sie bitte die Tür hinter mir zu.
LEE: O.K. Aber verraten Sie's nicht dem F.B.I.
FÜRST: Danke, Lee. Falls der Kalte Krieg jemals enden sollte, wird dieser Tag als sein Abschluß in die Geschichte eingehen.
*(Lee verschließt die Tür hinter ihm)*
LEE: Halleluja!
*(Lee will gerade wieder zum Bett gehen, da kommt ein lautes Klopfen aus dem Schrank)*
Was ist los?
FÜRST: Könnten Sie mir vielleicht einen Bleistift leihen?
*(Lee gibt ihm einen Bleistift und taucht unter das Bett. Stella schießt hinter dem Wandschirm hervor)*
STELLA: Idiot! Das Licht!
*(Das betrunkene Singen des Professors auf dem Gang verhindert, daß Stella den Lichtschalter noch erreicht. Sie hat gerade noch Zeit genug, um unter das Bett zu tauchen, bevor sich die Tür öffnet)*
*(Der Professor tritt ein, ziemlich betrunken, mit einer Aktentasche in der Hand. Galant geleitet er Michelle in den Raum, die sich umschaut, ihren Mantel auszieht und ihn mit ihrer Tasche zusammen auf das Fußende des Bettes legt)*
PROFESSOR: Komm herein, mein kleiner Kohlkopf. *(Er hat Schluckauf)*
MICHELLE: Das ist es also?
PROFESSOR: Was, mein Engel?

MICHELLE: Dein Schlafzimmer, Cherie.
PROFESSOR: Ja.
MICHELLE: Nicht gerade das Hilton, oder?
PROFESSOR: Laß dich nicht durch Äußerlichkeiten beeinflussen, Liebling. Ich verspreche, daß dir dieser Raum, solange du lebst, immer in Erinnerung bleiben wird.
MICHELLE: Das glaube ich gerne. *(Sie untersucht die Bettlaken mit kritischer Miene)* Hast du diese Laken gesehen?
PROFESSOR: Mehrmals.
MICHELLE: Sie sind völlig zerknittert.
PROFESSOR: Möglich. *(Er stellt seine Aktentasche auf den Stuhl bei dem Wandschirm)*
MICHELLE: Du hättest wenigstens für frische Laken sorgen können.
PROFESSOR: Gestern waren sie noch sauber. Ich erinnere mich genau, wie kalt sie sich anfühlten, als wir ins Bett gingen.
MICHELLE: Wir?
PROFESSOR: Ein Versprecher, mein Schatz.
MICHELLE: Also gut, wenn das Bettzeug gestern sauber war, warum hast du mich dann nicht gestern mit zu dir genommen?
PROFESSOR: Weil ich dich gestern noch gar nicht gekannt habe.
*(Er versucht, sie zu küssen, aber sie wehrt ihn ab)*
PROFESSOR: Was ist los, Simone?
MICHELLE: Die Laken sind schmutzig, es ist noch zu kurz nach dem Abendessen, du bist total betrunken, und ich heiße Michelle.
PROFESSOR: Michelle, ma belle! Was für ein schöner Name. Ich werde auf ihn trinken.
*(Der Professor wendet sich zum Tisch mit den Getränken. In diesem Moment kreischt Stella unter dem Bett)*
PROFESSOR: Was ist los? Möchtest du nichts trinken?
*(Er schenkt einen Drink ein)*
MICHELLE: Natürlich.
PROFESSOR: Warum hast du dann gekreischt?

MICHELLE: Ich hab gedacht, du wärst das gewesen.

PROFESSOR: So kreischt doch nur eine Frau. Wenn ich kreische, ist es ein tiefer, leidenschaftlicher Laut.

*(Der Professor küßt Michelle leidenschaftlich. Stella kommt unter dem Bett hervor und geht hinter den Wandschirm, wobei sie die Aktentasche mitnimmt)*

MICHELLE: Mein Gott!

PROFESSOR: Vielen Dank. Aber du darfst ruhig Phillipe zu mir sagen. *(Er versucht, sie noch einmal zu küssen)*

MICHELLE: Liebling, besorg uns doch ein paar frische Laken.

PROFESSOR: Bist du immer noch nicht davon abgekommen? *(Er trinkt)*

MICHELLE: Sauberkeit kommt gleich nach Göttlichkeit.

PROFESSOR: Schau, ich hoffe, du faselst jetzt kein religiöses Zeug, denn wenn du das vorhast, ist der Abend für mich gelaufen. Was im...

*(Er starrt zum Fußende des Bettes)*

MICHELLE: Was hast du denn?

PROFESSOR: Mein Schlafanzug.

MICHELLE: Was ist damit?

PROFESSOR: Der hat da nichts zu suchen.

MICHELLE: Mach dir keine Sorgen. Ich sehe das nicht so eng.

PROFESSOR: Er gehört in den Kleiderschrank, genau wie mein Morgenmantel.

*(Der Schrank öffnet sich. Der Fürst nimmt den Morgenmantel herein und schließt die Tür wieder)*

MICHELLE: Du hast ihn wahrscheinlich selbst herausgelegt und es nur vergessen.

PROFESSOR: Unmöglich. Ich bin ein ganz seltenes Beispiel für einen geistesanwesenden Professor. *(Er geht zum Schrank)*

MICHELLE: Cherie!

PROFESSOR *(sich umdrehend)*: Ja, mein... *(Er sieht, daß die Aktentasche verschwunden ist)* Heiliger Himmel!

MICHELLE: Was ist denn nun schon wieder los?

PROFESSOR: Meine Aktentasche. Ich habe sie auf den

Stuhl gestellt.

MICHELLE: Was war denn drin?

*(Der Professor wendet sich zum Schrank)*

PROFESSOR: Nur Butterbrote.

*(Die Aktentasche wird über den Wandschirm geworfen und landet auf dem Boden neben dem Stuhl)*

PROFESSOR: Ich frage mich nur... *(Er dreht sich wieder um)* Aber da ist sie ja. Sie hat die ganze Zeit auf dem Boden gestanden. Einen Moment lang habe ich gedacht, ich werde verrückt. Entschuldige bitte.

*(Der Professor geht hinaus, aber einen Augenblick später steckt er seinen Kopf durch die Tür)*

PROFESSOR: Nimm dir was zu trinken, mein Liebling.

*(Er geht hinaus. Michelle steht auf und nimmt ein kleines Tonbandgerät aus ihrer Manteltasche. Sie probiert es kurz aus. Stellas Kopf erscheint über dem Kopfende des Bettes. Der Fürst späht aus dem Schrank. Michelle geht zum Tisch und gießt zwei Drinks ein. Sie holt eine kleine Flasche hervor und will gerade den Inhalt in eines der beiden Gläser schütten, als der Professor zurückkommt. Die Köpfe verschwinden)*

PROFESSOR: Schon besser. Ich habe mir nur schnell die Zähne geputzt.

MICHELLE: In Ordnung, solange du jetzt noch welche im Mund hast. Übrigens, hast du Eis?

PROFESSOR: Eis? Im Cognac?

MICHELLE: Ich trinke meinen Cognac immer eisgekühlt, Cherie.

PROFESSOR: Aber das Eis ist im Kühlschrank.

MICHELLE: Im Ofen hätte ich es sicher nicht vermutet.

PROFESSOR: Naja, ich glaube nicht, daß welches da ist.

MICHELLE: Läuft denn dein Kühlschrank nicht?

PROFESSOR: Doch.

MICHELLE: Na, dann lauf ihm nach und hol mir welches.

PROFESSOR: Du kannst einen rasend machen! *(Er geht zum Schrank)*

MICHELLE: Liebst du mich denn nicht?

PROFESSOR: Weiß ich noch nicht. Ich will dir was sagen: Wenn du nicht auf dem Eis bestehst, hole ich frische Laken aus dem Schrank. Was hälst du von rosagestreifter Bettwäsche?

MICHELLE: Wenn sie nur sauber ist, Cherie.

*(Ein paar Bettlaken werden dem Professor aus dem Schrank in die Hände gedrückt. Da er die ganze Zeit nach Michelle schielt, akzeptiert er sie ohne weiteres. Am Bett beginnt er, sie auseinanderzufalten. Er hält inne, kratzt sich am Kopf und wendet sich um und schaut verwundert zum Schrank)*

PROFESSOR: Mein Gott! *(Er geht zum Tisch und trinkt beide Cognacs)* Wirklich erstaunlich!

MICHELLE: Du hast meinen Cognac ausgetrunken.

PROFESSOR: Ich schenke dir einen neuen ein. *(Er gießt zwei neue Drinks ein)*

MICHELLE: Und noch einen für dich, Cherie. Oder hast du schon zu viel getrunken?

*(Die drei Köpfe erscheinen)*

PROFESSOR: Niemals! Ich hätte schwören können... *(Er trinkt schnell)*

MICHELLE: Nur Beweise zählen! Ich gehe meine Nase pudern. Du bist betrunken.

*(Michelle geht hinaus. Die Köpfe verschwinden)*

PROFESSOR: Betrunken? Unsinn. Ein paar kleine Aperitivs, zwei oder drei Flaschen Wein zum Abendessen, ein paar Cognacs zur Verdauung, noch ein paar auf dem Heimweg und ein paar, um das Gedächtnis aufzufrischen. — Das ist doch gar nichts.

*(Der Professor torkelt zum Schrank und öffnet die Tür. Er schreckt zurück, als er den Fürst sieht, aber Fürst Peter ahmt seine Bewegungen nach. Seine Hand faßt an die Stirn, er rückt seine Krawatte zurecht, glättet sein Haar, lächelt, klopft sich selbst auf die Brust. Fürst Peter macht jede Bewegung mit. Der Professor schließt die Schranktür und geht langsam zurück ins Zimmer)*

PROFESSOR: Jetzt bin ich für alles bereit.

*(Michelle tritt ein. Der Professor zieht seine Jacke aus)*

PROFESSOR: Da bist du ja, Simone! *(Er knöpft seine Hose auf)*

MICHELLE: Michelle.

PROFESSOR: Mein Kohlköpfchen. Du kannst die Laken

wechseln, während ich mich umziehe. Aber damit du nicht rotzuwerden brauchst...

*(Der Professor geht hinter den Wandschirm. Stella kommt — von Michelle unbemerkt — an der anderen Seite hervor und kriecht unter das Bett. Die Hosen des Professors werden über den Wandschirm geworfen. Er singt ein romantisches Lied. Michelle zieht ihr Fläschchen hervor, gießt einen Cognac ein und präpariert das Glas mit dem Inhalt des Fläschchens. Während sie das tut, erscheinen nacheinander wieder die Köpfe im Takt zum Lied des Professors. Der Kopf des Professors erscheint hinter dem Wandschirm, die drei Köpfe verschwinden)*

PROFESSOR: Wirf mir doch bitte meinen Schlafanzug herüber, Liebling.

*(Michelle nimmt seinen Schlafanzug)*

MICHELLE: Oh, diese Streifen. Du siehst darin aus — ich kann gar nicht sagen wie. Hast du nicht ein bißchen was Aufreizenderes?

PROFESSOR: Im Schrank.

*(Michelle geht zum Schrank und öffnet die Tür. Sie stößt einen Schrei aus und schließt die Tür wieder)*

MICHELLE: Liebling!

PROFESSOR: Ja, mein Schatz?

MICHELLE: Komm mal her!

PROFESSOR *(hinter dem Wandschirm hervorkommend)*: Aber! Nicht so ungeduldig. Keine Angst, meine Süße. Ich...

MICHELLE: Da ist ein Mann im Schrank!

PROFESSOR: Wie bitte?

MICHELLE: Schau selbst nach! *(Sie nähert sich dem Schrank)*

PROFESSOR: Du träumst wohl.

MICHELLE: Sicher nicht!

PROFESSOR: Wer sind Sie? Geben Sie's zu! Wer ist da drin?

*(Michelle reißt die Tür auf)*

FÜRST: Nur wir Hemden und Unterhosen.

*(Michelle weicht zurück. Der Fürst kommt aus dem Schrank. Sie schreit auf)*

PROFESSOR: Wer sind Sie?
FÜRST: Ich bin Ihr freundlicher Bankdirektor.
MICHELLE: Ruf sofort die Polizei!
FÜRST: Keine falsche Bewegung! Dieser Stock enthält genug Nitroglyzerin, um uns alle in die Luft zu jagen!
PROFESSOR: Nein!
*(Der Professor taucht wie der Blitz unter das Bett, während Stella und Lee auf der anderen Seite hervorkommen. Michelle weicht zum Tisch zurück)*
FÜRST: Sie können jetzt wieder rauskommen, alter Junge. *(Er reißt die Telefonleitung aus der Wand)* Ich habe die Bombe und das Telefon entschärft. Keine Angst, ich werde Ihnen nichts tun.
*(Der Professor kommt unter dem Bett hervor)*
PROFESSOR: Noch zwei! Das ist ja eine Invasion!
MICHELLE: Sind Sie Einbrecher?
FÜRST: Natürlich. Wir haben uns auf seltene Münzen, Erstausgaben und Briefmarken spezialisiert.
LEE: Haben Sie irgendwelche seltene Münzen?
FÜRST: Erstausgaben?
STELLA: Briefmarken?
PROFESSOR: Nichts von alledem.
FÜRST: Verflixt! All diese Aufregung für nichts und wieder nichts. Sind Sie denn nicht Aristide de Lisle, der berühmte Sammler?
PROFESSOR: Nein.
LEE: Ist das denn hier nicht die Rue des Moulins 98?
PROFESSOR: Nein.
LEE: Fürst, dieser Tip war also 'ne Ente. Nacht, Professor. *(Er will gehen)*
MICHELLE: Halt! Woher wissen Sie denn, daß er ein Professor ist?
*(Lee hält inne und wendet sich langsam um)*
LEE: Eine hochinteressante Frage, Ma'am.
STELLA: Idiot! Sie sollten sich wirklich auf Ihre Muskeln verlassen.
*(Stella versetzt dem Professor einen Karateschlag, der ihn auf das Bett wirft)*
MICHELLE: Oh!
STELLA: Und Sie, mein kleines Kohlköpfchen, können

jetzt anfangen, uns Ihre Lebensgeschichte zu erzählen.

FÜRST: Aber eine bereinigte Fassung, bitte. Ich bin nämlich sehr leicht schockiert.

STELLA: Für wen arbeiten Sie?

FÜRST: Oder sind Sie etwa freiberuflich tätig?

LEE: Warum haben Sie versucht, den Professor zu betäuben?

STELLA: Wir haben die Flasche genau gesehen.

LEE: Was war drin?

MICHELLE: In der Flasche? Ein Potenzmittel.

STELLA: Versuchen Sie's nochmal.

MICHELLE: Jetzt ist's zu spät. Stimulierende Mittel haben jetzt gar keine Wirkung mehr auf ihn.

LEE: Kommen Sie, das können Sie uns nicht weismachen.

STELLA: Sie sagen uns jetzt besser die Wahrheit, oder...

FÜRST: Wir werden Mittel und Wege finden, um Sie zum Reden zu bringen.

LEE: Hört mal!

*(Sie horchen auf)*

PROFESSOR: Oh!

LEE: Jetzt geht's los! Experiment 14 B.

STELLA: Die geheime Formel!

FÜRST: Wo habe ich denn mein Notizbuch? Ah, da ist es ja.

*(Lee holt seinen Feuerzeug-Rekorder hervor. Stella steht ganz ruhig und konzentriert sich)*

PROFESSOR *(singend)*: Jeder kleine Baum, der flüstert nur Louise. Vögel und Bienen, sie flüstern nur Louise.

LEE: Ich hab doch keinen Ton gesagt.

MICHELLE: Wovon redet er denn da?

STELLA: Ruhe! Oder ich erwürge Euch.

PROFESSOR: Jetzt!

FÜRST: Hat er seinen Faden gefunden?

PROFESSOR: 2 mal 2 ist 4. 3 mal 2 ist 6.

FÜRST: Dieser Idiot! Er fühlt sich in seine Kindheit zurückversetzt.

LEE: Abwarten!

PROFESSOR: 3/4 Phi r hoch 3. E ist gleich MC im Quadrat.

LEE: Na also. Er hat bereits acht Klassen übersprungen.

STELLA: Pssst!
PROFESSOR: 2 mal 2 ist 4.
FÜRST: Nein!
LEE: Es dürfte nicht mehr lange dauern, bis er ein gehobeneres Niveau erreicht. Yvette sagt...
PROFESSOR: Eine sehr junge Frau aus Bordeaux...
FÜRST: Diesmal hat er allerdings sehr hoch gegriffen.
LEE: Au Mann! Jetzt brauche ich unbedingt eine Zigarette. *(Er nimmt eine vom Tisch)*
STELLA: Könnt Ihr nicht endlich mal still sein?
LEE: Quatsch! Es ist doch noch gar nicht so weit. *(Geistesabwesend betätigt er seinen Rekorder, der Flammen wirft)*
FÜRST: Gütiger Himmel!
LEE: Was ist denn?
FÜRST: Ihr Rekorder! Er hat gezündet!
LEE: Ach du arme Auster! So ein Scheiß!
FÜRST: Stimmt da was nicht?
LEE: Keine Cassette drin. Ich glaube, ich habe ihn aus Versehen mit Gas gefüllt.
PROFESSOR *(singend)*: La, la, Louise.
De da, Louise.
Ich lieb dich, Louise.
LEE: Eh, Michelle, sagen Sie, könnte ich vielleicht Ihr Gerät benutzen?
MICHELLE: Das nimmt nicht auf, sondern spielt nur ab. Es sind nur romantische Lieder drauf. Als Unterstützung zum Potenzmittel.
LEE: Erzählen Sie mir doch nichts!
*(Es gibt ein kleines Handgemenge, bei dem sich Lee das Tonband schnappt)*
LEE: Vielen Dank. Jetzt können Sie loslegen, Professor.
*(Lee schaltet das Tonband ein. Die Beatles plärren ins Zimmer)*
MICHELLE: Ich habe Ihnen ja gesagt, daß es nur abspielt. Geben Sie her! *(Sie nimmt es wieder an sich und schaltet ab)*
LEE: Gerne.
STELLA: Sie sind eine Schande für unseren Berufsstand. So was wie Sie müßte verboten werden.

PROFESSOR: Experiment 14 B. Die Nova Bombe!
LEE: Fürst, schnell! Meinen Bleistift!
FÜRST: He?
LEE: Ich will ihn wiederhaben.
FÜRST: Tut mir leid, Lee.
LEE: Dieser Bleistift ist Eigentum der Regierung der Vereinigten Staaten. Wenn Sie ihn mir nicht auf der Stelle zurückgeben, werde ich, so wahr mir Gott helfe...
FÜRST: Also gut! Hier haben Sie ihn!
LEE: Eh, Fürst?
FÜRST: Was ist?
LEE: Könnten Sie mir vielleicht Ihr Notizbuch borgen?
FÜRST: Ich fürchte, nein!
PROFESSOR: Das Problem ist: die isotopische Jodverbindung muß isoliert werden.
STELLA: Hört doch mal zu!
LEE: Fürst, seien Sie doch kein Trottel.
FÜRST: Ich brauche Ihren Bleistift nicht. Dieser gebrauchte Zahnstocher funktioniert auch ganz gut.
LEE: Das Notizbuch her!
FÜRST: Den Bleistift!
PROFESSOR: Die Lösung!
LEE: Seien Sie doch kein Spielverderber!
FÜRST: Ihr Kapitalisten seid doch alle gleich!
PROFESSOR: Der Beschuß muß beschleunigt werden.
FÜRST: Ihr denkt doch immer nur an Euer Machtmonopol!
PROFESSOR: Bis zum Grad VK 16.
LEE: Das Notizbuch.
STELLA: Ich muß mich konzentrieren!
PROFESSOR: Die Kernspaltung bündelt sich zu einer Folge von gleichgeschalteten Reaktionen.
LEE: Und ich verpasse alles! Fürst, ich warne Sie!
PROFESSOR: Jede Ausdehnung ist 1 über X minus 7 im Verhältnis zur vorhergehenden Größe.

*(Lee greift den Fürsten an)*

LEE: Sie haben's so gewollt!

*(Fürst Peter versteckt sich hinter Stella, während er krampfhaft an einem Streichholz kaut und zu schreiben versucht)*

PROFESSOR: Die Inversion der Proportionen bleibt...
LEE: Sie slawischer Trottel!
FÜRST: Sie burgeoiser Tolpatsch!
PROFESSOR: Die ganze Zeit über ein Höchstwert.
LEE: Kreml-Kriecher.
FÜRST: Imperialistischer Speichellecker.
PROFESSOR: Schließlich muß speziell bemerkt werden...
LEE: Räudiger Moskau-Pinscher!
FÜRST: Washingtoner Dreikäsehoch!
STELLA: Ruhe, oder ich schieße!
LEE: Ich will doch nur das Notizbuch haben!
FÜRST: Und ich bloß den Bleistift!

*(Stella schießt. Alle stehen ganz still)*

PROFESSOR: Die Wirkung wird dadurch erzielt, daß das ursprüngliche Vorgehen umgekehrt und die Phasen 6 und 7 wiederholt werden. Der Ungenauigkeitsfaktor kann nicht mehr als +/- 0.603 % E und O.E. betragen.

*(Eine lange Pause)*

LEE: Er sagt ja gar nichts mehr!
FÜRST: Ihre Beobachtungsgabe ist wirklich erstaunlich.
LEE: Und wir haben kein einziges verdammtes Wort mitgekriegt.
STELLA: Außer dem bißchen über die junge Frau aus Bordeaux.
FÜRST: Ich weiß.
STELLA: Kommt da nochmal was?
FÜRST: Wenn man Yvette glauben darf, nein.
LEE: Sie sagt, alles was er schafft, ist ein Erguß pro Nacht.
FÜRST: Lee, Sie sind unerträglich.
LEE: Das Kompliment kann ich Ihnen zurückgeben.
FÜRST UND LEE *(gleichzeitig)*: Wenn Sie mir Ihr...
STELLA: Ihr seid beide schuld. Männer sind als Spione eben absolut hoffnungslose Fälle, und sie werden es immer sein. Mir schaudert nur bei dem Gedanken daran, was mein Chef wohl sagen wird.

*(Lee sendet Morsezeichen mit seiner Armbanduhr)*

LEE: Ich übermittle gerade meine Neuigkeiten. Glücklicherweise ist meiner ein verständnisvollerer Knabe.
FÜRST: Was wird er tun?

*(Lee horcht an seiner anderen Uhr)*

LEE: Er sagt, er bringt mich um!

*(Sie sitzen kurze Zeit mit betrübten Mienen da)*

FÜRST: Wißt Ihr, ich habe nachgedacht...

STELLA: Irgendwann mußten Sie ja mal damit anfangen.

FÜRST: Ist Euch an dem Professor irgendetwas aufgefallen, was ihn zu einem besonders hervorragenden Wissenschaftler macht?

STELLA: Nein. Jetzt, wo Sie es sagen, den Eindruck macht er eigentlich nicht.

LEE: Genau dasselbe habe ich gerade eben auch gedacht.

FÜRST: Eben!

STELLA: Ehrlich gesagt, kommt er mir eigentlich eher wie ein Alpha minus vor.

FÜRST: Stimmt. Und es würde mich auch gar nicht überraschen...

LEE: Wenn alles, was der Bursche gesagt hat...

STELLA: Total unbrauchbar wäre?

LEE: Genau! Ich glaube, wir haben überhaupt nichts verpaßt.

STELLA: Nein. In Wirklichkeit hat mein Chef überhaupt keinen Grund, sich zu beklagen.

FÜRST: Wenigstens nichts, wenn er hört, daß der arme Kerl völlig verkalkt ist.

STELLA: Natürlich, ich habe eigentlich von Anfang an Zweifel an seinen Fähigkeiten gehabt.

FÜRST: Sie sagen es.

LEE: Hatten wir doch alle.

FÜRST: Wenn ich auch nur einen Moment lang vermutet hätte, daß er etwas Intelligentes von sich geben würde, hätte ich Ihnen mein Notizbuch selbstverständlich geliehen.

LEE: Nein, ich hätte Ihnen meinen Bleistift gegeben.

FÜRST: Das Eigentum der Regierung der Vereinigten Staaten?

LEE: Ich hätte es halt als Hilfe für Übersee abgesetzt.

STELLA: Naja, ich weiß nicht, wie's mit Euch ist, aber ich verhungere gleich.

FÜRST: Dann gehen wir eben essen. Wie wär's mit dem Maxim?

STELLA: Und wer bezahlt?

LEE: Der C.I.A.

FÜRST: Nehmen wir diese reizende junge Dame mit?

STELLA: Kommt nicht in Frage. Dies ist ein Gipfeltreffen.

*(Stella geht hinaus)*

LEE: Nehmen Sie's nicht zu schwer, Kindchen. Hier ist meine Karte. Besuchen Sie mich mal, dann gebe ich Ihnen ein paar kleine Tips.

*(Lee geht hinaus)*

FÜRST: Wer sind Sie eigentlich, Schätzchen?

MICHELLE: Niemand.

FÜRST: Im ersten Moment habe ich gedacht, Sie wären eine Agentin. Aber schließlich kenne ich ja die Gesichter von allen Agenten im Osten und Westen. Ich glaube, Sie wollen ihn erpressen.

MICHELLE: Ich?

FÜRST: Aber, wissen Sie, Sie verschwenden nur Ihre Zeit. Seine Frau ist bereits gestorben. 1940.

*(Fürst geht hinaus. Michelle beobachtet vom Fenster aus, wie sie weggehen. Sie nimmt ihr Tonbandgerät und stellt es auf. Sie nimmt eine Spritze und injiziert den Inhalt dem Professor. Dann zündet sie sich eine Zigarette an und setzt sich — in aller Ruhe rauchend — hin)*

PROFESSOR: Experiment 14 B. Die Nova Bombe. Das Problem ist: die isotopische Jodverbindung muß isoliert werden. Die Kernspaltung muß zu einer Folge von gleichgeschalteten Reaktionen gebündelt werden. Jede Ausdehnung ist über X minus 7 im Verhältnis zur vorhergehenden Größe...

*(Während der Professor weiterspricht, wird ein Mikrophon langsam von der Decke herabgelassen, bis es ungefähr 30 cm über dem Kopf des Professors hängt. Michelle, die teilnahmslos raucht, bemerkt es nicht)*

*Vorhang*

*Siegfried Lenz*

# HERR UND FRAU S. IN ERWARTUNG IHRER GÄSTE

Personen:

Anne
Henry

Für den Hinweis auf dieses Stück danken wir Frau Dr. Monika Klostermeyer vom Norddeutschen Rundfunk.

## HERR UND FRAU S. IN ERWARTUNG IHRER GÄSTE

ANNE: Die Schnitten, Henry... Schau dir nur an, wie die Schnitten aussehen... nach zwei Stunden.

HENRY: Grau?

ANNE: Papsig... Schon papsig und aufgeweicht.

HENRY: Der Salat war zu feucht, Anne, du hast ihn zu lange gewaschen.

ANNE: Vielleicht habe ich die Schnitten zu früh gemacht.

HENRY: Alle Schnitten werden zu früh gemacht... Aber sie werden nicht anders schmecken als die Schnitten, die man uns überall vorsetzt...

ANNE: Du meinst, unsere Gäste werden sich heimisch fühlen.

HENRY: In jedem Fall können sie deine Salatblätter mitessen.

ANNE: Eben. Und eine Schildkröte wird hoffentlich dabei sein.

HENRY: Eine Schildkröte wird sich ein Salatblatt auf eine Schnitte legen... und andere werden es ihr nachtun... Du wirst schon nicht darauf sitzen bleiben.

ANNE: Von mir aus könnten sie jetzt kommen.

HENRY: Es ist erst zwanzig nach sieben... Und wir hatten ausgemacht: Acht.

ANNE: Soll ich sie gleich hinstellen? Die Schnitten, meine ich.

HENRY: Ich werde uns was zum trinken machen, Anne.

ANNE: Du versprichst mir, gleich mitzuessen?

HENRY: Ich verspreche es... Wieviel Eisstückchen heute?

ANNE: Zwei bitte... Henry? Verstehst du das?

HENRY: Was?

ANNE: Wir erfinden soviel... Warum muß es ausgerechnet Schnitten geben, wenn Menschen zusammenkommen? Könnten wir uns nicht auf etwas anderes einigen?

HENRY: Das wäre eine lohnende Aufgabe. Ein Lebenswerk.

ANNE: Ich mein es im Ernst.

HENRY: Hier, Anne, trinken wir auf deine Idee.

ANNE: Wieso meine Idee?

HENRY: Dieser Abend war deine Idee, oder? Du hattest doch vorgeschlagen, Unbekannte einzuladen.

ANNE: Du beginnst sehr früh, mir die Verantwortung zuzuschieben.

HENRY: Du hast den Vorschlag gemacht... Erinnere dich... Jeder sollte Leute einladen, die der andere nicht kennt... Stimmt's?

ANNE: Nein, Henry, es war unsere Idee... am Hochzeitstag.

HENRY: An unserem achten Hochzeitstag, ich weiß...

ANNE: Du sagtest: jeder ist ein Eisberg.

HENRY: Ich sagte, was zu sehen ist, ist nicht alles... Jeder reicht in eine private Dunkelheit.

ANNE: Du hast gerade Colins übersetzt... diesen modernen Schotten... Sind wir nicht überhaupt von ihm ausgegangen? Es war eine schwierige Übersetzung... „Die privaten Friedhöfe".

HENRY: Ich weiß, Anne... Zuerst war es ein Übersetzungsproblem... aber dann hast du den Vorschlag gemacht.

ANNE: Gefragt, Henry... Ich habe zuerst nur gefragt, ob das zutrifft... Ob jeder seine... seine unsichtbaren Siebtel hat wie der Eisberg... Ist es nicht so?

HENRY: Du wolltest es darauf ankommen lassen.

ANNE: Auch bei uns, ja... An unserm achten Hochzeitstag.

HENRY: Und dann, Anne, dann hattest du die Idee, Unbekannte einzuladen.

ANNE: Das stimmt nicht... Es stimmt nicht ganz... Wir haben ein Abkommen geschlossen.

HENRY: Später... Das Abkommen haben wir erst später geschlossen... Zuerst war die Idee, jemanden einzuladen, den der andere nicht kennt. Leute, die man nie voreinander erwähnt hat... die aber dennoch eine Bedeutung hatten... Entscheidende Bedeutung.

ANNE: Oh, Henry, wollen wir nicht erst trinken?

HENRY: Diese Idee ist von mir.

ANNE: Machst du dir Sorgen?

HENRY: Warum? Wir haben ein Abkommen geschlossen: wenn die Gäste fort sind, wird sich nichts geändert haben... Das genügt mir.

ANNE: Bist du sicher, daß sich nichts ändern wird?
HENRY: Nein. Nein, ich bin nicht sicher.
ANNE: Wieviele hast du eingeladen? Zwei?
HENRY: Es soll doch eine Überraschung sein, oder?
ANNE: Ein Ehepaar?
HENRY: Gewissermaßen.
ANNE: Was verstehst du unter: gewissermaßen?
HENRY: Sie leben zusammen. Wie ein Ehepaar.
ANNE: Und sind keins?
HENRY: Wenn du so weitermachst, Anne... du wirst dich doch selbst um die Überraschung bringen.
ANNE: Aber... bist du denn nicht gespannt, wen ich eingeladen habe?
HENRY: Nein... das heißt natürlich, doch... sogar sehr gespannt. Ich muß an mich halten, um keine Vermutungen anzustellen.
ANNE: Henry? Weißt du, was deine Gäste trinken?
HENRY: Nein. Und du?
ANNE: Nein. Ich habe für alle Fälle Fruchtsaft hingestellt. Gin, Bier, Fruchtsaft: ob das genügt?
HENRY: Ich habe schon trockener gesessen.
ANNE: Hoffentlich hat keiner eine Ei-Allergie... die Eischnitten hätte ich dann umsonst gemacht.
HENRY: Ich werde aufpassen und für einen Ausgleich sorgen.
ANNE: Henry? Ich — auf einmal...
HENRY: Hast du Bedenken? Jetzt sind sie unterwegs... Wir können sie nicht mehr ausladen.
ANNE: Keine Bedenken, nein... Aber ein Gefühl... Ich In einem Ferienlager, als Mädchen... wir mußten eine Mutprobe machen... In eine Grube springen, weißt du, die mit einer Zeltplane abgedeckt war. Du konntest den Grund nicht erkennen.
HENRY: Kann sein, daß wir Verstauchungen haben... wenn der Besuch gegangen ist.
ANNE: Dir macht es wohl gar nichts aus?
HENRY: Noch ein Glas?
ANNE: Und du befürchtest nichts? Nein, danke.
HENRY: In unsrer Abmachung ist vorgesehen, daß wir uns nichts ersparen wollten. Ich bin also auf einiges ge-

faßt.

ANNE: Darf ich auch — auf einiges gefaßt sein?

HENRY: Mhm.

ANNE: Werde ich dich, sagen wir mal, in neuem Licht sehen?

HENRY: Mhm.

ANNE: Frei nach den „privaten Friedhöfen"?... „dich hat die Nähe unkenntlich gemacht."

HENRY: So ungefähr.

ANNE: Eins ist sicher, Henry: ein vergnügter Abend wird es nicht.

HENRY: Vielleicht, wenn unsere Gäste gut aufgelegt sind? Wenn sie Gefallen aneinander finden? Denk nur an Oskar.

ANNE: Wenn ihr aufeinandertrefft, wird's heiter.

HENRY: Wenn sie sich gegenseitig stimulieren —

ANNE: — ist der Abend gerettet... wolltest du sagen?

HENRY: Nein, aber die Zeit wird schneller vergehen.

ANNE: Wird sie uns nicht vergehen?

HENRY: Ich weiß nicht, Anne... Es ist möglich, daß wir eine eigene Zeit haben werden... Sie — ihre... Wir — unsere Zeit.

ANNE: Und ich kenn' sie wirklich nicht, deine Gäste?

HENRY: Wir hatten doch ausgemacht: Unbekannte... Leute, über die wir nie miteinander gesprochen haben.

ANNE: Ja, ja, Henry... aber trotzdem... du hättest ja mal ein Wort verloren haben können... nicht?

HENRY: Bereust du es schon? Die Einladung, meine ich.

ANNE: Es ist merkwürdig, ich weiß... aber ich bilde mir ein, daß sich schon jetzt etwas verändert hat. Geht es dir auch so?... Doch, Henry, gib' mir noch ein Glas... Aber nicht aus der Karaffe. Die soll voll bleiben... einfach aus der Dose.

HENRY: Wenn sie gegangen sind, wissen wir mehr über uns.

ANNE: Werden deine Gäste lange bleiben? Ich meine... sind das Leute mit Sitzfleisch?

HENRY: Du fragst zuviel, Anne. Wart doch ab.

ANNE: Meine jedenfalls... Ich kann mir vorstellen, daß sie früh aufbrechen... ältere Leute... wesentlich älter als wir.

Um elf sind die müde, schätze ich... Und dein sogenanntes Ehepaar: sind die älter als wir?

HENRY: Jetzt wissen wir immerhin schon etwas.

ANNE: Etwas Gin, bitte... Tu doch etwas Gin in den Saft.. Danke... Mit Eis müssen wir sparen... vor drei Stunden gibt der Kühlschrank nichts her... Also deine Gäste sind nicht älter als wir.

HENRY: Du wirst sie sehen... noch eine halbe Stunde, wenn sie pünktlich sind.

ANNE: Und was gewinnen wir dadurch,

HENRY: Wodurch?

ANNE: Daß wir uns gegenseitig überraschen... Es genügt doch, wenn der Tausch stattfindet... Jeder gibt dem anderen ein dunkles Kapitel —: fertig. Warum müssen wir uns dabei noch überraschen?

HENRY: Wir hatten es so ausgemacht.

ANNE: Das können wir ändern... Vermutlich, Henry... wenn sie hier herumsitzen, Nüsse knabbern.. wenn wir ihnen zuprosten: glaubst du, daß das eine Gelegenheit ist, Karten aufzudecken?

HENRY: Nüsse knabbern? Warum nicht? Warum soll man bei einem Geständnis keine Nüsse knabbern? Ich finde es sogar sehr angebracht... erstens beruhigt es, zweitens nimmt es dem Augenblick jegliches Pathos.

ANNE: Werden wir ihnen sagen, warum wir sie eingeladen haben?

HENRY: Das wird sich wohl ergeben — früher oder später.

ANNE: Und wenn sie es in den falschen Hals bekommen? Was dann?

HENRY: Dann — ich vermute, dann wird sich der Abend nicht sehr lange hinziehen.

ANNE: Hör zu, Henry... Meine Gäste sind Mitte sechzig... verheiratet... sie heißen Jacobsen.

HENRY: Warum sagst du das?

ANNE: Weil ich es will... Weil ich nichts dem Zufall überlassen möchte... und weil wir auch an sie denken müssen.

HENRY: Du bist ungeduldig, Anne.

ANNE: Ich bin nicht ungeduldig.

HENRY: Dann hast du ein schlechtes Gewissen... auf einmal...

ANNE: Nein. Ich habe auch kein schlechtes Gewissen... Die Leute, die ich eingeladen habe... Du weißt ja nicht, was geschehen ist... Fair... nach allem muß ich einfach fair sein.

HENRY: Späte Entdeckung, oder? Als du die Schnitten gemacht hast, dachtest du noch nicht an das Risiko.

ANNE: Der Mann, Henry, der gleich zu uns kommen wird...

HENRY: ... in einer halben Stunde erst...

ANNE: ... den ich mit seiner Frau eingeladen habe... Du weißt es nicht, woher auch.

HENRY: Du verstößt gegen die Spielregeln.

ANNE: Nein. Das Spiel hat aufgehört... jetzt brauchen wir Regeln für den Ernstfall.

HENRY: Ernstfall? Du sagtest: Ernstfall?

ANNE: Dieser Mann kann es dir bestätigen, Henry... ich bin zu ihm gegangen... an einem Abend... um ihn zu töten.

HENRY: Was du nicht sagst... und darf man fragen, welche Todesart du für ihn ausgesucht hattest?

ANNE: Der einzige Mensch, den ich töten wollte.

HENRY: Aber doch nur vorübergehend, nur so ein bißchen — hoffe ich

ANNE: Du kommst dir wohl sehr überlegen vor... aber du wirst dich wundern... du wirst dich noch wundern, Henry... Er wird dir alles bestätigen.

HENRY: Zumindest verstehe ich, warum du nie darüber gesprochen hast.

ANNE: Vater — mein Vater, Henry, ist nicht gestorben.

HENRY: Nicht?

ANNE: Er hat sich — umgebracht...

HENRY: Ich war damals auf einem Übersetzer-Kongress in Belgrad.

ANNE: Du warst gerade auf einem Übersetzer-Kongress, ja. Wir haben dir nicht telegrafiert... Vater ist nicht gestorben... Er hat sich erhängt... Gib mir doch ein Stück Eis... Ja... Es sind jetzt sieben Jahre her... Du sagst nichts?

HENRY: Draußen klappte eine Autotür... ich wollte nur mal nachsehen.

ANNE: Erinnerst du dich noch an die Zeile? Du hast sie mir vorgelesen: „Der sicherste Besitz, den uns niemand bestreitet, sind unsere privaten Friedhöfe."

HENRY: Warum, Anne, warum hat dein Vater das getan?

ANNE: Wir hatten ausgemacht, uns nichts zu ersparen... mit unseren Einladungen, meine ich.

HENRY: Also?

ANNE: Er wird's dir bestätigen... nachher... Jacobsen.. So wie er's mir bestätigt hat... Vater war nicht der Mann, für den wir ihn hielten... nicht der kleine Einzelgänger, auf den die Großen es abgesehen hatten... er war es nicht.

HENRY: Aber es war sein Geschäft...?

ANNE: Geschäft?... Wenn du das ein Geschäft nennen willst... Eine Bude... eine Höhle... eine Annahmestelle für Wetten war es, wo die Kerle mit dem Hut auf dem Kopf herumstanden und in den Zähnen stocherten... Geschäft... Bei diesen Leuten war Vater beliebt... Ihnen gab er Tips... und sie gaben ihm Tips...

HENRY: Und dein Gast: Jacobsen: er war einer von ihnen..

ANNE: Nein. Der Mann, den ich eingeladen habe, gehört nicht zu ihnen.. Ich weiß nicht, wie es heute ist... damals jedenfalls gehörten ihm alle Wettannahmestellen hier in der Stadt... alle.

HENRY: Bis auf eine.

ANNE: Sie haben meinem Vater Angebote gemacht... Er konnte sich nicht trennen.

HENRY: Er hat doch selbst gewettet... Wenn ich nicht irre, war er einer seiner besten Kunden. Oder?

ANNE: Vater hatte die sichersten Tips... er kannte die Stammbäume aller Pferdefamilien... der berühmtesten wenigstens... wie oft hat er mich angepumpt... Oh, Henry...

HENRY: Unter uns: er hat auch mich angepumpt, Anne... Wir waren noch nicht einmal verheiratet.

ANNE: Und du hast ihm was geliehen?

HENRY: Geschenkt... vorsorglich habe ich's ihm gleich geschenkt.

ANNE: Er konnte alles vergessen.

HENRY: Immerhin... Er hat mich umarmt... Ziemlich heftig sogar... Und er nannte mich einen noblen Schwiegersohn.

ANNE: Wir kannten ihn.. und wußten viel zu wenig... Er sprach über alles nur in Andeutungen.

HENRY: ... wenn es nicht um Summen ging.

ANNE: ... deshalb erfuhren wir nichts von seinen Schwierigkeiten.. Nur manchmal, wenn er glaubte, uns eine Pleite erklären zu müssen... Sie wollen mich fertigmachen, sagte er dann... der große Jacobsen will mich mit allen Mitteln fertig machen.

HENRY: Eine Zigarette, Anne?

ANNE: Mit keinem Wort erwähnte er, daß er seine Höhle längst verkauft hatte... nein danke...

HENRY: Also hatte Jacobsen es geschafft.

ANNE: Jacobsen hatte den Laden gekauft, ja... Vater durfte als Geschäftsführer bleiben... so eine Art Geschäftsführer... na, du weißt schon...

HENRY: Und ihr? Ihr wußtet das alles nicht?

ANNE: Wir wußten nichts... Wir erfuhren nur, daß da etwas Großes, Übles im Gange sei... eine Treibjagd, die Jacobsen veranstalten ließ... auf Vater... Jacobsen du hättest hören sollen, wie er diesen Namen aussprach... mit welcher Erbitterung.

HENRY: Das Telefon —

ANNE: Du brauchst nicht ranzugehen... Leitungsreparaturen.. Sie haben sich im voraus entschuldigt.

HENRY: Ich dachte schon, einer würde absagen.

ANNE: So spät? .. Siehst du, es ist still.. So spät kann man doch wohl nicht mehr absagen... Jacobsen... wenn sein Name fiel, sah ich ihn hinter Vaters Stuhl stehen... riesig...

HENRY: Vermutlich ist er klein und zart... dein Gast.

ANNE: Und als es passierte —

HENRY: — mit Jacobsen —

ANNE: — mit Vater... Du warst auf diesem Übersetzer-Kongress in Belgrad... am Schrank... er hatte sich am Schrank erhängt... Als sie mir die Nachricht brachten... als ich ihn dann sah... Oh, Henry.. vielleicht hättest du es auch getan.

HENRY: Was, Anne?

ANNE: Mit diesem Tod wollte ich mich nicht abfinden. Von mir aus: nenn es Vergeltung... Du warst weg... Es gab nur einen einzigen Gedanken... Dann, am Abend nahm ich deine Pistole.

HENRY: Sie war geladen. — Und mit dem Ding in der Handtasche fuhrst du zu ihm nach Hause.

ANNE: Zuerst nach Hause... dann ins Büro... er war noch im Büro und arbeitete... Er war allein.

HENRY: Kanntest du ihn? Ich meine: wart ihr euch begegnet ... vorher?

ANNE: Wir machten uns bekannt... er war schnell im Bilde... er begriff... du wirst ihn ja kennenlernen... du wirst erleben, daß er selten nachfragt...

HENRY: Und die Folgen... hattest du nicht an die Folgen gedacht?

ANNE: Ja, Henry... ich hatte — seltsamerweise — an die Folgen gedacht... Notwehr... ich wollte so vorgehen, daß alles wie Notwehr ausgesehen hätte... Es gab keine Zeugen... es war Abend... wir waren allein in seinem Büro... ich hätte in Notwehr gehandelt... obwohl —

HENRY: Obwohl?

ANNE: Er wirkt noch älter als er ist... ein zarter Mann... müdes Gesicht..

HENRY: Unterschätz diesen Typen nicht. Und weiter?

ANNE: Er ist nur die Hälfte von mir... ein sehr zarter Mann... vielleicht hätte man mir die Notwehr nicht geglaubt. Doch ich wollte dabei bleiben... Ich hab' es ihm auch gesagt.

HENRY: Du hast es ihm gesagt, Anne?

ANNE: Er sollte alles wissen... warum ich gekommen war... wie es ausgehn würde... alles gesagt, ja... Und er ließ mich aussprechen... er nickte und hörte mir zu.

HENRY: Was sollte er anderes tun? ... Fand er es nicht freundlich von dir?

ANNE: Freundlich, was?

HENRY: Daß du ihn nicht im Unklaren darüber ließest... warum du ihn töten wolltest... ich meine, man kann auch ohne Erklärung schießen.

ANNE: Deine Ironie, Henry... ich glaube, sie ist unangebracht... Vaters Tod... er hatte Schuld an Vaters Tod.. er hat ihn fertiggemacht... ich hab es ihm gesagt... und ich sagte ihm auch, daß ich ihn töten würde... Jacobsen.

HENRY: Da du ihn eingeladen hast: offensichtlich hat er es überlebt.

ANNE: Traust du es mir nicht zu? ...du glaubst wohl nicht, daß ich geschossen hätte...

HENRY: Doch, Anne — jetzt... ich trau' es dir zu... ich muß es dir zutrauen.

ANNE: Ich hätte es auch getan... doch dann.. du hättest ihn erleben sollen.. diese Unsicherheit... diese Unentschiedenheit... er sah mich nur an und schüttelte den Kopf...

HENRY: Immerhin — es war eine Überraschung.

ANNE: Nicht aus Überraschung.. Er war einfach unsicher.. Jacobson schwankte, ob er mir reinen Wein einschenken sollte —

HENRY: Weil er dich schonen wollte?

ANNE: Weil er mir etwas ersparen wollte, ja.. So weit ist er gegangen.. Er wußte, wer Vater war... er kannte ihn besser als wir..

HENRY: Also Jacobson hat dir die Augen geöffnet?

ANNE: Vater hat sein „Geschäft" freiwillig verkauft... Ach, Henry... als ihm das Wasser am Hals stand... als auch Bestechungen nicht mehr weiter halfen, — da hat er verkauft... an Jacobson. Jacobson gab ihm eine Chance.. sogar eine zweite Chance gab er ihm, nachdem die Unterschlagungen aufgedeckt wurden... Vater... er hatte Unterschlagungen gemacht...

HENRY: Wenn es nicht so gewesen wäre... Stell dir vor, du hättest Jacobson getötet... stell dir vor, Anne —

ANNE: Du siehst auf einmal so erschrocken aus.

HENRY: Nahm er dir die Pistole fort?

ANNE: Ich blieb lange bei ihm... Er erzählte von Vater — all das, was keiner von uns wußte... ich konnte ihm anmerken, wie schwer es ihm fiel... er zeigte mir Beweise... Nein, er nahm mir die Pistole nicht fort. Und als ich gehen wollte —

HENRY: Was da?

ANNE: Er gab mir etwas zu trinken...

HENRY: Eine gute Idee... Bevor unsere Gäste kommen: ich werde mir auch etwas zu trinken machen.

ANNE: Mutter weigerte sich... sie wollte sich nicht von ihm helfen lassen.

HENRY: Er hat euch geholfen?

ANNE: Später, ja... doch Mutter weigerte sich, von ihm etwas anzunehmen... da haben wir uns verbündet... Jacobson und ich... Mutter weiß heute noch nicht, daß es sein Geld war, das ich ihr brachte.

HENRY: Ihr habt euch also oft gesehen, Jacobson und du?

ANNE: Manchmal... in der ersten Zeit... Seit Jahren nicht mehr.

HENRY: Und ich, Anne: ich hab' nichts gemerkt davon... nichts gewußt.

ANNE: Einmal, Henry, es ist lange her... du hast gerade den Sellers übersetzt. „Die Versteckte", ...diese Frau, die nichts für sich behalten konnte — erinnerst du dich? Barbara Piggot hieß sie. Du sagtest, sie hätte etwas von mir... sie mußte einfach reden... alles weitergeben... ich sagte dir, daß man auch zur Tarnung reden kann... du nanntest sie einen Sender ohne Richtstrahlen.

HENRY: Wann hast du ihn zum letzten Mal gesehn? Jacobson?

ANNE: Vor fünf Jahren... Es müssen fünf Jahre her sein.. Ich glaube, du wirst dich mit ihm verstehen.

HENRY: Und seine Frau?

ANNE: Ein großer nickender Hut... Mehr kenn ich sie nicht.

HENRY: Weiß sie, was du mit ihm vorhattest?

ANNE: Nein... ich weiß nicht... Wird's dir ungemütlich? Ich meine, bekommst du kalte Füße?

HENRY: Vor unserm Abend? Wir wollten es darauf ankommen lassen... Wir hatten ausgemacht, uns nichts zu ersparen.

ANNE: Die unbekannten Siebtel des Eisbergs.

HENRY: Eben.

ANNE: Jedenfalls kennst du nun meine Gäste.

HENRY: Sie sind noch unbekannt genug.

ANNE: Ich mußte es dir sagen, ihretwegen.

HENRY: Und für Überraschungen ist auch noch Platz..., Vielleicht, Anne...: glaubst du immer noch, daß es eine gute Idee war? Leute einzladen, die man nie voreinander erwähnt hat?

ANNE: Du meinst, wir gewinnen nichts damit.

HENRY: Still... die ersten kommen.

ANNE: Es hat bei Lauterbach geklingelt, nicht bei uns. Es ist ja erst viertel vor... du sagst so wenig...

HENRY: Was soll ich tun? Punkte verteilen? ...die ganze Geschichte nachmessen, ...erklären, daß ich dich nun erst richtig kenne?

ANNE: Wir hatten ausgemacht, Henry, daß sich nichts ändert.

HENRY: Ja, nur wir haben etwas dabei übersehen.

ANNE: Die andern?

HENRY: Uns... wir haben nicht berücksichtigt, daß uns jedes neue Wissen verändert.

ANNE: Wenn erst alles hinter uns liegt... dieser Abend.

HENRY: Ja.

ANNE: Ist es auch dein Wunsch?

HENRY: Ja... Übrigens, ich hab nur einen Gast gebeten...

ANNE: Einen? Ich denke, deine Gäste sind verheiratet.. du sagtest doch, sie sind gewissermaßen verheiratet.

HENRY: Nur einer kann kommen.

ANNE: Sie?

HENRY: Er... Nur er wird kommen.

ANNE: Wir haben vielzuviel Schnitten... hoffentlich ist er ein guter Esser.

HENRY: Er wird länger dableiben, Anne. Ich meine, mein Gast wird vorerst mit uns leben.

ANNE: Bis die Schnitten aufgegessen sind?

HENRY: Vielleicht wirst du ihn nie mehr loswerden... Wart' ab.

ANNE: Schöne Aussichten... und du hast wirklich nie von ihm gesprochen? In Andeutungen?

HENRY: Kann sein, er wird dir bekannt vorkommen... nach einer Weile — wir sind etwa gleichaltrig.

ANNE: Doch nicht dieser Bibliothekar, Henry?

HENRY: Er heißt Julius Gassmann. Du kennst ihn nicht... Er ist kein Bibliothekar.

ANNE: Ist er ein Langweiler?

HENRY: Biologe... Das heißt, er war es, eine Zeit lang.. Genauer: er wollte es werden.

ANNE: Ich schätze, Henry, ihr habt euch lange nicht gesehn.

HENRY: Sehr lange, ja... zuletzt... es war kurz vor Ende des Krieges.

ANNE: Hoffentlich erkennt ihr euch überhaupt wieder. Bist du ihm wiederbegegnet? Jetzt?

HENRY: Ich hab' ihn nie vergessen... nie aus den Augen verloren... Julius Gassmann war immer da.

ANNE: Und du hast mir nie von ihm erzählt?

HENRY: Heute, Anne... wir hatten doch abgemacht, heute Gäste einzuladen, die wir nie voreinander erwähnt haben... Unbekannte... auf jede Gefahr hin.

ANNE: Gib' mir etwas zu trinken, bitte... Ob wir lüften sollten? Schnell noch mal.

HENRY: Ich habe lange darüber nachgedacht, wer es sein könnte.. mit dem ich dich bekannt machen sollte... Jetzt ist es an der Zeit, daß du ihn kennenlernst.

ANNE: Julius Gassmann?

HENRY: Keiner hat soviel Bedeutung für mich gehabt wie er.. in gewisser Weise wär ich nichts ohne ihn.. wie nennt man das beim Veredeln?

ANNE: Beim Veredeln? Was meinst du, Henry?

HENRY: Ist das Geißfuß-Pfropfen? Wenn man einen Ast einkerbt.. wenn man ihn an einem anderen eingekerbten Ast befestigt...: nennt man es nicht Propfen?

ANNE: Ich begreif dich nicht.

HENRY: Jedenfalls besteht eine Verbindung zwischen uns... eine feste, schon verwachsene Verbindung...

ANNE: Wie in den „Privaten Friedhöfen": ..„hör zu und zeig dich nie, mein heimlicher Begleiter."?

HENRY: Julius Gassmann... am Schluß erwischten sie ihn doch noch.

ANNE: Sie erwischten ihn?

HENRY: Gefangenschaft... kurz vor Schluß kam er noch in Gefangenschaft... den fünfundzwanzigsten Geburtstag hat er an Bord erlebt... auf dem Atlantik..

ANNE: Du hast ihn auf einem Schiff getroffen?

HENRY: Es war ein Frachter... voll von Gefangenen... Sie brachten sie nach drüben... ein großer Konvoi, fast dreißig Schiffe... draußen operierten immer noch einige U-Boote...

ANNE: Dann ist er dein Jahrgang, Henry.

HENRY: Sie hatten ihn registriert und mit einem Sammeltransport auf das Schiff gebracht — es sollte nach Boston gehen... einige sprachen auch von Philadelphia...

ANNE: Kein Eis, danke... Ihr wart also auf dem gleichen Schiff.

HENRY: Als es passierte, waren viele im Waschraum.. auch Julius Gassmann... Es passierte im Morgengrauen. Wir wurden torpediert.

ANNE: Du hast es schon einmal erzählt: ein eigenes Torpedo.

HENRY: Sie konnten es nicht wissen... Viele waren im Waschraum, so ein Behelfswaschraum... es gab gleich Wassereinbruch... in einem trüben Gang vor dem Waschraum hingen die Jacken, die Uniformjacken.. das heißt, die lagen auf einer schmalen Holzbank... an der Tür keilte sich alles fest, doch Gassmann kam noch raus... Julius Gassmann schaffte es.

ANNE: In so einem Augenblick, Henry: denkt man da noch an seine Jacke?

HENRY: Einige denken sogar an die Zahnbürste... Das Schiff sank schnell... und es sanken auch noch zwei andere Schiffe... Julius Gassmann, er wurde aufgefischt... ein Zerstörer nahm ihn an Bord, und auf ihm blieb er, bis sie nach Baltimore kamen...

ANNE: Warst du auf demselben Schiff?

HENRY: Du wirst sehen.. Es wurden nicht sehr viele gerettet... Außerdem... vor der amerikanischen Küste löste sich der Konvoi auf... Julius Gassmann kam nach Baltimore... aber seinen Beschluß, den hatte er schon früher gefaßt... schon an Bord des Zerstörers.

ANNE: Welchen Beschluß, Henry? Was meinst du?

HENRY: Seine Einheit — sie wurde gegen Widerstandskämpfer eingesetzt... Er hatte Vergeltungsaktionen mitgemacht... Seine Einheit war gefürchtet.. Sogar der Untergrundsender hat das festgestellt. ... immer wieder...

ANNE: Du wolltest sagen, was Julius Gassmann beschlossen hatte...

HENRY: Ja.. an Bord des Zerstörers.. nachdem er gerettet war..: es war nicht seine Jacke, die er anhatte. Die Papiere, ich meine: die Listen waren untergegangen... er mußte neu registriert werden.

ANNE: Unter anderem Namen?

HENRY: Er fand Briefe in der Jacke.. eine Blechschachtel mit Nähzeug, Briefe und einen Ausweis.

ANNE: Mit Bild?

HENRY: Eigentlich war es nur eine Bescheinigung... ohne Bild... eine Bestätigung, daß der Inhaber dem Übersetzer-Verband beigetreten ist... Die Briefe waren schwer leserlich.

ANNE: Und das ging glatt? ..Natürlich, es mußte ja glatt gehen... sie hatten ihn aufgefischt.

HENRY: Als sie ihn aufforderten, seinen Namen zu buchstabieren, legte er die Bescheinigung vor.. Neu.. er wurde neu registriert...Und dadurch ist er ihr davongekommen.

ANNE: Wem?

HENRY: Seiner Vergangenheit... oder doch dem Teil seiner Vergangenheit, der ihn einiges befürchten ließ... das halbe Jahr, das er zu dieser Einheit gehört hatte.

ANNE: Wieviel Selbstkontrolle gehört dazu?

HENRY: Er richtete sich einfach ein in diesem angenommenen Namen... möblierte die neue Biografie.. natürlich mußte er aufmerksam leben, seinen Willen anstrengen... aber dann, im Lager, passierte es, daß er zum ersten Mal — wie soll ich sagen — den angenommenen Namen träumte... im Traum erschien er sich selbst nicht mehr als Julius Gassmann... das war die erste Vereinigung, ja... so wurde die Vereinigung hergestellt.

ANNE: Für die Zeit drüben... für die Gefangenschaft?

HENRY: Stell dir vor, Anne, wir hatten eine Art Lager-Universität... dort in Virginia... man konnte eine Menge Fächer belegen... sogar ein gefangener Gerichtsmediziner hielt Vorlesungen in seinem Fach...

ANNE: Gassmann vermutlich Sprachen —

HENRY: Gassmann belegte Sprachen, so ist es.., außer

Englisch und Französisch auch Italienisch.

ANNE: Sag' bloß, Henry, daß er drüben auch sein Diplom erhielt.

HENRY: Er erhielt es von dem Ausschuß einer Ordentlichen Amerikanischen Universität...

ANNE: Und das hielt er aus? Das kann doch keiner aushalten.

HENRY: Was?

ANNE: Wann hat er sich wieder zurückverwandelt? In Julius Gassmann?

HENRY: War es notwendig? Es ging sehr gut ohne ihn und ohne die Biologie... Ein gewisses Risiko gab es selbstverständlich... mit den Jahren aber wurde es geringer. Ja, Anne: der andere gefiel ihm... manchmal hatte er das Gefühl, eine lohnende Aufgabe übernommen zu haben... lebenslänglich... Es war so, als hätte er der Zufälligkeit der Herkunft seine Wahl entgegengesetzt.

ANNE: Aber seine Angehörigen? Er hat doch Angehörige.

HENRY: Vermißt... für sie gilt er als vermißt bei einem Schiffsuntergang.

ANNE: Und seine neuen Angehörigen? Die, die er sich eingetauscht hat?

HENRY: Einmal erhielt er eine Suchkarte vom Roten Kreuz. Er tat es als Mißverständnis ab.

ANNE: Das sieht ihm ähnlich. Und bis heute, Henry, bis heute ist er dabei geblieben?

HENRY: Ich sagte ja, er hatte das Gefühl, eine lebenslängliche Aufgabe übernommen zu haben.

ANNE: Henry?

HENRY: Ja?

ANNE: Ich — wie soll ich ihn denn anreden? Herr Gassmann? Ich schätze, er hätte etwas dagegen.

HENRY: Er heißt auch Henry.

ANNE: So wie du?

HENRY: Er heißt Henry Schaffer... Julius Gassmann heißt jetzt Henry Schaffer.

ANNE: Das ist nicht wahr!

HENRY: Es ist wahr... Ja, Anne, es ist wahr.

ANNE: Das hast du erfunden.

HENRY: Julius Gassmann wird nicht kommen, weil er

schon hier ist... Du wirst sehen: er wird nicht kommen... Glaubst du's nicht?

ANNE: Nein, Henry, ich glaub dir nicht.

HENRY: Ich kann dir die Briefe zeigen... und die Bescheinigung des Übersetzerverbandes —

ANNE: Du kannst mir vieles zeigen: ich glaub' dir nicht.. Acht Jahre — du kannst doch nicht acht Jahre mit mir zusammenleben — unter anderem Namen.

HENRY: Was wäre der Unterschied gewesen — für dich? Du hättest Julius zu mir gesagt... das wäre alles gewesen.

ANNE: Du willst mich doch nur reinlegen... nicht Henry? Nur reinlegen willst du mich?

HENRY: Nein, Anne. Es war deine Idee... der Eisberg... die unbekannten Siebtel... Ich hab gesucht und gesucht.. es gibt keinen Unbekannten, den ich hätte einladen können... außer Julius Gassmann.. Und das bin ich selbst... Ich war es.

ANNE: Mein Gott, wenn das stimmt... Weißt du, was es für mich bedeutet? Für mich, für uns, für diese Ehe?

HENRY: Ich sagte ja, mein Gast ist gewissermaßen verheiratet...

ANNE: Bist du dir klar darüber, welche Folgen das haben kann?

HENRY: ... wenn du mich statt Henry Julius nennst? ... Wir hatten doch ein Abkommen geschlossen: wenn die Gäste fort sind, wird sich nichts geändert haben.

ANNE: Alles ist ungültig... Wenn es stimmt, Henry, dann ist alles ungültig.

HENRY: Nichts ist ungültig... Und ich sage dir noch einmal, Anne: es ist wahr... Der Mann, mit dem ich dich bekannt machen wollte, heißt Julius Gassmann... Er ist anwesend.

ANNE: Ich halt es nicht aus, Henry.

HENRY: Es hat geklingelt.

ANNE: Was sagst du?

HENRY: Deine Gäste haben geklingelt.

ANNE: Ich kann jetzt nicht... geh' hin und —

HENRY: Herr und Frau Jacobson — du hast sie eingeladen.

ANNE: Erfinde etwas... Ich kann nicht.

HENRY: Dann werde ich öffnen... Schließlich — du hast sie ja auch in meinem Namen eingeladen.

ANNE: Sag', daß es nicht stimmt. Bitte.

HENRY: Stell unsere Gläser weg...

ANNE: Mach nicht auf.

HENRY: Und den Aschenbecher.

ANNE: Henry.

HENRY: Nimm dich zusammen... Unsere Gäste.

*Rainer Lewandowksi*

# SCHEIDUNG AUF DEUTSCH

Personen:

Ulrich
Christine
Stimme eines Richters
Stimme eines Radiosprechers

Für den Hinweis auf dieses Stück danken wir den verantwortlichen Redakteuren der Hörspielabteilung des Hessischen Rundfunks.

## SCHEIDUNG AUF DEUTSCH

*(Ulrich und Christine in ihrem Wohnzimmer beim Frühstück. Musik aus dem Radio. Roy Black, „Ganz in Weiß". Nach kurzer Zeit stellt Christine die Musik lauter)*

ROY BLACK: ‚Ganz in Weiß mit einem Blumenstrauß,
so siehst du in meinen schönsten Träumen aus.'
*(lauter)*
‚Ganz in Weiß, so gehst du neben mir,
und die Liebe lacht aus jedem Blick von dir.'
*(Die Musik läuft weiter. Darüber: Ulrich unfreundlich:)*
ULRICH: Kannst du das nicht ein bißchen leiser machen?
CHRISTINE *(kurz):* Nein.
*(Musik)*
ROY BLACK: ‚Und dann reichst du mir die Hand
und du siehst so glücklich aus,
ganz in Weiß, mit einem Blumenstrauß.'
ULRICH: Kannst du das nicht netterweise doch etwas leiser machen?
CHRISTINE: Das ist unser Hochzeits-Lied, Ulrich.
*(Stimme aus einem Lautsprecher, mit Hall:)*
STIMME: Wollen Sie die hier anwesende ...
ULRICH: Ja.
STIMME: Wollen Sie den hier anwesenden ...
CHRISTINE: Ja.
*(Hall Ende. Hart daran:)*
CHRISTINE: Erinnerst du dich noch?
ULRICH: Eben drum. Und jetzt lassen wir uns scheiden.
CHRISTINE: Liegt das an mir?
ULRICH *(ungeduldig):* Mach das jetzt leiser!
CHRISTINE: Nein.
ULRICH: Soll ich es selbst machen?
CHRISTINE: Du darfst ja nicht. Heute steht mir diese Seite des Wohnzimmers zu.
ULRICH: Dann verlange ich halbe Zimmerlautstärke, damit nichts von dem Schmus zu mir herüberdringt.
CHRISTINE: Sei nicht albern.
*(Musik. Ende des Schlagers)*
ROY BLACK: ‚Und dann reichst du mir die Hand,

und du siehst so glücklich aus,
ganz in Weiß, mit einem Blumenstrauß.'

ULRICH: Endlich vorbei.

CHRISTINE: Wie meinst du das?

ULRICH: Auch so, wie du denkst.

CHRISTINE: Danke.

ULRICH: Bitte.

*(Pause im Gespräch. Das Radio läuft weiter, Christine stellt es aber leiser. Sprecher im Radio:)*

SPRECHER: Es folgt der Wetterbericht.

*(Christine stellt noch leiser)*

Ein Hoch über dem Golf von Biskaya wandert langsam ostwärts, gefolgt von einer Kaltluftfront entlang einer Tiefdruckrinne, ...

ULRICH: Aha!

SPRECHER: ... die frische Meeresluft aus Richtung Norden einströmen läßt und das Wetter wechselhaft gestaltet. Bei Temperaturen zwischen 16 und 18 Grad und leichten westlichen Winden erfolgt gegen Abend Eintrübung.

ULRICH: Bei uns schon am frühen Morgen.

CHRISTINE: Liegt das an mir?

ULRICH: An dir liegt ja überhaupt nichts, ich weiß. — Ich muß jetzt ins Bad.

CHRISTINE: Geht nicht! Heute bin ich zuerst dran.

ULRICH: Dann mach schnell.

CHRISTINE: Das ist meine Sache.

ULRICH: Ich bin heute etwas spät dran.

CHRISTINE: Das ist deine Sache. — Aber bitte. Dann geh ich jetzt ins Bad.

ULRICH: Halt! *(triumphierend)* Liebe Christine: das Bad gehört heute doch zuerst mir. Heute ist der Erste.

CHRISTINE: Du irrst. Heute ist der Zweite. Und an geraden Tagen ...

ULRICH *(unterbricht):* Heute ist der Erste. Der Kalender auf meiner Uhr, schau ...

CHRISTINE *(unterbricht nun ihrerseits überlegen):* Du hast vergessen, Liebling, der Juni hat nur 30 Tage. Du mußt deine Uhr um 24 Stunden vorstellen, und dann ... dann ist heute bereits der Zweite. Gemäß unserem

Raumnutzungsplan haben wir gerichtlich vereinbart ...
*(Stimme des Familienrichters aus einem Lautsprecher, sehr sachlich)*

RICHTER: Nach dem neuen Scheidungsrecht, das teile ich Ihnen als Ihr zuständiger Familienrichter mit, besteht eine gesetzliche Vermutung, daß eine Ehe zerrüttet ist, wenn die Ehepartner mindestens ein Jahr getrennt leben. In Ausnahmefällen, wenn sich das scheidungswillige Ehepaar aus finanziellen Gründen keine getrennten Wohnungen leisten kann, und das trifft in Ihrem Falle zu, kann der Beschluß erwirkt werden, daß das gemeinsame Wohnen in *einer* Wohnung unter bestimmten Voraussetzungen als ‚getrennt lebend' anerkannt wird. Voraussetzung ist eine getrennte Haushaltsführung und die Einhaltung der vereinbarten Raumnutzungsordnung. In Ihrem Fall: An geraden Tagen steht der Ehefrau die Nutzung des Wohnzimmers und die Erstbenutzung des Bades und der Küche zu. Das gemeinsame Schlafzimmer wird aufgelöst, der Ehemann benutzt das Kinderzimmer als Schlafraum. Haben Sie alles verstanden?

ULRICH: Ja.

CHRISTINE: Ja.

*(Eventuell kurzer Black-out)*

ULRICH: Christine, ich wollte nachher ganz gern die Fußballübertragung sehen.

CHRISTINE: Heute ist der Zweite. An geraden Tagen steht mir die Benutzung des Wohnzimmers zu.

ULRICH: Ja, ich weiß.

CHRISTINE: Und du weißt auch, daß der Fernsehapparat fest in die Schrankwand eingebaut ist.

ULRICH: Ja, ich weiß.

CHRISTINE: Na also.

ULRICH: Aber könntest du nicht ... eine Ausnahme ... ein einziges Mal?

CHRISTINE: Damit wir dann hinterher die strikte Trennung nicht eingehalten haben, was? Damit wir dasselbe vielleicht noch ein Jahr ...? Nee. Nee. 217 Tage haben wir schließlich schon geschafft. Die setze ich nicht aufs Spiel. Schon gar nicht wegen Fußball. *(Kleine Pause)* Du kannst das Spiel ja im Radio verfolgen.

ULRICH: Da wird nur die zweite Halbzeit übertragen.
CHRISTINE: Das reicht doch.
ULRICH: Christine, sei doch nicht so.
CHRISTINE: Ich bin aber so. Seit du auf dem Flur den weißen Trennungsstrich gezogen hast, mitsamt den Ausweichstellen an den Engpässen ...
ULRICH: Das habe ich erst gemacht, als du im Kalender für das ganze Jahr die geraden Tage grün markiert hast.
CHRISTINE: Nachdem du das Ehebett zersägt hattest.
ULRICH: Irgendwo mußte ich ja schließlich schlafen.
CHRISTINE: Und den Kleiderschrank halbiert.
ULRICH: Als du anfingst, die Röhren aus unserem alten Schwarz-Weiß-Fernseher „gerecht" zwischen uns aufzuteilen.
CHRISTINE: Nach dem Gerichtsbeschluß hast du selbst gesagt, daß jetzt in unserer Wohnung alles getrennt wird, und auf Diskussionen würdest du dich nicht einlassen.
ULRICH: Weil man mit dir nicht diskutieren kann.
CHRISTINE: Dann beklag dich nicht über den zerlegten Fernseher.
ULRICH: Und du dich nicht über dein zersägtes Kleid.
CHRISTINE: Schließlich war das m e i n Kleid.
ULRICH: Es hing nun mal genau in der Mitte des Kleiderschranks. Im übrigen kann man das wieder nähen.
CHRISTINE: Dann kann ich dir ja die Fernsehröhren leihweise rüberbringen. Vielleicht kriegst du den Apparat bis zum Spiel wieder hin.
ULRICH *(drohend):* Wag dich bloß nicht über den Trennungsstrich.
CHRISTINE: Ich werd mich hüten. Die vereinbarte Raumnutzungsordnung wird von mir buchstabengetreu befolgt.
ULRICH: Du solltest dich lieber an den Geist der Vereinbarung halten.
CHRISTINE: Wenn's um Fußball geht, kommst du mir mit Geist. Ohne mich! Schau dir dein Spiel im Wirtshaus an.
ULRICH: Du weißt genau, daß ich diese verräucherten Kneipen nicht ausstehen kann.
CHRISTINE: Aber ich darf allabendlich deinen Spiegeleier-Mit-Speck-Qualm ertragen.

ULRICH: Und ich den Fichtelnadelspray, mit dem du dagegen anstinkst.

CHRISTINE: Leider kann ich den Spray nicht dazu bewegen, sich an die Raumnutzungsordnung zu halten.

ULRICH: Aber vielleicht kann ich dich dazu bewegen, endlich das Musikgedudel leiser zu stellen.

CHRISTINE *(stellt provokativ lauter: Siv Malmquist: „Liebeskummer lohnt sich nicht ..." oder: Peter Alexander: „Liebesleid, dauert keine Ewigkeit"):* Seit dich deine Schickse verlassen hat, gefällt dir das wohl nicht mehr.

ULRICH: Wie du willst! Zum Glück hab ich immerhin heute das Nutzungsrecht der Stereoanlage. Damit werd ich gegen deine Musikquetsche schon ankommen.
*(stellt dröhnend eine lebhafte, italienische Opernmusik an. Etwa: Othello-Desdemona. Verdi)*

CHRISTINE *(schraubt die Sicherung raus. Musik schmiert ab)*

ULRICH: Schraub sofort die Sicherung rein!

CHRISTINE: Die Sicherungen liegen in meinem Nutzungsbereich.

ULRICH *(lebhaft):* Du kannst gleich was erleben!

CHRISTINE: Wag dich bloß nicht über den Strich. Du weißt, sonst bekommen wir nochmal ein Jahr!

ULRICH *(kläglich):* Ich kann den Strich doch nicht mal sehen, wenn du alle Lichter abdrehst.

CHRISTINE: Dann hol ich eine Kerze. *(Gepolter)*

ULRICH: Paß doch auf! Du wirst dir noch den Hals brechen.

CHRISTINE *(aus dem Nebenzimmer):* Wolltest du ihn mir nicht eben noch umdrehen?

ULRICH: Quatsch. — Willst du nicht doch lieber die Sicherungen wieder reindrehen?

CHRISTINE *(zündet eine Kerze an):* Ich weiß nicht. Ich find es so ganz gemütlich.

ULRICH: Mit dir kenn sich einer aus. Erst spielst du einen Grenzkonflikt fast bis zum totalen Krieg hoch und jetzt machst du auf romantisch.

CHRISTINE: Von wegen romantisch. Gegen deinen Lärmangriff half nur noch Verdunklung.

ULRICH *(erschöpft):* Energiestop.

CHRISTINE: Und jetzt?
ULRICH: Was hältst du von einem Waffenstillstand?
CHRISTINE *(mißtrauisch):* Für die Dauer des Fußballspiels?
ULRICH: Für die restlichen 148 Tage.
CHRISTINE: Du meinst, wir sollten versuchen ...
ULRICH: Wir könnten auf neutralem Gebiet verhandeln. Vielleicht in einem netten Restaurant.
CHRISTINE: Keine Spiegeleier mit Speck!
ULRICH: Und kein Fichtennadelspray.
CHRISTINE: Und wir gefährden dadurch nicht die Scheidung?
ULRICH: Außerhalb der gemeinsamen Wohnung sind wir an keine Raumnutzungsordnung gebunden.
CHRISTINE: Wir könnten Kreide mitnehmen.
ULRICH: Um unsere Stimmen sanft zu machen?
CHRISTINE: Für den Trennungsstrich auf dem Tisch!
ULRICH: Fängst du schon wieder an?
CHRISTINE: Nein. — Ich denk, wir sollten's riskieren.
ULRICH: Also auf! Schraub die Sicherungen rein. Ich geh nur schnell ins Bad und mach mich fertig.
*(Musik: — siehe Anfang — beginnt wieder zu spielen)*
CHRISTINE: Das geht nicht! Heute bin ich zuerst dran. An geraden Tagen steht mir zuerst die Nutzung des Badezimmers ... *(Musik lauter)*

*(Ende)*

*Kenneth Lillington*

# EIN HÄUSCHEN AUF DER VENUS

Eine absurde Geschichte

Aus dem Englischen übertragen von
Jutta v. Waldenburg

Personen:

Strato ) Bewohner der Venus
Flexus )
Stefan Stark ) Bewohner der Erde
Dietrich Dreist )
Sechs fliegenäugige Monster
Mauschel, ein Händler vom Merkur

Ort der Handlung:

Eine Landschaft im Norden der Venus

Zeit der Handlung:

Heute

## EIN HÄUSCHEN AUF DER VENUS

*(Bühnenbild: Eine Landschaft im Norden der Venus, fremdartig, jedoch vertraut aus vielen Science-Fiction-Filmen und -Büchern. Der Hintergrund ist überfüllt mit futuristisch anmutenden Maschinen und exotischer Vegetation. Links unten steht eine auf der Venus übliche Sitzbank, rechts oben ein Reflektor, der einem großen Rasierspiegel auf einem drehbaren Stativ ähnelt. Strato sieht aufmerksam in diesen Reflektor)*

STRATO: Flexus!
FLEXUS *(hinter der Bühne links):* Ja?
STRATO: Kommst du mal bitte einen Augenblick her?
FLEXUS *(hinter der Bühne):* Moment, ick komme.

*(Flexus kommt herein. Strato und Flexus haben eine leuchtend goldene Haut und sind beide mit einer einfachen griechischen Tunika bekleidet. Strato, bedeutend älter als Flexus, ist ein kleines Wesen, gebildet, mit kultivierter Stimme, freundlich und weltmännisch.*
*Flexus, ein lebhafter und tüchtiger junger Mann, spricht kurioserweise mit starkem Berliner Akzent)*

FLEXUS: Watt is denn los? Landet eener?
STRATO: Ja, und ich bin nicht von seinem Aussehen begeistert. Sieh bitte selbst in den Reflektor. Deine Augen sind besser als meine. *(Er rückt auf den linken Sitz)*
FLEXUS *(hantiert am Reflektor):* Ick kann dett Ding nich sehn ... Ah, nen kleen Moment. Da isset.
STRATO: Ich frage mich, woher die wohl kommen.
FLEXUS: Dett is schwer zu sagn. Vom Jupiter nich.
STRATO: Nein.
FLEXUS: Vom Mars ooch nich.
STRATO: Nein.
FLEXUS: Also, so eene Kiste hab ick noch nie jesehn. Dett Ding sieht aus, wie wenn ett direktemang aus der Arche Noah käme. Dett könnt se glatt selba sin ... Weeßte, dett is vielleicht meschugge, aba —
STRATO: Ja?
FLEXUS: Ick gloobe, die kommn vonna Erde!
STRATO *(grimmig):* Genau! Der rote Planet.

FLEXUS: Aba dett jeht nich. Die sind doch im finstersten Mittelalter.

STRATO: Das ist kein Argument. Das würde ihnen gerade ähnlich sehen: Eine phantastische Flugmaschine erfinden — Jahrhunderte später als auf allen anderen Planeten — und sich dann als Herren des Universums fühlen. Ich wette, sie schenken uns bunte Glasperlen, wenn sie hier ankommen.

FLEXUS: Vielleicht kommn se jar nich an! Kiek ma, wie dett Ding rumwackelt!

STRATO: Ich wünsche Ihnen nichts Böses, aber das gefällt mir nicht. Seit Jahren habe ich die Erde mit unseren Instrumenten beobachtet, und ich würde die Bewohner nicht als friedfertig bezeichnen.

FLEXUS: Die sind nich jerade zimperlich, watt?

STRATO: Sie sind unberechenbar — ja verrückt. Sie reißen sich gegenseitig in Stücke.

FLEXUS: Na, denn is doch allet in Butter. Die reißn sich jejenseitig in Stücke und wir leben weiter in Ruhe und Frieden.

STRATO: Nein, du verstehst nicht ganz. Ich meine —

FLEXUS *(ruft):* Da sind se! Sie landen! ... Langsam jetz, Erdbewohner. Vorsicht ... sachte, sachte ... Oh Mann, die machn ne Bruchlandung!

*(Er flüchtet links hinter die Bühne, Strato hinter ihm her. Von rechts hinter der Bühne kommt ein ohrenbetäubender Knall, einige Echos und Blitze. Die Gesichter von Strato und Flexus tauchen vorsichtig wieder auf)*

FLEXUS: Watt ne miserable Landung!

STRATO: Pst! Sie kommen.

*(Ihre Köpfe verschwinden wieder. Stefan Stark, Konrad Kühn und Dietrich Dreist mühen sich, ihre Helme abzusetzen. Sie tragen die bekannten Raumfahrerovealls. Sie legen ihre Helme auf den Boden, strecken sich und holen tief Luft)*

STEFAN: Gott sei Dank! Endlich bin ich das Ding los! Irgendein Idiot muß es innen mit Petroleum gereinigt haben.

DIETRICH: Schrecklich heiß hier, nicht?

KONRAD *(deutet in die Landschaft):* Ich schätze, wir sind hier im Süden.

STRATO *(außerhalb der Bühne):* Seid froh, daß ihr da nicht seid!

STEFAN: Na so was! Ich höre schon Stimmen.

DIETRICH: Ich auch.

KONRAD: Ganz klar, ein Echo.

DIETRICH: Das ist aber ein komisches Echo, das dir antwortet, „Seid froh, daß ihr da nicht seid“, wenn du sagst „Ich schätze, wir sind hier im Süden“.

FLEXUS *(außerhalb der Bühne):* Oh, een denkendes Wesen!

STEFAN *(sieht die überaus komplizierte Maschinerie im Hintergrund):* Es könnte durchaus möglich sein, daß wir hier primitives Leben finden.

STRATO *(außerhalb der Bühne):* Vielen Dank.

DIETRICH: Da war die Stimme wieder!

KONRAD *(bestimmt):* Der Sache gehe ich auf den Grund.

STRATO *(tritt auf, gefolgt von Flexus):* Bemühen Sie sich nicht. Guten Abend, meine Herren.

STEFAN: Guter Gott, fremde Lebewesen!

FLEXUS: Na so watt! Wer von uns is denn hier fremd?

DIETRICH: Es spricht deutsch!

KONRAD *(zeigt unter lautem Gelächter auf Flexus' Gesicht):* Ha, ha, ha. Sieht mal, wie es aussieht!

STEFAN: Ruhig, Jungs. Ich werde versuchen, mit ihm zu sprechen. Äh — seid gegrüßt, Fremdlinge.

STRATO: Seien Sie gegrüßt. Mögen Sie einen Keks?

DIETRICH: Vorsicht, Stefan. Vielleicht ist er vergiftet.

STEFAN: Nein, nein. Wir müssen auf sie eingehen. Äh — wie ißt man diese Dinge?

FLEXUS: Man steckt ett in nen Mund, zerbeißt ett mit en Zähnen und schluckt ett runter.

STEFAN *(würdevoll):* Ah ja. — Noch eine Frage: Wie kommt es, daß ihr deutsch sprecht?

STRATO *(mit einer resignierenden Geste zu Flexus):* Oh je, als wenn man mit Wilden spricht! *(zu Stefan):* Also, die Atmosphäre hier enthält eine Strahlung, die unsere Gedanken in eine allgemein verständliche Sprache übersetzt. Ihnen erscheint sie deutsch, mir wie meine Sprache.

STEFAN: Ah ja. Wir haben etwas ähnliches auf der Erde.

DIETRICH: Es heißt „UNO“.

STRATO: Ich hoffe, die Frage ist nicht zu persönlich: Warum sind Sie zur Venus gekommen?

STEFAN: Ach, die Venus hat die Männer schon immer angezogen.

DIETRICH: Wir sind im Namen des Fortschritts hier.

STRATO: Oh. Wir sind hier im Namen des *(auf Flexus weisend)* Flexus und *(sich vorbeugend)* — gestatten — Strato. *(Er weist auf die Strahlengewehre, die die Männer von der Erde in den Händen halten)* Und was ist das?

KONRAD *(schwenkt das Gewehr):* Das sind Strahlengewehre. Sie können einen Elefanten aus drei Kilometern in Stücke reißen.

FLEXUS: Ick vermute, dett is ooch im Namen dett Fortschritts.

STEFAN: Selbstverständlich. Den Eingeborenen muß klar gemacht werden, wer ihr Herr ist. Aber keine Angst, ihr scheint ja friedliche, kleine Wesen zu sein. Wir werden euch nichts antun.

FLEXUS: Dett is ja reizend.

STEFAN: Uns hat der unersättliche Hunger nach Fortschritt hierhergebracht. Die ganze Menschheit ist davon besessen. Wir sind die ersten Menschen auf der Venus, aber bald werden andere folgen, angespornt durch unser Vorbild.

STRATO: Wie entzückend!

STEFAN: Sie werden das Sonnensystem überrennen. Sie werden die großen Nebel in Besitz nehmen. Sie werden die Sonne einnehmen.

FLEXUS: Sachte, sachte, Kolleje, wenn ihr die Sonne einnehmt. Sie is noch janz jut zu jebrauchn.

DIETRICH *(eifrig):* Stefan hat recht. Nicht mehr lange, und jede Hausfrau der Erde wird ihr eigenes Häuschen auf der Venus haben.

FLEXUS: Und watt is mit uns?

KONRAD: Euch wird die Ehre zuteil, die ersten interplanetarischen Gehilfen der Menschen zu werden.

STRATO: Nun ja ... jedenfalls ist es gut, daß Sie nicht im Süden gelandet sind.

DIETRICH: Das hast du vorhin schon gesagt. Wieso eigentlich?

STRATO: Im Süden leben die FÄUMS.

STEFAN: FÄUMS?

FLEXUS: Die FÄUMS, die Fliegenäugigen Monster.

STEFAN: Na, hör mal! Fliegenäugige Monster gibt es nur in den billigsten Science-Fiction-Romanen.

STRATO: Das Leben ist leider wie ein billiger Roman, mein Lieber.

KONRAD: Aber — was ist denn mit diesen FÄUMS?

FLEXUS: Sowatt jibts bei Ihnen nich.

STRATO: Keine Angst. Hierher kommen sie nie.

DIETRICH: Das ist aber schade. Diese Wesen müssen ja höchst interessant sein. Es hätte sich bestimmt gelohnt, ein paar Fotos von ihnen zu machen.

FLEXUS: Na hörn Se ma — die FÄUMS werden nich in Ihre Knipse kieken, wenn Se ihnen sagn, daß da ein Vöjelchen rauskommt. Die sind janz scheen ruppich, diese Biester, und wir wolln se hier nich ham, watt?

STEFAN: Schon gut. Ihr habt ja gesagt, sie kämen sowieso nicht her.

FLEXUS: Dett weeß man nie. Vielleicht wolln se Ihnen knipsen.

STRATO: Das führt zu nichts. Bevor Sie, meine Herren — äh weitere Fortschritte machen, sollten Sie lieber mit uns zu Abend essen.

FLEXUS: Is ooch keen Jift. Dett essn ma nämlich nich.

STRATO: Komm mit, Flexus. Nehmen Sie bitte Platz, meine Herren. Wir werden Sie rufen, wenn das Abendessen fertig ist.

*(Strato und Flexus gehen hinaus. Die Männer von der Erde setzen sich auf die Bank, links)*

STEFAN: Putzige, kleine Wesen, nicht wahr? Fast menschlich.

DIETRICH: Aber eben doch sehr primitiv.

KONRAD: Das kann man wohl sagen. So ein Blödsinn mit diesen Fliegenäugigen Monstern!

*(Links kommt ein FÄUM herein. Es trägt einen langen,*

*grünen Umhang, ein schwarzes Trikot und eine grüne Haube, aus der ein grünes, dämonisches Gesicht blickt. Böse grinsend lauert es hinter den Menschen und belauscht das Gespräch)*

DIETRICH: Reine Ammenmärchen!

STEFAN: Da bin ich ganz deiner Meinung.Ich für meinen Teil habe nicht eine Sekunde an die FÄUMS geglaubt. *(Das FÄUM schleicht zur Mitte und winkt. Daraufhin betreten fünf weitere FÄUMS, die genauso aussehen wie das erste, die Bühne. Sie stehen in einer Reihe von der Mitte aus nach rechts. Das erste FÄUM steht etwas abgerückt von den anderen)*

DIETRICH: Ich werde wohl eine wissenschaftliche Arbeit schreiben mit dem Titel: „Die kindischen Hirngespinste der Venusbewohner."

KONRAD: Ob das Abendessen wohl schon fertig ist? Vermutlich — *(bestürzt)* Da! Seht mal! Da! *(Die Männer springen auf, sehen die FÄUMS und weichen furchtsam zurück)*

1. FÄUM: Seid gegrüßt, Erdbewohner.

STEFAN: Äh — ja natürlich. Seid gegrüßt.

1. FÄUM: Wir haben eure Landung beobachtet und sind hierher geeilt, um euch zu begrüßen.

DIETRICH: D — D — Das ist sehr freundlich von euch.

1. FÄUM: Freundlich? Bitte benutzt dieses unangenehme Wort nicht. Wir verachten Freundlichkeit.

KONRAD: WIR WOLLEN DIE ZERSTÖRUNG!

2. FÄUM *(tritt vor):* Ja, seit vielen Jahren haben wir schon Besucher von anderen Planeten — Merkur, Mars, Jupiter, Saturn. Aber sie leben alle in Frieden und gebrauchen ihre wissenschaftlichen Kenntnisse, um uns fernzuhalten. Wir haben schon lange sehnsüchtig auf euren Planeten geblickt, weil ihr und wir — ja! gemeinsam können wir das Ziel erreichen: Die Vernichtung des Lebens!

FÄUMS *(freudig):* TOD! TOD DEM LEBEN!

3. FÄUM *(tritt vor):* Euer Planet, der rote Planet Erde, ist doch der Planet von Mord und Totschlag.

FÄUMS: MORD UND TOTSCHLAG!

4. FÄUM *(tritt vor):* Erdbewohner, helft uns in unserem großartigen Kampf, das Leben zu zerstören!

5. FÄUM *(tritt vor):* Helft uns, die Lawine des Bösen ins Rollen zu bringen!

6. FÄUM *(tritt vor):* Laßt uns gemeinsam den Weltuntergang planen.

FÄUMS: UNTERGANG!

*(Die Erdbewohner sind äußerst entrüstet)*

STEFAN: Jetzt hört mal zu, ihr verkommenen Objekte — Ihr seht uns völlig falsch!

KONRAD: Wir würden nicht im Traum daran denken, bei eurem Komplott mitzumachen.

DIETRICH: Nehmt mal schön die Hände hoch und versucht ja keine Tricks. Diese Gewehre können einen Elefanten aus drei Kilometern in Stücke reißen!

1. FÄUM: Ha, ha! *(Zu den anderen):* Hypnotisiert diese Männer!

*(Die FÄUMS schwingen rhytmisch ihre Arme und summen dabei: Huh ... Huh ... Bong .. — bei „Bong" bleiben die Erdbewohner wie gelähmt stehen)*

1. FÄUM: Fantastisch! Jetzt, in Trance werden sie alle irdischen Geheimnisse preisgeben! Los, Leute, — auf zum Untergang!

FÄUMS: AUF ZUM UNTERGANG!

*(Sie gehen hintereinander von der Bühne und lassen die Erdbewohner erstarrt zurück. Das letzte FÄUM sieht noch einmal hinter dem Vorhang hervor)*

FÄUM: Äh — kommt mit, bitte.

*(Die Erdbewohner folgen mit ausgestreckten Armen wie Schlafwandler. Strato und Flexus kommen wieder herein. Flexus trägt ein Tablett mit drei zugedeckten Schüsseln)*

STRATO: So, hier kommt das Abendessen, meine Herren — Nanu, wo sind sie denn?

FLEXUS: Vielleicht wolln se was erforschen. *(Er setzt das Tablett ab)*

STRATO: Nun haben wir uns so viel Mühe gemacht. Was für schlechte Manieren.

FLEXUS *(schnüffelnd):* Warte mal, riechste nichts?

STRATO *(schnüffelnd):* Ja, jetzt wo du's sagst ...

FLEXUS: Riecht fast wie Schwefel, nich?

STRATO: Ja, fast wie — *(Sie sehen sich plötzlich bedeu-*

*tungsvoll an)*

STRATO und FLEXUS *(gemeinsam):* Schwefel!

STRATO *(sehr beunruhigt):* Die FÄUMS haben sie mitgenommen!

FLEXUS: Dett is klar wie Kloßbrühe!

STRATO *(setzt sich):* Ich nehme an, unsere Aufgabe ist es jetzt, sie zu retten.

FLEXUS *(setzt sich auf die Bank):* Ja,... fangn wa morgen mit an, watt?

STRATO: Hallo! *(zeigt nach rechts):* Da kommt jemand.

FLEXUS: Dett is doch der Händler vom Merkur. Dett is Mauschel. Hallo, Mauschel!

*(Mauschel tritt auf. Er ist wie Strato und Flexus gekleidet und sieht wie sie aus, allerdings alt und müde. Er müht sich mit einem riesigen Koffer)*

STRATO *(geht ihm entgegen, um ihm die Hand zu geben):* Grüß dich, Mauschel. Wir haben uns ja ewig nicht gesehen!

FLEXUS *(herzlich):* Du siehst ja scheen kaputt aus, altet Haus. Na, setz dich ers ma hin und schon die Beene. *(Mauschel setzt sich erschöpft und stellt den Koffer vor seine Füße)*

MAUSCHEL: Genauso fühle ich mich auch. *(Hoffnungslos):* Ihr wollt ja wohl auch keine Strahlenkanone kaufen, oder?

STRATO: Nein, danke.

MAUSCHEL: Sie kann eine ganze Stadt ausradieren.

STRATO: Gut, wenn ich eine ganze Stadt ausradieren will, werde ich auf dein Angebot zurückkommen.

MAUSCHEL *(niedergeschlagen):* Alle sagen heute dasselbe.

FLEXUS: Dett Jeschäft is schlecht, watt Kumpel?

MAUSCHEL: Furchtbar. Ich reise bis zum Zusammenbruch kreuz und quer durch das Sonnensystem, aber keiner will mehr Waffen kaufen. Frieden und Eintracht — nichts als Eintracht und Frieden, wo immer ich auch hinkomme. Es ist grauenhaft.

FLEXUS: Is ja ooch nicht jerade scheen, solche Dinge zu verkoofen, mit die man Leute killt.

MAUSCHEL: Was soll ich denn sonst tun? Ich habe nichts anderes gelernt. Vielleicht könnte ich umschulen, aber in meinem Alter ist das nicht so einfach.

STRATO: Du könntest ja an die FÄUMS verkaufen.

MAUSCHEL *(schockiert):* Oh, nein, nein. Das kann ich nicht mit meinem Gewissen vereinbaren.

STRATO: Warum versuchst du es nicht auf der Erde?

MAUSCHEL *(nachdenklich):* Der Planet Erde? ... Es lohnt sich nicht, darüber nachzudenken. Die sind noch nicht so weit. *(Er steht müde auf)* Die Tatsache ist die: Ich bin am Ende. *(Er nimmt seinen Koffer und geht zur Mitte)* Keiner will mehr Vernichtungsmaschinen. Gedichtbände verkaufen sich dagegen wie warme Würstchen.

STRATO: Ich würde dir so gern helfen, Mauschel.

MAUSCHEL: Ich weiß. Wenn du nur könntest, wie du wolltest, alter Freund.

FLEXUS: Vielleicht jibts ma nen scheenen Kriech irjendwo. Kopp hoch.

MAUSCHEL: Schön wär's. Es war jedenfalls nett von Euch, daß ihr mir zugehört habt. Bis bald.

STRATO und FLEXUS *(gemeinsam):* Bis bald, Mauschel. *(Mauschel tritt ab)*

FLEXUS: Der arme olle Mauschel. Verkooft Waffen in nem friedvollen Universum!

STRATO *(sieht hinter Mauschel her):* Ja! Es ist eine Schande ... Was! Noch mehr Besucher? *(erschrocken):* Flexus! Vorsicht! Die FÄUMS!

*(Strato und Flexus verstecken sich hinter der Bank. Die FÄUMS treten auf)*

FLEXUS: Hört ma her — wenn ihr Ärjer haben wollt, kriegt ihr ooch welchn. Wir wolln euch eklije Viecher hier nicht habn!

STRATO: Verschwindet!

1. FÄUM *(ängstlich):* Nun, hör mal, Strato —

STRATO: Strato? Mit wem redest du überhaupt? Verschwindet!

1. FÄUM: Nein, hör bitte zu.

STRATO: Also gut, was ist?

1. FÄUM: Bitte helft uns, diese g r ä ß l i c h e n Erdbewohner loszuwerden!

STRATO: Warum? Was ist denn Schlimmes mit ihnen?

1. FÄUM: S c h l i m m e s ? Es ist u n b e s c h r e i b-l i c h !

FLEXUS: Warum habt er se denn dann mitjenommen?

1. FÄUM: Wir geben zu, es war ein Fehler. Wir konnten doch nicht ahnen, daß es so etwas Niederträchtiges gibt.

STRATO: Ich dachte, ihr wollt die Zerstörung des Lebens, oder so ähnlich?

1. FÄUM: Ja, schon, aber da ist ein großer Unterschied zwischen anständiger Zerstörung und den Horrorgeschichten, die die uns erzählt haben.

2. FÄUM: Wir haben sie in Trance versetzt, und sie haben uns ihr Leben auf der Erde beschrieben.

3. FÄUM: Ihre schmutzigen Tage!

4. FÄUM: Ihre schweinischen Nächte!

5. FÄUM: Ihre verdorbene Geschäftswelt und die tierischen Vergnügungen!

6. FÄUM: Das widerwärtige Versicherungswesen, Banken, Ämter!

2. FÄUM: Die verkommenen Häuser, Hotels, Clubs!

3. FÄUM: Züge, U-Bahnen, Busse, Autos!

4. FÄUM: Die Kerker und Paläste, Villen und Verliese!

5. FÄUM: Ihre Luxusdampfer!

6. FÄUM: Ihre Kinos und Kneipen!

2. FÄUM: Picknick am Strand!

3. FÄUM: Ihre Volksfeste!

4. FÄUM: Wie sie essen und schlafen, sich baden und begraben!

5. FÄUM: Diese Männer!

6. FÄUM: Diese Frauen!

FÄUMS *(zusammen):* DIESES VIEHISCHE LEBEN!

1. FÄUM: Und was glaubt Ihr wohl, hat einer von ihnen gesagt? Ich werd's euch sagen: „Nicht mehr lange, und jede Hausfrau der Erde wird ihr eigenes Häuschen auf der Venus haben!"

STRATO *(ruhig):* Nun, da habt ihr euch ja etwas Schönes eingebrockt, nicht wahr?

1. FÄUM: Für euch wird das genauso schlimm.

STRATO: Keineswegs. Ihr werdet sehen, die wollen alle wieder nur im Süden leben.

*(FÄUMS seufzen)*

1. FÄUM *(sehr enttäuscht):* Nun ja, ich glaube, wir haben es verdient. Also los, Leute — auf zum Untergang! *(Sie beginnen hinauszuwatscheln)*

STRATO: Moment! Ich habe es mir anders überlegt!

FÄUMS *(kommen jubelnd zurück):* Hurra!

STRATO: Ruhe! Flexus, lauf hinter Mauschel her und bring ihn zurück, ja?

FLEXUS: In Ordnung. *(Auch Flexus verschwindet)*

1. FÄUM: Wollt ihr uns wirklich helfen?

STRATO: Ja. Ich hätte zwar nie gedacht, daß ich mich mit einem FÄUM solidarisch erklären könnte, aber der Zweck heiligt die Mittel. Ich beabsichtige, die Erdbewohner geradewegs zur Erde zurückzuschicken.

1. FÄUM *(tritt mit ausgestreckter Hand vor):* Das ist großartig! Wie kann ich dir jemals danken —

STRATO *(hastig):* Bäh — bleib mir bitte vom Leib. Ich möchte nicht die ganze nächste Woche nach Schwefel stinken.

1. FÄUM *(zurücktretend):* Oh, Entschuldigung. Natürlich, war nicht so gemeint.

STRATO: Wie schnell könnt ihr die Erdbewohner zu mir bringen?

1. FÄUM: Mit zweifacher Lichtgeschwindigkeit.

STRATO: Das wird reichen. Und nun, seht, daß ihr fortkommt.

1. FÄUM: Mit Vergnügen. Los Leute, ein Lied!
*(Die FÄUMS treten ab und singen dabei ein fröhliches Marschlied, z.B. ‚Oh du schöner Westerwald')*

STRATO *(tritt an den Bühnenrand, zum Publikum):* Ich hoffe nur, daß ich das Richtige tue.
*(Flexus und Mauschel kommen zurück)*

FLEXUS: Hier isser, Chef.

STRATO: Ach, Mauschel. Ich glaube, jetzt habe ich doch noch ein Geschäft für dich.

MAUSCHEL: Das ist wirklich nett von dir, Strato.

STRATO: Nein, nett überhaupt nicht. Hast du deine Sachen dabei?

MAUSCHEL: Selbstverständlich!

STRATO: Ich glaube, du bist dabei, das Geschäft deines

Lebens zu machen. Ah, da kommen sie. Halt dich bereit. *(Die Erdbewohner kommen herein)*

STEFAN: Hallo, Kinder! *(sieht Mauschel)*Gute Güte, das ist ja noch einer davon!

STRATO: Guten Abend. Haben Sie sich gut amüsiert?

DIETRICH: Wir haben eure Fliegenäugigen Monster getroffen.

KONRAD: Und haben ihnen gezeigt, wie sich zivilisierte Wesen zu benehmen haben.

STRATO: Tatsächlich? Und was haben sie dazu gesagt?

STEFAN: Oh, sie waren wahnsinnig beeindruckt. Sie sind offensichtlich viel intelligenter als ihr.

STRATO: Sind sie das, schön, schön.

DIETRICH: Als wir ihnen vom Leben auf der Erde erzählten, waren sie so beschämt, daß sie davonschlichen.

KONRAD: Wir werden ihnen Entwicklungshilfe zukommen lassen. Wir werden auf der ganzen Venus Schulen einrichten.

STRATO: Eine gute Idee! Erlauben Sie mir, Ihnen einen Freund von mir vorzustellen. Erdbewohner, Mauschel — Mauschel, Erdbewohner.

STEFAN: Und wer ist dieser drollige kleine Bursche?

STRATO: Mauschel ist ein Wissenschaftler. Er kommt vom Merkur.

KONRAD: Ein Wissenschaftler. Wie lustig!

STRATO: Zeig ihnen deine Waren, Mauschel!

*(Mauschel bringt seinen Koffer nach vorn und öffnet ihn. Die Erdbewohner sehen ihm dabei belustigt zu wie Besucher im Zoo vor dem Affenkäfig)*

MAUSCHEL *(fischt ein Gerät heraus):* Meine Herren, dies ist eine Strahlenkanone. Sie kann eine ganze Stadt ausradieren.

*(Die Haltung der Erdbewohner ändert sich völlig)*

STEFAN *(nimmt die Strahlenkanone an sich und untersucht sie eingehend):* Ich muß sagen ... wirklich brillant.

DIETRICH *(nimmt die Strahlenkanone):* Zivilisation in höchster Potenz!

*(Die Erdbewohner tauschen verstohlene Blicke aus)*

KONRAD: Äh — bitte entschuldigen Sie unsere Grobheiten, mein Herr. Wir sehen, daß Sie von einem sehr fortschrittlichen Planeten kommen.

MAUSCHEL: Nun, dies hier *(zeigt ein anderes Gerät)* ist ein Diabolator. Er macht aus Menschen Staubhäufchen.

STEFAN: Phantastisch!

DIETRICH: Es macht mich ganz ehrfürchtig, mit diesem genialen Kopf zu sprechen.

KONRAd: Unterbrecht ihn nicht. *(Zu Mauschel):* Ich bitte Sie — reden Sie weiter.

MAUSCHEL: Und dies hier *(Er zeigt ein helmförmiges Objekt)* ist eine Nihilisations-Kappe. Man setzt sie nur auf, denkt, und alles um einen herum fällt in Stücke.

STEFAN *(atemlos):* Wundervoll, einfach wundervoll.

KONRAD: Allem, was wir auf der Erde haben, meilenweit überlegen.

STRATO *(beiläufig):* Mauschel wollte schon mal damit die Erde besuchen.

MAUSCHEL: Oh, nein, ich —

STRATO: Pst!

STEFAN: Wirklich! Was für eine Ehre!

DIETRICH: Jede Universität wird ihm einen Ehrendoktor verleihen.

KONRAD: Er wird den Nobel-Preis bekommen.

MAUSCHEL: Nobel-Preis? Wofür kriegt man den?

STRATO: Für den Frieden.

MAUSCHEL *(ziemlich verwirrt):* Das ist wirklich nett von Ihnen, meine Herren, all diese Auszeichnungen für mich. Aber der springende Punkt ist der, werde ich Geld dafür bekommen, denn sehen Sie —

STEFAN: Geld? Mein lieber Herr, auf unserem Planeten wird Genialität bezahlt. Sie werden ein Riesengeschäft machen.

MAUSCHEL: Oh, in diesem Falle —

DIETRICH: Sie kommen mit uns zur Erde?

MAUSCHEL: Wenn das so ist, gern.

STEFAN: Glänzend! Was für ein großer Tag für die Erde!

DIETRICH: Hört mal zu, Leute. Laßt uns die FÄUMS vergessen. Das hier ist so viel wichtiger.

KONRAD: Aber wann können wir starten? Unser Raumschiff ist defekt.

MAUSCHEL: Wir können meines nehmen, wenn Sie wollen. Es ist ganz bequem.

STEFAN: Dürfen wir? Das ist überaus reizend von Ihnen.

DIETRICH: Wann können wir starten?

MAUSCHEL: Sofort, wenn Sie wollen.

ERDBEWOHNER *(zusammen):* Ja, wir wollen keine Sekunde verlieren!

FLEXUS: Und watt is mit Ihrem Abendessen?

STEFAN: Abendessen? Wer denkt denn an Essen, wenn ein Genie wartet. Kommt, Jungs, auf zur Erde mit diesen brillanten Todesmaschinen. *(Sie nehmen ihre Helme auf)*

KONRAD *(zu Mauschel verneigend):* Nach Ihnen, mein Herr.

MAUSCHEL: Nein, nein. Nach Ihnen. *(Er läßt Konrad vor und dreht sich zu Strato um, während die Erdbewohner abtreten)* Strato, alter Freund, ich weiß nicht, wie ich dir danken soll.

STRATO: Nicht der Rede wert. Es war mir ein Vergnügen. *(Mauschel tritt ab)*

STRATO: So, jetzt ist erst mal jeder zufrieden. Aber wie lange wohl?

FLEXUS: Und dett allet ohne Abendbrot!

STRATO: Ich weiß, was wir damit machen. Komm, ich hab' Hunger.

*(Sie nehmen das Tablett und gehen hinaus. Der Vorhang fällt)*

*John Mortimer*

# KOMM DOCH WIE DU BIST

Aus dem Englischen übertragen von Estella Schmid

Personen:

Jim
Polly
Stephanie
Griselda

Ort der Handlung:

Die Küche eines Hauses in der Nähe
von Swiss-Cottage

Zeit:

Früher Abend — Herbst

## KOMM DOCH WIE DU BIST

*(Modernisierte Küche im Erdgeschoß eines Viktorianischen Hauses im Norden Londons, eingerichtet im Stil eines Menschen, der offensichtlich unter dem Einfluß des „modernen" Warenhausstils und der Illustrierten „Schöner Wohnen" steht. Durch eine große offene Tür in der Mitte kann man den Vorraum und den Treppenaufgang zum Schlafzimmer sehen. Eine andere Tür führt in den Garten. An der Wand ein Holzbrett, darauf mit Reißnägeln befestigt Rezepte, Einkaufszettel und eine Zeichnung, die Stephanie als kleines Mädchen gemacht hat. Darunter das Telefon. Rechts ein Gasherd, davor ein Küchentisch mit Schüsseln und Hackbrettern. Davor zwei Stühle. Links in einer Eß-Nische ein Tisch und eine mit Plastik überzogene, schmale Sitzbank. Auf diesem Tisch Schulbücher, Hefte, ein Ordner und ein Transistorradio, aus dem Pop-Musik ertönt. Stephanie, 15 Jahre alt, in der Schuluniform, schreibt emsig und blättert dabei gelegentlich in großen Büchern und im Ordner. Jim, ein Mann mit Bärtchen steht am Küchentisch, schlägt Eier auf und trennt vorsichtig die Dotter vom Eiweiß. Er trägt eine blau-weiß gestreifte Schürze, Polly, seine Frau, hat einen Hosenanzug an, steht nervös rauchend daneben und spricht mit verhaltener Stimme zu Jim)*

POLLY *(flüsternd)*: Hast du ihr's gesagt...?
JIM *(flüsternd)*: Noch nicht dazugekommen.
POLLY *(verächtlich)*: Dein Rührei ist dir wohl wichtiger!
JIM *(flüsternd)*: Rührei! Das wird ein Krevetten-Souffle! Souffle aux Crevettes! *(Zerschlägt ein Ei)* Übrigens, wenn du so darauf brennst, es ihr zu sagen — warum sagst du es ihr nicht selbst?
POLLY *(flüsternd)*: Laß mir einen Augenblick Zeit...
JIM *(flüsternd)*: Was?
POLLY *(flüsternd)*: Ich war bis jetzt in der Redaktion. Jedem geht's ja nicht so gut wie dir...
JIM *(flüsternd)*: So? Dann geh du mal in den Supermarkt einkaufen. Mörderisch, sage ich dir!
*(Stephanie dreht nach einem Seitenblick auf die beiden*

*das Radio lauter. Die Pop-Musik übertönt ihre Stimmen. Um sich einander verständlicher zu machen, sprechen sie lauter — und benehmen sich bei ihrem Wortgefecht allmählich so, als hätten sie Stephanies Anwesenheit vergessen)*

POLLY: Irgendwann muß sie es ja doch erfahren, nicht wahr?

JIM: Natürlich muß sie...!

POLLY: Na also...

JIM: Ich bin durchaus bereit, es ihr zu sagen.

POLLY: Ein gesundes Familienleben basiert auf gegenseitigem Vertrauen und geteilter Verantwortung. Lies meinen Artikel in der nächsten Sonntagsbeilage!

JIM: Danke für den Tip. Aber ich lese deine Artikel schon seit zwei Jahren nicht mehr.

POLLY: Ich weiß. Dein literarisches Interesse konzentriert sich auf Kochrezepte.

JIM: „In der modernen Ehe ist Ehebruch während der Mittagspause so überholt wie ein Staubwedel!" Wann hast du das geschrieben? An dem Tag habe ich aufgehört, deine Artikel zu lesen...

*(Jetzt schreien sie sich bereits an. Stephanie schreibt und hört Radio und scheint davon keine Notiz zu nehmen)*

Und damit du es nur weißt...

POLLY: Was?

JIM *(schreit zum letzten Mal)*: Ich liebe Staubwedel!

*(Stephanie stellt das Radio ab. Plötzliche Stille. Pause)*

POLLY *(mühsam beherrscht)*: Jim...

JIM: Ja, Polly... ?

POLLY: Wäre es nicht besser, wenn wir dieses Problem wie zwei vernünftige Menschen behandeln?

JIM: Ganz meine Meinung.

POLLY: Na also, los...

JIM *(indem er ein Eidotter in die Schüssel fallen läßt)*: Sofort...

POLLY *(nachäffend)*: Sofort... Du hast noch ein ganzes Leben Zeit, Eier aufzuschlagen...!

*(Sie geht zum Eßtisch und setzt sich neben Stephanie. Während des folgenden Dialogs schreibt Stephanie mit äußerster Konzentration)*

POLLY: Steff...

*(Stephanie reagiert nicht)*

Ich nehme an, du hast dir in letzter Zeit Gedanken darüber gemacht, daß...

STEPHANIE *(schreibt)*: Wenn der potentielle Kapitalwert der Grundstücke im Norden Londons 50 Pfund pro Kubikmeter beträgt...

POLLY: Welche Grundstücke?

STEPHANIE: Wohnbezirke mit geringer Siedlungsdichte...

JIM: ... Was... ?

STEPHANIE: Und hohem Entwicklungspotential.

JIM *(zu Polly)*: Sie macht ihre Mathematik-Hausarbeit...

POLLY *(geduldig)*: Steff, wir möchten mit dir über ein etwas wichtigeres Problem reden.

STEPHANIE *(schreibt)*: Nach Abzug der Kapitalzuwachssteuer und der Provisionen...

POLLY: Sicher ist dir nicht entgangen... daß dein Vater und ich uns in letzter Zeit nicht besonders gut vertragen haben.

STEPHANIE *(wendet sich plötzlich an Jim)*: Und dann muß man auch noch die Größe des Gartens berücksichtigen. Was meinst du, wie groß er ist?

JIM *(versucht, behilflich zu sein)*: Welcher Garten?

STEPHANIE: Kein bestimmter. Gärten allgemein...

POLLY: Genau genommen ist eigentlich keiner von uns beiden schuld...

STEPHANIE *(schreibt)*: Na, sagen wir, zehn Quadratmeter...

POLLY *(entschlossen)*: Es ist bloß... Steff... zwei erwachsene Menschen müssen der Tatsache ins Auge sehen können...

JIM: Du weißt ja, wie das ist, Steff. Deine Mutter kommt immer müde aus der Redaktion, und ich hab ihr rein gar nichts zu sagen...

POLLY: So ist es eben heutzutage. Kinder müssen sich damit abfinden...

JIM: Wie mit Tiefkühl-Erbsen...

POLLY: Eine Folge des modernen Lebens!

JIM: Wer kauft heute noch frische Erbsen...? Die Arbeit, sie auszulösen!

POLLY: Ich weiß, du wirst dich der neuen Lage anpassen können...

JIM: Gewisse Marken sind wirklich ganz gut... Das Geheimnis ist: Kein Wasser, ein Würfel Zucker und ein großes Stück Butter!

POLLY *(über Stephanie hinweg zu Jim)*: Jim, bitte! Das ist wirklich nicht der geeignete Augenblick, um über Gemüsezubereitung zu diskutieren!

JIM: Entschuldige! *(Zu Stephanie)* Also, Steff, was wir dir sagen wollten, ist...

POLLY: Wir wollten dir klarmachen, daß wir — daß es nicht so wie bisher bleiben kann.

JIM: Damit du nicht eines Tages aufwachst und überrascht bist, wenn nur einer von uns zum Frühstück kommt...

POLLY: Nicht, daß wir böse aufeinander sind. Ganz im Gegenteil. Wir wollen uns nur jetzt schon mit allen... allen...

JIM: Konsequenzen auseinandersetzen! Es wird hart für dich sein, Steff. Wir sind uns darüber klar...

POLLY: Natürlich wirst du dich benachteiligt fühlen.

JIM: Wenn nur mehr einer von uns beiden da ist. Ach, mein armes Kind.

POLLY: Aber das geht vorbei. Nur eine Frage der...

JIM: Gewöhnung!

POLLY: Egoismus kann man uns bestimmt nicht vorwerfen...

JIM: Nein. Egoismus auf keinen Fall. Denn so, wie es jetzt ist, ist es für dich gar nicht gut, Steff...

POLLY: Kein guter...

JIM: Hintergrund?

STEPHANIE *(korrigiert den Ausdruck, ohne von ihrer Arbeit aufzusehen)*: Atmosphäre!

JIM: Genau. Keine gute Atmosphäre! Zu viele...

STEPHANIE: Spannungen?

JIM: Konflikte?

POLLY: Ich würde sagen... Spannungen ist das richtige Wort dafür.

JIM: Ach, auch dann, wenn du mir eine Konservendose voll mit chinesischen Austern an den Kopf wirfst und

mich verletzt...?
POLLY: Du meinst, wenn Gewalttätigkeit...?
STEPHANIE: Zum Ausbruch kam!
POLLY: Eben. Genau das ist äußerst schädlich...
JIM: Ja, äußerst schädlich...
POLLY: Ja sogar...
JIM: Traumatisch?
POLLY: Für ein Kind. Es könnte möglicherweise...
STEPHANIE: Narben hinterlassen? An der Persönlichkeit?
POLLY: Bleibende Narben an der Persönlichkeit. Der Entschluß ist uns nicht leicht gefallen, Steff.
JIM: Gar nicht leicht!
POLLY: Wir haben schlaflose Nächte deswegen verbracht..
JIM: Viele, schlaflose Nächte.
POLLY: Bitte, glaub uns, mein Kind... wir haben diese Entscheidung deinetwegen getroffen, weil es so das Beste für dich ist...
JIM: Das Beste für d i c h . Und die Lösung ist...
POLLY *(ringt sich durch)*: Scheidung!
JIM: Scheidung. Ein klarer Schlußstrich!
STEPHANIE: Ein klarer Schlußstrich?
*(Pause, während Stephanie weiterschreibt)*
POLLY: Ein klarer, endgültiger Schlußstrich... Das wollten wir dir sagen, Stephanie...
*(Lange Pause. Beide blicken gespannt auf Stephanie. Diese beendet ihre Arbeit und klappt energisch das Schreibheft zu)*
STEPHANIE: Nun, das ist so etwa das Ausmaß.
POLLY: Das Ausmaß von w a s ?
STEPHANIE: Von dem Wert des Objektes. Voraussetzung ist natürlich, daß die Baubewilligung erteilt und der für ein fünfzehnstöckiges Wohnhaus erforderliche langfristige Kredit genehmigt wird...
*(Sie geht zur Tür, das Schulheft in der Hand)*
JIM *(zu Polly)*: Sie stellen ihnen heutzutage sehr praktische Aufgaben...
POLLY: Aber wir wissen noch immer nicht, wie du über unsere Entscheidung denkst.
*(Stephanie bleibt bei der Tür stehen und blickt die Eltern an)*

JIM: Ja. Was meinst du?

STEPHANIE: Danke.

JIM: Was?

STEPHANIE: Besten Dank, daß ihr meine Interessen in Betracht zieht.

*(Sie lächelt plötzlich und geht auf die Tür zu, die in den Garten führt)*

POLLY: Wo gehst du hin?

STEPHANIE: Zu meiner Freundin Griselda... Sie wird das Ergebnis wissen wollen.

*(Sie geht durch die Tür hinaus. Jim steht auf und beginnt, unruhig in der Küche hin- und herzuwandern)*

POLLY: Das haben wir's.

JIM: Was willst du damit sagen?

POLLY: Jetzt hast du es endlich erreicht...

JIM: Was hab ich erreicht?

POLLY: Ihr jeden Halt geraubt... ihr Heim zerstört.

JIM: Ich... I c h habe ihr Heim zerstört — ?

POLLY: Klar, sie ist doch kein Kind mehr. Sie weiß genau, daß du jeden Tag mit dieser kleinen Serviererin... diesem fistelstimmigen Teenager mit dem Indianerhaarband zum Mittagessen ausgehst.

JIM: Ich bin wenigstens zum Tee wieder daheim. Weißt du, was es für ein Kind bedeutet, seine Mutter nie daheim zum Tee zu sehen... ?

POLLY: Das war doch erst in der letzten Zeit, seit man mir die Rubrik „Haus und Heim" übergeben hat.

JIM *(mit tiefster Verachtung)*: „Haus und Heim"! Oh, wie ich Gott danke, daß ich wenigstens einen Blätterteig machen kann, wenn es darauf ankommt...

POLLY *(steht auf und geht auf ihn zu)*: Ein Mann, der Kochbücher schreibt! Was für ein Vater soll das sein? Steff sehnt sich nach einem schlanken, ruhigen Vater, der Pfeife raucht, Lederfleckchen an den Ellbogen hat und sagt: „Hör zu, junge Dame! Jetzt gehst du sofort hinauf und wäscht dir dieses scheußliche Make-up herunter!" Und was hat sie stattdessen? Eine groteske Figur, die nichts anderes zu tun hat, als sich auszudenken, was man noch alles mit Weinblättern machen kann!

JIM: Und eine Mutter, die ihre Mittagspause in einer Journalistenkneipe in der Fleetstreet verbringt, aussieht wie ein rasender Reporter, der einem miserablen Krimi entstiegen sein könnte und sich mit dem Motorsportjournalisten vollsäuft.

*(Er kauert sich nieder, um im Schrank eine Flasche zu suchen)*

POLLY: Mit welchem Motorsportjournalisten?

JIM: Du weißt ganz genau, wen ich meine.

POLLY: Leider nein. Sag es mir...

JIM: Mr. Pringle.

POLLY: Schön. Was ist mit Dennis?

JIM *(steht auf, eine leere Whiskyflasche in der Hand)*: Diese lächerlichen Anrufe — „Hier spricht Dennis Pringle. Hat Polly am Sonntag schon etwas vor? Ich dachte, sie möchte vielleicht mal eine Runde mit dem neuen Cortina drehen, um die Federung zu testen"! Er hat schon wieder unseren ganzen Whisky ausgesoffen...

POLLY: Dennis hat damit nichts zu tun.

JIM: Und Kika auch nicht.

POLLY: Wer zum Teufel ist Kika?

JIM: Ein Mädchen, das zur Abwechslung einen weiblichen Beruf hat — wie etwa den Coy au Vin in einem Restaurant in Chelsea zu servieren. Kika kannst du die Schuld nicht in die Schuhe schieben! Scheidung kommt unter zivilisierten Leuten eben mal vor...

POLLY: Sie kommt häufiger bei zivilisierten Leuten vor, die ihre Hände nicht von schmierigen Mädchen lassen können, die in stinkenden Bistros herumschleichen, verkleidet als Indianerprinzessin Minnebaha.

JIM *(nimmt seine Schürze ab)*: Ich geh nur mal schnell in die Kneipe.

POLLY *(zynisch)*: Wieder einmal ein kleines Telefonat fällig... hm?

JIM *(mit großer Beherrschung)*: Um eine Flasche Whisky zu kaufen.

*(Er geht hinaus. Polly bleibt eine Weile unschlüssig stehen, dann nimmt sie ihre Handtasche, setzt sich auf die Bank in der Eßnische und zündet sich eine Zigarette an. Stephanie kommt aus dem Garten herein. Sie ist gut gelaunt und pfeift vor sich hin. Ohne von Polly Notiz zu*

*nehmen, geht sie zum Telefon, wählt eine Nummer und blättert in ihrem Schulheft)*

STEPHANIE: Harvey, Greenish und Auk — oh, könnte ich Mr. Greenish sprechen bitte... ?

POLLY: Stephanie...

STEPHANIE *(dreht sich um)*: Ach, du... hab dich gar nicht bemerkt...

POLLY: Sag, kannst du uns jemals verzeihen... ?

STEPHANIE: Aber natürlich. *(Ins Telefon)* Mr. Greenish..? Hier spricht Stephanie, die Freundin von Griselda... Ich hab vielleicht etwas für Sie. Kann ich Sie später wieder anrufen? Gut... Spätestens bis sieben... *(Legt den Hörer auf)* Ist Papa weggegangen?

POLLY: Ja.

STEPHANIE: Gut. Wie wär's mit Bohnen zum Abendessen?

*(Sie öffnet den Schrank, nimmt eine Konserve Heinz Baked Beans heraus und stellt sie auf den Küchentisch)*

POLLY: Papa wird gleich zurück sein.

STEPHANIE: Ach...

POLLY: Er ist nur Whisky kaufen gegangen.

STEPHANIE *(Pause. Sie wendet sich Polly langsam zu)*: Dann bleibt dir nicht mehr viel Zeit...

POLLY: Was meinst du damit?

STEPHANIE: Ach, nichts. Eigentlich siehst du noch sehr jung aus...

POLLY: Aber Steff —

STEPHANIE *(geht zu Polly, setzt sich neben sie und nimmt ihre Hand)*: Ganz bestimmt. Auf der Straße halten uns manche für Schwestern.

POLLY *(geschmeichelt)*: Wirklich?

STEPHANIE: Ja. Unser Musiklehrer sagte unlängst — „Wir haben dich gestern mit deiner Schwester im Kino gesehen, Stephanie." Ehrlich, ich schwör's. Findest du das nicht beruhigend?

POLLY: Ich weiß nicht recht...

STEPHANIE: Trotzdem hast du nicht die Zeit herumzusitzen...

POLLY: Stephanie... ?

STEPHANIE: Die Zeit vergeht. Er wird nicht ewig auf dich

warten...

POLLY: Wer wird nicht warten?

STEPHANIE: Mr. Pringle.

POLLY: Dennis?

STEPHANIE: Klar. *(Pause)* Er hat doch eine kleine komfortable Wohnung, oder?

POLLY *(sie steht auf, Stephanie folgt ihr)*: Dennis wohnt in der Finchley Road.

STEPHANIE: Wird langsam eine vornehme Gegend, Mami! Und sehr bequem zum Einkaufen.

POLLY: Das schon... *(Pause)* Aber wir haben keine konkreten Pläne.

STEPHANIE: Dann macht doch welche.

POLLY: Werden wir auch, wenn's soweit ist.

STEPHANIE: Nicht erst, wenn's soweit ist. Gleich! Am besten heute abend.

POLLY: Steff, das ist eine Situation, die dein Vater und ich uns sehr, sehr gründlich überlegen müssen... Wir müssen die Sache richtig durchsprechen...

STEPHANIE: Mit Vati...!

POLLY: Natürlich. Er ist doch dein Vater.

STEPHANIE: Hat er mich je hinaus ins Grüne mitgenommen... ?

POLLY: Aber sicher...

STEPHANIE: Oder mit mir einen Sonntagmorgen am Auto herumgebastelt... ?

POLLY: Dein Vater hat seine eigenen Interessen.

STEPHANIE: Du weißt ja, was herauskommt, wenn du mit Vati etwas besprichst.

POLLY: Wir müssen uns gegenseitig unsere Standpunkte klarmachen.

STEPHANIE: Zwei Flaschen Wein, Cognac zum Kaffee und das übliche Gerede, daß ihr euch wie erwachsene Menschen benehmen müßt — und eh du dich versiehst, bist du auf einer gastronomischen Rundreise durch West-England, und Mr. Pringle wird sich mittlerweile eine süße Kleine in weißem Wildleder anlachen, wenn sie gerade ihrem neuen Fiat Samantha unter die Haube sieht...

*(Pause. Polly setzt sich nachdenklich an den Küchen-*

*tisch. Sie sieht, daß etwas Wahres an dem ist, was Stephanie eben gesagt hat)*

POLLY: Wir haben dir's ja gesagt, Steff. Vati und ich sind zu einer Entscheidung gekommen.

STEPHANIE: Dann ist jetzt die Zeit zum Handeln!

POLLY: Und wie stellst du dir das vor, Steff?

STEPHANIE: Irgendwohin gehen, wo du frei bist. Die Vergangenheit begraben. Weg von allem, was dich an dein früheres Leben erinnert.

POLLY *(sieht sie zweifelnd an)*: Deine Erfahrung — von der Ehe... ?

STEPHANIE: Wir haben in der Schule zwischenmenschliche Beziehungen diskutiert.

POLLY: Und... ?

STEPHANIE: Allgemein scheint man der Ansicht zu sein, daß man bei einer Scheidung wie beim Abnehmen eines Wundpflasters vorgehen soll. Ein schneller Ruck, und alles ist vorbei.

POLLY: Vielleicht...

STEPHANIE: Hau einfach ab — bevor du wieder Wurzeln schlägst.

POLLY *(sieht sie an, runzelt die Stirn)*: Willst du, daß ich das tue... ?

STEPHANIE: Es ist eine Entscheidung, die ich mir erkämpft habe... und dabei hatte ich das Beste für dich im Auge...

POLLY: Ich bin fünfzehn Jahre mit deinem Vater durch dick und dünn gegangen, Steff.

STEPHANIE: Lange genug, wenn du mich fragst.

POLLY: Und jetzt soll ich einfach alles im Stich lassen?

STEPHANIE: Wozu die Agonie verlängern?

POLLY: Dennis hat einmal gesagt, sein Gästezimmer steht mir zur Verfügung, wenn die Lage unerträglich wird...

STEPHANIE: Mami! Das ist deine Chance! Riskiere doch nicht, daß sie wieder erträglich werden könnte!

POLLY: Ich müßte dich natürlich mitnehmen...

STEPHANIE: Unsinn! Außerdem ist in Mr. Pringle's Komfort-Appartement für drei Personen kein Platz. Ehrlich gesagt, in der Finchley Road würde ich eurer Leidenschaft nur im Wege stehen!

POLLY: Aber wer soll sich dann um dich kümmern?

STEPHANIE: Ach, du lieber Himmel! Was meinst du, was ich mache, wenn Vati und du ausgehen? Ich mach mir mein Abendessen... Manchmal kommt Griselda herüber. Wir haben... unsere eigenen Interessen, die wir betreiben...

POLLY *(steht auf, unsicher)*: Wenn jemand hier auszieht, dann sollte es doch wirklich...

STEPHANIE: Er? Du wirst doch nicht auf seine Entscheidung warten?

POLLY: Ich weiß, es fällt ihm schwer...

STEPHANIE: Vorige Woche fragte er mich, ob er lieber jetzt seine Erkältung nehmen soll — oder erst nach Weihnachten.

POLLY: Es bleibt mir wahrscheinlich nicht erspart, den Anfang zu machen...

STEPHANIE: Er wird sagen, daß er sich von seinem neuen Grill nicht trennen kann...

POLLY: Ich werd es ihm sagen müssen... daß es jetzt endgültig entschieden ist...

STEPHANIE *(dringlich)*: Er kann jeden Augenblick zurück sein.

POLLY: Na schön. Ich sag es ihm... Natürlich kommst du dann in ein paar Tagen nach... Wenn ich mich erst eingewöhnt habe...

STEPHANIE: Es ihm sagen? Nein, sag es ihm nicht.

POLLY: Was?

STEPHANIE: Laß einen Brief zurück.

POLLY: Aber ich kann doch nicht einfach...

STEPHANIE: Geh fort und laß einen kurzen Brief auf dem Tisch im Vorzimmer. So hat es Griselda's Mutter auch gemacht. Es erspart Streit. „Ich verlasse dich für immer. Tut mir leid, aber du läßt mir keine andere Wahl. Deine..."

POLLY: D e i n e ... !

STEPHANIE *(überlegt)*: Vielleicht ist „Hochachtungsvoll" besser. Du willst doch nicht die Seine bleiben, oder?

POLLY: Du meinst, ich soll... jetzt gleich...! Aber er ist doch nur einen Whisky holen gegangen...

STEPHANIE: Du hast es doch wohl ernst gemeint... mit

der Scheidung?

POLLY: Glaubst du etwa, ich hätte einen Witz gemacht, Steff? Über eine so ernste Sache?

STEPHANIE: Ihr macht Witze. Das finden wir eben so beunruhigend an eurer Generation. Griselda's Mutter hat während ihrer Entbindung Witze gemacht... Die arme Gris leidet heute noch darunter...

POLLY: Stephanie... ich schwöre... jedes Wort, das ich deinem Vater gesagt habe, hab ich ernst gemeint.

STEPHANIE: Dann sitz doch hier nicht herum, Mami! *(Sie nimmt Pollys Hand und führt sie zur Tür)* Los! Soll ich dir deine Zahnbürste holen...?

POLLY *(verwirrt, da Stephanie sie zur Tür gebracht hat)*: Nein. Nein, natürlich nicht. Wenn alles geregelt ist, dann kommst du zu mir, nicht wahr, Steff?

STEPHANIE: Wenn du nicht gehst, kann ich nicht zu dir kommen, oder? Nimm nicht zu viel mit... *(Nachdem sie sie zur Tür hinausbugsiert hat)* Nur ein gutes Buch und eine Dose Hautcreme. Den Rest kannst du dir später holen...

POLLY *(während sie die Tür hinter sich schließt)*: Es ist alles so plötzlich...

*(Stephanie schließt die Tür hinter ihr und kommt ins Zimmer zurück. Sie nimmt ihr Schulheft, geht zum Telefon und wählt)*

STEPHANIE *(ins Telefon)*: Harvey, Greenish und Auk...? Ach, Sie sind's, Mr. Greenish? Hier Stephanie... ja. Ich hab so ein Gerücht gehört, daß bald wieder ein interessantes Objekt in Sicht ist. Ja. Es liegt in einer sehr entwicklungsfähigen Gegend. Bißchen vernachlässigt natürlich. Sie könnten von einer frühen Option profitieren. Aber natürlich nur, wenn das Übliche abfällt, wie Provision und Anbahnungsgebühr für meine Partnerin und mich. In Ordnung?

*(Legt den Hörer auf, als Jim mit einer Flasche Whisky in der Hand eintritt. Er stellt den Whisky auf den Küchentisch)*

JIM: Wo ist Mami?

STEPHANIE: Hat sich hingelegt, glaub ich.

JIM *(bemerkt die Bohnenkonserve)*: Was, zum Teufel,

soll das werden?

STEPHANIE: Mein Abendessen.

JIM: Kommt gar nicht in Frage. Der heutige Abend war zwar sehr schlimm, aber meine Hand ist noch ruhig genug, um ein Soufflé zu machen.
*(Er holt ein Glas und eine Siphonflasche und stellt beides auf den Küchentisch)*

STEPHANIE: Aber du bist doch heute abend gar nicht mehr hier, oder?

JIM: Wieso?

STEPHANIE: Du ziehst doch aus — ...

JIM: Dazu kommt es wohl, nehme ich an. Im Laufe der Zeit.
*(Beginnt sich einen Whisky einzugießen)*

STEPHANIE: Ich hab mit Mami geredet...
*(Sie schließt die mittlere Tür)*

JIM: Ach, ja? Was hat sie gesagt?

STEPHANIE: Ich glaube, sie versteht dich nicht so recht... *(Sie setzt sich an den Küchentisch)* Sie glaubt... du kannst dich nie entscheiden...

JIM: Zum Beispiel... ?

STEPHANIE: Zum Beispiel, daß du gehst.

JIM: Lächerlich...

STEPHANIE: Das hab ich ihr auch gesagt. „Er hat sich entschieden", hab ich gesagt, „und er wird gehen." So schnell wie der Blitz.

JIM: Ich treffe vielleicht nicht viele Entscheidungen — aber wer tut das schon? Zwei oder dreimal im Leben... *(Er zählt an den Fingern ab)* Heiraten, einen Bart wachsen lassen, Koch werden und sich scheiden lassen... Wenn ich so einen Entschluß fasse, Steff, dann steht er fest wie der Felsen von Gibraltar. Du hast recht. Sie versteht nicht...

STEPHANIE: Was?

JIM: Wie ich bin.

STEPHANIE: Das hab ich auch immer bemerkt.

JIM: Du hast es bemerkt?

STEPHANIE: Wenn wir von unseren Spaziergängen im Park zurückkamen...

JIM: Du erinnerst dich noch daran... ?

STEPHANIE: Wir spielten Detektiv. Ich war Sherlock Holmes.

JIM *(lacht)*: Und ich? Professor Moriarty... ?

STEPHANIE: Nein. Dr. Watson. Soweit ich mich erinnern kann...

JIM *(enttäuscht)*: Ach, wirklich...

STEPHANIE: Wir sammelten Indizien. Sonderbare Fahrscheine, abgebrannte Streichhölzer. Du hast einmal gesagt, „In einem weggeworfenen Kaugummi-Papier steckt oft mehr Böses als in allen Blutflecken der Welt!"

JIM: Das hab ich gesagt? Es war ein Spiel, das ich erfunden hatte.

STEPHANIE: Und ich hab es ihr wiedererzählt, so wie du es mir gesagt hattest, wohin uns diese Indizien führen würden. Ein paar Schuhe, die aus dem Gebüsch herausragen, das verschwundene Diadem auf einem Rosenstrauch... oder die Spuren eines riesigen Hundes im Schlamm der Heide... Aber sie sagte nur, „Glaub ihm kein Wort. Vati darfst du nicht ernst nehmen."

*(Das Geräusch von Schritten in der Eingangshalle. Die Haustür wird geschlossen)*

JIM: Was war das?

STEPHANIE: Mäuse. Im Keller.

JIM *(ungläubig)*: Nicht ernstzunehmen! Sie denkt, ich bin nicht ernstzunehmen... ?

STEPHANIE: Sie glaubt, du redest nur von Scheidung... wenn sie vom Gericht zurückkommt, wirst du noch immer hiersitzen und irgendeine Marinade zusammenbrauen.

JIM: Sie kennt mich nicht. Nicht ernstzunehmen? Sie kennt mich einfach nicht, weiß nicht, wie ich bin...

STEPHANIE: Sie hat auch nie Zeit dazu gehabt, dich kennenzulernen, oder? Sie war viel zu sehr damit beschäftigt, im Fernsehen Vorträge über die ideale Ehe zuhalten.

JIM: „Den Bart behälst du nie", sagte sie. „Ich geb dir eine Woche, bevor du ihn dir wieder abrasierst. Wir befanden uns gerade auf einer gastronomischen Reise durch Cornwall. Ein langer, heißer Sommer. Eines Morgens sagte ich, „Ich hab mich entschieden. Ich lasse mir einen Bart wachsen."

STEPHANIE: Ich hab's ihr ja auch gesagt, du wirst sie noch überraschen.

JIM: Den Bart hab ich heute noch, allen Zweifeln zum Trotz! Wenn sie herunterkommt, werde ich ein ernstes Wort mit ihr reden.

STEPHANIE: Das hat gar keinen Zweck.

JIM: Warum?

STEPHANIE: Sie wird dir nicht glauben...

JIM: Nicht glauben?

STEPHANIE: Wenn du etwas zu sagen hast — schreib es auf. Ein Brief ist ... überzeugender.

JIM: Du meinst, wenn ich... letzten Endes... weggehe...

STEPHANIE: Wenn du heute abend weggehst...

JIM: Heute abend? Ich hab grad alle diese Eier aufgeschlagen...

STEPHANIE: „Das ist das einzige, was er ernst nimmt", hat sie gesagt, „Weinblätter herrichten... Eier aufschlagen..."

*(Jim wirft den Löffel hin)*

JIM: Ich werd ihr zeigen, ob das das Einzige ist, was ich ernstnehme. Ich habe ihr gesagt „Es ist vorbei". Und es ist vorbei. „Wird nie weggehen" — Ich kann gehen, wann ich will. Es fehlt mir ja schließlich nicht an einem Bett, wo ich willkommen bin... Ich kann weggehen... *(es fällt ihm etwas ein)* Ich muß aber zuerst anrufen...

STEPHANIE: Ruf von der U-Bahnstation an. In dem Restaurant in Chelsea?

JIM: Wie bist du da drauf gekommen?

STEPHANIE: Weißt du, was du brauchst, Vati? Eine elegante Bude in Chelsea... mit Scheinwerferlicht auf dem peruanischen Bettuch, aufblasbare Plastik-Fauteuils und eine Nummer vom „Playboy" im Badezimmer.

JIM: Meinst du, daß das das Richtige für mich ist?

STEPHANIE: Klar. Du bist doch ein freier Mensch, nicht wahr?

JIM: Genau! Ein freier Mensch. Völlig frei. *(Schiebt den Topf von sich)* Chelsea war immer schon mein Traum... Ein kurzer Brief...

*(Er sucht in der Lade des Küchentisches, findet einen*

*Notizblock und einen Bleistift)*
Ein kurzer Abschiedsbrief, meinst du?
*(Kaut am Ende des Bleistiftes)*

STEPHANIE: Sag es so einfach wie möglich. Etwa ... „Ich gehe für immer..."

JIM *(schreibt)*: Ich gehe für immer...

STEPHANIE: „Tut mir leid, aber du läßt mir keine andere Wahl. Hochachtungsvoll..."

JIM *(schreibt)*: Was?

STEPHANIE: Hochachtungsvoll! So förmlich wie möglich.

JIM *(schreibend)*: Du scheinst in diesen Dingen sehr gut bewandert...

STEPHANIE *(sieht ihm beim Schreiben zu)*: Sehr gut, Vati. Ausgezeichnet! Ich muß schnell mal hinüber zu Gris... *(Sie nimmt ihren Mantel vom Ständer)* Auf sowas haben wir schon so lang gewartet...
*(Sie geht durch die Tür, die zum Garten führt, ab)*

JIM *(fertigschreibend)*: Nicht ernstzunehmen!
*(Jim steht auf. Er faltet den Brief sorgfältig zusammen und legt ihn auf den Tisch in der Eßnische. Dann geht er zum Küchentisch und trinkt seinen Whisky aus. Polly kommt in die Vorhalle. Sie hat einen nassen Regenmantel an und trägt einen Leinenkoffer. Sie stellt den Koffer hin, zieht den Mantel aus und kommt langsam in die Küche, hält Jim ein Stück Papier hin. Er dreht sich langsam zu ihr)*

JIM: Hallo. *(Pause)* Naß geworden...?

POLLY: Es regnet. Ich war schon auf halbem Weg hinunter auf der Rolltreppe, da ist mir eingefallen, daß ich vergessen hatte, dir das zu geben.
*(Sie reicht ihm das gefaltete Stück Papier)*

JIM *(nimmt es)*. Was ist es denn?

POLLY: Ein kurzer Brief.

JIM: Ich hab auch einen für dich.
*(Er legt ihren Brief auf den Küchentisch)*

POLLY: Wo?

JIM: Dort.
*(Er zeigt auf seinen Brief. Polly geht zum Eßtisch hinüber, setzt sich und faltet das Papier auseinander)*

JIM: Whisky?

POLLY: Gern...

*(Jim holt ein zweites Glas. Schenkt Whisky und Sodawasser ein und bringt ihr das Glas. Dann gießt er sich einen ein. Sie sitzen an verschiedenen Tischen und lesen ihre Briefe)*

JIM: Erstaunlich!

POLLY: Was?

JIM: Scheint ja, wir sprechen die gleiche Sprache.

POLLY: Bemerkenswert!

JIM: Das grenzt beinahe schon an Telepathie.

POLLY: Etwas Derartiges...

JIM: Ist doch wirklich komisch...

POLLY: Ja.

JIM: Daß wir beide... so förmlich sind.

POLLY: Versuchen, unsere wirklichen Gefühle zu verbergen... ?

JIM: Ja?

POLLY: Wahrscheinlich...

JIM *(Pause)*: Es ist aber doch die richtige Entscheidung... *(Pause)* Meinst du nicht auch?

POLLY: Oh, sicher! Wir haben die richtige Entscheidung getroffen. *(Pause)* Ich war auf dem Weg zur U-Bahn.

JIM: Ich auch!

POLLY: Das ist es eben! Wir sind einander zu ähnlich!

JIM: Das kompliziert alles so...

POLLY: Wohin wolltest du gehen?

JIM: Richtung Süden.

POLLY: Oh... *(Pause)* Irgendwo... südlich?

JIM: Chelsea.

POLLY: Minnehaha... ?

JIM: Jedenfalls wollte ich sie anrufen.

POLLY: Wirst du es dort bequem haben... ?

JIM: Natürlich. Sehr bequem.

POLLY: Gut...

JIM: Kika hat eine Couch, etwa sechzig Zentimeter breit. Sie teilt sie mit etwa zehn Teddybären.

POLLY: Kika... ?

JIM: So heißt sie... hab dir's ja gesagt.

POLLY: Zentralheizung... ?

JIM: Was?

POLLY: Erfreut sich Kika den Segnungen der Zentralheizung?

JIM: Mach keine Witze!

POLLY: Aber sie wird dir doch wenigstens fließendes heißes Wasser bieten können...

JIM: Sie hat nur einen Mini-Boiler, aus dem heißer Dreck tropft...

POLLY: Das tut mir aber leid.

JIM: Werd's überleben. Noch einen Whisky... ?

*(Er geht mit der Whisky-Flasche und seinem Glas zu ihr hinüber und setzt sich neben sie)*

POLLY: Nur einen Schluck.

JIM *(füllt beide Gläser nach)*: Und du — unterwegs zu Mr. Pringle?

POLLY: Dennis?

JIM: Ja. *(Hebt sein Glas)* Auf unseren großen Entschluß... *(Er trinkt)*

POLLY: Auf unseren Entschluß... *(Sie trinkt)*

JIM *(sieht sie an)*: Dein Haar ist naß. *(Berührt ihr Haar)*

POLLY: Draußen regnet's.

*(Er streicht mit der Hand über ihre Wange und legt seinen Arm um ihre Schulter)*

JIM: Ich mag es, wenn dein Haar naß ist...

POLLY: Ich finde es abscheulich.

JIM: Du siehst aus wie ein Seehund, der eben aus dem Wasser getaucht ist... Du hast dich also mit Mr. Pringle in Verbindung gesetzt... ? Ist es dir gelungen, ihn unter seinem Jaguar hervorzuholen?

POLLY: Ich hab ihn von der U-Bahnstation aus angerufen. Er gibt eine Party.

JIM: Klingt gut...

POLLY: Für Terry und Doreen...

JIM: Für wen?

POLLY: Ein Ehepaar, die eine Werkstatt an der Autobahn-West haben. *(Pause)* Sie feiern anscheinend ihre silberne Hochzeit...

JIM *(küßt ihr Haar)*: Wenn du nicht bald gehst, werden sie dir den ganzen Champagner wegtrinken...

POLLY: Ja, du hast recht.

*(Jim läßt seine Hand über ihr Schulter gleiten und strei-*

*chelt ihre Brust)*

POLLY: Eigentlich schien er etwas überrascht...

JIM: Bevor du gehst... wollte ich dir noch etwas sagen. Ich habe heute lange mit Steff gesprochen.

POLLY: Ich auch... *(Sie nimmt seine Hand weg)*

JIM: Wir haben uns doch selten so gut verstanden... *(Tut seine Hand zurück)*

POLLY: Ja, sie ist sehr tapfer. *(Sie entfernt seine Hand nicht mehr)*

JIM: Sehr tapfer. Großartig...

POLLY: Findest du nicht auch, Jim... *(Er küßt ihr Ohr)* Daß wir unglaublich egoistisch waren...?

JIM: Vielleicht...

POLLY: Ich frage mich, ob wir wirklich das Recht haben, Steff so etwas anzutun... *(Sie lehnt sich zurück gegen die Ecke der Bank. Zieht seinen Kopf nieder, so daß er auf ihrer Brust liegt. Er gleitet fast von der Bank herunter)*

JIM *(etwas atemlos)*: Das hab ich mich auch schon gefragt...

POLLY: Es kommt doch nicht auf uns an, sondern nur auf Stephanie.

JIM *(während er ihre Blusenknöpfe öffnet)*: Genau! Wir haben einfach nicht das Recht, nur an uns selbst zu denken...

POLLY: Persönliches Glück auf Kosten eines Kindes! *(Küßt seinen Scheitel)*

JIM *(mit erstickter Stimme)*: Ich sehe nicht ein, wie wir uns einem Kind entziehen können.

POLLY: Schließlich sind wir doch keine gewöhnlichen Eltern! *(Sie hat jetzt beide Arme um ihn gelegt. Ihre Beine sind ausgestreckt. Er liegt auf ihr. Beide balancieren unsicher auf der engen Bank)*

JIM: Zum Glück sehen wir tiefer.

POLLY: In die Kinderseele...

JIM: Hinter dem tapferen Lächeln lag offensichtlich ein gebrochenes Herz...

POLLY: Gebrochen. Total vernichtet...

JIM: Was ich mich frage...

*(Seine Hand ist jetzt unter ihrer Bluse. Er hebt den Kopf und küßt sie, aber ihre Bewegungen sind durch das Ende der Bank sehr beeinträchtigt)*

POLLY: Ist unser Leben so wichtig... ?

JIM: Genau.

POLLY *(faßt plötzlich einen Entschluß)*: Wir können es ihr nicht antun!

*(Sie setzt sich auf und stößt ihn dabei auf den Boden. Er landet in kauernder Haltung neben ihr)*

Es ist ... physisch unmöglich.

JIM *(steht auf)*: Ich bin nicht sehr gut auf schmalen Bänken...

POLLY: Ich meine, wir können Steff das nicht antun...

*(Polly steht auf und umarmt seine Taille)*

POLLY: Können wir's... ? Nein, wir können's nicht... !

JIM *(umarmt sie auch)*: Wir können es Steff nicht antun. Auf keinen Fall.

POLLY: Wir werden eben doch lernen müssen, zusammenzuleben...

JIM: So unangenehm es auch ist... *(Streichelt ihren Popo)*

POLLY: So entsetzlich es auch für uns sein mag...

*(Schmiegt sich an ihn)*

JIM: Um Steff's willen!

POLLY: Um unseres Kindes willen. Wir sind einfach nicht frei...

JIM: In solchen Situationen kommt es nicht auf das Individuum an.

POLLY: Ich möchte nach oben.

JIM: Ich auch.

POLLY: Mein Haar trocknen.

JIM: Ich helf dir...

POLLY: Schön...

JIM: Wir sagen es Steff nach dem Abendessen... um sie aus ihrer Spannung zu erlösen!

POLLY: Stell dir vor, die Last... auf einem so jungen Geschöpf, das im Wachstum ist...

JIM: Sie darf es nie erfahren...

POLLY: Was?

JIM: Worauf wir verzichtet haben. Um sie glücklich zu machen.

POLLY: Gott sei dank sind wir nicht wie andere Eltern, die...

JIM: Die was... ?

POLLY: Sich nicht aufopfern können für ihre Kinder.

*(Sie küssen sich im Abgehen und steigen dann engumschlungen die Treppe hinauf. Die Tür zum Garten öffnet sich und Stephanie tritt ein)*

STEPHANIE: Gris! Komm rein...

*(Griselda — ein dickliches, schweigsames Mädchen in Stephanies Alter, das die gleiche Schuluniform trägt, kommt nach Stephanie herein.*

*Stephanie sieht sich in der Küche um und schließt dann die Tür hinter sich zu)*

Die Luft ist rein. Setz dich, Gris...

*(Griselda setzt sich schweigend an das Ende des Küchentisches. Stephanie holt wieder die Bohnenkonserve. Sie öffnet sie, tut die Bohnen in eine Kasserolle, die sie auf den Gasherd stellt. Sie legt zwei Scheiben Brot in den Toaster. Dann stellt sie Jims Teller und Töpfe in den Abwasch)*

Wir haben's geschafft, Gris! Jetzt kriegen wir die ganze Straße auf dem Wohnungsmarkt! Wohnungen zu fünfzig Pfund pro Kubikmeter, kurze Pachtverträge für kinderlose Ehepaare... Hunde nicht erlaubt. Hab Greenish bereits informiert. Ich frage mich nur, Gris — was ist mit unserem Schülerrat. Brauchen wir Greenish eigentlich noch? Mit unserem Umsatz an gescheiterten Ehen könnten wir doch direkt mit der Gesellschaft für Wohnbauinvestition verhandeln? Schalten wir den Mittelsmann aus, Gris. Schließlich sind wir als Kinder am besten in der Lage, diese alten Familienhäuser freizubekommen — warum sollten wir unsere Provision mit anderen teilen? Willst du noch ein Stück Toast? Die Zukunft ist rosig, Gris! Ich hab mein Aug auf die Eltern von Jaqueline Stutter. Er hat ihr ins Schienbein getreten, nachdem sie auf der Elternversammlung geredet hat. Was meinst du?

*(Sie schaut sich schnell um, als die Tür aufgeht. Jim tritt ein. Er trägt einen Schlafrock, drunter ist er nackt. Er geht, sich entschuldigend, auf die Whiskyflasche zu)*

JIM: Verzeihung. Hol nur meinen Whisky... *(nimmt die*

*Flasche)* Mami ist etwas naß geworden. Sie braucht auch einen...

STEPHANIE: Ihr seid noch hier?

JIM: Ja. Es regnet ja so stark. Ist es nicht großartig, daß wir noch hier sind? Beide... *(Zu Griselda)* Du bist Griselda, nicht wahr? Ich bin Steff's Vater. Wir kennen uns noch nicht... *(Streckt Griselda die Hand hin)*

STEPHANIE: Noch immer hier... beide?

*(Jim sieht Griselda an, die ganz still aufsteht und hinausgeht durch die Tür, die in den Garten führt)*

Na also! Du hast alles verdorben...

JIM: Mami und ich haben die Sache noch einmal diskutiert, Steff. Wir wollen es noch einmal versuchen...

STEPHANIE: Etwa meinetwegen?

JIM: Natürlich dachten wir, daß du dich freuen würdest...

STEPHANIE: Warum könnt ihr nicht einmal etwas für euch selbst tun?

JIM: Aber wir dachten... ?

STEPHANIE: Wie lange bleibt ihr noch hier?

JIM: Unser Pachtvertrag läuft noch neunundneunzig Jahre, Steff. Es ist ein gutes Familienhaus.

STEPHANIE *(geht wütend auf ihn los)*: Neunundneunzig Jahre Pacht! Ich hab's ja gewußt. Ihr könnt es nie tun! Und weißt du, warum? Weil ihr nirgendwo anders hin könnt! Die ganze Welt liegt vor euch! Erstklassige Appartements, gemütliche Studio-Wohnungen, mit hundertprozentiger Fußbodenheizung, Zentralheizung, gekachelte Toiletten und Badezimmer... Und ihr habt keine andere Idee im Kopf, als eure neunundneunzigjährige Pacht abzusitzen... Zusammen! Um euch zu streiten und zu versöhnen! Wie zwei alte Leute, die in alle Ewigkeit Ping-Pong spielen. Wie lange muß ich noch für euch verantwortlich sein? Wie lange... ?

JIM: Du? Für uns... !?

STEPHANIE: Ja. Wie lang...? Ihr könnt euch ja nie zu etwas entscheiden.

JIM: Das ist nicht fair!

STEPHANIE: Den Bart hast du dir nur wachsen lassen wegen des Sonnenbrandes. Es tat dir weh, dich zu rasieren... Und dann konntest du dich nie entscheiden, ihn abzurasieren.

JIM: Steff, es mag etwas Wahres dran sein...

STEPHANIE: Und deine Heirat mit Mami! Wieviele Mädchen hast du damals gekannt?

JIM: Zwei... Die andere mußte zum Militärdienst — nach Übersee, das stimmt...

STEPHANIE: Dann hast du keine Wahl getroffen...

JIM: Na schön, Steff, du sollst recht haben. Wir haben uns nicht bewußt gewählt... Aber wir passen dennoch zusammen. Verstehst du das nicht? Und dieses alte Haus hier... uns gefällt es, Steff. Es ist zu spät, uns jetzt nach etwas Neuem umzusehen und zu wählen...

STEPHANIE: Zu spät!

JIM: Es ist wie mit dieser großen Küche. Ich kann nicht anders, Golf würde mich zu Tode langweilen...

STEPHANIE: Ach, nimm deinen Whisky und geh wieder rauf.

JIM: Wir wollen das Richtige tun. Die Familie zusammenhalten. Unser Heim... erhalten. *(Er geht zur Tür)* Das mußt du doch verstehen, Steff? *(Pause)* Was willst du eigentlich? Was soll ich tun?

STEPHANIE: Tun? Gib mir Land...?

JIM: Land? Wieviel?

STEPHANIE: Ein paar tausend Quadratmeter. Mit einer Option auf den Eigengrund — und Baubewilligung!

JIM *(sieht sie hoffnungslos an)*: Ich bin bald wieder unten, dir das Abendessen zu kochen...

*(Er geht und schließt die Küchentür hinter sich. Stephanie steht einen Augenblick reglos da. Dann geht sie zum Tisch in der Eßnische und verstaut die Bücher in ihrer Schultasche, holt sich dann zwei Äpfel aus einer Obstschale, steckt sie hinein und schließt die Tasche. Sie nimmt einen Zettel vom Küchentisch und liest ihn)*

STEPHANIE: „Ich gehe für immer... Tut mir leid, aber du läßt mir keine andere Wahl... Hochachtungsvoll...

*(Sie nimmt einen Bleistift, streicht die Unterschrift durch und schreibt)*

Hochachtungsvoll, Stephanie... P.S. Falls ihr euch je entschließen solltet, auszuziehen, bitte ich euch, sich mit mir über meinen Agenten Harvey, Greenish und Auk in

Verbindung zu setzen..."
*(Sie nimmt den Brief, trägt ihn zum Wandbrett hinüber und steckt ihn fest, während der Vorhang fällt)*

*(Ende)*

*Slawomir Mrozek*

# AUF HOHER SEE

Aus dem Polnischen übertragen von
Ludwig Zimmerer

Personen:
Der dicke Schiffbrüchige
Der mittlere Schiffbrüchige
Der schmächtige Schiffbrüchige
Ein Briefträger
Ein Lakai

# AUF HOHER SEE

*(Die Handlung vollzieht sich in einem Akt bei gleichbleibender Dekoration. Die Bühne stellt ein Floß auf hoher See dar. Die drei Schiffbrüchigen tragen elegante schwarze Anzüge, weiße Hemden, korrekt gebundene Krawatten. Aus den Brusttaschen ihrer Jacken schauen die Ecken weißer Tüchlein. Die Schiffbrüchigen sitzen auf drei Stühlen. Außerdem befindet sich auf dem Floß ein großer Koffer)*

DER DICKE: Ich habe Hunger.

DER MITTLERE: Ich würde gern etwas essen.

DER SCHMÄCHTIGE: Sind die Vorräte zu Ende?

DER DICKE: Die Vorräte sind völlig erschöpft. Es ist nicht das geringste übriggeblieben.

DER SCHMÄCHTIGE: Ich dachte, ein bißchen Kalbfleisch mit Erbsen müßte noch da sein.

DER DICKE: Nichts ist übriggeblieben.

DER MITTLERE: Essen!

DER SCHMÄCHTIGE: Ich könnte auch etwas vertragen.

DER DICKE: Etwas? Seien Sie doch realistisch, meine Herren, sagen Sie lieber...

DER MITTLERE: Mir ist schon alles gleich.

DER SCHMÄCHTIGE: Sie haben doch selbst gesagt, daß die Vorräte erschöpft sind. Was meinten Sie also?

DER DICKE: Wir müssen essen, aber nicht etwas, sondern jemanden.

DER MITTLERE *(schaut nach rechts, nach links und hinter sich)*: Ich sehe keinen.

DER SCHMÄCHTIGE: Ich sehe auch niemanden, abgesehen von... *(Bricht plötzlich ab. Pause)*

DER DICKE: Wir müssen einen von uns essen.

DER MITTLERE: Essen wir doch einen.

DER SCHMÄCHTIGE *(eilig zustimmend)*: Ja, ja, essen wir einen auf.

DER DICKE: Meine Herren, wir sind doch schließlich keine Kinder. Ich mache Sie darauf aufmerksam, daß wir nicht alle gleichzeitg rufen können: „Essen wir doch!" In dieser Lage muß einer von uns sagen: „Bitte sehr, meine Herren, bedienen Sie sich."

DER MITTLERE: Wer?

DER SCHMÄCHTIGE: Wer?

DER DICKE: Eben das wollte ich Sie fragen. *(Betretenes Schweigen)* Ich appelliere an Ihren Kameradschaftsgeist, an Ihre gute Erziehung.

DER MITTLERE *(zeigt plötzlich in die Luft, als ob ihn dort etwas sehr interessierte)*: Da fliegt eine Möwe, eine Möwe!

DER SCHMÄCHTIGE: Vielleicht ist das nicht fein, was ich jetzt sage, aber ich muß gestehen, daß ich schrecklich egoistisch bin. Schon in der Volksschule habe ich mein Vesperbrot immer allein aufgegessen.

DER DICKE: Das ist gar nicht schön... Aber wenn nichts anderes übrigbleibt, müssen wir losen.

DER MITTLERE: Ausgezeichnet!

DER SCHMÄCHTIGE: Das ist die beste Lösung.

DER DICKE: Die Auslosung vollzieht sich nach folgendem System. Einer der Herren nennt irgendeine Zahl. Dann nennt der zweite eine andere Zahl. Am Schluß nenne ich auch eine Zahl. Wenn dann die Summe der drei Zahlen ungerade ist, fällt das Los auf mich, und das heißt, ich werde gegessen. Sollte die Summe jedoch eine gerade Zahl sein, wird einer von Ihnen gegessen.

DER MITTLERE: Nein, ich bin eigentlich ein Gegner von Glücksspielen.

DER SCHMÄCHTIGE: Und wenn Sie sich vertun, was dann?

DER DICKE: Sie haben kein Vertrauen zu mir. Schade!

DER MITTLERE: Suchen wir besser einen anderen Ausweg, wir sind schließlich zivilisierte Menschen. Das Los ist ein Überbleibsel finsterer Zeiten.

DER SCHMÄCHTIGE: Ein vulgärer Aberglaube.

DER DICKE: Gut, führen wir also freie und allgemeine Wahlen durch!

DER MITTLERE: Keine schlechte Idee! *(Zum Dicken)* Wenn es Ihnen recht ist, bilden wir beide eine Wählergemeinschaft, einen Block. Das vereinfacht die ganze Sache.

DER SCHMÄCHTIGE: Der Parlamentarismus hat sich

überlebt.

DER DICKE: Aber es bleibt kein anderer Weg. Oder wollen Sie eine Diktatur? Ich würde mich bereit erklären, die Macht zu ergreifen.

DER SCHMÄCHTIGE: Nein, nein! Nieder mit der Tyrannei!

DER DICKE: Also, freie Wahlen!

DER MITTLERE: Geheime!

DER SCHMÄCHTIGE: Aber ohne Wahlbündnisse! Jeder stellt sich selbständig als Gegenkandidaten auf.

DER DICKE *(steht auf und nimmt aus dem Koffer einen Zylinder)*: Hier ist ein Hut. Die Karten mit dem Namen des Kandidaten kommen hier hinein.

DER SCHMÄCHTIGE: Ich habe nichts zum Schreiben.

DER MITTLERE: Wir helfen Ihnen gerne aus.

DER DICKE *(einen Füllfederhalter aus der Tasche ziehend)*: Bitte sehr!

DER MITTLERE *(sich die Hände reibend)*: Zur Urne! Zur Urne!

DER SCHMÄCHTIGE: Einen Augenblick! Wenn wir schon als moderne Menschen eine Wahl veranstalten, dann können wir die vorausgehende Etappe des Wahlkampfes nicht überspringen. Sie kommt in der ganzen zivilisierten Welt vor dem eigentlichen Wahlakt.

DER DICKE: Wenn Sie unbedingt wollen!

DER MITTLERE: Agitieren wir also, aber machen wir schnell!

DER DICKE *(steht auf, stellt seinen Stuhl in die Mitte des Floßes)*: Die Versammlung ist eröffnet! Wer tritt als erster ans Rednerpult?

DER MITTLERE *(zum Schmächtigen)*: Vielleicht Sie?

DER SCHMÄCHTIGE: Ich möchte lieber anschließend... Ich war nie ein guter Redner.

DER DICKE: Aber Sie sind der Urheber des Projekts.

DER MITTLERE: Ja, Sie haben den Massen dieses Versammlungs-Abhalten, diese Politikasterei eingeredet. Nun müssen Sie auch den Anfang machen.

DER SCHMÄCHTIGE: Wenn Sie unbedingt wollen... *(Stellt sich auf den als Rednerpult dienenden Stuhl. Die beiden anderen Schiffbrüchigen nehmen vor ihm Auf-*

*stellung. Der Dicke zieht ein mit zwei Stäben versehenes Transparent aus der Tasche und reicht ein Ende dem Mittleren. Sie entfalten das Transparent über ihren Köpfen. Die Aufschrift lautet: „Wir wollen essen")* Hm... meine Herren!

DER MITTLERE *(ihn unterbrechend)*: Wir sind einfache Menschen. Wir wollen keine Schmeicheleien hören...

DER DICKE: Sehr richtig! Nieder mit den zuckersüßen Worten! Wir wollen die nackte Wahrheit hören...

DER SCHMÄCHTIGE: Kollegen, wir haben uns hier versammelt...

DER MITTLERE: Zur Sache!

DER DICKE: Wir müssen an die Arbeit.

DER SCHMÄCHTIGE: Wir haben uns hier versammelt, um das brennende Problem der Lebensmittelversorgung einer Lösung entgegenzuführen. Kollegen, ich sollte dabei als Kandidat nicht in Erwägung gezogen werden. Ich habe Frau und Kinder. Mehr als einmal saß ich bei Sonnenuntergang im Garten und schaukelte meine Kinder, während meine Frau neben mir saß und häkelte, solange das Licht reichte. Meine Herren Kollegen, rufen Sie sich dieses milde, friedliche Bild vor Augen und fragen Sie sich, ob es nicht Ihr Herz bewegt.

DER MITTLERE: Das sind keine Argumente. Wenn es ums Gemeinwohl geht, müssen die Gefühle schweigen. Schaukeln können die Kinder auch alleine.

DER DICKE: Und sogar besser!

DER MITTLERE: Sehr richtig! In den Kindergarten mit ihnen! Da gibt's Karussells und Schaukeln genug. Nein, Kinder... das sind keine Argumente.

DER SCHMÄCHTIGE: Aber Kollegen! Als ich noch ein Knäblein war, reiften in mir hehre Pläne. Zugegeben, ich habe später nicht genug an mir gearbeitet, hab' nicht erreicht, was ich erträumt'. Aber ich fühle es: noch ist's nicht zu spät. Noch läßt sich manches gutmachen. So gelobe ich denn, daß ich mich nicht mehr gehenlasse und nicht erlahme im Streben nach meinem Ziel. Gar manches Mal bin ich gestrauchelt, das stimmt. Am Glauben an mich selbst hat's mir gefehlt; Trägheit und tatenlose Resignation kamen noch dazu. Aber ich kann noch alles nachholen. Ich schwöre es, jetzt wird nachgeholt! Ich werde meinen Willen trainieren, meinen Charakter stählen, mir Wissen aneignen, bis daß ich all das erreiche, was ich noch vor mir habe. Ich bringe es noch zu etwas!

DER MITTLERE: Lauter!

DER SCHMÄCHTIGE: Ich bringe es noch zu etwas!

DER DICKE: Das ist Subjektivismus!

DER MITTLERE: Wir wollen essen!

DER DICKE: Wenn's gefällig ist, jetzt zusammen! Drei, vier!

DER DICKE UND DER MITTLERE *(im Chor)*: Wir wol-len es-sen! Wir wol-len es-sen!

DER SCHMÄCHTIGE *(dem Zusammenbruch nahe, beinahe unter Tränen)*: Aber ich muß Ihnen trotzdem davon abraten, mit aller Entschiedenheit. *(Steigt vom Rednerpodium)*

DER MITTLERE *(übergibt ihm das Transparent und geht selbst ans Rednerpult)*: Tischgenossen! *(Der Dicke klatscht Beifall, der Schmächtige schließt sich zögernd an, schnieft)* Ich bin kein Intellektueller und hab's nicht gern, viel Worte zu machen. Aber wenn's gilt, Hand anzulegen, bin ich dabei. Seit frühester Jugend schon interessiert mich die kulinarische Kunst. Dabei geht's mir nicht ums Essen. Ich bin ein bescheidener Mensch, Ansprüche habe ich kaum, und, wenn ich ehrlich sein darf, das Essen macht mir kein Vergnügen. Dabei bin ich nicht heikel, und, was das Wichtigste ist, ich esse sehr wenig, ganz minimal. Aber was sage ich da! Im Grunde esse ich überhaupt nicht. Vor ein paar Jahren habe ich noch jeden zweiten oder dritten Tag einen oder höchstens zwei Bissen zu mir genommen. Aber dann habe ich's ganz aufgegeben, mit dem Essen überhaupt Schluß gemacht. Dagegen ist das Zubereiten leckerer Speisen mein Steckenpferd geworden. Für den guten Koch gibt es nichts Schöneres, als wenn er nach getaner harter Arbeit zusehen darf, wie die anderen essen, wie es ihnen schmeckt. Nur diesen Lohn wünsche ich mir. Hinzufügen möchte ich noch, daß meine Spezialität Fleischspeisen sind. Meine Saucen finden nirgendwo ihresgleichen. Mehr wollte ich nicht sagen.

DER DICKE: Bravo! *(Klatscht Beifall. Der Schmächtige macht einen apathischen Eindruck und reagiert gar nicht. Der Mittlere steigt vom Stuhl und tritt an den Platz des Dicken. Dieser tritt ans Rednerpult)*

DER MITTLERE: Hurra! *(Bricht ab, als der Dicke die Hand in die Hüfte stemmt und um sich blickt, als umgäbe ihn eine große Menschenmenge)*

DER DICKE *(erhebt seine Hand zum Gruß)*: Hungernde, seid gegrüßt!

DER MITTLERE: Hurra! Er lebe hoch! Siegheil!

DER DICKE *(bringt ihn mit einer Handbewegung zum Schweigen)*: Ich werde mich kurz fassen, wie es sich für einen Soldaten gehört. Erstens möchte ich euch nicht beeinflussen. Ihr selbst habt zu entscheiden. Ich bin euer Diener, und euer Wille ist mir heilig. Ich esse, was man mir vorsetzt. Zweitens: Reden wir nicht um den Brei herum, ich bin unverdaulich. Zeitlebens war ich zäh und knochig. Zudem habe ich zwei Rippen aus Eisen, habe bei einer Operation eine Niere verloren und muß darauf aufmerksam machen, daß bei mir ein Bein kürzer ist als das andere. Am Rande möchte ich noch erwähnen, daß ich möglicherweise Trichinen habe. Drittens: Demagogie liegt mir nicht. Ich bin für Klarheit. Wenn ich nicht gewählt werde, trete ich meinem Genossen freiwillig Schinken und Lendenstücke ab. Ich kann mich überhaupt mit der Zunge zufriedengeben. Aber wer es darauf abgesehen haben sollte, dem erkläre ich kurz und bündig: Auf die Zunge wird nicht verzichtet.

DER MITTLERE: Bravo, bravo! Führer befiehl!

DER DICKE: Das wäre alles. Ich liebe kein Geschwätz und habe nichts übrig für Philosophen und Weichlinge. Und nun: Vorwärts!

DER MITTLERE: Hurra! Bravo, bravo! Er lebe hoch, hoch, hoch! *(Der Dicke steigt vom Rednerpodium; die beiden anderen rollen das Transparent zusammen)*

DER DICKE *(zum Schmächtigen)*: Sind Sie jetzt zufrieden?

DER SCHMÄCHTIGE: Sie haben sich selbst übertroffen.

Nur... wissen Sie... ich kann eigentlich keine Lendenstücke essen... bekommt mir einfach nicht... Wenn's Ihnen nichts ausmacht, wäre ich gern bereit...

DER MITTLERE *(steht vor dem Dicken stramm)*: Gestatten, daß ich gratuliere! Die Rede hat mich zutiefst erschüttert. Was die Zunge betrifft, bin ich ganz auf Ihrer Seite.

DER DICKE: So, den Wahlkampf hätten wir hinter uns. Jetzt stimmen wir ab! *(Legt den Zylinder in die Mitte des Floßes. Sie gehen nach drei Seiten auseinander und schreiben, sich gegenseitig den Rücken zugewandt, auf ihre Kärtchen. Der Dicke und der Mittlere sehen sich nach dem Schmächtigen um. Der Dicke tritt an ihn heran und versucht, ihm über die Schulter zu schauen. Der Schmächtige merkt es rechtzeitig und verdeckt das Papier mit der Hand. Dann gibt er dem Dicken die Füllfeder zurück)*

DER SCHMÄCHTIGE: Meinen verbindlichen Dank!

DER DICKE: Gern geschehen! Sollten Sie noch etwas verbessern wollen, stehe ich zur Verfügung. *(Der Dicke geht zu einer anderen Ecke des Floßes. Jetzt schreiben er und der Mittlere. Der Schmächtige steht immer noch mit dem Rücken zu ihnen und blickt aufs Meer hinaus. Dann drehen sich alle drei gleichzeitig um, treten zur Mitte des Floßes und werfen ihre Kärtchen in den Zylinder)* So, nun wollen wir die Stimmen auszählen.

DER MITTLERE: Ich bin neugierig. Das Abstimmen macht Appetit.

DER SCHMÄCHTIGE: Sie könnten sich auch etwas taktvoller benehmen. *(Der Dicke steckt die Hand in den Zylinder, dann blickt er auf und fixiert lange den Schmächtigen)* Was ist denn passiert?

DER MITTLERE: Wie ist das Ergebnis?

DER DICKE: Meine Herren, wir müssen die Wahl für ungültig erklären.

DER MITTLERE: Wieso? Ich habe Hunger.

DER SCHMÄCHTIGE: Sie wollen die freien, demokratischen Wahlen torpedieren?

DER DICKE: Im Zylinder sind vier Kärtchen. Vier! *(Der Dicke und der Mittlere starren beide den Schmächtigen an)*

DER SCHMÄCHTIGE: Ich habe es ja gleich gesagt: Der Parlamentarismus hat sich überlebt.

DER MITTLERE: Und was machen wir jetzt?

DER DICKE: Eine typische Staatskrise. Vielleicht sollte man einfach einen Kandidaten nominieren.

DER SCHMÄCHTIGE: Aber wer stellt ihn auf?

DER DICKE: Ich will das gerne auf mich nehmen.

DER SCHMÄCHTIGE: Ausgezeichnet! Ich wollte das auch vorschlagen... Nein, nein, kommt nicht in Frage!

DER MITTLERE: Dumme Sache, mit der Demokratie hat's nicht geklappt, die Diktatur stößt auf Widerstände. Aber irgend etwas müssen wir uns doch ausdenken.

DER DICKE: In solchen Lagen kann nur eine opfer- und einsatzbereite Persönlichkeit die Lage retten. Erinnern wir uns daran, daß es immer Freiwillige waren, die einen Ausweg fanden, wenn die üblichen Verfahrensweisen versagten. *(Bereitet sich von neuem darauf vor, eine Rede zu halten)* Lieber und verehrter Kollege...

DER SCHMÄCHTIGE: Nein, nein, ich mache darauf aufmerksam, daß ich nicht zuhöre.

DER MITTLERE: Aufgepaßt!

DER DICKE: Verehrter und werter Herr! Uns allen ist bekannt, daß sich Charaktereigenschaften wie Opferwille, Liebe zum Nächsten und Kameradschaftlichkeit auf die Dauer nicht verheimlichen lassen. Schon vom ersten Augenblick an nahmen wir, das heißt der Kollege hier und ich, wahr, daß in Ihnen etwas steckt, was Sie von uns unterscheidet, und dieses etwas ist eben der angeborene Edelmut, das unwiderstehliche Verlangen, dem Gemeinwohl zu dienen, die Bereitschaft... Nicht wahr, Herr Kollege?

DER MITTLERE *(eifrig)*: In meinem ganzen Leben habe ich keinen besseren Menschen gesehen.

DER DICKE: Wir preisen uns glücklich, daß sich das Kollektiv endlich in der Lage sieht, Ihrem innigen Verlangen nach einer Gelegenheit, einer Chance zur Verwirklichung Ihrer verborgenen, reinen Sehnsucht Genüge zu leisten. Ihr heißer Wunsch ist es, in unser Gedächtnis einzugehen als eine geachtete, kameradschaftliche, appetitliche Persönlichkeit...

DER SCHMÄCHTIGE: Ich will nicht.

DER MITTLERE: Was, Sie wollen kein Freiwilliger werden?

DER SCHMÄCHTIGE: Nein!

DER DICKE: Sie verraten die Gemeinschaft, treten das Vertrauen Ihrer Gefährten mit Füßen, wollen nicht?

DER SCHMÄCHTIGE: Nein!

DER MITTLERE: Abscheulich!

DER DICKE: Sie lehnen unser Angebot endgültig ab?

DER SCHMÄCHTIGE: Kategorisch! Ich fühle mich nicht zur Größe berufen.

DER MITTLERE: Ich zerschneide zwischen Ihnen und mir das Tischtuch. Für einen ehrlichen Menschen, einen Patrioten unseres Floßes, habe ich Sie gehalten, und nun stellt sich heraus, daß Sie ein Halunke sind. Adieu. *(Tritt an den Rand des Floßes und dreht dem Schmächtigen den Rücken zu)*

DER DICKE: Sie haben uns enttäuscht. Die Ehre bedeutet Ihnen nichts. Aber vielleicht können Sie uns einen anderen Ausweg vorschlagen? Wir hören gerne zu.

DER SCHMÄCHTIGE *(Mut fassend)*: Einen Ausweg? Bitte sehr! Von Kind auf habe ich mich nach Gerechtigkeit gesehnt. Gerechtigkeit will ich, nicht mehr!

DER DICKE: Sie setzen mich in Erstaunen.

DER SCHMÄCHTIGE: Warum?

DER DICKE: Welche Gewißheit haben Sie denn, daß sich die Gerechtigkeit nicht gegen Sie wendet, wollte sagen, sich für Sie ausspricht, Sie zum Kandidaten bestimmt?

DER SCHMÄCHTIGE: Aber das ist doch ganz einfach! Von Kind auf war ich unglücklich, alles ging mir daneben, alles hat sich gegen mich verschworen, dementsprechend...

DER DICKE: Dementsprechend glauben Sie, die Gerechtigkeit müsse jetzt Ihr bisheriges Unglück ausgleichen?

DER SCHMÄCHTIGE: Ja!

DER DICKE: Es fällt auf, daß es vor allem Querulanten sind, die sich über das Fehlen einer allgemeinen, allumfassenden Gerechtigkeit beklagen. Mit diesem Geschrei nach Gerechtigkeit wollen Sie nur Ihre eigene Untüchtigkeit verheimlichen.

DER SCHMÄCHTIGE: Ich bleibe dabei! Mit allem bin ich einverstanden, unter der Bedingung, daß es gerecht zugeht.

DER DICKE: Das heißt unter der Bedingung, daß nicht Sie aufgegessen werden?

DER SCHMÄCHTIGE: Das ist eine Unterstellung. Ich will Gerechtigkeit, nicht mehr.

DER DICKE: Setzen wir uns, meine Herren. Ein schwieriges Problem, aber es läßt sich lösen.

DER MITTLERE: Mit dem rede ich nicht mehr. *(Alle nehmen die gleichen Plätze ein wie am Anfang)*

DER DICKE *(zum Mittleren)*: Herr Kollege, haben Sie eine Mutter?

DER MITTLERE *(zögernd)*: Wie soll man das ausdrücken? ... Und Sie, Herr Chef?

DER DICKE *(die Augen gen Himmel erhebend)*: Leider war ich beinahe von Anbeginn ein Waisenkind. Meine armen Eltern!

DER MITTLERE *(rasch)*: Genau das wollte ich auch sagen. Eigentlich habe ich überhaupt keine Eltern gehabt.

DER DICKE *(zum Schmächtigen)*: Und Sie?

DER SCHMÄCHTIGE: Ich habe ein Mütterlein, das mich jetzt in seiner Einsamkeit beweint. Arme Mama!

DER DICKE: Mir scheint, unter dem Gesichtspunkt der Gerechtigkeit ist die Sache ganz klar. Könnten Sie leichten Herzens Vollwaisen etwas Böses antun? Selbst die Wilden haben das Verwaistsein immer als das schlimmste Unrecht erachtet. Nein, werter Herr! Würde eines von uns Waisenkindern gegessen, so wäre das einfach ein Schlag ins Gesicht der elementarsten Gerechtigkeit. Nicht genug damit, daß wir Waisen sind, sollen wir auch noch aufgegessen werden.

DER SCHMÄCHTIGE *(verdutzt)*: Aber...

DER DICKE: Nein, werter Herr, das ist klar wie der Tag. Sie besitzen ein Mütterlein und hatten es daher immer besser auf der Welt. Glauben Sie nicht auch, daß es jetzt an der Zeit wäre, die moralische Schuld zu begleichen, die Sie den Waisen gegenüber haben?

Jenen gegenüber, die niemals mütterliche Fürsorge, die Wärme des häuslichen Herdes und die Annehmlichkeiten des Wohlstands erfahren haben? Und dies umsomehr, als Ihren eigenen Worten zufolge Ihr Mütterlein Sie ohnehin bereits beweint?

DER SCHMÄCHTIGE *(verzweifelt nach Argumenten suchend)*: Aber vielleicht ist meine Mama auch schon gestorben. In letzter Zeit fühlte sie sich gar nicht wohl. Und ich war schon so lange nicht mehr zu Hause.

DER DICKE: Sie reden wie ein Kind. Welche Beweise haben wir denn dafür? Es fehlt sogar die Spur von einem Beweis.

DER MITTLERE: Eben!

DER SCHMÄCHTIGE: Ich habe doch gesagt, daß sie sich nicht gut fühlte, als ich abfuhr. Man redet neuerdings so viel über Zivilisationskrankheiten...

DER DICKE: Der Phantasie des Künstlers, dem Spiel der Vorstellungen ist keine Grenze gesetzt. Ihre Frau Mama erfreut sich bestimmt bester Gesundheit. Gott gebe ihr ein langes Leben! Unsere Eltern aber... *(Zum Mittleren)* Erinnern Sie sich noch der langen Herbstabende, als wir im zarten Kindesalter barfuß den Passanten Streichhölzer verkauften?

DER MITTLERE *(die Hand vor Augen haltend)*: Sprechen Sie nicht davon! Besser ist's, wenn diese Erlebnisse im Schoße der Vergessenheit bleiben.

DER DICKE: Erinnern Sie sich noch an den entfernten Verwandten, den Statthalter, diesen Geizhals, der uns Halbnackten das letzte Stückchen Speck fortnahm, um es den Mäusen als Köder in die Falle zu geben?

DER MITTLERE *(stöhnend)*: O diese Geister der Vergangenheit!

DER DICKE *(hebt ratlos vor dem Schmächtigen die Arme, als ob er sagen wollte: Sie sehen selbst, da läßt sich nichts machen)*

DER SCHMÄCHTIGE: Entschuldigung, mir scheint, ich höre eine Stimme auf dem Meer. *(Lauscht)*

DER DICKE: Sie weichen vom Thema ab. Anscheinend erweckt der Menschen Elend kein Gefühl in Ihnen. O diese zum Egoismus erzogenen Muttersöhnchen! *(Jetzt ist schwach eine Stimme zu hören)*

DER MITTLERE *(anklägerisch)*: Er hatte einen Ball, als er klein war.

DER DICKE: Einen Ball und einen Teddybären. *(Die Stimme ist jetzt deutlicher zu hören)*

STIMME: Zu Hilfe! S! O! S!

DER SCHMÄCHTIGE: Aber wirklich! Jetzt hört man es doch ganz deutlich.

STIMME: Zu Hiiilfe!

DER DICKE: Tatsächlich, jemand kommt auf uns zugeschwommen... Immer bläst den Waisenkindern der Wind ins Gesicht.

DER MITTLERE *(steht auf und schaut auf das Meer hinaus)*: Chef, vielleicht ist das jemand mit Verpflegung. Man sieht, daß er nur mit einem Arm schwimmt und mit dem andern einen Gegenstand festhält. *(Der Dicke und der Schmächtige stehen ebenfalls auf. Sie treten zum Mittleren an den Rand des Floßes)*

DER SCHMÄCHTIGE: Das ist gar nicht ausgeschlossen. Wie leicht kann es passieren, daß ein Bauer, der mit seinem Ferkel zum Markt geht, ins Wasser fällt! Mit letzter Kraft sich über Wasser haltend, umklammert er mit einem Arm das Ferkel, sein einzig Hab und Gut.

DER DICKE: Man sieht ihn immer deutlicher.

DER MITTLERE: Es ist jemand in Uniform. Solche Leute erhalten ihr Essen im Kasino.

STIMME *(ganz nahe)*: Zu Hilfe!

*(Aus dem Meer steigt ein Briefträger in voller Uniform mit Dienstmütze und einer großen, an einem Schulterriemen hängenden Ledertasche. Der Mittlere zieht ihn aufs Floß)*

DER BRIEFTRÄGER: Besten Dank!

DER DICKE: Haben Sie nichts zu essen?

DER BRIEFTRÄGER: Rein gar nichts. Ich würde auch ganz gerne vespern. Noch vor dem Frühstück hat's mich weggeschwemmt. *(Erblickt den Schmächtigen)* Ach das sind Sie! Wie merkwürdig sich das trifft!

DER DICKE *(mißtrauisch)*: Die Herren kennen sich?

DER BRIEFTRÄGER: Freilich! Seit neun Jahren schon bringe ich diesem Herrn die Post. Ich wußte gar nicht, daß Sie auf See sind. Ein toller Zufall! Ich habe ein Telegramm für Sie.

DER SCHMÄCHTIGE: Ein Telegramm für mich?

DER BRIEFTRÄGER: Ja, gerade wollte ich mit dieser Depesche zu Ihrem Haus am Meer, als mich die Welle erwischt hat. Gott sei Dank, ich bin kein schlechter Schwimmer. *(Sucht in seiner Tasche)* Da ist sie ja!

DER SCHMÄCHTIGE *(tritt beiseite, um das Telegramm zu lesen)*: Sie entschuldigen mich einen Augenblick.

DER DICKE *(sehr mißtrauisch zum Briefträger)*: Ist diese Uniform echt?

DER BRIEFTRÄGER: Echt, nur ein bißchen naß. Wissen Sie, wenn man ins Wasser fällt...

DER SCHMÄCHTIGE: Hurra!

DER DICKE: Was ist los?

DER SCHMÄCHTIGE *(sich wieder in die Hand bekommend)*: Ein schwerer Schicksalsschlag hat mich getroffen. Meine Mutter lebt nicht mehr.

DER MITTLERE: Jetzt haben wir's.

DER SCHMÄCHTIGE: Im Zusammenhang damit möchte ich Sie darauf aufmerksam machen, daß ich jetzt auch ein Waisenkind bin. Wir müssen also unsere Beratungen wieder aufnehmen und die Frage, wer von uns gegessen werden soll, noch einmal von vorn durchdenken.

DER DICKE: Ich protestiere. Das ist Schiebung! Bestimmt stecken Sie mit dem Briefträger unter einer Decke.

DER BRIEFTRÄGER *(würdevoll)*: Mein Herr, Sie beleidigen einen Beamten in Ausübung seines Dienstes.

DER DICKE: Was hat er Ihnen dafür gezahlt? Vielleicht kennen Sie sich noch von der Schule her?

DER SCHMÄCHTIGE: Ihre Anschuldigungen entbehren jeder Grundlage. Fragen Sie doch den Briefträger, ob ich mit ihm eine Verabredung getroffen habe.

DER DICKE: Ausgezeichnet, fragen wir ihn. Ist er geständig, werden Sie unwiderruflich gegessen. Leugnet er, essen wir den Briefträger.

DER BRIEFTRÄGER: Was soll denn das? Da bin ich gerade erst angekommen und soll schon verspeist werden. Das ist doch unerhört!

DER DICKE: Eben, Sie eignen sich ausgezeichnet. Sie

sind noch ganz frisch.

DER MITTLERE: Chef, am besten essen wir beide. Postillon saute! Aus dem einen machen wir Braten und aus dem andern verschiedene hors d'oeuvres und den Nachtisch. Einen Teil kann man auch einpökeln und für später verwahren. Oder wir füllen den einen mit dem andern. Das schmeckt fabelhaft.

DER SCHMÄCHTIGE *(hoffnungsvoll)*: Vielleicht ist der Herr Postbote nicht Vollwaise. Wir Verlassenen und Heimatlosen... Man könnte ihn ja fragen.

DER DICKE *(sich über das Menu Gedanken machend)*: Vielleicht könnte man aus dem zweiten Wein keltern. Aber was für ein Burgunder läßt sich schon aus einem Briefträger gewinnen!

DER BRIEFTRÄGER *(lebhaft zustimmend)*: Da haben Sie ganz recht. Als Burgunder würde ich kaum das Mittelmaß erreichen, aber als Briefträger stehe ich meinen Mann.

DER MITTLERE: Ein echter Vin du Postillon ist nicht zu verachten.

DER SCHMÄCHTIGE *(zum Briefträger)*: Wenn Sie eine falsche Aussage machen und behaupten, wir hätten eine Verabredung getroffen, beschwere ich mich über Sie bei der Postdirektion.

DER BRIEFTRÄGER: Da brauchen Sie sich keine Sorgen zu machen. Ich habe mich während meiner dreißigjährigen Dienstzeit tadellos geführt.

DER DICKE: Schade um die Zeit! Haben Sie mit diesem Herrn eine Abmachung? Ja oder nein! Wenn Sie sagen, daß die Nachricht über das Ableben seiner Mutter fingiert ist, bekommen Sie die Nierchen und vielleicht noch eine Speckseite. Entspricht die Nachricht jedoch den Tatsachen, essen wir drei Waisenkinder Sie in Ihrer Eigenschaft als Briefträger. Die Post ist eine Institution für die Allgemeinheit und muß ihr als solche dienen.

DER SCHMÄCHTIGE: Ich beschwöre Sie, bleiben Sie standhaft!

DER BRIEFTRÄGER: Da brauchen Sie keine Angst zu haben! Ich bin ein Postbeamter aus altem Schrot und Korn. Ich laß mich nicht mit Nierchen kirren.

DER DICKE: Wir hätten noch ein Kniechen anzubieten. Aber mehr können wir uns beim besten Willen nicht leisten.

DER BRIEFTRÄGER: Nein! *(Auf sein Revers zeigend)* Sehen Sie hier die beiden gekreuzten Posthörner? Die Ehre dieser Hörner geht mir über alles. Auf Wiedersehen, meine Herren! *(Springt ins Wasser)*

DER SCHMÄCHTIGE: Nein, nein! Bleiben Sie noch ein bißchen! Erklären Sie wenigstens, daß ich unschuldig bin! Verlassen Sie uns nicht! *(Schwenkt das Telegramm)* Aber die Herren Kollegen konnten sich jetzt selbst davon überzeugen, daß wir unter dem Gesichtspunkt der Gerechtigkeit in der gleichen Lage sind. Wir alle sind Waisen.

DER DICKE *(gleichgültig zum Mittleren)*: Decken Sie bitte den Tisch! Alles erforderliche finden Sie in meinem Koffer.

DER SCHMÄCHTIGE *(zurückweichend)*: Wie das? Waisenkinder ein Waisenkind?

DER DICKE: Vergessen Sie nicht, daß es noch eine andere Gerechtigkeit gibt, die historische!

DER SCHMÄCHTIGE: Wie soll ich das verstehen?

DER MITTLERE *(hat inzwischen den Koffer geöffnet)*: Chef, brauchen wir den Durchschlag auch?

DER DICKE: Daß wir alle unsere Eltern verloren haben, stellt uns noch lange nicht auf die gleiche Ebene. Untersuchen wir jetzt die Frage: Wer waren unsere Eltern?

DER SCHMÄCHTIGE: Du lieber Himmel, einfach Eltern!

DER DICKE: Ha, ha! Was war Ihr Vater!

DER MITTLERE: Und die Kuchenform?

DER SCHMÄCHTIGE: Mein Vater? Kanzleiangestellter! Warum?

DER BRIEFTRÄGER *(aus dem Meer auftauchend und sich am Rande des Floßes festhaltend)*: Entschuldigung, ich habe die Quittung vergessen. Sie haben mir mit Ihrem Gerede über das Essen des Menschen durch den Menschen den Kopf ganz wirr gemacht.

DER SCHMÄCHTIGE: Wo habe ich zu unterschreiben?

DER BRIEFTRÄGER: Hier bitte! *(Der Schmächtige un-*

*terschreibt die Quittung)* Ein ganzes Stück mußte ich zurückschwimmen. Auf Wiedersehen! *(Schwimmt ab)*

DER DICKE: Kanzleiangestellter war also Ihr Vater. Das habe ich mir gedacht. Und wissen Sie, was mein Vater war?

DER SCHMÄCHTIGE: Nein!

DER DICKE: Ein einfacher Holzfäller und Analphabet. Mein Kamerad da hat überhaupt keinen Vater gehabt. Seine Mutter gebar ihn aus Kummer ob ihrer unaussprechlichen Not. Jawohl, mein Herr! Ihr Vater hat im Dienste der Aristokratie Kanzleibogen vollgeschrieben und saß dabei bequem in einem sauberen, warmen Büro. Mein Vater dagegen hat die für die Papierproduktion bestimmten Föhren gefällt, damit Ihr Vater etwas hatte, worauf er die Beschlagnahmebescheide schreiben konnte, welche der armen Mutter meines Kollegen, der überhaupt keinen Vater besaß, zugestellt wurden. Schämen Sie sich denn gar nicht?

DER MITTLERE *(nimmt aus dem Koffer verschiedene Küchengeräte und breitet sie auf dem Floß aus. Jetzt holt er einen Fleischwolf hervor und dreht ein paarmal versuchsweise die Kurbel)*

DER SCHMÄCHTIGE *(hat sich mit der ihm vom Dicken aufgezwungenen Argumentationsweise abgefunden):* Aber mit alledem habe doch ich nichts gemein.

DER DICKE: Gerade deshalb nennen wir ja die Gerechtigkeit, die uns jetzt befiehlt, Sie zu verspeisen, die historische.

STIMME AUS DEM Meer: Herr Graf, Herr Graf!

DER DICKE: Was ist denn jetzt schon wieder los?

*(Über dem Floßrand erscheint der Kopf eines alten Lakaien mit grauem Backenbart)*

DER LAKAI: Herr Graf, welch ein Glück, daß ich Sie wiedergefunden habe!

DER DICKE: Was soll das?

DER LAKAI *(zu Tränen gerührt)*: Herr Graf erkennen mich nicht? Ich habe Herrn Graf doch gelehrt, auf einem Pony zu reiten, als Herr Graf noch das kleine Herrchen war.

DER DICKE: Fort!

DER LAKAI: Welch ein Glück, daß meine alten Augen den Herrn Graf noch einmal sehen! Im Palast machen sich ja alle solche Sorgen! Als wir die Nachricht erhielten, daß das Schiff, mit dem Herr Graf reisten, ein Opfer der Wellen geworden sei, hielt's mich nicht länger. Wo der Herr Graf ist, da will auch ich sein, und sein Schicksal soll auch das meine sein. So bin ich denn ins Meer gesprungen und geschwommen, bis ich den Herrn Graf gefunden habe. Oh, welch ein Glück!

DER DICKE: Jean, sofort lassen Sie das Floß los und ertrinken!

DER LAKAI: Immer zu Diensten, Herr Graf! Welch ein Glück, welch ein Glück! *(Verschwindet)*

DER SCHMÄCHTIGE: Nein, nein, guter Mann! Lassen Sie nicht los. Treten Sie näher! Er ist ertrunken.

DER DICKE *(als sei nichts gewesen)*: Sie sehen selbst, die historische Gerechtigkeit...

DER SCHMÄCHTIGE *(aufgeregt)*: Ja, ja, ich sehe es! In einem Palast haben Sie gelebt, auf einem Pony sind Sie geritten.

DER DICKE: Ich? Auf einem Pony? Mein Vater konnte sich nicht einmal ein Kaninchen leisten! Übertragen Sie bitte nicht Ihre Kindheitserinnerungen auf mich!

DER SCHMÄCHTIGE: Das ist doch die Höhe! Wollen Sie damit behaupten, ich hätte ein Pony gehabt?

DER DICKE: Natürlich! Sie haben es doch eben selbst zugegeben.

DER SCHMÄCHTIGE: Das ist ja nicht zu fassen! Ich versichere feierlich, daß ich niemals etwas mit einem Pony zu tun hatte.

DER DICKE: Und ich erst recht nicht! Meinem armen Vater war sogar das Wort „Pony" unbekannt. Schließlich war er Analphabet.

DER MITTLERE *(steht vor den ausgebreiteten Küchengeräten und hört, eine Pfanne in der Hand, aufmerksam zu)*. Das arme Pony! Keiner will sich zu ihm bekennen. *(Zum Schmächtigen)* Haben Sie kein Herz für das Tier? Sie verdanken ihm doch glückliche Kindertage.

DER SCHMÄCHTIGE: Aber dieser Lakai...

DER DICKE: Welcher Lakai? *(Zum Mittleren)* Herr Kollege, haben Sie hier einen Lakaien gesehen?

DER MITTLERE: Ich? woher!

DER DICKE: Werter Herr, ich kann Sie nicht mehr länger als vollwertigen Gesprächspartner behandeln; Sie leiden unter Halluzinationen.

DER MITTLERE: Armer Irrer!

DER DICKE: Als ein unzurechnungsfähiges Individuum müßten Sie sich um so mehr der Führung von Menschen anvertrauen, die wissen, was sie wollen. Sie müssen aus der Gesellschaft ausgemerzt werden, und der beste Weg dafür ist, daß die Gesellschaft Sie verzehrt. Herr Kollege, bitte decken Sie den Tisch!

DER MITTLERE: Soll ich die Teelöffel auch auflegen?

DER DICKE: Selbstverständlich! Es wird mehrere Gänge geben. *(Der Mittlere legt die Teelöffel auf)*

DER MITTLERE: Ein oder zwei Messer pro Person?

DER DICKE: Zwei! *(Der Mittlere legt zwei Messer auf)*

DER MITTLERE: Servietten?

DER DICKE: Aber natürlich! Alles, wie es sich gehört. Schließlich sind wir zivilisierte Menschen.

*(Währenddessen weicht der Schmächtige in eine Ecke des Floßes zurück. Er nimmt einen Stuhl und geht hinter ihm in Deckung. Der Mittlere entfaltet mitten auf dem Floß ein weißes Tischtuch und stellt fachkundig zwei Gedecke darauf. Der Dicke hat aufgehört, den Schmächtigen zu beobachten. Er verfolgt die Tätigkeit des Mittleren und gibt ab und zu Anweisungen, wo und was aufzustellen ist. Der Schmächtige sieht eingeschüchtert hinter seinem Stuhl hervor)*

DER SCHMÄCHTIGE *(furchtsam)*: Bitte schön...

DER DICKE *(ohne ihn zu beachten)*: Das Besteck etwas weiter nach rechts!

DER SCHMÄCHTIGE: Hallo! Sie!... Ich bin vergiftet!

DER DICKE: Die Kompottschüssel bitte weiter in die Mitte!

DER SCHMÄCHTIGE: Ehrenwort! Eigentlich wollte ich nicht darüber sprechen, aber es täte mir halt doch leid um die Herren...

DER DICKE *(ergreift eine Gabel und sieht ihn an)*: Saubermachen!

DER SCHMÄCHTIGE: Ich will ja nicht kneifen! Ich sage das nur aus Wohlwollen. Ich selber habe gern gutes Essen, aber ich weiß auch, daß die Gefräßigkeit den Menschen verderben kann. Wenn ich nicht vergiftet wäre, hätte ich ja nichts dagegen, bestimmt nicht. Aber es ist meine Pflicht, Sie darauf hinzuweisen...

DER DICKE: Wir können anfangen.

DER MITTLERE: Jawohl, Chef! *(Nimmt aus dem Koffer ein langes Küchenmesser und einen Schleifstein; wetzt das Messer. Beide Requisiten müssen echt sein, damit beim Wetzen das entsprechende unangenehme Geräusch entsteht)*

DER SCHMÄCHTIGE *(weicht bis an den Rand des Floßes zurück)*: Ich behaupte ja gar nicht, daß das unheilbar ist. Wenn Sie noch ein bißchen warten, dann geht es bestimmt vorbei. Ich bleibe halt einen oder zwei Tage liegen, und dann bin ich entgiftet. Hier in der Ecke bleibe ich liegen, damit ich den Herren nicht im Weg bin. Sobald die Sache in Ordnung ist, melde ich mich. Ich will mich ja gar nicht drücken.

*(Der Mittlere schärft rhythmisch das Messer. Der Dicke betrachtet noch einmal das Gedeck, neigt abwägend den Kopf, geht zum Koffer, nimmt Blumen und eine Vase heraus, steckt die Blumen in die Vase und stellt sie dann mitten auf das Tischtuch. Tritt ein paar Schritte beiseite und prüft mit zusammengekniffenen Augen den Effekt. Er ist jetzt zufrieden)*

DER SCHMÄCHTIGE *(immer unsicherer)*: Zwei Tage dauert es eigentlich gar nicht. Höchstens einen Tag. Kennen Sie nicht das Sprichwort: „Verwahr dir für morgen, was du heute essen könntest"? Ha, ha! *(Der Mittlere prüft mit dem Finger die Schneide)* ... Ein paar Stunden würden es auch tun; sogar ein Stündchen könnte reichen...

DER DICKE: So, jetzt ist es Zeit. *(Der Mittlere macht einen Schritt auf den Schmächtigen zu)*

DER SCHMÄCHTIGE *(eilig)*: Gut, Sie haben recht. Aber dürfte ich den Herren noch einen ganz uneigennützigen Rat geben?

DER DICKE: In welcher Angelegenheit?

DER SCHMÄCHTIGE: Unter Fachleuten, einen rein kulinarischen Rat. Nämlich... Meinen Sie nicht auch, daß es angebracht wäre, wenn ich mir vorher die Füße wüsche? *(Der Mittlere schaut fragend auf den Dicken)*

DER DICKE: Tatsächlich! Daran habe ich gar nicht gedacht. *(Zum Mittleren)* Was meinen Sie?

DER MITTLERE *(zögernd)*: Was weiß ich? ... Aber wenn es dann so zwischen den Zähnen knirscht... Vielleicht besser, er wäscht sich die Füße.

DER SCHMÄCHTIGE *(krempelt schnell die Hosenbeine hoch)*: Eben! Ein wahres Wort! Die Hygiene ist die Grundlage der gesunden Ernährung. *(Kratzt sich am Bein)* Mit bloßem Auge sind die Bakterien nicht zu sehen, aber ich fühle, wie sie mich zwicken.

DER DICKE: Richtig! Körperliche Sauberkeit hat noch keinem geschadet. Im Gegenteil, sie garantiert dem Individuum Gesundheit und langes Leben. Gleich gebe ich Ihnen ein Handtuch. *(Der Schmächtige setzt sich an den Rand des Floßes und hängt die Beine ins Meer, wäscht sie und plantscht)*

DER SCHMÄCHTIGE: Sie haben also unwiderruflich beschlossen, mich...

DER DICKE: Ich dachte, das sei längst geklärt.

DER SCHMÄCHTIGE: Sie sagten vorher etwas über die Opferbereitschaft...

DER DICKE: Ja, ich wies darauf hin, daß diese etwas sehr Schönes sei.

DER SCHMÄCHTIGE *(lauscht begierig)*: Sagen Sie doch noch etwas!

DER DICKE: Nun, ich habe vorher bereits alles angeführt. Opferfreude, die Bereitschaft sich hinzugeben...

DER SCHMÄCHTIGE: Ja, ja, das alles ist wahr...

DER DICKE *(über ihm mit dem Handtuch stehend)*: Sehen Sie! und vorher wollten Sie mir nicht glauben.

DER SCHMÄCHTIGE: Wahrscheinlich war ich noch nicht reif genug, noch nicht aufgeklärt... Aber jetzt sehe ich ein, daß an alledem etwas ist.

DER DICKE *(aufmunternd)*: Es ist noch nicht zu spät.

DER SCHMÄCHTIGE: Es verriet niedrige Gesinnung, daß

ich Ihre Argumente zurückwies.

DER DICKE: Aber offensichtlich sind Sie doch nicht bis ins Mark hinein verderbt, wenn jetzt edle Gefühle in Ihnen zu sprießen beginnen. Vielleicht nehmen Sie nun besser das andere Bein?

DER SCHMÄCHTIGE: Gleich, nur noch zwischen den Zehen. Aber, um zu unserem Thema zurückzukommen, ich muß Ihnen sagen, daß jetzt ein anderer, besserer Mensch in mir erwacht ist. Nebenbei bemerkt, sind Sie ganz fest entschlossen...?

DER DICKE *(ungeduldig)*: Aber mein Herr!

DER SCHMÄCHTIGE: Natürlich, natürlich! Wovon haben wir gesprochen? Ach ja! Ein anderer, besserer Mensch! Schließlich ist es etwas völlig anderes, ob man als gewöhnliches Opfer einer Übermacht gegessen wird oder als ein besserer Mensch, der aus eigenem Hingabebedürfnis gegessen wird, infolge einer inneren Berufung, eines edlen Antriebs. Aber sagen Sie, Ehrenwort, die Sache ist entschieden?

DER DICKE: Ehrenwort!

DER SCHMÄCHTIGE: Da läßt sich nichts ändern. Also, was habe ich sagen wollen. Ach, ja, das gibt eine innere Genugtuung, ein Gefühl der Freiheit, der Unabhängigkeit.

DER DICKE: Endlich sind Sie verständig geworden. *(Zum Mittleren)* Herr Kollege, reichen Sie doch mal die Seife herüber!

DER SCHMÄCHTIGE *(in Eifer geratend)*: Denken Sie bloß nicht, ich sei ein willenloses Objekt! So etwas hat niemand gern.

DER DICKE: Sie können versichert sein, daß wir Sie zu schätzen wissen. Sie werden in unseren Magen, daß heißt in unser Gedächtnis, eingehen als ein Held, als eine leuchtende Gestalt der Selbstlosigkeit. Aber ich meine, das linke Bein ist jetzt sauber genug.

DER SCHMÄCHTIGE *(immer eifriger)*: Völlig richtig! Und das rechte ist eigentlich ohnedies sauber genug. Geben Sie mir bitte das Handtuch, und fertig!

DER DICKE: Nein, auch um das rechte sollten Sie sich ein wenig kümmern.

DER SCHMÄCHTIGE: Wie Sie wünschen!

DER DICKE: Ja, es wäre vielleicht wirklich besser.

DER SCHMÄCHTIGE: Ich selbst habe die große Entscheidung getroffen. Ich bin zuerst auf die Idee gekommen, mich für die Gemeinschaft zu opfern.

DER MITTLERE *(kritisch zusehend)*: Ein wenig Soda könnte nicht schaden.

DER DICKE: Mit Seife geht es auch weg. Wir können ja noch ein bißchen warten.

DER SCHMÄCHTIGE: Warten? Wo die Kameraden doch so hungrig sind! Nein, niemals! *(Will aufstehen, aber der Dicke drückt ihn nieder)*

DER DICKE: Nur nicht die Geduld verlieren, gleich haben wir's geschafft!

DER SCHMÄCHTIGE: Jetzt, da ich sehend geworden bin, spielen die Beine keine Rolle mehr für mich. Mögen sie doch schmutzig sein!

DER DICKE *(ihm das Handtuch reichend)*: Hier ist das Handtuch, und jetzt sind wir soweit. *(Der Schmächtige steht auf und tritt in die Mitte des Floßes)*

DER SCHMÄCHTIGE: Meine Herren, ich danke Ihnen. Jetzt endlich bin ich ein vollwertiger Mensch geworden. Ich habe die Ideale entdeckt, die mir bisher fehlten.

DER DICKE: Nichts zu danken, gern geschehen!

DER SCHMÄCHTIGE: Ich habe meine Würde. Wie stellt sich die Lage letzten Endes dar? Wir sind zu dritt, und ich allein rette die übrigen. Gestatten Sie mir, noch eine kurze Ansprache über die Freiheit zu halten!

DER DICKE: Dauert das lange?

DER SCHMÄCHTIGE: Nein, nur ein paar Worte.

DER DICKE: Na, dann mal los!

DER SCHMÄCHTIGE *(schiebt einen Stuhl auf die Seite des Floßes. Steigt auf den Stuhl wie anfangs bei der Versammlung)*: Freiheit, das bedeutet nichts! Erst die wahre Freiheit bedeutet etwas. Warum? Weil sie die wahre und daher die bessere ist. Wo aber finden wir die wahre Freiheit? Denken wir logisch! Wenn die wahre Freiheit nicht das gleiche ist wie die gewöhnliche Freiheit, wo befindet sie sich dann? Das ist doch klar. Die wahre Freiheit gibt es nur dort, wo es keine gewöhnliche Freiheit gibt.

DER MITTLERE: Chef, wo ist denn das Salz?

DER DICKE: Stören Sie nicht in einem solchen Augenblick! *(Beiseite)* Im Koffer ganz unten.

DER SCHMÄCHTIGE: Und aus diesem Grunde eben... *(Er wiederholt diesen Satz, unaufhörlich wie eine gesprungene Grammophonplatte, aber doch nicht so monoton, sondern mit verschiedener Betonung, so als suche er verzweifelt nach dem, was er sagen wollte)*

DER MITTLERE *(aufgeregt, mit leiser, aber deutlicher Stimme)*: Chef, ich habe das Kalbfleisch mit Erbsen gefunden!

DER DICKE: Pst! Tun Sie es schnell wieder weg!

DER SCHMÄCHTIGE: Und aus diesem Grunde eben...

DER MITTLERE: Ehrlich gesagt, äße ich lieber die Erbsen. Ist Ihnen das klar, Chef?

DER DICKE: Aber ich habe keinen Appetit darauf. Und außerdem...

DER SCHMÄCHTIGE: Und aus diesem Grunde eben...

DER MITTLERE: Was außerdem?

DER DICKE *(auf den Schmächtigen zeigend)*: Sehen Sie denn nicht, daß er schon jetzt glücklich ist?

*Hanns Christian Müller / Gerhard Polt*

# ÜBER DEN UMGANG MIT MENSCHEN

Drei Szenen

# MAI LING

*(Herr Grundwirmer und Mai Ling sitzen in einer fürs Fernsehen extra drapierten Möbel-Krügel-Sofaecke. Grundwirmer blickt in die Kamera. Mai Ling starrt unverwandt vor sich hin)*

GRUNDWIRMER: Sag amal schön Grüß Gott, Mai Ling, Grüß Gott! — Ich hab's erst seit drei Wochen. — Grüß Gott, sag amal schön Grüß Gott. Das sind die Herren vom Fernsehen. — Mai Ling hoaßt's, des is — des hoaßt — ich heiß ja eigentlich Grundwirmer, und sie natürlich jetzt aa. Oiso sozusagen Mai Grundwirmer, geborene Ling. —

2758 Mark und a bisslwas, ab Bankog Airport, hab ich bezahlt, ah, hab ich kommen lassen. Ich muß sagn, des is relativ preiswert, wenn man bedenkt ... ah ... Sie is aus der Provinz. Weil, in Bankog selber kauft net amal mehr der Amerikaner ein. Des is alles zu verseucht, rein marktmäßig. Freilich, 500 Demark mehr, und ich hätt a Fitnamesin habm kenna, — de san noch etwas robuster — des mag sein, da gehn jetzt die Meinungen auseinander, aber schaun se's an, de is doch net schlecht, oder? Also, ich bin sehr zufrieden. Sie ist äußerst sauber, sie schmutzt nicht, wie der Asiate anundfürsich überhaupt nicht schmutzt. Ich mein', ich bin sehr zufrieden, wissen Sie, — ge, Mai Ling, simmer sehr zufrieden, hahaha, ge, ja ... Freilich, Anpassungsschwierigkeiten lassen sich nicht ganz vermeiden. Rein küchenmäßig betrachtet, ich vertrag ja des Chinesische net a so, mir ham ja da ganz andere Vorstellungen, schon beim Besteck.

I hob glei g'sagt, Mai Ling, diese Staberl da, — ich hab's dann eing'schürt, a paar hab ich ihr g'lassen, da kann's dann Micado spuin damit. Nix dagegen. Aber des geht ja ned, bei unserer Ernährungsform, hat doch der Stab nix zum Suchen. Ich hab g'sagt, Messer und Gabel, anders eß ich nicht. Und ich muß sagen, sie is da sehr flexibel und anschmiegsam. Überhaupts, des Schlafzimmer, da san's ja berühmt, die Asiatinnen, da kannten's Deitsche sei. Ich hab ein Schleiflackschlafzimmer, wissen Sie, und ich muß sagen, pikobello, es spiegelt sich alles darin. Und sie is auch ausgesprochen leise. Wenn's irgendwo knarzt oder so ein kleines Pochen, gel, könnt ma moana, des is a Mäuserl, des is sie. — Sie tritt ja fast kaum auf, sie schwebt förmlich, weil's aa nix wiegt, sie sehen's ja selber, jetzt woaß i's net genau, was sie wiegt, jetzt müaßad i glatt amal nachschaugn, im Katalog, was gsagt habm, daß sie wiegt, oder i müaßad's amal nachwiegen. — Ah, hol amal den Proschbekt, Mai Ling, den Prospekt, Mai Ling.

*(Mai Ling steht auf, geht zum Tisch und sucht ...)*

GRUNDWIRMER: Ja, da den Proschpekt, net, wo du drin warst im Katalog. Hol ihn amal. De Herren wolln doch, — mei, des Deitsche, des ham's no net a so, den Prospekt, Mai Ling! Net! Ich hab ja ...

*(Mai Ling hat den Prospekt gefunden, apportiert ihn und setzt sich wieder ...)*

GRUNDWIRMER: Endlich, net ja, des is aso, ah, der Prospekt war schwarz-weiß, da, schaugn's her — ah, brav Mai Ling, ah, da, schwarz-weiß-Fotos, des kommt natürlich bei dem Katalog net aso raus, sie is a bissl gelb, ah, i moan, des woaß ma ja von de Asiaten, aber sie is scho sehr gelb ausg'fallen, obwohl sie paßt hier sehr gut rein. Da schaun's her, Seite 4, alles da, — Größe, Maße, Gewicht, Kostenberechnung, Stammbaum, wann's geborn is, geimpft is aa, geht ja net anders, ich mein, bei Importen is des immer so, da werd sehr drauf g'schaut. — Sehen Sie, der Katalog is jetzt drei Jahr alt, also die Daten sind nicht mehr ganz korrekt. Im Katalog steht jetzt z.B. 1 Meter 49 is sie groß. Sie is aber 3 cm länger ankemma, als ma z'erscht gedacht hätt, weil ich hab gmeint, a Verwandte von mir, de Anni, de hat a Kinderbett ghabt, da hab i glaubt, daß ich s reinbring, na ja, vom Mobilar her hab ich halt a bissl — umdisponieren müssen. Des sind halt amal Kosten, mein Gott, die kann man halt sozusagen als Anschlußkosten, äh, ich muß überhaupt sagen, diese Kosten, Taxi vom Flughafen, Anfahrtswege, Standesamt, Gsundheitspaß, Ausweisgebühren, sie werd ja nachad a Deitsche, des wird extra berechnet. Ich sag des nur für weitere Interessenten, — es gibt da Leute, die sind dann doch überrascht, was für eine Kostenlawine sich da auf sie zubewegt. Ich möcht auf alle Fälle sagen, ich bin sehr zufrieden, obwohl ich Einzelabnehmer bin. Auch diese Flitterwoche, die sozusagen absolviert worden ist, hat eigentlich unsere Erwartungen durchaus, — Sie verstehen. Ich war sehr überrascht, diese enorme Exotik, die da plötzlich auf einen zukommt, und des, früher, äh, wenn man sich quasi Witze erzählt hat, genau da ist der Asiate, er springt da rein in diesen Bedarf. Da ist er genau richtig, und drum hat er auch diese Nachfrage, äh, diese Resonanz in breitesten Kreisen der Bevölkerung. Jetzt passen's amal auf: Mai Ling, hol amal Zigaretten, da drüben sind's, Zigaretten, — gel, sie versteht schlecht, — Zigaretten, und Zündhölzer — die da am Tisch liegen, hol's amal her, da, brings's her Mai Ling ... die Ziagaretten sollst holen, Zigaretten ...

*(Mai Ling steht auf und holt Zigaretten und Zündhölzer ...)*

GRUNDWIRMER: Schauns, ich hab früher an Ding g'habt, an Schäferhund, der is ungern in's Wasser g'hupft, ge, wenn ma ihm an Stecka neigschmissen hat, is er auch ... Mai Ling, Zigaretten! Ja, also, sehen Sie, es geht, es ist ein Geduldspiel, die ham ja ein ganz anderes Zeitgefühl. Ma muaß a Geduld habn und a gewisse praktische Psychologie, nachad geht ois. Jetz brav, Mai Ling, derfst di wieda hinsetzen. Sammer sehr zufrieden.

MAI LING: Darf ich auch mal etwas sagen ...

GRUNDWIRMER: Ge, sei stad, des vasteht ja doch koa Mensch. Ja, ich kann's nicht anders sagen, ich halt des für eine runde Sache, rundherum.

*(Mai Ling gibt Grundwirmer Feuer ...)*

GRUNDWIRMER: Ja, brav, so is recht, Mai Ling, schön, ge, ja ...

# HERR TSCHABOBO

*(HANNA und EGON STOIBER, sowie BUBI, OPA STOIBER und Besuch ROMY und HERBERT SCHWALBE sitzen im Wohnzimmer vor einem gedeckten Kaffeetisch ...)*

HANNA: Na ja, mir ham ihn dann doch gnommen, weil er is ausgesprochen sauber. Also er wäscht sich, und er schwitzt auch gar net.

EGON: Obwohl ma ja sonst vom Neger im allgemeinen sagt, daß er immer so transpiriert.

HANNA: Nein, des is also jetz bei unserm garnet der Fall. Also, ma riecht fast garnix. Er ist auch aus bestem Hause. Sei Vater is irgendwie a König oder so, in Tschurangrati.

OPA: Eine Art Häuptling oder Stammesfürst.

ROMY: So. Und er is mitten aus Schwarzafrika?

EGON: Ja, aber des war früher mal a Kolonie.

HANNA: Obacht, i glaub, jetz kimmt er. Kommen'S rein, Herr Tschabobo, gleich gibts an Kaffee!
*(TSCHABOBO erscheint)* Also, des is Herr und Frau Schwalbe, und des is der Herr Tschabobo, unser Untermieter.

HERBERT: Angenehm.

ROMY: Sehr nett.

TSCHABOBO: Guten Tag.

HANNA: Nehmen'S doch Platz, Herr Tschabobo, mögen'S amal an Gugelhupf probiern? Des wern'S wahrscheinlich no net kenna, des is eine Spezialität.

EGON: Des wern'S net kennen, da druntn, des gibts da gwiß net, bei dene.

HERBERT: Na, an Gugelhupf kennen's sicher net, woher solln s'n auch kennen, an Gugelhupf.

HANNA: Gel, an Gugelhupf kennen Sie nicht, Herr Tschabobo, aber sowas wie a Gebäck, des gibts doch sicher auch bei Ihnen da drunten.

TSCHABOBO: Ja, wir haben schon Gebäck, aber Gugelhupf gibt es nicht.

EGON: Gel, an Gugelhupf kennen'S net. Er sagts ja selber.

OPA: Obwohl der Neger ja zeitweise mit der deutschen Küche in Berührung kam, unter Lettow-Vorbeck. Speziell als Küchenpersonal. Davor wurde ja dort noch Menschenfleisch verzehrt. Nich wahr, Herr ah Tschabobo, bei Ihnen werden ja die Gerichte, sagen wir mal, mehr auf der Basis von Bananen entwickelt, und diesen Kokosnüssen, oder?

HANNA: Jetz laßts halt amal an Herrn Tschabobo in Ruhe seinen Gugelhupf probiern. *(schiebt ihm 1 Stück hin)* Da, jetz beißen'S amal nei. *(TSCHABABO beißt)* Es is koa Zucker drin, sondern nur a Süßstoff. Schmeckts? *(TSCHABOBO würgt den trockenen Kuchen im Mund, Geste ...)*

HERBERT: Für an Neger muß des doch hochinteressant sein, amal so an Gugelhupf probiern.

EGON: Vor allem, wenn er'n no net kennt hat, vorher.

HANNA: Essen'S ruhig auf, mir ham scho noch. Sie kriegen gern noch a Stückl, wenn'S wolln. Mei Mann vertragtn net, ich eß sowieso kein Kuchen, und der Bubi hat z. Zt. seine Hamburgerphase. Was is, Herbert, Romy, mögts ihr no a Stück?

HERBERT: Naa, dankschön.

ROMY: Später vielleicht.

HANNA: Aber an Hamburger kennen Sie schon, Herr Tschabobo?

TSCHABOBO: *(mit vollgeklebtem Mund)* Mhm.

EGON: Freilich kennt er an Hamburger, an Hamburger kennt heut a jeder, außer am Ostblock vielleicht. Aber de da drunten, de ham sicher an Hamburger.

HERBERT: Natürlich hams an Hamburger, sogar Cheeseburger. Ich kenn doch die Verhältnisse da drunten. Mir ham vorigs Jahr doch diese Pauschalreise nunter gmacht. 922 Mark, nach Kibi. Da hams'n immer am Strand serviert, vom Hotel aus. Kennen Sie vielleicht zufällig as Hotel Elfenbein? *(TSCHABOBO schüttelt den Kopf)* Da is sehr nett, da müaßatns direkt amal hifahrn. De Schwarzen, de da bedienen, sand sehr freundlich. Freilich, im Landesinnern, da hams kein Hamburger. Mir ham so a Safari gmacht, in so an Gral, und da hams kein Hamburger ghabt, weil der Hamburger muß ja tiefgefroren sein, und de ham ja kein Strom, drum essen ihn dort nur Leute aus besseren Kreisen.

OPA: Also die Volksgrundnahrung ist nach wie vor Kokosnuß und Banane.

EGON: Bananen san doch nix schlechts, oder, Herr Tschabobo?

TSCHABOBO: Mhm. *(würgt noch am Kuchen)*

EGON: Da, er sagts selber, Bananen sans gwohnt, de mögns.

HANNA: Aber jetz ist er scho mal da bei uns, der Herr Tschabobo, und bei uns, da kriegt er jetz an Gugelhupf. So, da nehmen'S jetz noch a Stück.

TSCHABOBO: Mhm. *(macht abwehrende Geste)*

HANNA: Sie brauchen eahna nix denken, es is genug da. *(beugt ihm noch ein Stück auf den Teller)* Er is ja so bescheiden, unser Herr Tschabobo. Is er gut?

EGON: Is halt amal was anderes, gel.

TSCHABOBO: Mhm. *(kaut mühsam)*

HERBERT: Was's aa sehr gern essen da druntn, des is a so a grünes Ding, aso rund ... *(deutet)*

ROMY: Des san Kiwi.

HERBERT: Naa, Mango.

EGON: Ah, Mango ...

ROMY: Naa, Kiwi.

OPA: Ach so, Mango und Hirse ...

HERBERT: Naa, a so rund und grünlich is es. Aber mehr rund.

ROMY: Kiwi.

EGON: Rohe Orangen oder Zitronen vielleicht.

HERBERT: Naa, de essens net, Mango heißens.

ROMY: Naa, Kiwi!

HANNA: Fragts halt an Herrn Tschabobo, der muß es doch wissen. Ah, Herr Tschabobo, wie heißen jetz diese Früchte? Grün sans und rund.

EGON: Is des jetz Mango oder Kiwi?

TSCHABABO: Beides ist möglich.

EGON: Ja, da hat er recht. Gar net blöd.

ROMY: Trotzdem warns Kiwi.

HERBERT: Naa, Mango.

HANNA: Ah, Herr Tschabobo, Ihr Herr Vater is doch König.

TSCHABOBO: Ja, so könnte man sagen.

HANNA: Da hat er's sicher auch net leicht. Weil, früher, war des was anders, aber heut is schwierig wordn.
EGON: Sand Sie auch irgendwie politisch tätig?
TSCHABOBO: Ja, etwas schon.
EGON: Gel, ma muß allweil aufm laufenden sein ...
OPA: Politisch ist man da unten lange nicht so interessiert, wie bei uns.
EGON: Ma hört ja selten was gscheids von da druntn. Im Fernsehn, wenns was bringen, is des meistens nix gscheids.
HERBERT: Aber des Hotel, Elfenbein hats gheißn, des war so ganz gut organisiert. Gel Romy. Der Strom is halt zweimal ausgfalln, aber des Hotel so anundfür sich, ja ..., es is ja auch unter a Schweizer Leitung.
OPA: Ist Ihre Region schon christianisiert, ich meine, sind Sie bereits missioniert?
TSCHABOBO: Wir haben einen katholischen Bischof.
HANNA: Ah geh? Und die Protestantn, sin auch vertreten?
TSCHABOBO: Wahrscheinlich ...
HANNA: Ah, jetz amal ganz was anders, Herr Tschabobo, was treibt Sie denn eigentlich hier her zu uns, ich mein, was machen Sie so, beruflich, ich mein, genauer ...
TSCHABOBO: Tja, äh, ich war längere Zeit in Cambridge und Yale, habe dann eine Assitentenstelle in Frankfurt angenommen bei Professor Horrowitz, und zur Zeit promoviere ich gerade über molekulare Spektralanalyse.
EGON: Ah so, des is sicher hochinteressant. Da müssens wahrscheinlich viel arbeiten, ...
TSCHABOBO: Es geht.
HANNA: Ah, Herr Tschabobo, mir ham da an ganz an persönlichen Wunsch. Wissen'S, unser Bubi, der hat a neue Trommel kriegt. Und wie er ghört hat, daß Sie heut kommen, hat er gmeint, ob Sie net amal ihm a bißl was vortrommeln könntn, könnten'S net so a bißl Urwaldathmosphäre, ... fürn Bubi wärs halt a Mordsfreude. *(hält ihm Trommeln hin)* Könnten's net a bißl drauf musizieren, weil Sie können doch des ...
EGON: Sonst hört mas ja bloß noch im Radio.
HERBERT: Im Hotel ham mirs Tag und Nach ghört. Mir ham as Fenster zugmacht, sonst hätt ma net schlafn

können, gel Romy ...
TSCHABOBO: Ich habe das eigentlich noch nie gemacht.
HANNA: Da, bitte, Herr Tschabobo, fürn Bubi ...
TSCHABOBO: Na, wenn Sie meinen ... *(nimmt Trommel)*
HANNA: So Bubi, jetz paß auf, jetz gehts los.
EGON: Jetz hörst as Tam-Tam.
TSCHABOBO: *(trommelt matt ...)*
OPA: Hochinteressant ...
EGON: Sehr gut. Des hams halt im Blut, die Neger.

## CREATIVE CENTER

*(Ein Kreativ-Studio, Sam Ismeier hängt gerade am Telefon, sein Dreh-Stab wartet...)*

ISMEIER *(am Telefon)*: I hobs eich doch scho gsagt, kontaktets doch erst mal New York, dann machts a Connection nach Paris, und dann schau ma weiter. Sonst kriag ma doch koa Feedback. Es seids doch Dilettanten! Ohne Feedback is doch der gesamte Marketing-Service a Witz. I wart auf a Feedback, also ohne an gedeckten Scheck geht garnix!

*(Ein „Werbehase" schaut schüchtern zur Tür herein)*

HASE: Entschuldigen Sie, ah, hallo...

ISMEIER: Sst! — Connectet's New York, dann Paris, und Wien müaß ma ja aa no touchiern.

HASE 1: Hallo, äh...

ISMEIER: Ja sehn Sie denn nicht, daß ich hier telefonier, wer hat mir denn diesen Arsch hier hereingeschickt? *(zum Hasen)* Sie können nachhausegehn, guter Mann, Hupsi, an Augenblick, ich hob grad an Trouble, i werd nimmer gscheid abgschirmt. Wo is denn die Babsi!? *(zum Hasen)* Ja, gehngas doch, des Finanzielle regelt der Herr Seltmann. Herr Seltmann, bitte ...

HASE 1: Entschuldigung, ich wollte doch nur...

ISMEIER: Sie haben hier nichts zu wollen. Hinaus! *(der Hase geht)* Also, Hupsi, New York, Paris, Wien, und Recall. Du, i bin grad unheimlich im Streß, also Hupsi, later, gel, ok, dann tschüß.

KUNDE: Also, Herr Ismeier, was is denn nu!

ISMEIER: Tschuldigens, Herr Berlinghoff, Sie sehn ja selber, i werd pausenlos molestiert...
So, wo war ma? Ah ja, Günter, der nächste bitte.
*(Ein Hase wird von Günter hereingeführt...)*

ISMEIER: Guten Tag, ah, nun zu Ihnen, ah, wie war Ihr Name?

HASE 2: Guten Tag, Wolf, Rüdiger.

ISMEIER: Ja, ja, schön, Herr, ah, Wolf, Sie wissen Bescheid, worum's geht, also den Text haben Sie gelesen?

HASE 2 (schüchtern): Ja.

ISMEIER *(zu Hase 1, der immer noch dasteht)*: Sie san fer-

tig! Wiedersehn.
Ok. Also, passen's auf, es muß a Power haben, net, es muß suggestiv wirken, und es muß oan antörnen, ich mein, es muß halt einfach einpfeifen, so daß man zugreifen will, oder besser zugreifen muß, ok? Also, Sie kommen von rechts, setzen sich da auf den Stuhl da, und dann Text, also bitte, fangen mir an. Ruhe, eine Probe! Also bitte!

HASE 2 *(setzt sich auf den Stuhl)*: Hmhm, das ist er...

ISMEIER: Vielen Dank, vielen Dank, Herr, ah, Dings, das war's, unser Herr Seltmann ersetzt Ihnen dann Ihre Fahrtkosten. Der nächste bitte!
*(zum Kunden)* Des hot koan Sinn mit dem...

KUNDE *(nickt)*: Witzlos, schade ums Fahrgeld.
*(Das Telefon läutet, Babsi hebt ab...)*

BABSI: Ismeier, Junglebare and Partner, Grüß Gott..., der Herr Ismeier? Moment...

ISMEIER: Wer?

BABSI: Der Herr van der Waal.

ISMEIER *(winkt ab)*: I bin grad beim Essen.

BABSI: Tut mir leid, Herr Ismeier ist gerade zu Tisch. Ja, er ißt gerade. Ich werd's ausrichten, danke, wiederhörn.

ISMEIER: Ah, Günter, der nächste Hase... *(zum Kunden)* Sie sehn selbst, Herr Berlinghoff, es is schwierig. De warn bisher alle zu wenig inspiriert.

KUNDE: Der Geist des Produktes müßte auf alle Fälle mehr zur Geltung kommen... Tja.
*(Günter holt einen neuen Hasen... im Nebenraum:)*

HASE 3: Ich sage zu Schlöndorf, Volker, du kannst das so nicht bringen, du brauchst mindestens zwei Kameras...

GÜNTER: Wenn Sie jetzt bitte...

HASE 3: Ok, Gustl, ich muß auf'n Dreh, wir sehn uns dann am Stammtisch, ok?

HASE 4: Tschau, und toi toi toi...
*(Günter führt den neuen Hasen zum Motiv...)*

ISMEIER: Also, Grüß Sie Gott, Herr, wie war Ihr Name?

HASE 3: Mechov.

ISMEIER: Ja, also, Herr Mechov, Sie wissen, es ist nicht einfach, die Aufgabe, die Sie haben. — Sie sollten das nicht unterschätzen, was wir hier machen ist anspruchsvolles Advertising...

HASE 3: Ich war schon bei Jogimaus-Kinderpüree mit großem Erfolg dabei, ham Sie zufällig den Spot gesehn?

ISMEIER: Jaja, ich glaub schon, also, schaun mir mal, Herr ah...

HASE 3: Mechov...

ISMEIER: Herr Mechov, also, bitte, lassen's uns doch amal Ihre Gestaltung sehn... Text is Ihnen vertraut?

HASE 3: Selbstverständlich, ich bin Profi.

KAMERAMANN: Sam, ich muß leider gleich ein Problem anmelden, schau, ich schneide hier mit den Hasenohren, oder ich muß unheimlich total werden...

ISMEIER: James, laß uns des später regeln. Also, ok, bitte Ruhe, Probe. Ruhe bitte!! Also, bittschön...

HASE 3: Hmhm, das ist er, der rosarote Fertigschmeck!

ENTERTAINER: Keine Kalorien, kein Fett, kein Eiweiß, keine Kohlehydrate...

ISMEIER: Stop, des reicht, danke einstweilen, ah, Herr Moloch, nicht uninteressant, aber mei... i woaß net...

HASE 3: Aber wir haben doch noch gar nicht an dem Text gearbeitet.

ISMEIER: Jaja, schon, ah, Sie hörn von uns auf alle Fälle, ah, Herr Seltmann, bitte kümmern Sie sich um an Herrn Moloch. *(zum Kunden)* Da, Sie sehns ja selber, des muß eine Frau präsentiern, weil uns fehlt sonst der feminine Touch, a bißl was brustigs, haha...

KUNDE: Tja, vielleicht haben Se doch recht. Naja, Herr Ismeier, machen se mal...

ISMEIER: Ok, also Herr Seltmann, de Herrn können pauschal nachhause gehn, de Herrn san en Block gestorben. Jetzt amal de Damen, Günter, die erste Dame bitte...
*(Günter führt einen dicken Hasen herein...)*

ISMEIER: Ah ja, schon gut. — Herr Seltmann!!

HASE 4: Wo soll ich denn jetzt...

ISMEIER: Danke, das reicht uns einstweilen. Herr Seltmann, Herr Seltmann! Geh weiter, Hans?! *(winkt Seltmann her)* Doch koa Butterschmalz, Hasen !! Günter, einen Hasen! Bunny, vastehst!

GÜNTER: Ok, mal sehn...

ISMEIER: Mein Gott, Sie sehns ja, Herr Berlinghoff, mit

solchen Katastrophen müssen wir ständig arbeiten. I b'stell a Frau und krieg a Geisterbahn...

KUNDE: Tja, bei Brockdorf & Artbraker kennt man solche Probleme nicht, naja, die waren leider ausgebucht. *(Günter bringt einen neuen Hasen)*

ISMEIER: Ah ja, jetz san mir schon näher dran... *(zum Kunden)* Wartens, jetz biet ich Ihnen was an... *(zum Hasen)* Servas, Schatzi. Also, schaug, da, des is der Herr Berlinghoff, unser Auftraggeber, i hoaß Ismeier, da Text is da bekannt, oder?

HASE 5: Tag Herr Berlinghoff, Text? Na klar...

ISMEIER: Ok dann, Günter, sorg bitte für Ruhe, wir proben hier! Also paß auf: Du kommst da von rechts, setzt dich da auf den Stuhl, da is die Kamera, gel, da hinein die Message, und des da, des is der Joe Canaris, ein Spitzenentertainer, der bringt dann an Respons...

ENTERTAINER: Hi...

ISMEIER: Und dann, also ganz wichtig: werbewirksam beißen. Des ist ganz wichtig.

HASE 5: Alles klar.

ISMEIER: Ok, dann eine Probe. Bitte Ruhe, Herr Seltmann, Ruhe. Hansi, was is denn?! Ruhe!! — Ok, dann Action!

HASE 5: Hmhm, das ist er, der rosarote Fertigschmeck!

ENTERTAINER: Keine Kalorien, kein Fett, kein Eiweiß, keine Kohlehydrate...

HASE 5: Fertigschmeck. Jetzt im praktischen Wegwerfdöschen... *(beißt in den Fertigschmeck, verzieht das Gesicht)* Iii, wie schmeckt denn das...

ISMEIER: Aha, ok, nicht uninteressant. Samma scho näher dran.

KUNDE: Etwas mehr Schmackes, vor allem beim Reinbeißen.

ISMEIER: Hör zu, Lady, des war nicht uninteressant, aber du warst noch a bißl out. Mehr power und engagement, sonst wars top.

HASE 5: Na, beim ersten Mal. War doch nur 'ne Probe.

ISMEIER: Jaja, scho, ah, mehr Begeisterung und hart am Produkt stehn. Ok? Joe, du bleibst so. Echt top. Nur nach Kohlehydrate noch a bißl mehr grinsn.

ENTERTAINER: Ok, Sam, once more...
ISMAIER: Also, nomal, bittschön, ah, wie war dei Name?
HASE 5: Chantal Brucker-Lau...
ISMEIER: Also Chantal, nomal, jetzad mit Inspiration. Bitte Ruhe, ah, nehmen ma schon mal oane mit. Ton!
TONMANN: Läuft!
ISMEIER: Kamera!
KAMERMANN: Läuft!
ISMEIER: Klappe!
GÜNTER: Fertigschmeck 1, die 47.
ISMEIER: Und Action!!
HASE 5: Hmhm, das ist er , der rosarote Fertigschmeck.
ENTERTAINER: Keine Kalorien, kein Fett, kein Eiweiß, keine Kohlehydrate.
HASE 5: Fertigschmeck. Jetzt im praktischen Wegwerfdöschen.

*(Im Off Lärm...)*

ISMEIER: Aus! Aus! was is denn des für a Radau?! Herr Seltmann, wir drehn hier. Aso kann ma doch koa Kreativität entfalten!

*(Hase Mechov kommt empört herein...)*

HASE 3: So geht das nicht! Mir wurde An- und Abfahrt per Taxi zugesichert!!
ISMEIER: Machts des doch aus, wenn mir fertig san! Mir machen hier einen Film und keine Kaffee- und Kuchenfahrt!! Ruhe!! Herr Seltmann, wo ham Sie denn diesen Arsch engagiert?
HASE 3: Aber mir wurde Taxi zugesichert...
ISMEIER: Wenden Sie sich doch bittschön an den Herrn Seltmann, aber machts des draußn aus, bittschön, meine Nerven...

*(Seltmann zerrt den Hasen hinaus...)*

ISMEIER: Schad, de hätts sein können, und dann dieser Trottel mit seinem Taxi, verdirbt ois. Schatzi, tuat ma leid, noch amal, aber genauso frisch wie vorher. Günter ein neuer Fertigschmeck!
KUNDE: Hier, bitte, zwei, und noch zwei zur Reserve.
HASE 5: Soll ich den Fertigschmeck mehr lächelnd-genießerisch oder mehr so ... strahlend-überzeugt anbieten?
ISMEIER: Intensiv, plakativ, ok, neuer Dreh, Ruhe! Ton!

TONMANN: Läuft!
ISMEIER: Kamera!
KAMERAMANN: Läuft!
ISMEIER: Klappe!
GÜNTER: Fertigschmeck 1 die 48.
ISMEIER: Und Action!!
HASE 5: Hmhm, das ist er, der feuerrote Fertigschmeck.
KUNDE: Oh Gott ... rosaaa!
ISMEIER: Aus! Aus! Schatzi, wie hoaßt du glei wieder?
HASE 5: Chantal.
ISMEIER: Chantal, schaug, des Produkt is rosarot, rosaroter Fertigschmeck.
KUNDE: Tja...
HASE 5: Entschuldigen Sie bitte...
ISMEIER: Ok. Once more! Ruhe! Ton!
TONMANN: Läuft!
ISMEIER: Kamera!
KAMERAMANN: Läuft!
ISMEIER: Klappe!
GÜNTER: Fertigschmeck 1 die 49.
ISMEIER: Und Action please...
HASE 5: Hmhm, das ist er, der rosarote Fertigschmeck!
ENTERTAINER: Keine Kalorien, kein Fett, kein Eiweiß, keine Kohlehydrate...
HASE 5: Fertigschmeck, jetzt im praktischen Wegwerfdöschen.
ISMEIER: Ok, gestorben. *(zum Kunden)* Und?
KUNDE: Alles fabelhaft, aber sie hat nicht überzeugend reingebissen.
ISMEIER: Wieso?
KUNDE: Das Hineinbeißen muß überzeugen. Dieser Biß in den Fertigschmeck ist fast wichtiger, wie der Code...
KAMERAMANN: Ja, genau, ma sieht, daß ihr net schmeckt.
ISMEIER: Ah, Hasi, amal eine Probe, nur des Reinbeißen, ohne Kamera bitte, Günter, an neuen Fertigschmeck... Ok Action!
*(Günter saust, bringt es)*
HASE 5: *(beißt in den Fertigschmeck)* Is es so?
ISMEIER: Etwas gieriger und a bißl bissiger.
HASE 5: Aber das Zeug pappt so, das geht nicht. Ehrlich,

unmöglich.
ISMEIER: Du packst des scho, gleich eine drauf. Bitte Ruhe! Ton!
TONMANN: Läuft!
ISMEIER: Kamera!
KAMERAMANN: Läuft!
ISMEIER: Klappe!
GÜNTER: Fertigschmeck 1 die 49.
ISMEIER: Und Action!
HASE 5: Hmhm, das ist er, der rosarote Fertigschmeck.
ENTERTAINER: Keine Kalorien, kein Fett, kein Eiweiß, keine Kohlehydrate...
HASE 5: Fertigschmeck, jetzt im praktischen Wegwerfdöschen.
*(Biß, Hustenanfall)*
ISMEIER: Ja, des darf natürlich net passiern. Gleich eine drauf.
HASE 5: Ich glaub, mir is schlecht.
ISMEIER: Ja, gleich ham mir's. Also Ruhe! Ton!
TONMANN: Läuft!
ISMEIER: Kamera!
KAMERAMANN: Läuft!
ISMEIER: Klappe!
GÜNTER: Fertigschmeck 1 die 50.
ISMEIER: Action!
HASE 5: Moment. *(stößt auf, dann)* Hmhm, das ist er, der rosarote Fertigschmeck!
ENTERTAINER: Keine Kalorien, kein Fett, kein Eiweiß, keine Kohlehydrate...
HASE 5: Fertigschmeck. Jetzt im praktischen Wegwerfdöschen. *(Biß, Grimasse)* Ich glaub, mir is schlecht. *(rennt raus)*
ISMEIER: Ok, gestorben. Sehr gut. Sehr intensiv. Danke. *(zum Kunden)* Was meinen Sie...
KUNDE: Wie auf'ner Beerdigung. Viel zu traurig. Kein Pep! Hier fehlt die innere Affinität zum Fertigschmeck. Das muß strahlen. Besonders beim Beißen. Zeigen Sie Zahnfleisch, gnä Frau, *(zu Ismeier)* Ich denke hier an ... an z.B. an Hundenahrung.
ISMEIER: Aber sie hat doch schön gebissen...

KUNDE: Naja, aber? Sie verstehen, Fertigschmeck, das ist, das ist eben, ... naja, — machen'Se nochmal...

ISMEIER: Ok. Ah, Chantal, hast as g'hört, — once more...

HASE 5: *(kommt rein)* Darf ich's hinterher ausspucken?

ISMEIER: Mei, wart halt, bis d'Kamera aus is, aber sonst, im Prinzip... *(fragender Blick zum Kunden)*

KUNDE: Neinnein, sie muß es nicht essen, es muß nur so wirken.

ISMEIER: Ok, Achtung! Ton!

TONMANN: Läuft!

ISMEIER: Kamera!

KAMERAMANN: Läuft!

ISMEIER: Klappe!

GÜNTER: Fertigschmeck 1 die 51.

ISMEIER: Und Action!

HASE 5: Hmhm, das ist er, der rosarote Fertigschmeck.

ENTERTAINER: Keine Kalorien, kein Fett, kein Eiweiß, keine Kohlehydrate...

HASE 5: Fertigschmeck, jetzt im praktischen Wegwerfdöschen. *(Biß, Hustenanfall, spucken)* Pah, is mir schlecht.

ISMEIER: Ja, des darf natürlich nicht passieren...
Mein Gott, die wär's gewesen! Zu früh ausgespuckt. Beißen, grinsen, 2 Sekunden genießen, und dann ausspukken. Gleich eine drauf.

HASE 5: Aber das schmeckt so widerlich.

KUNDE: Tja, gnä Frau, wir machen hier Werbung. Is doch Ihr Beruf. Ihnen muß es doch nicht schmecken, sondern Millionen...

HASE 5: Kann ich mal kurz an die Luft?

ISMEIER: Hasi, mir san so nah dran. No oane drauf, und mir ham's überstandn.

HASE 5: Ok, ich glaub, es geht schon wieder.

ISMEIER: Na also.

HASE 5: Aber wirklich die letzte, Herr Ismeier.

ISMEIER: Ehrenwort. Sonst leg ma a Pause ein. Ok, Ton!

TONMANN: Läuft!

ISMEIER: Kamera!

KAMERAMANN: Läuft!

ISMEIER: Klappe!

GÜNTER: Fertigschmeck 1 die 52.

ISMEIER: Action!

HASE 5: Hmhm, das ist er, der rosarote Fertigschmeck.

ENTERTAINER: Keine Kalorien, kein Fett, kein Eiweiß, keine Kohlehydrate...

HASE 5: Fertigschmeck. Jetzt im praktischen Wegwerfdöschen.

ISMEIER: Fabelhaft. Gekauft. *(Chantal kotzt)* Du warst riesig, Schatzi, einwandfrei...

SELTMANN: *(zum Hasen)* Geht's besser?

HASE 5: Bitte, Fenster auf.

SELTMANN: Fenster auf!

KUNDE: Bringt ihr 'n Magenbitter. Tja, fabelhaft, Herr Ismeier. Hat ja doch noch geklappt. Ganz nebenbei, unser nächstes Produkt ist eine neue Instant-Schildkrötensuppe. Ich dachte an ein Arrangement zwischen einer Riesenschildkröte und 'nem Mönch, der die Sache irgendwie genießerisch anreißt.

ISMEIER: Ja, des törnt. Ok, mir lassen uns da was einfallen, Herr Berlinghoff. Wenn's dem Hasen net besser werd, na holts de Johanniter, — dead's as daweil 'naus, mir müssn a neues Produkt besprechen...

*— Ende —*

*James Saunders*

# EIN UNGLÜCKLICHER ZUFALL

Aus dem Englischen übertragen von
Hilde Spiel

Personen:

Penelope
Camilla
Roger

## Ein unglücklicher Zufall

*(Ein Schuß fällt.*
*Wenn der Vorhang sich hebt, steht Penelope in reizvoll-schicklicher Haltung da, mit zweideutigem Gesichtsausdruck, in der Hand einen rauchenden Revolver. In einiger Entfernung liegt die Leiche eines Mannes. Penelope sieht ungefähr so aus wie eine wohlhabende Dame, die eben das Lieblingsstück der Porzellansammlung ihres Gatten zerbrochen hat. Sie blickt reglos auf die Leiche, dann auf den Revolver. Er raucht noch immer. Sie bewegt ihn hin und her, bläst in den Lauf, hustet und fächelt anmutig die Spuren von Pulverdampf fort, die noch in der Luft hängen. Dabei überlegt sie sich die Lage)*

PENELOPE: O Gott, o Gott ... (*Sie geht zu der Leiche und sieht sie prüfend an, ohne sich zu bücken)* Harry ... Harry ... Liebling, mach dich nicht lächerlich ... nein wirklich, wenn du keinen Spaß verstehst ... steh bitte auf ... Harry, steh auf, sag ich ... Harry! ... Harry? *(Sie stößt die Leiche mit der Zehe an)* Harry?
*(Keine Antwort)*
*(Sie geht zum Telefon, wählt und wartet)* Hallo, Camilla, bist du's? Störe ich? ... Was tust du? Ach ... Ich wollte fragen, ob du ein paar Minuten heraufkommen kannst ... nein, es hat keine Zeit. Mir ist eben was Ärgerliches passiert und ich will nicht allein sein. Schau dir doch das Stück bei mir ... Mein Mann nützt mir im Moment nicht viel ... du weißt überhaupt nicht, was ich meine ... Liebling bitte ... ja, wir haben es reparieren lassen ... das Bild ist jetzt ganz scharf ... das ist süß von dir ... (*Sie legt auf, dreht das Fernsehgerät an und blickt wieder auf die Leiche)* Was mir alles zustößt ... (*Sie wirft noch einen Blick auf die Leiche, geht zur Tür und kommt zurück, als trete sie zum erstenmal ein)* Penelope, Liebling ... Oh ...
*(Sie bedeckt die Leiche mit einem Eisbärfell. Auf dem Fell verteilt sie sorgsam und geschmackvoll einige Kissen. Es klingelt. Sie geht hinaus. Der Bildschirm leuchtet auf, während sie mit Camilla zurückkommt)*

CAMILLA: Penelope, Liebling, was ist denn passiert?

*(Penelope gibt keine Antwort. Camilla setzt sich, den Blick noch auf Penelope gerichtet, vor den Bildschirm und hat sofort nur noch Augen für das Fernsehspiel. Penelope geht auf und ab und überlegt, was sie sagen will. Aus dem Lautsprecher des Fernsehapparates:)*

1. SCHAUSPIELERIN: Seit zwanzig Jahren sage ich: du bist das Letzte, du warst immer das Letzte und wirst immer das Letzte sein.

2. SCHAUSPIELERIN: Warum verachtest du mich?

1. SCHAUSPIELERIN: Du hast meinen Bruder umgebracht. Du hast meinen Sohn zum Selbstmord getrieben. Du hast meinen Vetter ins Elend gestürzt. Was du anrührst, beschmutzt du. *(Schluchzt)* Du hast meinen Mann ins Irrenhaus gebracht. Du hast seinen Neffen verführt.

2. SCHAUSPIELERIN: Ist das ein Grund, mich zu hassen? *(Schluchzt. Eine Tür springt auf)*

1. SCHAUSPIELERIN: Du bist dreckig. Dreckig.

2. SCHAUSPIELERIN: Philipp! Gottlob — du bist gerettet. *(Eine Tür fällt zu)*

1. SCHAUSPIELERIN: Lieber Gott, einen Whisky! *(Eine Tür springt auf)* Ich gehe auf mein Zimmer. *(Eine Tür fällt zu)*

2. SCHAUSPIELERIN: Philipp, wo ist —?

1. SCHAUSPIELER: Tot. *(Man hört einen Atem stokken)*

2. SCHAUSPIELERIN: Wie ...?

1. SCHAUSPIELER: Jodtinktur. — Eveline, können wir nicht ein neues Leben anfangen? Auf Reisen gehen?

2. SCHAUSPIELERIN: Wohin?

1. SCHAUSPIELER: Irgendwohin. An die Oman-Küste.

2. SCHAUSPIELERIN: Du meinst — miteinander? — Du bist gemein. Gemein ...

1. SCHAUSPIELER: Du Törin. Begreifst du nicht: es ist deine letzte Chance.

2. SCHAUSPIELERIN: Ich kann nicht mehr, kann nicht mehr, kann nicht mehr !!! *(Schluchzt. Eine Tür springt auf)*

1. SCHAUSPIELERIN: Ich habe einen Schuß gehört.

1. SCHAUSPIELER: Was?

2. SCHAUSPIELERIN: Doch nicht — (*Eine Tür springt auf. Es klingelt)* O Gott ... Vinzenz! (*Eine Tür fällt zu)*

2. SCHAUSPIELER: Hübscher Anblick, wie? Nun, es ist soweit.

1. SCHAUSPIELER: Lieber Gott, einen Whisky! (*Das Telefon klingelt)* Geh nicht ran! Das ist eine Falle! *(Eine Tür fällt zu. Es klingelt)*

2. SCHAUSPIELERIN: Achtung, er hat ein Messer!

2. SCHAUSPIELER: Das war dein letzter Whisky, du Schwein! (*Ein Schuß fällt. Man hört einen Atem stocken. Jemand röchelt. Ein Glas Whisky mit Soda fällt auf einen gekachelten Kaminvorsatz. Schweigen. Man hört eine Leiche zu Boden sinken)*

2. SCHAUSPIELERIN: Er ist ...

1. SCHAUSPIELER: Tot.

2. SCHAUSPIELERIN: Bitte geht jetzt.

1. SCHAUSPIELER: Dich im Stich lassen?

2. SCHAUSPIELERIN: Ja. Laß mich. Geh. (*Eine Tür fällt zu)*

1. SCHAUSPIELER: Kommst du, Claire? (*Eine Tür springt auf)*

2. SCHAUSPIELER: Bist du auch ruhig? *(Eine Tür fällt zu)*

2. SCHAUSPIELERIN: Ich werde bald ruhig sein. Laß mir den Revolver. (*Eine Tür fällt zu. Stille. Ein Schuß. Schweigen. Man hört eine Leiche zu Boden sinken. Musik)*

*(Camila dreht sich nach Penelope um, die noch mit sich selbst redet. Sie schaltet ab)*

CAMILLA: Ich werde mir den zweiten Teil doch nicht ansehen.

PENELOPE: Nein?

CAMILLA: Ich glaub nicht. Alle interessanten Figuren sind schon tot.

PENELOPE: Das sag ich ja immer.

CAMILLA; Wo ist Harry?

PENELOPE: Wer?

CAMILLA: Dein Mann ...

PENELOPE: Was soll mit ihm sein?
CAMILLA: Wo ist er?
PENELOPE: Warum?
CAMILLA: Ich frag ja nur.
PENELOPE: Warum fragst du, was glaubst du denn, glaubst du vielleicht, ich habe ihn umgebracht, warum schaust du mich so an? Wenn es dich wirklich interessiert: er hat sich niedergelegt.
CAMILLA; Fehlt ihm was?
PENELOPE: Ja. Nein. Ich weiß nicht.
CAMILLA: Du mußt es doch wissen.
PENELOPE: Warum muß ich?
CAMILLA: Aber Liebling ...
PENELOPE: Ich wohne ja nicht in seiner Hosentasche. Harry ist ein freier Mensch, er braucht mir keine Rechenschaft darüber zu geben, ob ihm etwas fehlt oder nicht. Glaubst du vielleicht, ich laufe immerzu hinter ihm her und frage: fehlt dir was, Harry? Harry, fehlt dir wirklich nichts?
CAMILLA: Lassen wir das ...
PENELOPE: Er wollte sich niederlegen, also hat er sich niedergelegt.
CAMILLA: Schon gut, Liebling. *(Pause)* Also, was ist los? *(Penelope sieht sie an)* Du hast gesagt, dir ist was Dummes passiert.
PENELOPE: Hab ich überhaupt nicht gesagt. Ich versteh nicht, was du meinst.
CAMILLA: Liebling, du hast mich doch angerufen ...
PENELOPE: Ich hab nicht gesagt: was Dummes.
CAMILLA: Warum mit Worten spielen?
PENELOPE: Warum nicht? Worte sind wichtig. Womit soll man denn spielen, wenn nicht mit Worten. Das paßt mir aber gar nicht, daß du heraufkommst und mir ohne weiteres vorwirfst, ich bin dumm.
CAMILLA: Oh Gott ...
PENELOPE: Was ich gesagt habe, war „ärgerlich". Es war ein Zufall.
CAMILLA: Was war ein Zufall?
PENELOPE: Dummheiten macht man absichtlich. Wie man einer Tasse den Henkel abbricht — wenn man's ab-

sichtlich macht, ist das dumm, aber wenn's ein unglücklicher Zufall ist, dann ist das ärgerlich, mehr nicht. Bestimmt nicht dumm. — Ich hab es nicht absichtlich getan — glaub ich wenigstens.

CAMILLA: Gewiß nicht.

PENELOPE: Warum auch?

CAMILLA: Weshalb regst du dich eigentlich so auf, nur weil du einer Tasse den Henkel abgebrochen hast?

PENELOPE: Ich hab keinen Henkel abgebrochen, Liebling, mit einem Henkel hat das nichts zu tun.

CAMILLA: Ich verstehe.

PENELPOE: Du verstehts überhaupt nichts.

CAMILLA: Da hast du recht. *(Pause)* Krieg ich nichts zu trinken? *(Penelope macht sich mit Flaschen und Gläsern zu schaffen)* Hübsche Vorhänge sind das ... Du m u ß t mir natürlich nichts sagen ...

PENELOPE: Laß mir Zeit, Liebling ... Manche Sachen sind so blöd, daß man sich geniert. Ich meine, es gibt einen normalen Ablauf der Dinge, der ganz einfach vor sich geht, in einer schönen geraden grauen Linie, und dann kommt plötzlich aus blauem Himmel so ein lächerlicher Vorfall und bringt die ganze natürliche Entwicklung durcheinander. *(Sie ist immer noch beim Einschenken)* Ich meine, das Leben ist voll von Handlungen, die man unmöglich erklären kann. Fast alles, was wir tun, ist unerklärlich. Was liegt schon dran, wenn das Ergebnis einer bestimmten Handlung zufällig etwas extrem ist? *(Sie wendet sich um)* Camilla, Liebling ...

CAMILLA: Penelope ... was ist denn das?

PENELOPE: Was?

CAMILLA: Der Haufen.

PENELOPE: Haufen?

CAMILLA: Dort.

PENELOPE: Ich sehe nichts.

CAMILLA: Schaut aus wie eine Leiche, die mit einem Eisbärfell zugedeckt ist, getarnt mit ein paar Kissen.

PENELOPE: Lächerlich.

CAMILLA: Darf ich nachsehen?

PENELOPE: Das ist ein Eisbärfell, sonst nichts, ich weiß nicht, wovon du redest. Ich verbiete dir, es anzurühren!

Ich habe dich heraufgebeten, weil ich dachte, du bist meine Freundin und ich kann mich auf dich verlassen.

CAMILLA: Ich will dir ja helfen ...

PENELOPE: Ich habe dich für eine Frau von Takt und Verständnis gehalten.

CAMILLA: Aber ich weiß gar nicht, wofür ich Verständnis haben soll.

PENELOPE: Und du kannst nur deine Nase überall hineinstecken und unter meine Teppiche glotzen, als erwartest du, daß unter jedem eine Leiche liegt, und dann wirfst du mir vor, ich habe meinen Mann erschossen.

CAMILLA: Deinen Mann erschos—

PENELOPE: Da — fängst du schon wieder an!

CAMILLA: Ich hab doch keinen Ton ...

PENELOPE: Warum machst du dann diese absurde Anspielung auf einen völlig harmlosen Teppich und ein paar Kissen?

CAMILLA: Das war doch nur ein Scherz, Liebling ...

PENELOPE: Ein Scherz? Das hältst du für einen Scherz?

CAMILLA: Was du da von deinem Mann sagst. Deinen Mann habe ich überhaupt nicht erwähnt. Das Ding hat einfach ausgesehen wie eine unbekannte Leiche, das ist alles. Es könnte der Mann von weiß Gott wem sein.

PENELOPE: Und da denkst du dir wahrscheinlich: aha, ich habe den Schuß nicht gehört, weil in dem Fernsehstück immerzu geschossen wurde, und weil ich den Knall, mit dem Penelope ihren Mann erschossen hat, für einen Schuß hielt, der jemand in dem Stück galt. Und jetzt versuchst du, dich zu erinnern, ob ein Schuß mehr geknallt hat, als Leichen da waren. Das hast du dir alles schon zurechtgelegt, wie? Du hast wohl auch schon das Motiv bei der Hand. Schön, dann kann ich dir mitteilen, daß Harry und ich in all den Jahren unserer Ehe nicht e i n m a l gestritten haben, nicht ein einziges Mal. Nenn mir ein anderes Ehepaar, von dem man das behaupten kann. Sag mir ihren Namen. Harry und ich haben in vollkommener Eintracht gelebt. Dort — dort stehen die Pantoffeln, die ich ihm hingestellt habe, genau dorthin, wo er weiß, daß er sie finden kann. Dort steht der Blumenstrauß, den er mir regelmäßig an jedem

Donnerstag mitbringt — aus irgendeinem Grund. Mein Gott, ich glaube wirklich, man könnte zumindest von seinen Freunden erwarten, daß sie ein bißchen Verständnis und Sympathie haben und nicht bei jeder Gelegenheit die absurdesten Schlüsse ziehen. Aber es ist schon so, wie man immer sagt: Hinauf geht's gemeinsam, aber herunter fällt man allein — und wehe dir, wenn du auch nur von deinem besten Freund erwartest, daß er dir die Hand reicht, um deinen Sturz aufzuhalten.

CAMILLA: Du bist gar nicht so außergewöhnlich, mußt du wissen.

PENELOPE: Wieso?

CAMILLA: Ich habe mich mit Robert auch noch nie gestritten. Robert hat sich noch nie im Leben mit jemand gestritten, davon hält er nichts. Robert ist der Ansicht, wenn man älter ist als zwei Jahre, soll man seine Stimme überhaupt nicht mehr erheben.

PENELOPE: Dann weißt du, wovon ich rede.

CAMILLA: Ich weiß, wovon du redest, Liebling.

PENELOPE: Noch einen Gin?

CAMILLA: Ja, bitte. Darf ich dir eine Frage stellen?

PENELOPE: Hm?

CAMILLA: Du wirst wieder glauben, ich spioniere dir nach.

PENELOPE: Wahrscheinlich.

CAMILLA: Das ist doch ein Stiefel, nicht wahr?

PENELOPE: Keine Spur. Das ist ein Schuh.

CAMILLA: Ich verstehe.

PENELOPE *(reicht ihr ein Glas):* Das war wieder einmal ein Tag! *(Pause)*

CAMILLA: Die Abende werden länger ...

PENELOPE: Du brauchst nicht alle Pausen auszufüllen, Liebling. *(Pause)* Die Sprache ist so begrenzt.

CAMILLA: Hm?

PENELOPE: Wer war nur dieser Forscher, den man einmal dabei ertappt hat, wie er allein im Zimmer stand und einen winzigen Wattebausch in die Waschschüssel fallen ließ, um herauszufinden, ob er ihn aufschlagen hört? *(Camilla sieht sie lange an)* Kannst du dir vorstellen, wie er dann sein Vorgehen erklärt? N a t ü r l i c h hat er gewußt, daß er nichts hören wird. Er hat es aber trotzdem getan, weil er wußte, daß nichts dabei herauskommt ... Laß mich mit dem Anfang anfangen, Liebling. Was da passiert ist, verstehst du, ... *(Die Türklingel geht. Pause)*

CAMILLA: Soll ich aufmachen? *(Penelope nickt zustimmend. Camilla geht und kommt mit Robert zurück, der so angezogen ist, wie man es von einem Bankierssohn um zehn Uhr abends erwartet)*

ROBERT: Ich laufe dir k e i n e s w e g s überallhin nach, mein Herz; ich habe nur eben den Kakao gemacht ...

CAMILLA: Verzeih, Liebling, Robert ist heraufgekommen.

ROBERT: Wozu entschuldigst du dich? Wie geht's, Penelope?

PENELOPE: Oh — mir? Erstklassig.

ROBERT: Das ist gut. *(Zu Camilla):* Nun, mein Herz, was machen wir mit dem Kakao?

CAMILLA: Müssen wir unbedingt etwas damit machen?

ROBERT: Er steht unten und wird kalt. *(Zu Penelope):* Ich gehe in die Küche wie jeden Abend, mache den Kakao, trage ihn ins Wohnzimmer und sehe, daß meine Frau verschwunden ist. Hat die ganze Einteilung auf den Kopf gestellt.

CAMILLA: Geh und trink deinen Kakao, wenn du willst.

ROBERT: Es geht nicht so sehr um den Kakao, mein Herz, es geht um das Prinzip. Ob ich den Kakao trinke oder nicht, die Einteilung ist auf den Kopf gestellt, davon kommst du nicht los. Sieh mal, was ist denn das?

PENELOPE: Nichts.

ROBERT: Ja, aber was ist es?

PENELOPE: Warum sind denn alle so neugierig? Ich lade mir Leute ein, und sie tun nichts als herumschnüffeln und fragen, was ist dies, was ist das? Das ist ein Axminster-Teppich, der in ein Eisbärfell eingewickelt ist.

ROBERT: Ja, aber ...

PENEOLOPE: Die Reinigung wird das morgen früh abholen — Teppich, Eisbärfell und Kissen. Das muß alles in die Reinigung.

ROBERT: Ja, aber ...

PENELOPE: Der Teppich ist um eine lange Stange gerollt, damit man ihn leichter tragen kann, und am Ende der Stange hängt ein Schuh, damit der Mann, der den Teppich trägt, sich nicht an der Stange verletzt. Der Schuh ist eine Vorsichtsmaßnahme. Hoffentlich sind jetzt alle befriedigt.

ROBERT: Das sind aber zwei Schuhe.

PENELOPE: Dann werden es wohl auch zwei Stangen sein, nicht wahr? Was willst du trinken?

ROBERT: Kakao. Wo ist Harry?

PENELOPE: Whisky oder Gin?

ROBERT: Ja, bitte. Wo ist –

PENELOPE *(schenkt ein):* Nicht in der Stadt.

ROBERT: Nicht in der Stadt?

PENELOPE: Nein.

ROBERT: Ich dachte, er ist in der Stadt.

PENELOPE: Er war in der Stadt, jetzt ist er nicht mehr in der Stadt.

CAMILLA: Du sagtest doch, daß er sich niedergelegt hat.

ROBERT: Nicht in der Stadt? Und hat sich niedergelegt?

PENELOPE: Er ist in einer a n d e r e n Stadt, wo er sich niedergelegt hat. Was hindert ihn daran?

CAMILLA: Wenn nicht hier in der Stadt – woher weißt du, daß er sich niedergelegt hat?

PENELOPE: Weil er mich angerufen hat.

CAMILLA: Um dir zu sagen, daß er sich niedergelegt hat?

PENELOPE: Ja. Er rief mich an, aus dieser anderen Stadt, daß er sich niederlegt. Er hatte sich schon niedergelegt, als er anrief. Du verzeihst.

CAMILLA: In einer Telefonzelle?

PENELOPE: Nein, Liebling. In einem Hotelzimmer. Er rief an, von seinem Zimmertelefon in dieser anderen Stadt, um mir zu sagen, daß er sich niedergelegt hat. *(Pause)*

ROBERT: Ist das eine Gewohnheit von Harry?

PENELOPE: Warum quält ihr mich?

CAMILLA: Es klingt nur ein bißchen sonderbar ...

PENELOPE: Was willst du damit andeuten? Daß er sich nicht in einer anderen Stadt niedergelegt hat? Daß er

hier in der Stadt irgendwo herumsteht? Willst du darauf hinaus?
CAMILLA: Nein, Liebling ...
PENELOPE: Glaubst du vielleicht, ich habe ihn irgendwo in einen Schrank gestellt? Wie? Willst du meine Schränke untersuchen? Das ist doch die Höhe! *(Pause)*
ROBERT: Fürth?
CAMILLA: Wie?
ROBERT: Ich habe mit Penelope gesprochen.
PENELOPE: Wie?
ROBERT: Fürth?
PENELOPE: Fürth was?
ROBERT: Fürth, die Stadt.
PENELOPE: Fürth die Stadt was?
ROBERT: Ist das die Stadt Fürth?
PENELOPE: Ist was die Stadt Fürth?
ROBERT: Wo Harry ist. Ist er vielleicht in Fürth?
PENELOPE: Nein.
ROBERT: Voriges Jahr war er dort.
PENELOPE: Dieses Jahr ist er nicht dort. *(Pause)*
ROBERT: Wo denn sonst?
PENELOPE: Oh ... Biberach. *(Pause)*
CAMILLA: Wozu nach Biberach fahren, um sich schlafen zu legen?
PENELOPE: Lassen wir dieses Thema.
CAMILLA: Wie du willst, Liebling. *(Pause)*
ROBERT: Warum eigentlich?
PENELOPE: Weil es mir nicht paßt.
ROBERT: Hm.
PENELOPE: Er mußte nach Biberach, um einen Kunden zu besuchen.
CAMILLA: In einem Hotel?
PENELOPE: In einem Büro. In einem Büro.
ROBERT: Dann gingen sie ins Hotel ...
PENELOPE: Dann ging e r ins Hotel, weil er sich nicht wohl fühlte, legte sich schlafen und rief mich an. Willst du auch seine Telefonnummer wissen?
ROBERT: Ich könnte ihn zurückrufen ...
PENELOPE: Das wirst du nicht. Ich kann nicht dulden, daß Gott und die Welt ihn mit ihren Anrufen belästi-

gen, wenn er sich nicht wohl fühlt ... armer Harry ...

ROBERT: Armer alter Harry ... Es ist natürlich seine eigene Schuld.

PENELOPE: Wie meinst du das?

ROBERT: Wenn er seine ganze Einteilung umstößt! Das führt ins Unglück. Er fährt nach Biberach, was ihm bisher noch nie eingefallen ist. Dort wird er krank. Natürlich. Er hätte sich den Kunden hierher kommen lassen sollen. Soll der Kunde krank werden.

CAMILLA: Was redest du da?

ROBERT: Schaut mich an. Bin ich jemals krank? Nein. Und warum?

CAMILLA: Weil du keine Phantasie hast.

ROBERT: Weil ich mich an meine Einteilung halte. Weil ich jede meiner Handlungen vorgezeichnet habe, bis zum Schneuzen in bestimmten Abständen.

CAMILLA: Vorgezeichnet?

ROBERT: Ich führe Buch. Eine Art Vorschrift mit laufenden Anweisungen. Ich habe sie jahrelang ausgearbeitet. Wozu ist denn die ganze Kindheit gut, wenn nicht dazu, sich seine Einteilung zu machen? Mit zwanzig wußte ich bereits genau, was ich in jeder Minute des Tages zu tun hatte. Das ist die einzige Möglichkeit, jenseits des Schutzwalls der Gewohnheit, der Einteilung, lauert die Anarchie und wartet nur darauf, einem an die Gurgel zu springen ...

CAMILLA: Robert, Liebster —

ROBERT: Lest doch, was heute in der Zeitung steht. Da hat ein Friseurgehilfe ganz ruhig sieben Damen bedient, die in einer Reihe unter den Haartrocknern saßen — und plötzlich packt er eine Schere und ersticht alle sieben, eine nach der anderen. Wie konnte das geschehen? Ich will es euch sagen: er hat den Respekt vor der Einteilung verloren, er hat seine Gewohnheiten über Bord geworfen. Er hat das wohlgeordnete Gebiet der Gewohnheitsmäßgikeit verlassen und sich in den Dschungel der unendlichen Möglichkeiten vorgewagt, wo jeder Schritt ins Unbekannte führt. Stellt ihn euch vor. Ich kann die Haare dieser Damen, die mir nichts bedeuten, weiter trocknen — sagt er sich —, ich kann von der einen zur anderen gehen und fragen, ob es ihnen auch bequem ist und ihnen den „Goldenen Stern“ und die „Bunte Revue“ zur Lektüre bringen. Aber genausogut kann ich das nicht. Und wenn nicht — was dann? Weiß der Himmel — was dann n i c h t ? *(Pause)*

CAMILLA: Was willst du damit beweisen?

ROBERT: Daß ich unbesiegbar bin. Unüberwindlich. In Sicherheit.

CAMILLA: Daß du niemals eine Dame unter der Trockenhaube mit einer Schere erstechen wirst.

ROBERT: Ja, zum Beispiel. Sag mir, habe ich je ein Verbrechen begangen? Habe ich jemals wen überfahren oder bin überfahren worden? Hab ich je einen Zug versäumt? Ich bin ein Gewohnheitsmensch. Ich bin sicher wie eine Burg.

PENELOPE: Du solltest nicht z u sicher sein.

ROBERT: Nun, hier ist der Beweis.

PENELOPE: Wo?

ROBERT: Hier. Ich. Hier sitze ich nach neununddreißig Jahren ohne eine Narbe, ohne eine Sorge, ohne einen Fleck auf meinem Charakter. Ich habe heute getan, was ich gestern getan habe, und werde morgen tun, was ich heute tat. Nichts ist heute schiefgegangen, nichts kann morgen schiefgehen. Wenn ich auf meinem Weg das Unheil nur von weitem sehe, fasse ich es ins Auge und gehe vorsichtig drum herum.

CAMILLA: Was hast du denn da, Robert?

*(Robert hat, während er versuchte, sich in seinem Stuhl bequem zurechtzurücken, unter dem Kissen einen harten Gegenstand hervorgeholt. Er starrt ihn an)*

PENELOPE: Gib acht, Robert, der kann sehr leicht losgehen.

ROBERT: Offenbar nicht geladen.

PENELOPE: Willst du's versuchen?

*(Robert untersucht den Revolver)*

CAMILLA: Doch geladen?

*(Er nickt)*

PENELOPE: Siehst du!

ROBERT: Ist das nicht ein bißchen gefährlich, geladene Revolver herumliegen zu lassen?

PENELOPE: Herumliegen lassen ist nicht gefährlich. Anfassen und abdrücken ist gefährlich. — Na, siehst du, da haben wir den Gewohnheitsmenschen — sitzt da, trinkt Gin mit Tonic und zielt mit dem geladenen Revolver auf seine Frau.

ROBERT: Der ist gesichert. Ich verstehe etwas von Revolvern.

PENELOPE: Weißt du, wie wenig sich ein Zeigefinger bewegen muß, um auf den Abzug zu drücken?

ROBERT: Ich sag dir ja, er ist gesichert.

PENELOPE: Weißt du, wie wenig sich ein Daumen bewegen muß,um ihn zu entsichern?

ROBERT *(schnüffelt in den Lauf):* Aus dem ist geschossen worden.

PENELOPE: So?

ROBERT: Ein Schuß.

PENELOPE: Wirklich?

ROBERT: Vor kurzer Zeit. *(Pause)*

PENELOPE: Ja. Stimmt. Das war ich.

ROBERT: Du?

PENELOPE: Ja. Ich hab ihn abgefeuert.

CAMILLA: Wann?

PENELOPE: Heute abend. Ich hielt ihn in der Hand, und der Abzug wurde ausgelöst.

ROBERT: Durch dich.

PENELOPE: Durch wen sonst?

CAMILLA: Also ist doch ein Schuß mehr gefallen.

ROBERT: Während des Fernsehstücks. Natürlich. Es wurde geschossen, und niemand fiel um. Das kam mir gleich etwas merkwürdig vor.

PENELOPE: Na ja, das war's.

CAMILLA: Worauf hast du denn geschossen? Oder war es ein Zufall?

PENELOPE: Will jemand noch was trinken?

CAMILLA: War's das wirklich?

PENELOPE: Was?

CAMILLA: Ein Zufall.

PENELOPE: Laß mal sehen, du hattest auch Gin, nicht wahr? ... Ja, natürlich war es ein Zufall.

CAMILLA: Du hast ihn einfach in die Hand genommen

und er ging los.

PENELOPE: Ich hab ihn einfach in die Hand genommen und – gefeuert.

ROBERT: Zufällig.

PENELOPE: Natürlich ... das heißt ...

CAMILLA: Was?

PENELOPE: Das heißt, auf den Abzug hab ich absichtlich gedrückt. Wenn er das meint.

CAMILLA: Was sonst sollen wir meinen, Liebling?

ROBERT: Es war also kein Zufall.

PENELOPE: Doch.

CAMILLA: Aber du hast es vorsätzlich getan.

PENELOPE: Ich hab es nicht vorsätzlich getan ... Ich hab es absichtlich getan.

CAMILLA: Liebling ...

PENELOPE: Nein wirklich ... Warum seid ihr denn so begriffsstutzig? Warum tut ihr, als wär das alles so einfach?

CAMILLA: Es gibt Zufälle, Liebling, und es gibt planmäßige Handlungen ...

PENELOPE: Und es gibt einen Mann namens Robert, der sitzt da, hält ein Glas in der Hand und will es eben an die Lippen führen.

ROBERT: Ich verstehe den Sinn nicht ...

PENELOPE: Hast du das Glas vorsätzlich in die Hand genommen?

ROBERT: Ja ... so – halbwegs ...

PENELOPE: Halbwegs! Robert ... du hast das Glas mit der Absicht, daraus zu trinken, in die Hand genommen, ohne festen Vorsatz ... du hast es ohne festen Vorsatz, in der Absicht, einen Schluck zu machen, an die Lippen geführt. Und wenn in dem Glas Gift ist und durch irgendeinen Zufall nichts geschieht, um dich davon abzuhalten ...

ROBERT: Es ist aber kein Gift drin.

PENEOLOPE: Oder wenn das nicht ein Glas Gin mit Tonic ist, sondern ein Revolver, und du führst ihn nicht – ohne feste Absicht – an den Mund, sondern hebst ihn einfach hoch – ohne feste Absicht, und hast den Finger am Abzug, und jemand sagt: schieß, und du schießt ...

ROBERT: Ich weiß nicht, wovon du redest.

PENELOPE: Ich habe den Revolver in die Hand genommen, genau wie du das Glas. Ich hatte den Finger am Abzug, wie man's eben macht, ganz automatisch. Ich hob ihn hoch, wie man's eben macht und —

ROBERT: — du hast abgedrückt.

PENELOPE: Durch irgendeinen Zufall, einen unglücklichen Zufall ... ist nichts passiert, um mich zurückzuhalten. *(Kleine Pause)* Von den tausenderlei Dingen, die hätten passieren können, ist keines geschehen ... Nimm zum Beispiel an, eine Maus wäre gekommen.

ROBERT: Eine Maus?

PENELOPE: Jawohl, eine Maus ...

ROBERT: Du hast auf eine Maus geschossen?

PENELOPE: Nein, Robert, ich hab auf keine Maus geschossen, aber nehmen wir an, es wäre eine Maus gekommen, unter diesem Teppich hervorgelaufen.

ROBERT: Ausgeschlossen.

PENELOPE: Warum ist das ausgeschlossen?

ROBERT: Hier gibt's keine Mäuse.

PENELOPE: Woher weißt du das? Woher weißt du, was hinter der Bodenleiste steckt?

ROBERT: Wenn in dieser Wohnung Mäuse wären, dann hätten wir auch Mäuse in unserer Wohnung.

PENELOPE: Wir können ja unsere eigenen Privatmäuse haben, oder nicht?

ROBERT: Nein, die müßten erst durch unsere Wohnung, um hier raufzukommen.

PENELOPE: Na schön, sie kamen aber doch. Untertags, während ihr nicht daheim wart. Oder ferngesehen habt. Im Fernsehen gab's Mäuse, und ihr dachtet, ihr hört Fernsehmäuse vorüberhuschen — genau wie mit dem Schuß. Mein Finger lag am Abzug, und plötzlich kam unter dem Stuhl da eine Maus hervor, die Katze hinter ihr her.

ROBERT: Katze? Welche Katze?

PENELOPE: Eine Katze. Irgendeine Katze. Eine Katze von unten. Sie kam rauf, weil der Milchgeruch sie anlockte.

ROBERT: Gibt gar keine Katze unten. Wir haben keine Katze, die Fischers im ersten Stock haben keine Katze, die Hartwigs zu ebener Erde haben keine Katze. Nicht einmal der Hausbesorger hat eine Katze. Wem soll die Katze also gehört haben?

PENELOPE: Niemand. Es war eine heimatlose Katze. Die Stadt ist voll von heimatlosen Katzen, wilden Katzen, Katzen, die nie ein richtiges Zuhause hatten. Die werden in Kohlenkellern und Fahrradschuppen geboren und schlagen sich allein durch die Welt. Sie fressen, was sie finden. Ein hartes Leben. Die da hat Mäuse im Treppenhaus gejagt.

CAMILLA: Du sagst doch, sie hat die Milch gerochen.

PENELOPE: Sie hat die Milch gerochen und die Mäuse vergessen. Sowie sie aber hier raufkam, roch sie die Maus und vergaß die Milch. Die Katze kriecht hinter den Stuhl, und die Maus, der die Käsestangen in die Nase steigen, die ich zu meiner Milch essen wollte ...

CAMILLA: Du kriegst doch gar keine Milch, Penelope ...

PENELOPE: Camilla, b i t t e ! ... Also die Maus wird aufgescheucht und huscht unter dem Stuhl hervor —

ROBERT: Die Katze hinterdrein.

PENELOPE: Die Katze hinterdrein — und ich, in meinem Schreck, vergeß völlig, daß ich eben zufällig, ohne festen Vorsatz, aber mit Absicht, auf den Abzug drücken will und ... tu's nicht. Das wäre ein Zufall gewesen, nicht wahr? Auf ganz die gleiche Art war es ein Zufall, daß wir, wie du schon sagtest, keine Mäuse haben ... und keine Katzen. So ist eben dieser unglückliche Zufall passiert ...

CAMILLA: Welcher unglückliche Zufall?

PENELOPE: Meine Lieben, ich hab euch schon wieder nicht nachgeschenkt.

CAMILLA: Welcher unglückliche Zufall? *(Penelope wendet sich zu ihr. Sie blicken einander eine Weile lang an)* Penelope ...

PENELOPE: Das Leben ist ... gar nicht so einfach, wie man denkt.

ROBERT: Wenn's aber keine Maus war, worauf hast du dann gezielt?

PENELOPE: Du glaubst wohl, wir leben im Zeitalter der Vernunft, nicht wahr? Du glaubst, wir können unser

Leben unter das Mikroskop legen und mit einer kleinen Pinzette hin und her drehen und dann sagen: aha! Das hab ich deswegen getan und dies wieder deswegen. Wie simpel!

ROBERT: Penelope, was ...

PENELOPE: Vor zehn Jahren, auf dem Weg zu einem Tierpräparator, blieb ich zwischen dem vierten und fünften Stockwerk im Aufzug stecken. *(Robert kratzt sich den Kopf)* Dreiviertel Stunden später, auf dem Weg runter, blieb ich zwischen dem vierten und dritten Stock in demselben Aufzug mit demselben unbekannten Mann stecken, mit dem ich bereits auf dem Weg rauf im Aufzug steckengeblieben war. Klingt unwahrscheinlich? Jawohl. Aber es ist passiert. Das war die Ursache von dem ganzen ...

ROBERT: Von welchem ganzen?

PENELOPE: So bin ich Harry begegnet. Damit nahm die ganze Kette von Ereignissen ihren unabänderlichen Lauf. Und was, glaubst du, hatte ich selbst damit zu schaffen?

ROBERT: Ich verstehe den Sinn nicht ...

PENELOPE: Ich meine, wir tun doch nur so, Robert, wir tun so, als läge es in unserer Macht, als könnten wir die Entscheidungen treffen ... gut, schön, vielleicht treffen wir sie, aber was veranlaßt uns dazu ...

ROBERT: Da bin ich gar nicht deiner Meinung —

PENELOPE: Natürlich nicht, dazu bist du gar nicht fähig. Du glaubst, wir fangen unser Leben wie die Fische.

ROBERT: Ja, wie die Fische.

PENELOPE: Du glaubst, wir stehen am Ufer des Lebensstromes, fest eingewickelt in die Regenmäntel unserer Gewohnheit und angeln uns die Ereignisse wie Forellen, wenn sie vorüberhüpfen. Vielleicht kommt dir das so vor, Robert. Aber fangen nicht die Ereignisse in Wirklichkeit uns?

ROBERT: Worauf hast du abgezielt? *(Pause)*

PENELOPE: Wer, ich ...? *(Kurze Pause)*

ROBERT: Natürlich liegt es in unserer Macht. Wir haben doch die Wahl — oder nicht?

PENELOPE: Glaubst du, ich hatte die Wahl, Harry zu heiraten oder nicht zu heiraten?

ROBERT: Ich rede nicht von Harry. Ich rede vom Leben ganz allgemein ...

PENELOPE: Aber ich rede von Harry. Ich hatte keine Wahl.

ROBERT: Unsinn ...

PENELOPE: Natürlich hatte ich keine Wahl. Wir begegneten einander zwangsläufig, im Aufzug. Dann saßen wir da und tranken Kaffee, nach einem wunderbaren Abendessen in einem teuren Restaurant ... Es war eine abgemachte Sache — so sehr, daß er sich nicht einmal die Mühe nahm, mir einen Antrag zu machen: er teilte es mir einfach mit. Wir werden heiraten, sagte er. Ja, natürlich, sage ich. Selbstverständlich. Warum auch nicht? Was denn sonst? Wer käme auf eine andere Idee ...?

ROBERT: Du hättest nein sagen können.

PENELOPE: Keineswegs. Eine lächerliche Vorstellung.

ROBERT: Was soll daran lächerlich sein? Hat er dich gezwungen, ja zu sagen?

PENELOPE: Er brauchte mich nicht zu zwingen. Ich hatte keine Wahl.

ROBERT: Das verstehe ich nicht.

PENELOPE: Ich konnte nicht anders handeln.

ROBERT: Das verstehe ich nicht.

PENELOPE: Ich w o l l t e es.

ROBERT: Du wolltest anders handeln?

PENELOPE: Ich w o l l t e Harry heiraten.

ROBERT: Na, da hast du's ja.

PENELOPE: Da hast d u 's.

ROBERT: Und wenn du hättest nein sagen wollen ...

PENELOPE: Aber ich w o l l t e nicht n e i n sagen. Ich wollte j a sagen. Ich hatte keine andere Wahl, als ja sagen zu wollen.

ROBERT: Warum gibst du dann Harry die Schuld?

PENELOPE: Ich gebe Harry gar nicht die Schuld, warum mißverstehst du mich denn dauernd? Ich bereue nicht, ihn geheiratet zu haben. Wir führen nicht die Art Ehe, die man bereut. Weit entfernt. Harry hat sich kein einziges Mal anders benommen, als ich es von ihm erwarten konnte. Kein einziges Mal hat er mir den geringsten

Grund gegeben, anzunehmen, daß er unzufrieden ist oder ungeduldig oder daß er auch nur einmal jemand anderem beim Frühstück ins Gesicht sehen will. Unser gemeinsames Leben war ein unablässiger Strom von Eheglück...

CAMILLA: Liebling, sag doch Robert, worauf du abgezielt hast.

PENELOPE: Was abgezielt?

CAMILLA: Den Revolver.

PENELOPE: Ich habe gar nicht gezielt. Ich hab ihn bloß auf etwas gerichtet.

ROBERT: Worauf?

PENELOPE: Auf ein Ziel.

ROBERT: Hast du die Gewohnheit, abends Schießübungen zu machen?

PENELOPE: Das hat nichts mit Gewohnheit zu tun. Außerdem war es, wie gesagt, ein Zufall.

CAMILLA: Weil du keine Mäuse hast.

PENELOPE: Ja, weil ich keine Mäuse habe. Und weil kein Mörtel von der Decke gefallen ist und weil das Telefon nicht geklingelt hat und weil die Welt nicht plötzlich unterging. Wirklich, das ist ja wie bei der Inquisition! Man möchte glauben, es gibt nichts Wichtigeres auf der Welt, als die Frage, warum ich dieses blöde Ding abgefeuert habe. Als drehte sich das ganze Universum um einen zufälligen Revolverschuß! Ihr seid ja beide aus dem Mittelalter!

ROBERT: Wir brauchen nicht da zu bleiben, wenn du nicht willst.

PENELOPE: Ich will aber. Ich will in der Lage sein, mit Freunden zu sprechen, die mit mir intim genug sind, um zu verstehen, ohne zu verurteilen.

ROBERT: Wen?

PENELOPE: Mich.

CAMILLA: Warum sollten wir?

PENELOPE: Ja, wirklich, warum? Warum sollte irgendein Mensch einen anderen verurteilen — in diesem merkwürdigen, ungewissen, zufälligen Leben? *(Pause. Ein Schluchzer. Penelope weint. Robert macht mit den Armen eine hilflose Geste)*

CAMILLA: Penelope ...

PENELOPE: Sprich nicht zu mir. Ich will nicht, daß man zu mir spricht. Ich will absolutes Schweigen ... Ich weiß, ich benehme mich unmöglich.

ROBERT: Nicht im geringsten.

PENELOPE: Widersprich mir nicht. Es ist wahr. Ich benehme mich unmöglich und verkehrt. Ich zerre euch von eurem Bildschirm fort, als wäre das wirkliche Leben wichtiger ... Ich bin eben altmodisch erzogen worden, wißt ihr — Freunde für Freunde zu halten. Aber das ist ja alles Spott und Hohn. Man darf das Leben nicht ernst nehmen. Es ist bloß die billige Nachahmung eines Fernsehstücks. Ganz undramatisch ... Die unwahrscheinlichsten Dinge passieren plötzlich aus heiterem Himmel, als hätte man sie zufällig draufgepappt, und im letzten Akt wird nichts gelöst. Das Leben ist eine Beleidigung unseres Verstandes, das sehe ich jetzt ein: schlecht geschrieben, schlecht gespielt und offenbar ohne jeden Regisseur ...

ROBERT: Nimm lieber ein Schlafmittel und geh zu Bett.

PENELOPE: Was für eine Lösung wäre das — und von welchem Problem? *(Pause)*

CAMILLA: Du hast es getroffen.

PENELOPE: Was?

CAMILLA: Das Ziel.

PENELOPE: Welches Ziel?

CAMILLA: Auf das du gezielt hast.

PENELOPE: Ich habe nicht gezielt. Ich habe nur den Revolver drauf gerichtet.

CAMILLA: Aber du hast es —

PENELOPE: — getroffen?

CAMILLA: Ja.

PENELOPE: Ja.

CAMILLA: Hm. *(Pause)*

PENELOPE: Was mir zuerst an Harry auffiel, waren sein Verstand und seine Haltung. Er war nie erstaunt. Wir leben in einer logischen Welt, hat er immer gesagt. Warum sich wundern, wenn das eine eintrifft statt des anderen. Wenn ein Aufzug kaputtgeht, so hat das seine guten Gründe. Während also andere Männer mit den

Fäusten auf alle Wände getrommelt hätten, teilte Harry einfach seine Morgenzeitung in zwei Hälften, setzte sich auf die Auslandsmeldungen in die eine Ecke und ich setzte mich auf den Lokalteil in die andere Ecke, und in den nächsten zwanzig Minuten erklärte er mir Einsteins Relativitätstheorie. Das Leben, hat Harry immer gesagt, ist Vernunft. Streit, hat er gesagt, ist die letzte Ausflucht der Schwachsinnigen. Staunen, Hoffnung und Verzweiflung, sagte Harry, sind die drei häßlichen Schwestern in dem Märchen von der Suche des Menschen nach geistiger Reife ...

CAMILLA: Und dann fiel es um ...

PENELOPE: Meine Ehe war eine vollkommene Ehe!

ROBERT: Was fiel um?

CAMILLA: Das Ziel.

PENELOPE: Ja, es fiel.

CAMILLA: Hat sich einfach niedergelegt.

ROBERT: Das Ziel? Niedergelegt?

PENELOPE: Ja, Robert. Das Ziel hat sich niedergelegt.

ROBERT: Ich verstehe den Sinn nicht.

CAMILLA: Nein, Liebster, du verstehst den Sinn nicht.

PENELOPE: Weil es keinen Sinn zu verstehen gibt. *(Pause)*

CAMILLA: Du bist so eingebildet, Robert.

ROBERT: Wie?

CAMILLA: Du bist so e i n g e b i l d e t .

ROBERT: Was soll das heißen?

CAMILLA: Du glaubst, dir kann nie was passieren. Du glaubst, dir geht nie was schief.

ROBERT: Natürlich nicht. Ich hab's ja erklärt. Ich bin unüberwindlich.

CAMILLA: Du bist unausstehlich.

ROBERT: Du solltest keinen Gin mehr trinken, mein Herz ...

CAMILLA: Also gut ... ich habe einen Liebhaber.

ROBERT: Zum Teufel, was ist das wieder?

CAMILLA: Ich habe einen L i e b h a b e r .

ROBERT: Unsinn. Das ist nicht deine Gewohnheit ...

CAMILLA: Hast du eine Ahnung von meinen Gewohnheiten! Was denkst du, woran ich denke, wenn du tagsüber fort bist? Seit Jahren ist das meine Gewohnheit.

Lach nicht so dumm. Hast du noch nie bemerkt, wie meine Augen glänzen, wenn du abends zur Tür hereinkommst und sagst: da bin ich, mein Herz, und mich auf die rechte Wange küßt? Hast du gedacht, wenn ich ein Gähnen unterdrücke, so ist das Langeweile? Keine Spur — das ist Befriedigung!

ROBERT: Mir scheint, du gehst ein bißchen weit ...

CAMILLA: Wie oft hab ich mich nach einem geladenen Revolver gesehnt, wenn du so selbstgefällig dasitzt und mich fragst: hast du auch einen hübschen Tag verbracht?

ROBERT: Also w i r k l i c h , Camilla ...

CAMILLA: Was weißt denn du, Robert? Was — weißt — denn du? *(Pause. Robert nimmt den Revolver in die Hand, geht zu Camilla und reicht ihn ihr)*

ROBERT: Da. Nimm ihn in die Hand. Richte ihn auf mich. Ich habe den Mut zu meiner Überzeugung. Entsichere ihn. Schieß los. *(Sie schießt. Pause)*

CAMILLA: O Gott, o Gott ... *(Pause)* Dabei hab ich gar keinen Liebhaber ... War es so ...?

PENELOPE: Ja. So war es auch bei mir.

*(Vorhang)*

*Heiner Schmidt*

# WAS IST EIN BULLE?

Personen:

Richter
Staatsanwalt
Verteidiger
Kramer, Angeklagter
Polizeihauptwachtmeister
Schurich, Zeuge
Reicheneder, Zeuge

Für den Hinweis auf dieses Stück danken wir Herrn Dr. Dieter Hasselblatt vom Bayerischen Rundfunk.

## WAS IST EIN BULLE?

RICHTER: Herr Kramer, Sie sind geboren am 22.10.1948, von Beruf Sozialhelfer —

KRAMER: Ja —

RICHTER: Der als Zeuge anwesende Polizeihauptwachtmeister Schurich hat gegen Sie Anzeige wegen Beleidigung erstattet, weil Sie ihn in Gegenwart mehrerer Personen „Bulle" genannt haben. Sie erhielten daraufhin einen Strafbefehl in Höhe von 300,-- DM, gegen den Sie Einspruch eingelegt haben.

KRAMER: Ja.

RICHTER: Die Sache steht also nun zur Verhandlung. Und jetzt erzählen Sie mal, wie es dazu kam, zu der genannten Äußerung, — was da im einzelnen so vor sich ging.

KRAMER: Also, da wurde doch das besetzte Haus geräumt, in der Bettinastraße. Das sollte abgerissen werden, und die Studenten, die drin wohnten, und die Gastarbeiter, die haben dagegen protestiert und wollten nicht raus. Und wie das geräumt werden sollte, war ein ziemlicher Auflauf, da stand ein Haufen Leute rum und auch Polizei. Gleich gegenüber ist ein Trümmergrundstück mit einem Schuttberg drauf, da bin ich raufgestiegen zum Zugucken.

RICHTER: Das war am Nachmittag des 15. August?!

KRAMER: Ja. Ich war nicht der einzige, da standen noch andere mit drauf. Es war ein ziemlicher Krach bei dem Haus, die Leute haben Sprechchöre gemacht, und die Polizei mit Blaulicht — ich glaube, die Feuerwehr war auch da. Aber wir auf dem Trümmerberg sind ganz ruhig dagestanden und haben bloß geguckt. Und da ist auf einmal dieser Polizist raufgekommen — —

RICHTER: Der Polizeihauptwachtmeister Schurich?!

KRAMER: Ja, der da drüben sitzt. Der ist gekommen, direkt auf mich zu, ich stand da ganz vorne, und hat gesagt, ich soll machen, daß ich wegkomme. Jetzt hau aber ab, du dreckiger langhaariger Gammler, hat er gesagt.

SCHURICH: So habe ich das nicht gesagt!

RICHTER: Bitte, Herr Schurich — nur wenn Sie gefragt

sind!

KRAMER: Wörtlich: du dreckiger langhaariger Gammler. Ich hab mir das genau gemerkt.

RICHTER: Es liegen einige Zeugenaussagen vor, die das in etwa bestätigen. Bitte weiter.

KRAMER: Ja. Und wie ich nicht gegangen bin, hat er mir seinen Schlagstock ins Kreuz gedrückt und hat mich weggeschubst. Ich habe gesagt, er soll mich nicht anfassen, ich kann stehenbleiben, wo ich will.

SCHURICH: Er hat „Bulle" zu mir gesagt!

RICHTER: Herr Schurich! Immer einer nach dem anderen. Sie kommen gleich dran.

KRAMER: Natürlich hab ich das gesagt. Ich hab ihm auch noch vorgehalten, daß er sich in Uniform wohl besonders stark fühlt. Er hat mich „Gammler" genannt — wahrscheinlich haben ihn meine langen Haare geärgert — und da hab ich zu ihm „Bulle" gesagt. Das ist doch klar. Naja, dann hat er meine Personalien aufgenommen, und ich hab diesen Strafbescheid gekriegt, daß ich 300,-- DM zahlen soll. Das seh ich nicht ein.

RICHTER: Schön. Und nun zu Ihnen, Herr Schurich. Sie haben damals Anzeige erstattet, worauf der Strafbefehl erfolgte. Was war der Grund Ihrer Anzeige?

SCHURICH: Er hat „Bulle" zu mir gesagt.

RICHTER: Ja, das wissen wir. Und?

SCHURICH: Durch das Wort „Bulle" habe ich mich beleidigt gefühlt.

RICHTER: Warum?

SCHURICH: Weil das Wort „Bulle" ein beleidigendes Wort ist.

RICHTER: Aha.

SCHURICH: Jawohl.

RICHTER: Wodurch ist denn Ihrer Meinung nach dieses Wort als beleidigender Begriff zu qualifizieren?

SCHURICH: Wie bitte?

RICHTER: Worin sehen Sie seine beleidigende Qualifikation?

SCHURICH: Jawohl.

RICHTER: Ich meine damit: wieso ist der Begriff „Bulle"

beleidigend?

SCHURICH: Weil ich kein Bulle bin, sondern ein Polizeibeamter, und als solcher muß mich die Bezeichnung „Bulle“ beldeidigen.

RICHTER: Aha. Aber das Wort „Bulle“ an sich —, an sich ... Sie verstehen, was ich damit sagen will, Herr Schurich —

SCHURICH: Jawohl.

RICHTER: Das Wort „Bulle“ an sich, nicht wahr —

STAATSANWALT: Gestatten Sie, Herr Richter, daß ich dem Zeugen Schurich ein wenig Artikulationshilfe zukommen lasse?!

RICHTER: Bitte, Herr Staatsanwalt.

STAATSANWALT: Danke. Der Polizeihauptwachtmeister Schurich wollte sich ganz sicher dahingehend einlassen, daß das Wort „Bulle“ allgemein als Schimpfwort gegenüber Polizisten angewandt wird, und daß dem Einhalt geboten werden müsse, indem man einmal mit aller Schärfe ...

VERTEIDIGER: Entschuldigen Sie, Herr Staatsanwalt, wenn ich Sie unterbreche. Ich glaube nicht, daß dem Herrn Richter Ihre Gedankengänge beziehungsweise die des Zeugen Schurich fremd sind. Aber er fragte ausdrücklich nach dem Begriff „Bulle“ an sich, und der bedeutet doch wohl, wenn mich der neue Brockhaus nicht täuscht, „geschlechtsreifes männliches Rind“!

STAATSANWALT: Eben. Aber eben nicht nur, Herr Verteidiger! Da wir nun schon mal am Zitieren sind — ich darf da den Großen Duden, Wörterbuch der deutschen Sprache von 1976 heranziehen. Es heißt da unter Bulle „drittens salopp abwertend: Kriminalbeamter — ich sitze zwischen zwei üblen Bullen“. Salopp abwertend, Herr Verteidiger! Wobei wir uns das „salopp“ wohl sparen können.

VERTEIDIGER: Ich habe hier ebenfalls den Großen Duden vorliegen, Band 7, das Herkunftswörterbuch, Ausgabe 1976. Da steht „Bulle“ = Stier. Die Bezeichnung des Stiers gehört zu der indogermanischen Wurzel „bhel“ = schwellen und ist eng verwandt mit griechisch „phallos = männliches Glied. Der Bulle ist also nach seinem Zeugungsglied benannt. Nun, jemanden als

„Bulle“ zu bezeichnen, scheint mir doch eher anerkennend als beleidigend zu sein.

STAATSANWALT: Im Gegensatz dazu darf ich Sie auf das Wörterbuch von Küpper, Band 4 von 1966 verweisen. Dort wird angeführt, daß Bulle ein beleidigendes Wort ist und 1965 — schon 1965, Herr Verteidiger! — mit 50,-- Mark Geldstrafe geahndet wurde.

VERTEIDIGER: Bitte vollständig, Herr Staatsanwalt, — wenn Sie schon zitieren. Mit weglassen läßt sich viel beweisen! Im Küpper steht: „Bulle = Polizist. Leitet sich her entweder von der Tatsache, daß für diesen Beruf kräftig gebaute Mitarbeiter bevorzugt werden, oder daß der Kriminalbeamte das erste Protokoll, die bulla, aufnimmt.“

STAATSANWALT: Oder, immer noch Küpper, bitte nichts weglassen, Herr Verteidiger „oder ist verkürzt aus Bullenbeißer“!

VERTEIDIGER: „Oder“ — derselbe Küpper — „oder hängt zusammen mit jiddisch baal = Herr“.

STAATSANWALT: Und was sagen Sie zu Küppers „Jugenddeutsch“ von 1970: „einen Bullen schreiben — das heißt eine schlechte Arbeit schreiben“ — eine schlechte, wohlgemerkt, Herr Verteidiger, eine schlechte! Und weiter: „da leckst du den Bullen“. Ich frage Sie, Herr Verteidiger, was dürfen wir hier wohl unter „Bulle“ verstehen, was wohl, das frage ich Sie!

VERTEIDIGER: Und ich antworte Ihnen — und bleibe beim Zitieren —: die Tatsache, daß eine deutsche LKW-Firma mit dem Spruch „Die deutschen Bullen kommen“ um den Absatz ihrer Laster wirbt, ist doch ein eindeutiger Beweis dafür, daß hierzulande ein Bulle nur positive Assoziationen weckt.

STAATSANWALT: Nur positive? Nun, da wäre Friedrich von Schiller, als er seinen Fiesco schrieb, schlecht beraten gewesen. Ich zitiere aus der Rede, die Fiesco im zweiten Aufzug, achter Auftritt, an die Genueser Bürger hält: „Und ein Fleischerhund bemächtigte sich des Throns. Dieser, gewohnt, das Schlachtvieh an das Messer zu hetzen, hauste hündisch im Reich, klaffte, biß und nagte die Knochen seines Volks. Die Nation murrte, die kühnsten traten zusammen und erwürgten den fürstlichen Bullen." Zitatende. Wo sehen Sie hier etwas Positives?

VERTEIDIGER: Als Schiller 1783 seinen Fiesco schrieb — 1783, ich irre mich doch nicht , Herr Staatsanwalt? — konnte er noch nicht das grammatisch-kritische Wörterbuch der Hochdeutschen Mundart von Adelung aus dem Jahre 1793 kennen. Ich zitiere: Bulle, der Mann der Kühe, ein unverschnittener Ochs zur Belegung der Kühe —

STAATSANWALT: Na bitte, zur Belegung der Kühe! Schon die Vorstellung, daß Polizeibeamte Kühe belegen.....

VERTEIDIGER: Darf ich weiter zitieren? „Dieterich von Stade hatte den Einfall, daß Bulle von Buhlen, lieben, zur Liebe reizen, herkomme, wovon auch balzen und das hannöversche Bolze = Kater abgeleitet wird." Von lieben, Herr Staatsanwalt, zur Liebe reizen. Der Polizeihauptwachtmeister nannte den Angeklagten „Gammler", dieser aber war auf Ausgleich bedacht, wollte ihn für sich gewinnen, er nannte ihn Bulle, den zur Liebe Reizenden. Was sagen Sie nun?

STAATSANWALT: Ich frage den Angeklagten, ob er Adelungs Wörterbuch von 1793 mit sich herumträgt, wenn er sich die Räumung besetzter Häuser ansieht.

RICHTER: Meine Herren, da ich annehmen darf, daß Ihr Zitatenschatz vorläufig erschöpft ist, komme ich zur Vernehmung des Zeugen Reicheneder. — Herr Reicheneder, Sie wollen gehört haben, wie der Polizeihauptwachtmeister Schurich zu Herrn Kramer „Du dreckiger langhaariger Gammler" gesagt hat?

REICHENEDER: Ja. Das hat er gesagt. Ich stand direkt neben dem Angeklagten auf dem Schuttberg. Wir guckten uns das da unten in aller Ruhe an, und auf einmal kam dieser Bulle rauf ..... Verzeihung, ich meine —

RICHTER: Schon gut. Danke. Das genügt. — Ich möchte nicht näher — und schon gar nicht im einzelnen wertend — auf die überaus akribischen Ausführungen der Staatsanwaltschaft und der Verteidigung eingehen. Selbst wenn man berücksichtigt, daß ein Bulle Kraft, Zähigkeit und gesunde Aggressivität symbolisieren mag, verbunden mit manchem, fast liebevollem Bezug auf seine — ich möchte sagen — speziellen Fähigkeiten, drängt sich vorherrschend — wenn die Bezeichnung auf einen Polizeibeamten angewendet wird — doch der Eindruck auf, hier werde an bestimmten geistigen Qualifikationen gezweifelt. Andererseits ist die Titulierung „Dreckiger langhaariger Gammler" ebenso als Beleidigung anzusehen. In diesem Fall gab ein Wort das andere — wir haben es mit einer Art „verbaler Notwehr" zu tun. — Das Verfahren wird eingestellt.

*— Vorhang —*

*Jean Tardieu*

# DAS MÖBEL

Aus dem Französischen übertragen von
Marlis und Paul Pörtner

Personen:

Der Erfinder
Die Stimme des Möbels

# DAS MÖBEL

*(Ehe der Vorhang aufgeht, hört man eine stockende Leierkastenmusik, eine Polka, die fröhlich sein möchte, in Wirklichkeit aber von herzzerreißender Traurigkeit ist — mit fehlenden Tönen und dem Keuchen eines abgenutzten Mechanismus.*
*Der Vorhang geht auf.*
*Die Bühne, die auf ein Minimum beschränkt werden sollte, z.B. indem man den Vorhang nur zur Hälfte öffnet, stellt ein beliebiges, völlig kahles Zimmer dar.*
*Beim Öffnen des Vorhanges sitzt der Erfinder, ein Mann ohne besondere Kennzeichen, auf einem Stuhl und liest zerstreut in der Zeitung. Er dreht an einer Kurbel, oder tut so, als ob er daran drehen würde. Er betätigt so den Leierkasten, der in der Kulisse links anzunehmen ist. Von Zeit zu Zeit gähnt er, kratzt sich den Kopf oder sieht auf seine Uhr. Er scheint auf jemand oder etwas zu warten.*
*Es klingelt. Der Erfinder steht auf, legt die Zeitung auf den Stuhl, geht schnell zur Kulisse links. Er tut so, als ob er die Drehorgel abstelle. Dann geht er nach rechts. Er verschwindet einen Augenblick in die Kulisse und kehrt dann allein wieder, aber er spricht jetzt mit dem Käufer, der während der ganzen Szene unsichtbar bleibt. Es wird angenommen, daß er in der Kulisse rechts sitzt.*
*Anmerkung: Man kann es auch so machen, daß der Käufer auf die Bühne kommt, aber auch dann muß er stumm bleiben. Er bleibt z.B. auf der rechten Seite sitzen, als ob er das Möbel auf der gegenüberliegenden Seite betrachte. In diesem Fall wird er nur mit seiner Mimik die Anpreisungen des Erfinders kommentieren — bis zu dem Augenblick, wo er durch den Revolverschuß getötet zusammenbricht)*

DER ERFINDER *(spricht in die Kulisse):* Oh, guten Tag, mein Herr! Sie kommen, um das Möbel zu besichtigen? Wollen Sie bitte eintreten, hier ist es, hier bitte, es steht vor Ihnen! *(Er kommt wieder in die Mitte der Bühne zurück, zeigt mit Genugtuung auf das Möbel, von dem angenommen wird, daß es hinter der Kulisse steht, und deshalb nicht zu sehen ist)* Hier ist das Wunderwerk! Ist es nicht schön? ... Ja, ich lese auf Ihrem Gesicht, daß es Ihnen großen Eindruck macht ... Das ist übrigens immer so. Die Käufer reagieren immer so, wenn sie sich unvermittelt dem Möbel gegenüber sehen. Die Ergriffenheit benimmt ihnen die Sprache — genau wie Ihnen in diesem Augenblick. Aber ich bitte Sie, beruhigen Sie sich doch! ... Ach, mein Herr, welch ein stolzer Augenblick! Welch stolzer Augenblick für mich, den Erfinder! Ja, welch stolzer Augenblick, zu sehen, wie dieses Möbel, das meinem Hirn und meinen Händen entstammt, zu begeistern vermag! ... Vielen Dank, mein Herr, vielen Dank auch Ihnen für die Zeichen der Bewunderung, die Sie mir entgegenbringen!

Sie werden mich fragen, wie ich das zustande gebracht habe? Oh, nichts einfacher als das! Ich bilde mir nicht ein, das Prinzip entdeckt zu haben. Nein, nein! Diese Art Möbel gibt es schon seit sehr langer Zeit. Ich möchte nicht versäumen, das zu bemerken. Im achtzehnten Jahrhundert nannte man sie „Wo-bin-ich?“. Ich habe schon sehr schöne Exemplare dieser Epoche gesehen — mit nach innen gedrehten Füßen, auswechselbaren Verschalungen, Typ „Daheim“ und mit „Angstschreien auf dem Meer“, darüber eine Schachbrettäfelung aus Ebenholz und Porphyr, außerdem mit Pedalen aus Lackleder versehen und mit Zwischenräumen geschmückt ... Mein persönliches Verdienst — wenn überhaupt ein Verdienst dabei ist! — besteht darin, diese alten Modelle, die schon so perfektioniert waren, wiederentdeckt und dem derzeitigen Geschmack angepaßt zu haben. Bemerken Sie oben, ganz oben, die kleine Zierleiste aus vergoldetem Gips? ... Sie sieht nach nichts aus, wie? ... Nun, darin besteht aber das ganze Geheimnis dieser Art Möbel. Wenn die Zierleiste nicht genau an der richtigen Stelle ist, stimmt das ganze Möbel nicht, und der Apparat funktioniert nicht mehr. Denn die Zierleiste, nicht wahr, die bildet den Abschluß. Alles, was darunter ist, hängt davon ab! Es ist wie bei einem Gebäude: der fünfte Stock hängt vom sechsten ab, der vierte vom fünften und so weiter bis zum Erdgeschoß. Das ist klar.

... Ja, es sind gerade fünfundzwanzig Jahre her, daß ich

damit begonnen habe! Wieviele schlaflose Nächte! Wieviel Sorgen hat es mich gekostet! Ich habe mein ganzes Wissen hineingelegt und meine ganze Jugend geopfert. Darum ist das Möbel auch ganz voll, zum Bersten vollgestopft von oben bis unten. Beachten Sie, daß ich es mit allem, was darin ist, verkaufe! Deshalb eben muß ich einen verhältnismäßig hohen Preis dafür verlangen. Das ist es ja eben! Es ist kein leeres Möbelstück, mein Herr, keines ohne Seele, kein Möbelstück, das nichts im Bauch hat! Ich kann Ihnen nur sagen, es ist bis zum Bersten angefüllt! — Allerdings muß es das ja auch, nicht wahr? Denn es ist doch ein Möbel, das alles liefert, was man von ihm verlangt! ... Wenn Sie bitte diese Gebrauchsanweisung zu Rate ziehen wollen. *(Er zieht ein Papier aus der Tasche und reicht es dem Käufer):* Hier werden Sie alles verzeichnet finden, was man damit machen kann. Das geht fast ins Unendliche, lesen Sie es aufmerksam durch! ... Hm? Ist es nicht direkt beängstigend? ... Was kann mein Möbel für Sie tun? Ein Dutzend Austern gefällig, ein stereoskopisches Ansichtsbild, ein Spritzer Parfüm, ein juristischer Rat — was weiß ich! Bitte, ein Staubwedel? Gut, meinetwegen, ein Staubwedel, Sie sind bescheiden ... Warten Sie ... *(Er geht zum Möbel)*
Hier sehen Sie: ich drücke auf die Knöpfe: S-T-A-U-B-W-E-D-E-L ... ich spanne, ich ziehe am Griff „Haushaltswaren" und ... *(Tatsächlich sieht man nach einem fürchterlichen rollenden und klickenden Getöse plötzlich einen menschlichen Arm, schwarz mit weißen Handschuhen, aus der Kulisse hervorkommen. Er hält einen Staubwedel. Der Erfinder nimmt den Staubwedel und hält ihn bis zum Schluß in der Hand. Der Arm verschwindet mit einer ruckartigen Bewegung in der Kulisse)* ... Da sind Sie platt, wie? Aber das ist noch gar nichts. Es kann auch sprechen, das kleine Biest! Hundertprozentig sprechen! ... Was wollen Sie von ihm hören, Hm? ... Wie? ... Gut, ausgezeichnet! Sie werden sofort zufriedengestellt werden ... Ich drücke auf die Knöpfe M-U-S-S-E-T und ... hören Sie gut zu: *(Man hört*

*wieder klickende Geräusche wie in einem Münzautomaten, dann):*

STIMME DES MÖBELS *(psalmodierend, mit näselnder alberner Sprechweise):* Der Mensch ist ein Lehrling, der Schmerz ist sein Meister, und keiner kennt sich, eh er nicht leidet ...

DER ERFINDER: Was halten Sie von diesem Wunderwerk? Ist das eine Stimme! ... Und beachten Sie, s o - o f t  S i e  w o l l e n  können Sie es hören, es wird immer genau dieselbe Stimme sein, g e n a u die g l e i c h e n Worte, die g l e i c h e Betonung. Ja, mein Herr, Sie haben recht, es schenkt denen, die das Schöne lieben, eine große Sicherheit. Warten Sie ... Um zu beweisen, daß ich die Wahrheit sage, werden wir — wenn Sie einverstanden sind — dieselben Verse noch einmal hören, gesprochen von derselben Stimme. *(Er hantiert mit den imaginären Knöpfen und Griffen. Verschiedene Geräusche. Aber statt der Verse Mussets hört man):*

STIMME DES MÖBELS *(in der gleichen, näselnden, albernen Sprechweise):*
Alle Vögel sind schon da,
alle Vögel, alle ...

DER ERFINDER *(überrascht):* Was ist das denn? Ein Irrtum? *(Er untersucht das Möbel):* Ja, nur ein Irrtum in der Schaltung, der aber nur mir zum Vorwurf gereicht, nicht meinem Möbel! Das Möbel ist unfehlbar, aber wir armen Menschen, wir sind Irrtümern unterworfen! ... Passen Sie auf, Sie werden es verstehen: Sehen Sie die vierte Schublade von unten? Hier links? ... Nein, nicht hier, dort, dort über dem kleinen bronzenen Amor mit dem Napoleonshut? ... Ja, dort, Sie haben es! ... Also, sehen Sie auf dieser vierten Schublade die doppelte Reihe von Knöpfen ... oben rote, unten grüne! Gut. Nun, wenn Sie den dritten grünen und den siebten roten Knopf ziehen, anstatt umgekehrt, dann gibt es eine kleine Rückkuppelung, die wir in unserer Fachsprache „Hastdunichtgesehen“ nennen. Wie der Name besagt, handelt es sich um einen scheinbar harmlosen Zwischenfall, der aber in Wirklichkeit sehr gefährlich ist, weil man ihn nicht bemerkt. Man korrigiert ihn durch das folgende Wort: „Tu-was-ich-dir-sage!“ Wir kennen das Übel? Dann haben wir auch das Gegenmittel! Beginnen wir noch einmal von vorne. Wir haben gesagt: vierte Schublade, siebter grüner Knopf, vierter roter Knopf, so ... *(Handgriffe, Geräusche und die Stimme)*

DIE STIMME DES MÖBELS *(immer noch näselnd, aber diesmal hastig und faselnd):*

Der Mensch ist ein Schmerz, der Lehrling sein Meister,
Und keiner leidet, eh er nicht erkennt.
Der Mensch ist ein Kenner, den nichts bemeistert,
Den nichts belehrt, eh er leidet an nichts,
Und nichts leidet, ehe der Lehrling ist Meister,
Und Schmerz ist der Mensch, erkennt er sich nicht.

DER ERFINDER: Oh, oh! Was geht hier vor? Aber das ist doch unglaublich! Es ist unverzeihlich! Genug! Genug! Wirst du wohl aufhören, du Nichtsnutz! *(Er läuft zum Apparat und bearbeitet ihn mit Fäusten und Fußtritten. Die Stimme verstummt)* Ich bitte Sie, mein Möbel zu entschuldigen. Es hat in letzter Zeit zuviel gearbeitet. Ich habe ihm zuviel beigebracht, ich habe ihm soviel vorgelesen, daß es übersättigt ist. Übrigens war das nur ein kleiner Zwischenfall, ein ganz kleiner mechanischer Zwischenfall. Es muß eine Zerrung in den Leitungen sein, oder es sind die Holzwürmer, die das Lagerholz der Hauptwelle angefressen haben! Eine Nacht Ruhe, und es wird nicht wieder vorkommen.

... Aber ich möchte nicht, daß Sie diesen ärgerlichen Eindruck mitnehmen. Ich werde mein Möbel bitten, Ihnen ein Geschenk zu machen, um sich bei Ihnen zu entschuldigen ... Doch, doch, wir werden etwas sehr Gutes zusammenstellen, ein Andenken für Sie, selbst wenn Sie den Apparat nicht kaufen ... Ach ja, ich habs! *(Er hantiert einen Augenblick am Apparat)* Und jetzt, mein Herr, machen Sie die Augen zu und öffnen Sie sie erst wieder, wenn ich es Ihnen sage: Es soll eine Überraschung sein: Eins ... zwei ... drei ... da, es ist soweit! *(Der Arm stößt mit einem Revolver hervor und schießt. Lautes Krachen. In der Kulisse ein durchdringender Schrei und das Geräusch eines fallenden Körpers.*

*Wenn der Käufer auf der Bühne ist, stürzt er tödlich getroffen zu Boden. Der Erfinder scheint zuerst niedergeschmettert, dann zuckt er resigniert die Schulter):* Musik! *(Er dreht wieder an der Kurbel, und man hört die gleiche Leierkastenmusik wie am Anfang)*

*Vorhang*

*Anton Winkelmann*

# DREI TOGEN FÜR DIE WÄSCHEREI

Travestie in einem Akt frei nach
Wayne und Schuster

Personen:

Sprecher
Flavius
Brutus
Flavius' Sekretärin
Calphurnia
Senatswache
Mark Anton
Claudius
Tiberius
Centurion
einige Senatoren

## DREI TOGEN FÜR DIE WÄSCHEREI

SPRECHER: Wir präsentieren Ihnen, verehrtes Publikum, dieses Stück, wobei wir uns bei den Herren William Shakespeare und Francis Bacon vorweg entschuldigen ... man kann ja nie wissen. Also, Rom, im Jahre 44 vor dem Herrn.

FLAVIUS: *(ins Publikum)* Ich heiße Flavius Maximus, bin ein in Rom lizensierter Privatdetektiv, Registriernummer IXIVLLCCDIXMV. *(zeigt Kärtchen mit dieser Nummer)* Auch gut für Sehtests. Ich möchte Ihnen von der komischen Sache mit diesem Caesar, ... dem Julius erzählen. Es hat alles während der Iden des März angefangen. Ich war in meinem Büro. Hatte gerade einen Kriminellen einbuchten lassen. Suetonius, den Gladiatoren. Er hatte immer Kämpfe im Kolosseum gemanaged ... mit einem zahnlosen Löwen, der Menschenfleisch nicht ausstehen konnte ... na ja, auf jeden Fall, ich saß also da, als meine Sekretärin hereinkommt.

SEKRETÄRIN: Morgen, Flavius, die Post.
*(Knallt die Steintafeln auf den Tisch)*

FLAVIUS: Immer sachte mit den Postkarten aus Marmor. Sonst geht mein Tisch in die Brüche. Noch was, meine Liebe?

SEKRETÄRIN: Mhmhm. Da ist jemand, der Sie sprechen will. Scheint furchtbar aufgeregt zu sein.

FLAVIUS: Na schön, herein damit, Mädchen.

SEKRETÄRIN: Sie können jetzt reinkommen.

BRUTUS: Danke, Frollein. Sind Sie Flavius Maximus, der Privatdetektiv?

FLAVIUS: Genau der.

BRUTUS: Sind Sie sicher, Sie sind allein hier?

FLAVIUS: Todsicher.

BRUTUS: Was ist mit dem, der neben Ihnen steht?

FLAVIUS: Das sind Sie selbst, Meister. *(ins Publikum)* Ich verstand sofort, daß ich es mit niemand gewöhnlichem zu tun hatte. Die Type war total vertrottelt.
Schön, worum dreht es sich?

BRUTUS: Flavius Maximus, etwas Furchtbares ist geschehen. Das größte Verbrechen in der Geschichte Roms.

FLAVIUS: Gut, gut, spucken Sie's schon aus. Was ist es?

BRUTUS: Julius Caesar wurde ermordet.

FLAVIUS: *(ins Publikum)* Julius Caesar ermordet! Ich wollte meinen Ohren nicht trauen. Der große Julius mausetot.

BRUTUS: Ja, er wurde erst vor zwanzig Minuten umgebracht. Bühnenreif, im Senat. Er wurde erdolcht.

FLAVIUS: Erdolcht?

BRUTUS: Ja, mitten auf der Tribüne haben sie ihn erwischt.

FLAVIUS: Das muß doch weh getan haben. Ich habe da auch 'mal was abbekommen.

BRUTUS: Ach ja?

FLAVIUS: Tomaten, Sie verstehen schon.

BRUTUS: O Mann, ich sag Ihnen, ganz Rom ist auf den Beinen. Ich kam hierher, weil Sie der erste Detektiv am Platze sind. Sie müssen den Mörder finden.

FLAVIUS: Nun, ähem, ich werd's versuchen.

BRUTUS: Sie können das. Schließlich waren Sie es, der den Nero schnappte. Wegen seiner ewigen Zündelei.

FLAVIUS: Ach ja, den Nero. Die Meinungen in der Stadt haben sich an ihm ganz schön entzündet, nicht? Haha, Sie verstehen? Die ganze Stadt — beim heiligen Jupiter!

BRUTUS: Also, wie steht es, Flavius. Übernehmen Sie den Fall?

FLAVIUS: Sekunde, mein Freund. Ich wüßte ganz gerne, für wen ich arbeite. Name, Beruf, Bürgen?

BRUTUS: Ich bin Senator, ich war Caesars bester Freund. Brutus ist mein Name.

FLAVIUS: Brutus, ja? Na schön, Brutus, ich mach's für Sie. Ich übernehme den Fall. 125 Drachmen am Tag — zahlbar im voraus. *(wendet sich ab)*

BRUTUS: Einverstanden. Hier ... *(Geldgeklimper)*

FLAVIUS: Da fehlt doch einer? *(Geklimper)*

BRUTUS: Mann, Sie haben feine Ohren.

FLAVIUS: Wenn's um Geld geht, das absolute Gehör. Kommen Sie, gehen wir! *(ins Publikum)* Wir gingen hinaus, winkten uns eine Pferdetaxe und fuhren die Via Appia hinunter. Es gab das übliche Gedränge auf den Straßen — Sklaven, Legionäre, Patrizier und kleine

Leute, die unter Toreinfahren Postkarten aus Gallien verkauften. Es dauerte nicht lange und wir waren im Senat. *(Stimmen von Senatoren)*

BRUTUS: Tja, Flavius, hier ist es passiert. Hier wurde der große Julius ins Jenseits befördert.

FLAVIUS: Mhmhm. Und wo ist der corpus delicti?

BRUTUS: Der was?

FLAVIUS: Der corpus delicti. Ja, wie denn, was denn, verstehen Sie kein Umgangslatein? Die Leiche!

BRUTUS: *(abfällig)* Ist doch unappetitlich.

FLAVIUS: Na, wo?

BRUTUS: Da drüben, da liegt sie.

FLAVIUS: *(Pfeift anerkennend)* 8 Dolche im Buckel.

BRUTUS: Was halten Sie davon?

FLAVIUS: Wenn der noch leben würde, wäre er ziemlich schlimm dran.

BRUTUS: Das mag wohl sein.

FLAVIUS: Sein Bedarf an Klingen ist sicher gedeckt. Haha.

BRUTUS: Nun kommen Sie schon, Flavius. Sie müssen dieses Verbrechen aufdecken.

FLAVIUS: Gut, gut. Helfen Sie mir mal auf die Sprünge. Wer sind die Typen da drüben?

BRUTUS: Die waren alle da, als es passierte. Da ist Publius; da ist Casca; und da ist Trebonius.

FLAVIUS: Gut. Und wer ist der mit dem ausgehungerten Ausdruck auf seinen Schmatzlippen?

BRUTUS: Das ist Cassius.

FLAVIUS: Aha. Könnte ein Dauerverlierer vom Kolosseum sein. Und wer glauben Sie, könnte es am ehesten gewesen sein?

BRUTUS: Der neben ihm.

FLAVIUS: Sachte, sachte. Das sind ja Sie!

BRUTUS: Ich weiß, aber kann ich mir trauen?

FLAVIUS: *(ins Publikum)* Mir war klar, daß ich es mit keinem gewöhnlichen Fall zu tun hatte. Das war was für die Klappsmühle. *(Schritte)*
Momentchen, ah, wer ist die Lady?

BRUTUS: Das ist Caesars Frau. Sie heißt Calphurnia.

FLAVIUS: Nun, ähem, sie steht unter Verdacht.

BRUTUS: Natürlich.

FLAVIUS: Sekunde; Entschuldigung, ähem — Frau Caesar?

CALPHURNIA: Ja?

FLAVIUS: Flavius Maximus, Privatdetektiv. Ich hätte Sie gerne etwas gefragt. Was wissen Sie über die Sache?

CALPHURNIA: Ich hab's ihm gesagt. Ich hab zu ihm gesagt: „Julius, geh nicht."

FLAVIUS: Was?

CALPHURNIA: „Julius, geh nicht", hab ich zu ihm gesagt. Aber nein, er wollte nicht auf mich hören.

FLAVIUS: Schauen Sie, Frau Caesar, ...

CALPHURNIA: Ja, wenn ich's ihm nur einmal gesagt hätte, aber ich hab hundertmal zu ihm gesagt: „Julius, geh nicht ..."

FLAVIUS: Bitte, regen Sie sich doch nicht so auf ...

CALPHURNIA: Ich hab ihn angebettelt, ich hab ihm gesagt, „Julius, geh nicht", hab ich zu ihm gesagt. „Es sind die Iden des März. Paß auf, auch jetzt schon."

FLAVIUS: Ja ja ...

CALPHURNIA: Aber glauben Sie, er hätte auf seine Frau gehört? Nein.

FLAVIUS: Ist ja gut, nehmen Sie's halb so wild.
Wache, bringen Sie Frau Caesar doch bitte nach Hause.

SENATSWACHE: Kommen Sie, gnädige Frau, kommen Sie.

CALPHURNIA: Ich hab zu ihm gesagt: „Julius, geh nicht." *(im Hinausgehen)* Ich hab zu ihm gesagt: „Julius geh nicht."

FLAVIUS: *(zu sich selbst)* Ich mach ihm keine Vorwürfe, daß er gegangen ist!
Also gut, jetzt zu euch, Senatoren. Ihr könnt auch gehen, aber die Stadt wird nicht verlassen.

SENTATOREN; *(murren und brummeln)*

BRUTUS: Nun, was halten Sie davon?

FLAVIUS: Ich weiß nicht. Nirgends ein Ansatz, kein Hinweis.

BRUTUS: Kopf hoch, Flavius. Kommt Zeit, kommt Rat.

FLAVIUS: Was ... was war das gerade?

BRUTUS: Ich sagte, Kommt Zeit, kommt Rat.

FLAVIUS: Das ist ... das ist aber sehr gut. Kommt Zeit,

kommt Rat. Das ist sehr gut.
BRUTUS: Gefällt es Ihnen?
FLAVIUS: Oh, ja.
BRUTUS: Könn'n Sie haben.
FLAVIUS: Tausend Dank. Also, wollen wir das Verbrechen rekonstruieren. Caesar war da drüben und ...
BRUTUS: Genau da, ja.
FLAVIUS: Pst!
BRUTUS: Was ist?
FLAVIUS: Jemand ist hinter der Säule. Ich werde ihn mir schnappen. Pst! *(Pause)* Na also, Zuckersöhnchen. Komm, komm, raus mit dir. Was treibt er denn da?
MARK ANTON: *(windet sich im Griff)* Aufhören.
FLAVIUS: Nun, Langohr. Was soll das, rumschnüffeln und so.
MARK ANTON: *(trotzig)* Und warum nicht! Ich bin Mark Anton.
FLAVIUS: Mark Anton?
MARK ANTON: Jawohl, und ich habe gerade eine Rede über Caesars Leiche gehalten. Ich sagte: ,,Freunde, Römer, Landsleute, leiht mir eure Ohren!"
FLAVIUS: Ach so! Was haben Sie in dem Sack?
MARK ANTON: Ohren!
FLAVIUS: Jetzt verschwinden Sie aber, und plötzlich!
MARK ANTON: Langsam, langsam. Wollen Sie nicht wissen, wer Julius Caesar umlegte?
FLAVIUS: Ja, wissen Sie denn, wer ihn umbrachte? Dann heraus damit, wie heißt er?
MARK ANTON: Er heißt ahh — ohh — ihh — ohh — ahh.
FLAVIUS: Eigenartiger Name. Muß wohl Griechisch sein.
BRUTUS: Nein, sehen Sie doch! Er ist tot.
FLAVIUS: *(zum Publikum)* Was für ein Durcheinander! Zwei Leichen und ein Sack voll Ohren. Das soll mir weiterhelfen!
BRUTUS: Also, ich muß schon sagen, Flavius. Ich zahle Ihnen 100 Drachmen am Tag.
FLAVIUS: 125 Drachmen.
BRUTUS: Gut, gut, Sie haben ein feines Ohr.
FLAVIUS: Ich habe einen ganzen Sack voll Ohren hier.
BRUTUS: Dann hören Sie mal. Da muß doch jetzt was un-

ternommen werden.

FLAVIUS: Gut, gut, ist ja gut. Nur keine Panik. Sehen Sie, ich hab da einen Freund.

BRUTUS: Ach?

FLAVIUS: Claudius. Bar- und Imbißstubenbesitzer in der Via Flaminia. Hat sicher ein paar Tips für mich.

BRUTUS: Na, das ist doch was! Hinein unter die Leute, und ihnen auf den Schnabel geschaut. Setzt Himmel und Erde in Bewegung.

FLAVIUS: Ha, stop ... was war das doch gleich? Wie war das?

BRUTUS: Ich sagte, ‚Setzt Himmel und Erde in Bewegung‘.

FLAVIUS: Aber das ist ... das ist großartig. ‚Setzt Himmel und Erde in Bewegung‘.

BRUTUS; Gefällt Ihnen?

FLAVIUS: Oh ja.

BRUTUS: Sie können's haben.

FLAVIUS: Tausend Dank. Ich muß jetzt aber. Bis später.

BRUTUS: Alles klar. Tschüßchen.

FLAVIUS: *(ins Publikum)* Die Imbißstube von Claudius gibt immer was her für mich. S'ist nur eine kleine Kneipe mit ein paar Tischen und einem Typ mit 'nem ganzen heißen Panflötensound.

CLAUDIUS: Hi, Flav.

FLAVIUS: Hi, Clod. Neuigkeiten?

CLAUDIUS: Nichts Großes. Was zum Trinken?

FLAVIUS: Einen Martinus.

CLAUDIUS: Du meinst einen Martini.

FLAVIUS: Wenn ich zwei will, dann sag ich's. Also, ich arbeite an der Julius-Caesar-Sache. Irgendetwas gehört?

CLAUDIUS: Interview 'mal die Lady da drüben.

FLAVIUS: Ach?

CLAUDIUS: Jaja.

FLAVIUS: Also, Schwesterchen, sprich dich aus.

CALPHURNIA: Ich sagte ihm, „Julius, geh nicht!“

FLAVIUS: Nicht schon wieder!

CALPHURNIA: „Julius, geh nicht...“

FLAVIUS: Weg, weg, weg mit dir. Kschschsch!!

CLAUDIUS: He, Flavius, also, mhm, ... Ich, mmh, naja,

ich glaub ich kenn' den Knaben, den du suchst.

FLAVIUS: Meinst du ... den großen Unbekannten?

CLAUDIUS: Ja. Er heißt ... ohh ... ihh ... ahh ... ihhg.

FLAVIUS: Der Name ist nicht ganz ohne. Hast 'nen Meißel. Das muß ich mir aufschreiben. Claudius! Claudius! *(ins Publikum)* Aus dem würde ich nie wieder was rauskriegen. Tot. Das Ganze wuchs sich zu was Größerem aus als ich erwartet hatte. Plötzlich sah ich auf. Da war Brutus.

BRUTUS: Hallo, Flavius.

FLAVIUS: Brutus, was treiben Sie hier.

BRUTUS: Na, ich habe Sie gesucht. Wer ist der am Boden?

FLAVIUS: Claudius, der Barmensch.

BRUTUS: Grundkomisch, wie und wo er sein Messer mit sich rumträgt ... da im Rücken.

FLAVIUS: Er ist tot. Erdolcht — Exitus von hinten.

BRUTUS: Das tut nicht wenig weh.

FLAVIUS: Nee.

BRUTUS: Nun, wie steht's? Ist der Fall gelöst? Wer hat Julius Caesar umgebracht?

FLAVIUS: *(ins Publikum)* Da brachte ich meine Denkmaschine in Bewegung, und langsam fügte sich alles ineinander. Brutus war der einzige, der immer da war, wenn's Leichen gab — Caesar, Antonius, der Barmensch — Brutus war immer da. Ich zählte alles zusammen, II und II gibt IV ... jetzt mußte ich etwas tun.

BRUTUS: IV. Was soll das?

FLAVIUS: Vier. Lange Leitung, was?

BRUTUS: Was ist nun mit der Lösung des Falles? Wer brachte Julius Caesar um?

FLAVIUS: Nur einer konnte es getan haben.

BRUTUS: Ach? und wer?

FLAVIUS: Das Spiel ist aus, Brutus ... oder besser ... großer Unbekannter!

BRUTUS: Was soll das Ganze?

FLAVIUS: Wem die Sandale paßt, den drückt sie nicht. Sie haben den großen Julius aus dem Weg geräumt!

BRUTUS: Haha, Sie haben wohl nicht alle Tassen im Schrank. Ich war's doch, der Sie darauf ansetzte.

FLAVIUS: Ziemlich schlau, aber nicht schlau genug. Also,

was jetzt ... rückst du damit raus, oder muß ich ein paar Centurionen holen, zum Handauflegen?

BRUTUS: Na schön, Schnüffler. Ich hab's getan. Zugegeben. Ich hab ihn weggeräumt, den großen Julius, und ich würd's wieder tun.

FLAVIUS: Das ist alles, was ich hören wollte. Das wird 'ne lange Sitzung auf der harten Bank für dich. Aber ich bring dich hin. Los jetzt. Ich ruf uns eine Pferdetaxe, und wir fahren in die Stadt.

BRUTUS: *(zieht sein Messer)* Rühr dich nicht vom Fleck, oder du hast ein Loch in der Toga.

FLAVIUS: Was?

BRUTUS: Ich komme hier raus. Versuch nicht, mich aufzuhalten!

FLAVIUS: *(ins Publikum)* Er war mir über und ich konnte ihn nicht halten, aber ich wußte genau, wohin er wollte. Zurück zum Tatort ... dem Senat! Fünfzehn Minuten später hielt ich vor'm Senat ... Tiberius! Tiberius, her mit dem Flüsterhorn ...

TIBERIUS: Jawohl, Flav. Hier, Flav.

FLAVIUS: *(Gibt ihm ein Horn)* Also schön, Brutus. Hier spricht Flavius Maximus. Ich weiß, du bist da. Komm raus, mit erhobenen Händen!

BRUTUS: Du kannst mich mal, du schmutziger kleiner Schnüffler! Komm doch und hol mich!

FLAVIUS: Spiel nicht super, Mann, wir räuchern dich sonst aus. Wir stänkern Dich aus. Wir werfen gefaulte Zwiebeln am Spieß hinein.

BRUTUS: Mir egal, was ihr macht!

FLAVIUS: Gut, Du wolltest es so! Gib ihm Saures, Tiberius! *(zerbrechendes Glas ... Schreien und Sprechen)* Na also, Brutus, eine falsche Bewegung und du bist 'ne Leiche voll Bronze.

BRUTUS: Na schön, du hast mich bekommen, Spürhund. Aber ich komm wieder!

FLAVIUS: Getäuscht, mein Lieber. Das ist kein Fortsetzungsroman.

BRUTUS: Was?

FLAVIUS: Das ist nur 'n einmaliges Fest zu deinen Ehren.

BRUTUS: Wart's ab, ich komm' zurück. Alle Wege führen

nach Rom! Denk dran!

SENATSWACHE: Los jetzt, komm.

FLAVIUS: Halt, halt! Wart mal! Bring ihn zurück.

BRUTUS: Na, und jetzt?

FLAVIUS: Wart mal! Das war ja nobelpreiswürdig!

BRUTUS: Was phantasiert er da?

FLAVIUS: Alle Wege führen nach Rom. Das ist dein bestes, ehrlich.

BRUTUS: Gefällt's dir?

FLAVIUS: Oh, ja.

BRUTUS: Ich geb's dir aber nicht.

FLAVIUS: Verschwinde, jetzt aber schnell!

CENTURION: Gute Arbeit, Flavius. Ganz Rom umjubelt dich. Salve, Flavius!!!

ALLE: Salve, Flavius!

FLAVIUS: Tausend Dank, Leute ... Aber jetzt, wenn ihr nichts dagegen habt, treff ich mich mit 'ner Puppe. Ok, Baby, ich bin so weit. Bist du sicher, dein Herr Gatte hat nichts dagegen?

CALPHURNIA: Um ganz offen zu sein, das ist mir schnuppe. Ich sagte ihm „Julius, geh nicht ..."

FLAVIUS: Nicht schon wieder!

CALPHURNIA: „Julius, geh nicht", hab ich ihm gesagt ...

*(gehen ab)*

# LEBENSDATEN UND BIBLIOGRAPHISCHE ANMERKUNGEN

DORST, Tankred, geb. am 19.12.1925 in Sonneberg (Thüringen). Dorst besuchte das Gymnasium und wurde 1942 Soldat. Aus amerikanischer Gefangenschaft entlassen, studierte er ab 1952 in München Germanistik, Theaterwissenschaft und Kunstgeschichte. Er gründete das Marionettentheater „Das kleine Spiel". Nach seinem Studium wurde er Verlagslektor in München. Der Durchbruch gelang Dorst 1960/61 mit den Einaktern „Die Kurve" und „Große Schmährede an der Stadtmauer". „Die Kurve" wurde 1961 von Peter Zadek für das Fernsehen verfilmt, mit Klaus Kinski und Helmut Qualtinger in den Hauptrollen.

GEERK, Frank, geb. am 1.1.1946 in Kiel, studierte Philosophie und Psychologie in Basel. 1974 wurden seine Gedichte „Geistlicher Brief" und „Jürgen Bartsch feiert Weihnachten" Anlaß zu einem Gotteslästerungsprozeß in Basel, ein Prozeß, der erst 1979 von der Europäischen Menschenrechtskommission in Straßburg endgültig zu seinen Gunsten entschieden wurde. Nachdem 1976 sein Stück „Schwärmer" von den Basler Theatern uraufgeführt worden war, wandte er sich ganz dem Schreiben von Theaterstücken zu. 1980 erhielt er eine Gastprofessur an der Universität Austin, Texas. Seit 1974 ist Geerk außerdem Herausgeber der Literaturzeitschrift „Poesie".

GOETZ, Curt, geb. am 7.11.1888 in Mainz, gest. am 12.9.1960 in Grabs bei St. Gallen. Goetz wurde mit 17 Jahren Schauspieler und begann bald, sich seine Stücke selbst zu schreiben. 1923 heiratete er Valerie von Martens, mit der er Gastspielreisen mit eigenen Komödien unternahm und Filme drehte. Er war überdies als Drehbuchautor und Regisseur tätig. 1939 emigrierte er nach Hollywood und übersiedelte 1945 in die Schweiz. Die Komödien Goetz' zeichnen sich durch einen leicht-eleganten Stil, pointierten Dialog, effektvolle Situationskomik und szenischen Einfallsreichtum aus.

GRASS, Günter, geb. am 16.10.1927 in Danzig als Sohn eines Kolonialwarenhändlers. Nach Krieg und Gefangenschaft arbeitete er in einem Kalibergwerk, dann in Düsseldorf als Steinmetz. 1949 begann er ein Studium an der Düsseldorfer Kunstakademie, kam 1953 nach Berlin, ging 1956 nach Paris und lebt seit 1960 wieder in Berlin. 1965 ging Grass auf Wahlkampftournee für die SPD; auch später griff er mit zahlreichen Stellungnahmen und Reden ins politische Leben der BRD ein. Grass schreibt Gedichte, Romane und Theaterstücke. Sein Einakter „Noch zehn Minuten bis Buffalo" von 1958 ist dem absurden Theater zuzurechnen.

HAVEL, Václav, geb. am 5.10.1936 in Prag. Er ging in die Lehre und besuchte gleichzeitig ein Abendgymnasium für Arbeiter, studierte dann Ökonomie des Automobiltransports an der T.U. Prag. Nach dem Militärdienst durchlief er am seinerzeit berühmten Theater am Geländer in Prag eine ungewöhnliche Blitzkarriere als Bühnenarbeiter, Beleuchter, Sekretär, Regieassistent, Lektor, Dramaturg und Hausautor. Das Studium der Dramaturgie schloß er 1966 mit einer Promotion ab. Havel gehörte zu den aktivsten Intellektuellen des Prager Frühlings. Er erhielt deshalb 1969 in der CSSR Publikations- und Aufführungsverbot. Zeitweilig war er als Hilfsarbeiter in einer Brauerei tätig. Im Herbst 1979 wurde er beim Prozeß gegen die Charta 77 zu einer fünfjährigen Gefängnisstrafe verurteilt, die er zur Zeit unter verschärften Bedingungen erleidet (zehnstündiger Arbeitstag, jegliches Schreibverbot). Neben dem Erfolg seines ersten Schauspiels „Das Gartenfest" (1963) und der Satire „Die Benachrichtigung" (1965) fanden seine beiden autobiographisch geprägten Kurzdramen „Audienz" und „Vernissage" weltweit Anklang. Diesen beiden Stücken ist der Einakter „Protest" beizuordnen.

JONES, Peter. Nach einer Lehre als Bühnen- und Kostümbildner trat Peter Jones zum ersten Mal als Schauspieler am Haymarket Theatre London in Erscheinung. In den fünfziger Jahren produzierte er zusammen mit Peter Ustinov eine Rundfunkserie, in der die beiden Autoren alle Rollen selbst sprachen. In den folgenden Jahren arbeitete er als Autor und Schauspieler für Bühne, Film und Fernsehen. In der Rolle als Clive in seinem eigenen Stück „Der Lebensretter" hatte er einen durchschlagenden Erfolg.

LENZ, Siegfried, geb. am 17.3.1926 in Lyck (Ostpreußen). Lenz wuchs in Masuren auf, studierte nach Kriegsende in Hamburg Anglistik und war zeitweise Feuilletonredakteur (Zeitungen und Rundfunk). Heute lebt er als freier Schriftsteller in Hamburg. Mit 25 Jahren veröffentlichte er seinen ersten Roman „Es waren Habichte in der Luft" (1953). Für sein erstes Theaterstück „Zeit der Schuldlosen" wurde Lenz 1961 mit dem Bremer Literaturpreis ausgezeichnet. In den folgenden Jahren festigten eine Reihe von Romanen, Hörspielen und Theaterstücken Lenz' Ruf als einen der besten deutschen Schriftsteller der Nachkriegszeit.

LEWANDOWSKI, Rainer, geb. 1950, studierte Literaturwissenschaft, Politologie und Soziologie in Hannover und ist freier Schriftsteller. Er ist tätig als dramaturgischer Mitarbeiter und Regieassistent beim Niedersächsischen Staatsschauspiel und freier Mitarbeiter bei verschiedenen Rundfunkanstalten. Er hat bis jetzt folgende Werke publiziert: Bürgerliche Presse: Gewalt gegen links (zusammen mit S. Lohr), Die Filme von Alexander Kluge (1980), Alexander Kluge (Ein Autorenbuch) (1980), Die Filme von Volker Schlöndorff (1981), Die Oberhausener Gruppe (1981) und zahlreiche Aufsätze, Theaterstücke, Hörspiele und Rundfunksendungen.

MORTIMER, John, geb. am 21.4.1923 in London, studierte in Oxford und wurde nach dem Krieg Rechtsanwalt. Er trat bald mit Romanen und später mit Theaterstücken hervor. Seine Stücke spielen meist in einer schäbigen Mittelklassewelt. Sie beschäftigen sich mit dem erfolglosen Versuch Gestrandeter und Lebensuntüchtiger zur zwischenmenschlichen Kommunikation und mit der Gefangenschaft in und zuweilen auch der Befreiung aus einer lebenslügnerischen privaten Traumwelt.

MROZEK, Slawomir, geb. am 26.6.1930 in Bozacin bei Krakau. Mrozek studierte in Krakau einige Semester Architektur, Graphik, Malerei und Orientalistik, publizierte ab 1951 in Zeitschriften und wurde 1957 in Polen, 1960 im Ausland bekannt. Er reiste viel, ließ sich 1963 in Italien nieder und lebt seit 1968 in Paris. Von Zeitungshumoresken, Rundfunk- und Fernsehsketchen kam Mrozek zu einer eigenen Form absurder, makabrer Dramatik, die vielfach deutbare soziale und politische Satire einschließt. In dieser besonderen Spielart des surrealen Theaters wird die parabolische Vieldeutigkeit benutzt, um offiziell unerwünschte politische Meinung zu äußern. Mrozeks Parabeln suchen verquere allgemeine Situationen darzustellen, die nur noch Pseudolösungen, aber keine Lösungen mehr hervorbringen. Hierfür ist „Auf hoher See“ von 1961 ein gutes Beispiel.

MÜLLER, Hanns Christian, geb. am 14.4.1949, studierte ab 1968 Psychologie, Philosophie und Geschichte an der Universität München. 1973 ging er an die Falkenberg-Schule (Regie). Bereits seit 1968 arbeitete er als Komponist für Theater, Film und Fernsehen. 1975 schrieb und inszenierte Müller für das Theater „Kleine Freiheit“ eine Revue, in der auch Gerhard Polt und Gisela Schneeberger mitwirkten. Seither ist er als Autor, Regisseur und Komponist in kontinuierlicher Zusammenarbeit mit Gerhard Polt für Theater, Fernsehen, Rundfunk und Schallplatte tätig.

POLT, Gerhard, geb. am 7.5.1942, studierte nach dem Abitur ab 1962 nordische Sprachen, Politologie und Geschichte in München und verbrachte einen dreijährigen Studienaufenthalt in Stockholm. Danach war er als Übersetzer und Sprachenlehrer tätig. In diese Zeit fielen seine ersten Bühnenauftritte mit eigenen Texten, die er zusammen mit Hanns Christian Müller gestaltete. Als Autor und Darsteller arbeitet er seither mit Müller gemeinsam für Theater, Funk, Fernsehen und Schallplatte.

SAUNDERS, James, geb. 1925 in Islington (London). Nach dem Schulbesuch, dem Dienst in der Marine und dem Studium war Saunders zunächst Chemielehrer, bevor er sich der Dramatik zuwandte. Saunders versucht, Elemente des absurden Theaters mit den Konventionen des Unterhaltungsstückes zu verbinden.

SCHMIDT, Heiner, geb. am 6.4.1926 in Breslau, studierte nach dem Abitur Rechtswissenschaft in Freiburg. Er war Mitbegründer des Wallgraben Theaters in Freiburg. Seit 1953 arbeitet er freiberuflich als Sprecher, Regisseur und Autor für den Rundfunk.

TARDIEU, Jean, geb. am 1.11.1903 in St.-Germain-de-Joux (Ain) als Sohn eines Malers und einer Musikerin. Tardieu studierte Philologie in Paris, war im Verlagswesen tätig und übersetzte Hölderlin und Goethe. Nach dem Krieg wurde er Direktor des „Club d'Essai" und des „Centre d'Etudes" des Französischen Rundfunks. Tardieus Miniaturentheater aus Minutenstücken und zwei längeren Einaktern hat stark experimentellen Charakter; manche Stücke ähneln in der Steigerung des Tempos und der Angst Jonescos Einaktern, andere parodieren durch Überspitzung Konventionen der traditionellen Dramaturgie, z.B. den Monolog oder das Beiseitesprechen.

Quellenvermerke:

T. Dorst, *Die Kurve*, in: T. Dorst, *Große Schmährede an der Stadtmauer, Freiheit für Clemens, Die Kurve*, (c) 1962 by Verlag Kiepenheuer & Witsch, Köln; F. Geerk, *Am Puls der Zeit*, (c) beim Autor; C. Goetz, *Die Kommode*, in: C. Goetz, *Sämtliche Bühnenwerke*, Bd. 3, (c) 1977 by Deutsche Verlagsanstalt GmbH Stuttgart; G. Grass, *Noch zehn Minuten bis Buffalo*, in: G. Grass, *(Theaterspiele*, (c) 1970 Hermann Luchterhand Verlag, Darmstadt und Neuwied; V. Havel, *Protest*, (c) Rowohlt Theater Verlag; S. Lenz, *Herr und Frau S. in Erwartung ihrer Gäste*, als Hörspiel eine Gemeinschaftsproduktion des NDR/SFB (Regie: Fritz Schröder-Jahn, Ursendedatum 4.3.1970), (c) beim Autor; R. Lewandowski, *Scheidung auf Deutsch*, geschrieben für die Reihe „*Schauplatz-Kurzhörspiel am Nachmittag*" des Hessischen Rundfunks, (c) beim Autor; J. Mortimer, *Komm doch wie du bist*, (c) Rowohlt Theater Verlag; S. Mrozek, *Auf hoher See*, in: S. Mrozek, *Striptease. Satiren*, Deutscher Taschenbuch Verlag GmbH & Co, (c) R. Piper & Co; H.Ch. Müller/ G. Polt, *Über den Umgang mit Menschen*, (c) beim Autor; J. Saunders, *Ein unglücklicher Zufall*, (c) Rowohlt Theater Verlag; H. Schmidt, *Was ist ein Bulle?*, aus der Kurzhörspielreihe des Bayerischen Rundfunks, 1. Programm, (c) beim Autor; J. Tardieu, *Das Möbel*, (c) Editions Gallimard, 1966

**Ausgesuchte**
**Einakter und Kurzspiele 1**

herausgegeben
von
Lutz R. Gilmer

| | |
|---|---|
| A. Ayckbourn | *Die unglaublichen Illuzinationen des Ernie Fraser* |
| C.G. Bond | *Georg* |
| A. Dax | *Die gehenkte Idee* |
| Gruber/Wünsch | *Oskar* |
| C. Horstick | *Die Chorprobe* |
| D. Howarth | *Schulspiel* |
| R. Jenkins | *Boy Dudgeon* |
| E. Kishon | *Alle Menschen werden Brüder* |
| | *Anästhesie* |
| H. Krause | *Abendlicher Spaziergang* |
| H. Kroliczak | *Verhör eines Karatekämpfers* |
| Merz/Qualtinger | *Der Dorftrottel von Helsingör* |
| | *Josephstädter Version: „Hamlet" oder „Der Schwierige"* |
| | *Harte Fäuste, weiche Birnen* |
| Müller/Polt | *Eddi Finger oder Advent* |
| | *Kitschroman* |
| | *Statements (6 Szenen)* |
| D. Perry | *So gut wie neu* |
| D. Shaw | *Ich — Mackenna* |
| Vogel/Euba | *Hejahejahej* |
| R. Waitz | *Nihilissimus* |
| | *Der Properist* |
| | *Soldarität 70* |

G R A F E N S T E I N   V E R L A G

**Klassische Einakter und Kurzspiele**

herausgegeben
von
Lutz R. Gilmer

| | |
|---|---|
| F. Arrabal | *Picknick im Felde* |
| A. Čechov | *Der Heiratsantrag* |
| E. Friedell/A. Polgar | *Goethe* |
| N. Gogol | *Der Prozeß* |
| E. Ionesco | *Der Herrscher* |
| A. Kotzebue | *Cleopatra* |
| J. Lenz | *Das Väterchen* |
| P. Marivaux | *Ein unvermuteter Ausgang* |
| Molière | *Der Sizilianer* |
| J. Nestroy | *Häuptling Abendwind oder Das greuliche Festmahl* |
| L. Pirandello | *Der Krug* |
| A. Schnitzler | *Die letzten Masken* |
| A. Strindberg | *Vor dem Tode* |
| L. Thoma | *Lottchens Geburtstag* |
| Wakefield- und Chester-Zyklus | *Noahs Sintflut* |
| O. Wilde | *Salome* |
| Th. Wilder | *Das lange Weihnachtsmahl* |

GRAFENSTEIN VERLAG